当 代 世 界 学 术 名 著

犯罪概念和可罚性
关于客观处罚条件与一身处罚阻却事由

［日］松原芳博／著

毛乃纯／译

冯　军／审校

中国人民大学出版社
·北京·

谨献于恩师曾根威彦先生

中国語版への序文

　本書は、客観的処罰条件および一身的処罰阻却事由の検討を通じて、犯罪論体系に裏面から光を当てようとするものである。犯罪論体系には、唯一の正しいものが存在するわけではなく、複数の正しい体系が存在しうるし、歴史的な経緯によって制約されるということも否定できない。しかし、犯罪論体系は、刑法の解釈・適用にとって合理的であり、内部的に矛盾のないものであることが求められる。その意味で、よりよい犯罪論体系の探求はなお刑法学上の重要なテーマであるといえる。

　中国では、現在、犯罪論体系の研究が盛んであると聞いている。そのような中で、本書が中国語に翻訳され出版されることを大変光栄に思っている。

　本書を翻訳された毛乃純氏は、中国人民大学大学院で博士の学位を取得し、日本の早稲田大学大学院法学研究科博士課程で学んで博士の学位を取得した後に、中国河南省鄭州大学法学院で刑法を担当している有能な若手研究者である。毛氏は、中国・日本両国の刑法について造詣が深いのみならず、日本語についても抜群の能力を有している。毛氏は、2009年に中国人民大学で開催された日中刑事法シンポジウムにおける私の客観的処罰条件に関する報告が縁で私の研究室への留学を希望された。その同氏が、私の客観的処罰条件に関する著書を中国に紹介してくれることを嬉しく思っている。

　本書が中国での犯罪論体系をめぐる議論に多少なりとも参考になれば、これに優る喜びはない。

松原芳博
2017年3月7日

中文版序

本书旨在通过对客观处罚条件和一身处罚阻却事由的检讨，使犯罪论体系由内至外地沐浴在阳光之下。不可否认，犯罪论体系中并不存在唯一正确的体系，多种正确的体系是可能并存的；而且，其必然会受到发展进程的制约。但是，对于刑法的解释、适用而言，犯罪论体系应当是合理的、不存在内部矛盾的。在这个意义上，可以说探求更为科学的犯罪论体系，仍然是刑法学中的重要课题。

听闻现在中国刑法学界对于犯罪论体系的研究方兴未艾。在此背景下，本书能够被翻译成中文出版，我感到无上荣幸。

翻译本书的毛乃纯，已获得中国人民大学法学院刑法学博士学位，并且经过早稻田大学大学院法学研究科博士课程的学习取得了博士学位，现在在河南省郑州市的郑州大学担任刑法教师，是一名年轻有为的研究者。他不仅在中日两国的刑法学研究方面造诣深厚，而且具备出众的日语能力。在2009年于中国人民大学召开的"中日刑事法学术讨论会"上，我发表了关于客观处罚条件的报告。借此机缘，他向我表达了希望到我的研究室留学的意愿。我非常高兴能够由他将我关于客观处罚条件的论著介绍到中国。

本书若能为中国围绕犯罪论体系的讨论提供些许参考，我将深感欣愉。

松原芳博
2017 年 3 月 7 日

序　言

通常认为，被称为客观处罚条件或者一身处罚阻却事由的一系列要素虽然是决定行为的可罚性的事由，却不属于"犯罪"概念。但是，如果以"犯罪"意味着可罚的行为、犯罪论的使命在于确定可罚性的范围这一观点作为出发点，承认这些事由是否就不存在问题呢？基于该问题意识，本书拟对客观处罚条件以及一身处罚阻却事由与犯罪概念之间的关系问题加以探讨。从内容方面来看，《犯罪概念和可罚性》的书名似乎有些小题大做，但是，由于未能找到一个能够涵盖客观处罚条件和一身处罚阻却事由的合适的上位概念，况且我也希望能够通过这些探讨而获得基于可罚性的观点重新认识犯罪概念的契机，于是最终确定为这个题目。至于能够在多大程度上实现上述意图，我并没有十足的把握，权且作为对先前研究的总结，抱着向各方求教的心态，毅然决定出版本书。

我的研究生涯开始于昭和 60 年（1985 年）考入早稻田大学大学院法学研究科，师从曾根威彦先生。当时，先生为我布置的硕士论文题目是《关于所谓的客观处罚条件》。先生在采取何种见解方面宽容地允许学生各自发挥自主性，而指导的重点则在于思维的条理。本人生性拙钝,以同一题目著书居然劳烦先生指导十载有余。怀着对浩瀚学恩的深厚感激,谨以此书献给恩师曾根威彦先生。

在本书付梓之际,需要特别向诸位同仁表示由衷的感谢。大学院在籍期间,我曾在西原春夫先生的讨论课堂上就构成本书基础的论文作报告,并获得先生许多宝贵的教示。内藤谦先生、冈野光雄先生、野村稔先生长期在刑法解释学方面给予我指导;宫泽浩一先生、堀内捷三先生授课的中心是德国刑法学。在研究会等场合,承蒙中野次雄先生、铃木义男先生、佐佐木史朗先生无微不至的关怀。自任教于九州国际大学以来,特别受到大原邦英先生的温暖关怀,并获得诸多宝贵的意见。在本书的写作过程中,同在曾根先生门下学习的内山良雄和北川佳世子阅读了原稿,并在内容和表述这两个方面提出了有益的意见。另外,成文堂的阿部耕一社长和土子三男编辑部长欣然允诺本书的出版,本乡三好编辑部次长在编辑方面给予我细致入微的关照。对于诸位的深情厚谊,本人在此谨以言辞来表达深深的感谢;与此同时,也希望能够通过今后诚实的研究以答谢诸位。

松原芳博

1997 年 7 月 20 日

序

　　毛乃纯博士翻译的《犯罪概念和可罚性——关于客观处罚条件与一身处罚阻却事由》一书，是早稻田大学著名刑法教授松原芳博先生的成名作，该书于1997年12月由日本成文堂出版，至今已经23年了，其中蕴涵着极其丰厚的学术价值，能够阅读该书的中文本，也是愉悦的幸事。

　　松原先生1960年出生于日本东京，1985年从日本早稻田大学法学部毕业后，进入早稻田大学大学院法学研究科攻读硕士学位，硕士课程结束后，继续在日本刑法学家曾根威彦教授的指导下攻读博士学位。1995年，在修完博士课程之后、获得博士学位之前，松原先生就被日本九州国际大学法学部聘请为副教授。1998年，松原先生被早稻田大学授予博士学位；因为具有杰出的科学研究能力，2001年，松原先生被早稻田大学聘请为教授，回到阔别多年的母校从事教学和研究工作。松原先生重回母校之后，以不懈的努力从事科学研究，取得了卓越的学术成就。2008年日本成文堂出版了松原先生的《重点课题刑法总论》和《重点课题刑法各论》，2011年日本成文堂出版了松原先生编著的《刑法的判例（总论）》和《刑法的判例（各论）》，2013年日本评论社出版了松原先生的《刑法总论》（第二版于 2017 年出版），2016 年日本评论社出版了松原先生的《刑法各论》，2018 年日本成文堂出版了松原先生的《刑法概说》。

由日本成文堂出版的《犯罪概念和可罚性——关于客观处罚条件与一身处罚阻却事由》一书，原形是松原先生在其硕士学位论文《论客观处罚条件》的基础上完成的博士学位论文。该书由"序章"、上编"关于所谓的客观处罚条件"、下编"关于所谓的一身处罚阻却事由"和"结语"四部分组成。在"序章"中，松原先生探讨了"可罚性"的概念；在上编"关于所谓的客观处罚条件"中，松原先生梳理了关于"客观处罚条件"的学说状况，论述了"行为"、"构成要件"、"责任主义"、"犯罪概念的实质化"、"规范论"与"客观处罚条件"的关系，试图将客观处罚条件还原到犯罪概念之中，并分析了日本的判例对客观处罚条件的处理情形；在下编"关于所谓的一身处罚阻却事由"中，松原先生分析了"'犯罪'概念与一身性处罚阻却事由"的关系、论述了"机能论的—目的论的犯罪概念与一身处罚阻却事由"的关联性、探讨了《日本刑法》第 244 条第 1 项规定的亲属相盗例中的刑罚免除事由和《日本刑法》第 257 条第 1 项规定的亲属之间犯赃物罪时免除刑罚的亲属特例，以及《日本刑法》第 105 条关于犯人或者逃跑者的亲属为了犯人或者逃跑者的利益而犯藏匿犯人罪和隐灭证据罪时可以免除其刑的亲属特例的性质；在"结语"中，松原先生指出，客观处罚条件与一身处罚阻却事由在"犯罪"概念内部具有其体系地位，客观处罚条件属于作为可罚的违法类型的构成要件，而一身处罚阻却事由则因为否定了使用刑罚来预防的必要性所以阻却了可罚的责任。从必须实质地构造犯罪概念的立场出发，即从犯罪必须是适合于科处刑罚的行为这种实质的犯罪概念出发，松原先生将客观处罚条件与一身处罚阻却事由这些决定可罚性的要件还原到犯罪概念之中，这也是他把书名确定为《犯罪概念和可罚性——关于客观处罚条件与一身处罚阻却事由》的原因。

我很早就阅读过松原先生这部著作的日文本，在 1999 年投稿给《法学论坛》的《德日刑法中的可罚性理论》一文中，我引用了该书日文本的相关内容，并认为松原先生肯定"可罚性"与"犯罪性"之间的不可分离性、从"适合于科处刑罚"和"值得处罚"这种实质的立场对传统的犯罪成立要件进行重构，是值得赞同的；但是，我当时认为，客观处罚条件与一身处罚阻却事由这些决定"可罚性"的要素与构成要件符合性、违法性和有责性中的要素在实体上不同，构成要件符合性、违法性和有责性总是以具体的构成要件性行为为对象，而客观处罚条件与一身处罚阻却事由不以具体的构成要件性行为为对象，因此，不赞成松原先生主张的犯罪成立要件还原说，而赞成犯罪成立独立要件说，即把客观处罚条件与一身处罚阻却事由这种决定"可罚性"的要素视为继构成要件符合性、违法性和有责性之后的第四个犯罪成立要件的内容。今天，我仍然赞成实质的犯罪理论，也像松原先生一样，认为犯罪的成立要件必须包含决定是否值得刑罚处罚的内容，也就是说，客观的处罚条件和一身性处罚阻却事由都是决定犯罪成立与否的要素，但是，由于我现在主张实质的构成要件论、主观的违法论和功能的责任论这种三阶层的犯罪论体系，所以，我现在放弃犯罪成立独立要件说，转而赞同松原先生主张的犯罪成立要件还原说。不过，这种"赞同"部分虽是形式意义上的，部分却是实质意义上的。在将客观处罚条件与一身处罚阻却事由还原到三阶层的犯罪论体系之中，我的"赞同"只是形式意义上的，因为我主张的三阶层犯罪论体系在内容上不同于松原先生主张的三阶层犯罪论体系；在与预防必要性相联系来处理一身处罚阻却事由上，我的"赞同"是实质意义上的，因为我现在也像松原先生一样认为存在一身处罚阻却事由时就缺乏刑罚处罚的必要性。

近年来，关于客观处罚条件，我国刑法学者也进行了很深入的研究。比较具有代表性的研究成果是：张明楷教授发表在《法学研究》1999年第3期上的《客观超过要素之提倡》、梁根林教授发表在《清华法学》2009年第2期上的《责任主义原则及其例外——立足于客观处罚条件的考察》、黎宏教授发表在《河南省政法管理干部学院学报》2010年第1期上的《论"客观处罚条件"的若干问题》、周光权教授发表在《法学研究》2010年第6期上的《论内在的客观处罚条件》、王钰副教授发表在《刑法论丛》2010年第2卷上的《客观处罚条件之提倡——从比较视野切入》，以及社会科学出版社2015年出版的吴情树博士的专著《客观处罚条件研究》。相信松原先生所著《犯罪概念和可罚性——关于客观处罚条件与一身处罚阻却事由》一书中文本的问世，必将促进我国学者在该领域的进一步研究。

超越具体学术见解的差异，我要向松原先生表示敬意。松原先生从硕士生学习阶段开始，十几年如一日，孜孜不倦地研究客观处罚条件和一身处罚阻却事由问题。在这本书中，松原先生细致地分析了日本学者和德国学者的相关学说，结合日本刑法的规定和司法判决，提出了关于该问题的体系性解决方案。持之以恒，呕心沥血。从这本书中，我深刻地感受到，学术研究贵在坚持，坚持也是学问大家的力量和品德。

本书的译者毛乃纯博士从中国人民大学法学院本科毕业之后，又以优异成绩考入中国人民大学法学院，在我的指导下攻读硕士学位和博士学位。在攻读博士学位期间，他通过我国教育部的选拔，获得日本文部省奖学金，赴早稻田大学留学，在松原先生的指导下获得早稻田大学博士学位，后又获得中国人民大学博士学位，现在郑州大学法学院任教。毛乃纯博士具有坚实的中日刑法学功底，精通日文，松原先生多次向我称赞过他，但是，我是吝啬于赞扬自己的学生的。一个人，特别是中国人，必须有能力自己前行。在本书的责任编辑方明先生多次催促之下，我才终于决定写下这篇序文，一方面为松原先生热忱培育中国刑法学子的情谊向他表达真诚的谢意，另一方面也期盼毛乃纯博士以松原先生为榜样，始终围绕我国的刑法规定和司法判决，借鉴日本的刑法理论和判例，著书立说，为中国刑法学的发展和中日刑法学术交流作出卓越的贡献。

是为序！

冯军

2020年6月14日1时20分于明德法学楼

构成本书基础的论文

构成本书执笔基础的已发表论文如以下所示。这些论文与本书在观点上没有重大变化，只是在文章形式方面进行了全面的修改。此处仅对在一定程度上保留原型的论文，标记出其在本书中相对应的章节。即使如此，由于标题的改变以及内部结构的大幅调整，因而难以保证与原文具有同一性。

上编相关

《关于所谓的客观处罚条件》，载《早稻田大学大学院法研论集》第43号（1987年）

《德国客观处罚条件论的现状（一）（二）》，载《早稻田大学大学院法研论集》第47号、第48号（1988年） ……第四章

《客观处罚条件与犯罪概念》，载《刑法杂志》第33卷第3号（1994年）

《"结果"在犯罪论中的体系性地位——规范论与客观处罚条件》，载《九州国际大学法学论集》第2卷第1号（1995年）
……第六章

下编相关

《德国一身处罚阻却事由论的现状》,载《早稻田大学大学院法研论集》第 53 号(1990 年)　　　　　　　　　　　　……第二章

《亲属相盗事例的法律性质》,载《早稻田大学大学院法研论集》第 63 号(1992 年)

《亲属关系与财产犯》,载阿部纯二等编:《刑法基本讲座·第 5 卷》(1993 年)

目 录

序章 "可罚性"的概念 …………………………………………… 1
  序 言 ……………………………………………………………… 1
  第一节 "可罚性"的意义 ………………………………………… 2
  第二节 "可罚性"的内容——"当罚性"和"要罚性" ………… 3
  第三节 "可罚性"在犯罪论体系中的地位 …………………… 6
  第四节 小 结 …………………………………………………… 10

上编 关于所谓的客观处罚条件

第一章 "犯罪"概念与客观处罚条件 …………………………… 13
  第一节 "客观处罚条件"概念的问题性 ……………………… 13
  第二节 "客观处罚条件"的用语 ……………………………… 18
  第三节 学说状况的概观 ………………………………………… 23
  第四节 犯罪概念的各构成要素与客观处罚条件——作为
        以下各章的指针 ………………………………………… 32

第二章 "行为"与客观处罚条件 ………………………………… 35

第三章 "构成要件"与客观处罚条件——以客观处罚条件概念
      确立期的学说为素材 …………………………………… 39

犯罪概念和可罚性

序　说 …………………………………………………………… 39
第一节　德国的学说 …………………………………………… 40
　　第一款　"价值中立的构成要件"与客观处罚条件 ……… 40
　　第二款　"作为不法类型的构成要件"与客观处罚条件 … 45
第二节　我国的学说 …………………………………………… 52
第三节　考　察 ………………………………………………… 56

第四章　责任主义与客观处罚条件——以1950年以后德国的学说为素材 ………………………………………… 64

序　说 …………………………………………………………… 64
第一节　通说见解——处罚限制事由说 ……………………… 65
　　第一款　施米德霍伊泽的观点——处罚限制事由说的基本
　　　　　　思考方法 …………………………………………… 67
　　第二款　施特拉滕韦特的观点——"当罚性"与"要罚性"
　　　　　　的分离 ……………………………………………… 70
　　第三款　处罚限制事由说的问题性 ………………………… 73
第二节　反对通说的观点——不法要素说 …………………… 85
　　第一款　奥托的见解——当罚的法益侵害·危殆化与
　　　　　　客观处罚条件 ……………………………………… 87
　　第二款　雅科布斯的见解——作为命令·禁止的溯及性、
　　　　　　事后性条件的客观处罚条件 ……………………… 89
　　第三款　阿图尔·考夫曼的见解——作为责任主义的
　　　　　　界限的客观处罚条件 ……………………………… 92
　　第四款　施维克特的见解——危险责任说对客观处罚
　　　　　　条件的正当化 ……………………………………… 96
　　第五款　萨克斯的见解——关于客观处罚条件的不可能
　　　　　　回避的错误的免责 ………………………………… 100
　　第六款　贝姆曼的见解——否定客观处罚条件的存在 … 104
第三节　小　括 ………………………………………………… 112

第五章　"犯罪"概念的实质化和客观处罚条件——我国的客观处罚

条件还原论 ············· 115
　　序　说 ················· 115
　　第一节　作为"可罚性"要素的客观处罚条件 ······ 116
　　　　第一款　莊子邦雄教授的见解 ··········· 116
　　　　第二款　中野次雄教授的见解 ··········· 119
　　第二节　作为"责任"要素的客观处罚条件——堀内捷三教授的
　　　　　　见解 ····················· 123
　　第三节　作为"可罚的违法类型"要素的客观处罚条件——佐伯
　　　　　　千仭博士的见解 ················ 127
　　第四节　小　括 ····················· 136

第六章　规范论与客观处罚条件——"结果"在犯罪论中的
　　　　体系性地位 ···················· 137
　　第一节　问题所在 ···················· 137
　　第二节　一元人的不法论 ················· 140
　　　　第一款　一元人的不法论的主张 ·········· 140
　　　　第二款　批判性探讨 ··············· 149
　　第三节　二元人的不法论 ················· 159
　　　　第一款　二元人的不法论的主张 ·········· 159
　　　　第二款　批判性探讨 ··············· 163
　　第四节　客观评价规范论的正当性 ············ 169
　　第五节　规范论与客观处罚条件 ············· 172

第七章　试论将客观处罚条件还原于犯罪概念 ········ 175
　　第一节　事前受贿罪中的"就任公务员" ········· 175
　　　　第一款　事前受贿罪的不法构造 ·········· 175
　　　　第二款　还原于不法构成要件的解释论上的归结 ·· 184
　　第二节　破产犯罪中的"破产宣告的确定" ········ 194
　　　　第一款　破产犯罪的不法构造 ··········· 194
　　　　第二款　还原于不法构成要件的解释论上的归结——特别是
　　　　　　　　关于行为与"破产宣告的确定"之间的关系 ······ 206

第三节　妨害执行公务罪中的"职务行为的适法性"等……………… 215
第八章　判例与客观处罚条件——破产犯罪中的"破产宣告的
　　　　确定"的法律性质和解释论上的处理……………………………… 220
　序　说…………………………………………………………………………… 220
　　第一节　"破产宣告的确定"的法律性质……………………………… 220
　　第二节　行为与"破产宣告的确定"的时间前后关系………………… 221
　　第三节　行为与"破产宣告的确定"之间的因果关系………………… 227
　　第四节　"破产宣告的确定"之前的恢复原状………………………… 231
　　第五节　"破产宣告的确定"的可能性以及对于"破产宣告
　　　　　　的确定"的认识·预见…………………………………………… 234
　　第六节　"破产宣告的确定"与罪数……………………………………… 239
　　第七节　公诉时效的起算点……………………………………………… 241
　　第八节　"破产宣告的确定"之前的刑罚变更…………………………… 243
　　第九节　"破产宣告的确定"在诉讼法上的处理………………………… 245
　　第十节　小　括…………………………………………………………… 248

下编　关于所谓的一身处罚阻却事由

第一章　"犯罪"概念与一身处罚阻却事由…………………………………… 253
　　第一节　通说见解的问题性……………………………………………… 253
　　第二节　"一身处罚阻却事由"概念的存在理由………………………… 260
　　第三节　一身处罚阻却事由还原于"犯罪"概念的可能性…………… 263
第二章　机能论的-目的论的犯罪概念与一身处罚阻却事由……………… 270
　序　说…………………………………………………………………………… 270
　　第一节　施米德霍伊泽的观点——"当罚性"与
　　　　　　一身处罚阻却事由………………………………………………… 272
　　第二节　布洛伊的观点——根据"要罚性"对不法的质的修正与
　　　　　　一身处罚阻却事由………………………………………………… 274
　　第三节　罗克辛的观点——"答责性"与一身处
　　　　　　罚阻却事由………………………………………………………… 278

第四节　小　括 …………………………………………… 282
第三章　亲属相盗例 …………………………………………… 284
　第一节　问题所在 …………………………………………… 284
　第二节　实质的法律性质——免除刑罚的实质性根据 ……… 286
　　第一款　处罚阻却事由说（政策说） …………………… 286
　　第二款　违法阻却·减少说 ……………………………… 290
　　第三款　二元说以及复合说 ……………………………… 294
　　第四款　责任阻却·减少说 ……………………………… 296
　　第五款　还原于责任论的试论 …………………………… 300
　第三节　形式的法律性质论——"犯罪"的成立与否 ……… 305
　　第一款　判例·学说的状况 ……………………………… 305
　　第二款　探　讨 …………………………………………… 307
　第四节　还原于责任论的解释论上的归结 ………………… 310
　　第一款　亲属关系的错误 ………………………………… 310
　　第二款　亲属关系的对象 ………………………………… 316
　　第三款　事实婚姻关系的适用 …………………………… 320
　　第四款　共犯的处理以及取得物的赃物性〔盗品性〕 …… 321
第四章　盗品等相关犯罪中的亲属特例 …………………… 323
　第一节　法律性质——"犯罪"成立与否和免除刑罚的
　　　　　实质根据 …………………………………………… 323
　　第一款　判例·学说的检讨 ……………………………… 323
　　第二款　责任论的还原 …………………………………… 327
　第二节　解释论上的诸问题 ………………………………… 328
　　第一款　亲属关系的错误 ………………………………… 328
　　第二款　亲属关系的对象 ………………………………… 331
第五章　关于藏匿犯人罪以及隐灭证据罪的亲属特例 ……… 335

结　语 …………………………………………………………… 339
译者后记 ………………………………………………………… 341

序章 "可罚性"的概念

序　言

所谓"犯罪",是指被科处刑罚的行为。"被科处刑罚"的属性,称为"可罚性"。因此,"犯罪"就意味着具有可罚性的行为。可以说,"犯罪"论的任务就在于确认可罚的行为。

然而,通说见解认为,被称为客观处罚条件或者一身处罚阻却事由的一系列要素虽然是"可罚性"的要件,却与"犯罪"的成立与否无关。据此,在规定这些要素的刑罚法规中,"犯罪"与"可罚性"是相分离的。① 但是,承认"犯罪"与"可罚性"的分离,不仅有悖于前述"犯罪"概念的定义,同时还意味着放弃了——即使只是部分地——犯罪论的任务。所以,本书试图通过对所谓的客观处罚条件以及一身处罚阻却事由的探讨,重新思考"犯罪"概念与"可罚性"的关系问题。②

---

① 参见莊子邦雄:《刑法的基础理论》(1971年)第59页。
② 犯罪是可罚的行为。据此,本书中视为问题的"可罚性"也是指作为(广义的)行为属性的"可罚性"。所以,诸如公诉时效等刑罚消灭事由或者具有纯粹程序法性格的诉讼条件等不属于广义的行为(作为整体的行为事象)的事由,均排除在本书的讨论对象之外(关于所谓的客观处罚条件能够归属于广义的行为,参见上编第二章〔第43页以下〕)。

近年来，随着刑法中机能的-目的论的考察方法的抬头，围绕着"可罚性"概念或者构成其实质内容的"当罚性"概念以及"要罚性"概念，展开了颇具深意的讨论。因此，在展开实质性探讨之前，笔者拟对"可罚性"的意义、内容、体系性地位等问题进行简单的梳理。

第一节 "可罚性"的意义

首先需要对"可罚性（Strafbarkeit）"这一概念在刑法学中是在怎样的意义上被使用的问题进行确认。

第一，"可罚性"的概念被用于单纯表示某种行为"被作为处罚的对象"的事实。例如，在表述"卖淫行为本身在现行法上不具有可罚性"时，使用的就是这个意义上的"可罚性"的概念。这个意义上的"可罚性"可以称为"形式意义上的可罚性"。

第二，"可罚性"的概念也用于表示行为"值得处罚"这一实质性评价。这种"值得处罚"的实质性评价可以称为"实质意义上的可罚性"。"实质意义上的可罚性"是"形式意义上的可罚性"的前提和根据，它除了被立法论中的犯罪化·非犯罪化的主张援用以外，在解释论中也会以诸如可罚的违法性的形式被视为问题。所谓"可罚的违法性"，不是单纯阐述某个违法行为是"处罚的对象"这一结论，而是表明其违法性达到"值得处罚"的程度这种实质性评价。① 另外，为了与"形式

---

① 宫本英修博士是我国最早对"实质意义上的可罚性"的重要性给予关注的学者，他以谦抑性思想为背景对可罚类型论进行了探讨（宫本英修：《规范性评价与可罚性评价》，载牧野教授还历祝贺《刑事论集》（1938年）第1页以下等）。佐伯千仞博士从客观违法论的立场出发，试图以可罚的违法性和可罚的责任论的形式，实现"实质意义上的可罚性"的具体化（佐伯千仞：《可罚的违法序说——以违法概念的形式化阻止刑罚权滥用》，载佐伯千仞：《刑法中的违法性理论》（1974年）第1页以下〔初出·末川先生古稀纪念《权利的滥用·上卷》（1962年）〕等）。米田泰邦律师的著作《犯罪与可罚性评价》（1983年）的书名中出现的"可罚性评价"也相当于"实质意义上的可罚性"，该书揭示了"实质意义上的可罚性"在犯罪成立要件或者犯罪认定程序等各种场合中的机能。

意义上的可罚性"相区别，"实质意义上的可罚性"也被称为"当罚性（Strafwürdigkeit）"②。而"当罚性"这一用语则是与"要罚性（Strafbedürftigkeit）"相对置的，其仅仅是指实质意义上的可罚性中排除了目的论考虑的无价值评价的侧面。③ 因此，可以认为在"可罚性""当罚性""要罚性"等用语的使用方法问题上，至今尚未达成一致意见。

第三，近年来，"可罚性"的概念被部分有力的见解用于表示独立的犯罪成立要件，亦即犯罪论体系上的一个评价阶段。这种见解承认"可罚性"具有作为继构成要件该当性、违法性和责任之后的第四个犯罪构成要件的地位。④ 这种作为独立的犯罪构成要件的"可罚性"可以称为"作为体系范畴的可罚性"。而且，如果将包含构成要件该当性、违法性和责任在内的整体的可罚性称为"广义的可罚性"，就可以将作为体系范畴的可罚性称为"狭义的可罚性"。然而，正如第三节所述，赋予"可罚性"独立的体系性地位是存在疑问的。

第二节 "可罚性"的内容——"当罚性"和"要罚性"

最近，关于实质意义上的可罚性的内容，主张将"当罚性（Strafwürdigkeit）"和"要罚性（Strafbedürftigkeit）"相对置的观点得

---

② 仅在形式意义上使用"可罚性"一词、将实质的处罚相当性称为"当罚性"，这是德国一般的用词方法；在我国，中野次雄《刑法概要〔第三版〕》（1992年）第57页注①等也采纳了这种用词方法。另外，在法律意义上使用"可罚性"、在法理意义上使用"当罚性"的小野清一郎博士的用词方法，也可以认为与此是大致相同的（小野清一郎：《新订刑法讲义·总论〔第五版〕》（1951年）第79页）。

③ 参见后出·第二节注①。

④ 参见后出·第三节注①。

到部分学者的有力提倡。① 根据这种观点,"当罚性"是一种"犯罪行为本身值得处罚"的无价值判断;而"要罚性"则是一种"因犯罪行为而有必要对行为人科处刑罚"的目的论判断。这种"当罚性"和"要罚性"的对置,也被用于表示犯罪成立要件和客观处罚条件以及一身处罚阻却事由之间的区别。② 也就是说,"当罚性"的基础是由构成要件该当性、违法性、责任等"犯罪"的成立要件提供的;而"要罚性"则是以客观处罚条件或者一身处罚阻却事由的形式被考虑的。但是,对于这种"要罚性"和"当罚性"的对置,可以指出其存在以下问题。

首先,如果将"当罚性"与"要罚性"的区别和犯罪成立要件与客观处罚条件等的区别相对应,那么,在未规定客观处罚条件或者一身处罚阻却事由的犯罪类型——大部分的犯罪类型均是如此——中,即使不

---

① 朝仓京一:《犯罪论体系中的可罚性问题》,载莊子邦雄先生古稀祝贺《刑事法的思想和理论》(1991年)第195页以下(特别是第204页以下);板仓宏:《当罚性(实质的可罚性)和要罚性》,载《平野龙一先生古稀祝贺论文集·上卷》(1990年)第95页以下;Harro Otto, Strafwürdigkeit und Strafbedürftigkeit als eigenständige Deliktskategorien? Überlegungen zum Deliktsaufbau, in: Gedächtnisschrift für Horst Schröder (1978), S. 53ff.; RenéBloy, Die dogmatische Bedeutung der Strafausschließungsund Strafaufhebungsgründe (1976), S. 243 - 244; Günter Stratenwerth, Objektive Strafbarkeitsbedingungen im Entwurf eines Strafgesetzbuchs 1959, ZStW 71 (1959), S. 565ff.; Hans-Heinrich Jescheck/Thomas Weigend, Lehrbuch des Strafrechts, Allgemeiner Teil, 5. Aufl. (1996), S. 552; Jürgen Wolter, Strafwürdigkeit und Strafbedürftigkeit in einem neuen Strafrechtssystem, in: 140 Jahre Goltdammer's Archiv für Strafrecht (Eine Würdigung zum 70. Geburtstag von Paul-Günter Pötz) (1993), S. 269ff.; Mario Romano, „Strafwürdigkeit", „Strafbedürtigkeit"und Verbrechen, in: Bernd Schünemann/Jorge de Figueiredo Dias (hrsg.), Bausteine des europäischen Strafrechts (1995), S. 107ff. 此外,伊东研祐:《关于最近责任论的展开动向和犯罪体系的考察》,载莊子邦雄先生古稀祝贺《刑事法的思想和理论》(1991年)第69页以下(特别是第82页以下)主张,在行为无价值论的前提下,传统意义上的非难可能性已经在违法论阶段被作为不法非难加以考虑,应当在其后设置一个探讨个别行为人的处罚必要性和社会体系性意义的阶段。

② Stratenwerth, a. a. O. (Anm. 1), S. 565ff.; Jescheck/Weigend, a. a. O. (Anm. 1), S. 551ff.

序章 "可罚性"的概念

具有"要罚性",也会仅根据"当罚性"对处罚予以肯定。但是,对于缺乏"要罚性"的行为,亦即不能称为"需要科处刑罚"的行为,是不得予以处罚的。

反言之,构成要件该当性、违法性、责任等传统的犯罪成立要件未必与"要罚性"的考虑无关。立法者以刑罚为依据来选择有必要进行处罚的行为,并设定构成要件。因此,可以说构成要件该当性是"要罚性"判断的一个阶段③,而构成要件的要素同时也是"要罚性"判断的素材。同样,既然违法性和责任也是刑法上的处罚要件,就不可能与处罚必要性的判断无关。这样一来,正是由于构成要件该当性、违法性、责任等传统的犯罪成立要件中也包含着"要罚性"的判断,因此,在未规定客观处罚条件等的普通犯罪类型中,只要满足了这些犯罪成立要件,就无须再经过特别的"要罚性"判断即可对处罚予以肯定。于是,主张将为行为的可罚性提供基础的各个要素分配到"当罚性"或者"要罚性"的某一方范畴的观点,就不能说是妥当的。

主张将"当罚性"和"要罚性"作为概念相对置的观点本身是否具有合理的根据,原本就是存在疑问的。"当罚性"和"要罚性"的对置,只有将对于犯罪行为的(社会伦理性)无价值评价和有关处罚的合目的性考虑相分离作为前提,才能够成立。④但是,根据当今否定形而上学的绝对报应刑论、提倡从现实的目的中寻求刑罚的正当性的刑法观来看,对于犯罪行为的无价值评价以及在此基础上对于行为人的非难,都绝对不是自我目的性的,其终究不过是实现刑罚目的的手段而已。因此,对于刑罚目的而言,犯罪行为的无价值评价具有目的合理性,而割裂无价值评价与合目的性则是相当

---

③ 例如,罗克辛指出:"在构成要件中,行为是在抽象的要罚性的观点上受到评价的"(Claus Roxin, Strafrecht Allgemeiner Teil Bd. 1, 2. Aufl. (1994), S. 164 (§7 Rdn. 54))。

④ Vgl., Heiner Alwart, Strafwürdiges Versuchen. Eine Analyse zum Begriff der Strafwürdigkeit und zur Struktur des Versuchsdelikts (1982), S. 59.

困难的。⑤⑥⑦根据当今现实的、合理的刑法观，可以认为主张"当罚性"和"要罚性"是表里一体的、二者共同构成了行为的"可罚性"的观点才是妥当的。⑧

第三节　"可罚性"在犯罪论体系中的地位

本节拟对"可罚性"的考虑与犯罪论体系之间的关系问题加以探讨。

通说见解没有在犯罪论体系内部为考虑"可罚性"而设置特别的犯罪成立要件，其或许是认为"可罚性"的考虑已经被纳入构成要件该当

---

⑤　雅科布斯基于刑法机能的观点针对"当罚性"和"要罚性"的区别提出以下批判："犯罪构成要件具有服务于解决纷争的必要性的机能。据此，如果不考虑该机能，'其本身'就不再承担确定应予处罚的行为的任务，因而也就不存在那种确定的可能性。没有必要处罚的行为，同时也不是当罚的。"(Günther Jakobs, Strafrecht Allgemeiner Teil, 2. Aufl. (1991), S. 339 (10/5))另外，对于"当罚性"和"要罚性"的区别，沃克也批判道："某一特定行为本身虽然是当罚的，但不是要罚的，这种判断在犯罪体系中不会产生任何效果，因而其在体系上以及解释学上都是毫无意义的"(Klaus Volk, Entkriminalisierung durch Strafwürdigkeitskriterien jenseits des Deliktsaufbaus, ZStW 97 (1985), S. 871ff. (S. 899))。鲍曼、韦伯则认为，"例如，在试图基于刑事政策的考虑而否定要罚性的场合，当罚性同样也会受到质疑"，因此，对"当罚性"和"要罚性"进行区别"是技巧性的，并且是无法贯彻的"(Jürgen Baumann/Ulrich Weber, Strafrecht Allgemeiner Teil, 9. Aufl. (1985), S. 464)。

⑥　将"当罚性"与"要罚性"相分离的见解的意图或许在于，让"当罚性"承担保障法治国家的机能，让"要罚性"承担刑事政策合目的性的机能。但是，即使是在被认为与"当罚性"有关的构成要件该当性、违法性以及责任等领域——法律用语范围内的，合目的性考虑也是不可或缺的；而且，在被认为与"要罚性"有关的客观处罚条件以及一身处罚阻却事由等场合，也应当贯彻罪刑法定主义等对法治国家的保障。不得不承认，将法治国家的保障限定在"当罚性"领域、将合目的性考虑限定在"要罚性"领域的观点，缩小了法治国家的保障和合目的性这二者的妥当领域。

⑦　即使是在承认"当罚性"和"要罚性"的区别的论者之间，就如何对各个要素进行配置的问题，观点也不完全一致 (Vgl., Frank Altpeter, Strafwürdigkeit und Straftatsystem (1990), S. 43-44)。另外，关于比例性原则以及补充性原则在"当罚性"和"要罚性"中的定位问题，论者也是众说纷纭 (Altpeter, a. a. O. (Anm. 7), S. 42)。

⑧　"当罚性"和"要罚性"的对置，会给人造成一种在绝对报应刑论的基础上嫁接完全异质的预防刑论的印象。

序章 "可罚性"的概念

性、违法性、责任等传统的犯罪成立要件内部——譬如以可罚的违法性的形式。但是，如前所述，虽然客观处罚条件和一身处罚阻却事由是可罚性的要件，然而，其在犯罪论内部的体系性地位却没有得到承认。在这个意义上，犯罪论中的可罚性考虑仅限于一部分而已。

相对于上述通说见解，最近出现了一种有力的观点，主张承认"可罚性"概念或者构成其实质内容的"当罚性"以及"要罚性"概念具有作为犯罪论上独立的体系性范畴的地位。① 根据该观点，"可罚性"是继构成要件该当性、违法性、责任之后的第四个犯罪成立要件。这种作为体系性范畴的"可罚性"，通常被用于说明客观处罚条件和一身处罚阻却事由的体系性地位。② 可以说，主张将"可罚性"作为体系性范畴导入犯罪论内部的观点，其意图就在于根据刑罚这一有关法律效果的考虑对犯罪论进行实质化。这个意图本身确实符合现代犯罪论的要求，应当被高度评价。但是，从体系论的立场来看，对于主张赋予"可罚性"以独立的体系性范畴或者评价阶段的地位的观点，可以指出其中存在以

---

① 例如，朝仓京一：《犯罪论体系中的可罚性问题》，载莊子邦雄先生古稀祝贺《刑事法的思想和理论》（1991年）第195页以下（特别是第211页以下）；板仓宏：《非当罚性不问行为的概念——为设定作为社会统制手段的刑事制裁的干涉范围的试行概念》，载佐伯千仞博士还历祝贺《犯罪与刑罚（上）》（1968年）第133页以下；板仓宏：《超法规的处罚阻却事由》，载《团藤重光博士古稀祝贺论文集·第二卷》（1984年）第294页以下；板仓宏：《当罚性（实质的可罚性）和要罚性》，载《平野龙一先生古稀祝贺论文集·上卷》（1990年）第95页以下；莊子邦雄：《刑法的基础理论》（1971年）第63页以下；濑田川昌裕：《非当罚性不问行为序说》，载《秋田法学创刊号》（1981年）第195页以下（特别是第207页以下）；中野次雄：《刑法概要〔第三版〕》（1992年）第56页以下；Eberhard Schmidhäuser, Strafrecht Allgemeiner Teil, Lehrbuch, 2. Aufl. (1975), S. 482ff., S. 487ff.; Winrich Langer, Das Sonderverbrechen. Eine dogmatische Untersuchung zum allgemeinen Teil (1972), S. 275; Miguel Polaino Navarrete, Die Strafbarkeit im Spannungsfeld von Strafrechtsdogmatik und Kriminalpolitik, in: Gedächtnisschrift für Armin Kaufmann (1989), S. 501ff. (509ff.). 此外，铃木茂嗣：《规范性评价和可罚性评价》，载小野庆二法官退官纪念论文集《刑事裁判的现代展开》（1988年），第19页以下在将规范性评价和可罚性评价相对置的基础上，又进一步将前者细分为规范性违法和规范性责任，将后者细分为可罚的违法和可罚的责任。另外，在宫本英修博士提出的将"可罚类型性"作为"犯罪的最后的一般要件"的见解中，可以发现将可罚性作为独立的犯罪要素的观点的原型（宫本英修：《刑法学粹》（1931年），第349页）。由此可见，将"可罚性"作为独立范畴的立场与命令规范论之间具有亲和性（关于这一点，参见上编第五章第一节第二款〔第153页〕）。

② 莊子·前揭注①，第71页以下；Schmidhäuser, a. a. O. (Anm. 1), S. 482ff., S. 487ff.

下几个问题。

第一，将"可罚性"这种整体性判断作为犯罪论中的一个要素导入，将会使犯罪论体系内部产生矛盾。"可罚性"体现了行为"值得处罚"这一整体性格，其中也包含着构成要件该当性、违法性和责任。③然而，如果赋予"可罚性"以犯罪论体系中的一个要素的地位，就将产生用"可罚性"这个单一概念同时表示体系的"整体"与"部分"的理论矛盾。④本来，犯罪论体系的目的就在于通过各个要素为行为的"可罚性"提供根据，但是，如果将"可罚性"作为犯罪论体系的一个要素导入其中，就将陷入由"可罚性"为"可罚性"提供根据的循环论证。

第二，难以认为"可罚性"的概念具有足以构成犯罪论中独立的体系性范畴的明确轮廓和具体内容。"可罚性"体现了"值得处罚"这一极具概括性的判断。因此，"可罚性"判断中就包含了所有关于处罚是否适当的考虑，判断对象也必然是无所限定的。⑤此时，行为相关事由、行为人相关事由以及与二者均无关的事由都将无限制地被纳入考虑范围，并以同等资格被视为评价的基础。然而，对于本应具有分析性的犯罪论体系而言，在犯罪论体系中赋予这种包含各种考虑的综合性判断以独立的评价阶段的地位，是不恰当的。

第三，承认"可罚性"具有作为独立的犯罪成立要件的地位，有可能招致构成要件该当性、违法性、责任等传统犯罪成立要件的形骸化。"可罚性"概念唯一得到认可的积极特征，是刑罚关联性。因而，如果试图使作为体系性范畴的"可罚性"发挥相对于其他犯罪成立要件的独立性，就无异于剥夺了其他犯罪成立要件的刑罚关联性。关于这一点，提倡赋予实质意义上的可罚性（＝"当罚性"）以与不法和责任相并列

---

③ Vgl., Schmidhäuser, a. a. O. (Anm. 1), S. 30.

④ Vgl., René Bloy, Die dogmatische Bedeutung der Strafausschließungs-und Strafaufhebungsgründe (1976), S. 233.

⑤ Vgl., Frank Altpeter, Strafwürdigkeit und Straftatsystem (1990), S. 206. 在此，欧特派特将作为体系性范畴的"可罚性"评为"情况极其复杂的泥塘（ein Sammelbecken vielschichtiger Phänomene）"。对于承认"当罚性"具有独立地位的施米德霍伊泽的观点，他批判道："这仅仅是试图在语言层面上使绝对不能称之为新的体系性范畴的概念似乎具有体系性范畴的性质而已。"

的、独立的犯罪构成要素地位的兰格认为，对于不法和责任是"基本上能够在与刑罚无关（ohne Bezug auf die Strafe）的情况下作出充分（erschöpfend）说明的"⑥。兰格没有采纳为"当罚性"赋予独立意义的立场，而是选择将违法性和责任与刑罚相分离、作为刑法中的中性要素加以把握的途径。⑦ 但是，传统的犯罪成立要件的形成并非与科处刑罚的目的无关。它们作为刑罚这种法律效果所需的法律要件，同样承担着确认"值得处罚"的行为的任务。如果像兰格那样从违法论和责任论中排除注重"刑罚"效果的实质的-目的论的考虑，将其全部归入"可罚性"以及"当罚性"的范畴，就会限缩实质的-目的论的考虑发挥功能的范围，并产生与论者的意图相反的、违背犯罪概念的实质化要求的结果。

这样看来，为了在犯罪论中充分体现关于行为可罚性的实质性考虑，与导入作为独立的体系性范畴的纯粹的"可罚性"相比，将可罚性的实质性考虑纳入作为传统体系性范畴的构成要件该当性、违法性（以及违法阻却事由）、责任（以及责任阻却事由）等各个阶段，才是最理想的。⑧ 也就是说，通过赋予"可罚性"概念以体系构成上的指导原理或者规制原理的意义⑨，从而对传统的犯罪构成要素进行重构，亦即能够妥当地把握那些真正与科处刑罚相适应的行为，才是当务之急。⑩⑪

---

⑥ Langer, a. a. O. （Anm. 1）, S. 329.

⑦ Vgl., Klaus Volk, Entkriminalisierung durch Strafwürdigkeitskriterien jenseits des Deliktsaufbaus, ZStW 97 （1985）, S. 877.

⑧ 参见生田胜义：《可罚的违法性》，载阿部纯二、板仓宏、内田文昭、香川达夫、川端博、曾根威彦编：《刑法基本讲座·第三卷·违法论/责任论》（1994 年）第 44－45 页。

⑨ Vgl., Altpeter, a. a. O. （Anm. 5）, S. 251.

⑩ 关于这一点，可以参考欧瓦特的观点，即不应当将"当罚性"作为内容性（inhaltlich）原理，而应当作为方法论（methodisch）原理导入。根据欧瓦特的观点，作为方法论原理的"当罚性"被归结论于"应当使刑法上的各种概念在法律适用中的各个场合都能得出与当罚性判断相一致的这一要求"（Heiner Alwart, Strafwürdiges Versuchen. Eine Analyse zum Begriff der Strafwürdigkeit und zur Struktur des Versuchsdelikts（1982）, S. 49.）。

⑪ 在我国，作为对于导入可罚性考虑的犯罪构成要素的实质化，佐伯千仞博士提倡的有关可罚的违法性和可罚的责任的理论在学界得到了广泛的支持。最近，在德国，京特提出的刑法违法性的构想、布洛伊将要罚性定位于不法阶层的主张、罗克辛提倡的答责性理论等，都是基于目的论-机能论对传统犯罪构成要素进行重构的尝试（Hans-Ludwig Günther, Strafrechtswidrigkeit und Strafunrechtsausschluß（1983）, S. 1ff.；Bloy, a. a. O.（Anm. 4）, S. 246ff.；Claus Roxin, Kriminalpolitik und Strafrechtssystem, 2. Aufl.（1973）, S. 1ff.）。

第四节 小结

如今,"刑罚"被认为是服务于社会现实目的的手段;而"犯罪"概念的任务,就在于选择与"刑罚"相适应的行为。因此,尽可能地将根据合目的性的观点考察行为是否符合刑罚这种法律效果的"可罚性"考虑纳入"犯罪"概念的内部,并且是作为实质性构成要素的违法性或者责任的领域,才是最理想的。在以下章节中,笔者将在这种问题意识的基础上,就所谓的客观处罚条件以及一身处罚阻却事由与犯罪概念之间的关系问题展开具体讨论。

上编　关于所谓的客观处罚条件

第一章 "犯罪"概念与客观处罚条件

第一节 "客观处罚条件"概念的问题性

一、与犯罪概念的一贯性的冲突

"犯罪",是指"被科处刑罚的行为"。然而,通说认为,有些事由虽然是实体法上刑罚发动的要件,却不属于"犯罪"概念。被称为客观处罚条件的一系列事由就属于这种情况,其代表例包括:事前受贿罪(《刑法》第197条第2项)中的"就任公务员"以及破产犯罪(《破产法》第374条、第375条)中的"破产宣告的确定"[①]。例如,事前受贿罪中的"就任公务员",就被理解为以"犯罪"的成立为前提、仅为刑罚提供条件的事由。因此,无论是否"就任公务员",只要收受了财物,事前受贿罪这一"犯罪"就已经完成。但是,将尚未成为刑罚对象的行为视为"犯罪",亦即承认"不可罚的犯罪"的观点,不仅切断了作为法律要件的"犯罪"与作为法律效果的"刑罚"之间的对应关系,

---

[①] 团藤重光:《刑法纲要总论〔第三版〕》(1990年)第514页。但是,在团藤重光:《刑法纲要各论〔第三版〕》(1990年)第143页,事前受贿罪中的"就任公务员"则被理解为构成要件要素。

还违背了前述犯罪概念的定义。

16　　　这种客观处罚条件的存在与犯罪概念的一贯性之间的冲突，是对"客观处罚条件"概念进行批判性考察的先驱者佐伯千仞博士主要关注的问题之一。针对承认存在客观处罚条件概念的通说见解，佐伯博士批判道："一方面，在理论体系的开端部分主张犯罪是以具体刑罚权作为法律效果的法律要件，其实体是该当犯罪类型（构成要件）的违法有责的行为；另一方面，此后又突然承认与行为的犯罪性（类型性·违法·有责）之间不存在任何关系却决定刑罚权的条件的存在。这对于以一贯性为生命的理论体系而言，是等同于自杀的矛盾"②。

　　本来，"犯罪"概念的主要任务在于确定行为是否值得科处"刑罚"，并以行为为理由对所科处的"刑罚"予以正当化。③ 但是，从"刑罚"概念中分离出来的"犯罪"概念则无法完成这些任务。另外，"犯罪"概念的实质性内容来源于值得科处"刑罚"的行为，而从"刑罚"概念中分离出来的、空泛的"犯罪"概念里则存在着丧失导出其实质性内容的基础、进而陷入形骸化的危险。④

---

　　② 佐伯千仞：《违法性的理论》，载佐伯千仞：《刑法中的违法性理论》（1974年）第52页〔初出·日本刑法学会编：《刑事法讲座·第一卷》（1952年）第212页〕。

　　③ 参见樫村浩行：《形式的犯罪概念的问题性》，载《国学院法研论丛》第19号（1992年）第131页以下（特别是第133页）。

　　④ 我国有关客观处罚条件的研究论文有：佐伯千仞：《客观处罚条件》，载佐伯千仞：《刑法中的违法性理论》（1974年）第149页以下〔初出·《法学论丛》第36卷第1号（1937年）第44页以下；第2号（1937年）第248页以下〕；中村晥兆：《客观处罚条件论及其批判（一）》，载《法律论丛》第33卷第4号（1959年）第23页以下；齐藤诚二：《关于客观处罚条件的备忘录（一）》，载《成蹊法学》第1号（1969年）第135页以下；西村
17 克彦：《关于犯罪构成要件与处罚条件》，载西村克彦：《罪责的构造〔新版〕》（1991年）第226页以下〔初出·《警察研究》第44卷第2号（1973年）第3号以下〕；堀内捷三：《责任主义与客观处罚条件》，载《团藤重光博士古稀祝贺论文集·第二卷》（1984年）第141页以下；北野通世：《客观处罚条件论（一）（二）（三）（四）（五）（六）（七·完）》，载《山形大学纪要（社会科学）》第24卷第1号（1993年）第23页以下、第25卷第1号（1994年）第29页以下、第25卷第2号（1995年）第107页以下、第26卷第1号（1995年）第1页以下、第26卷第2号（1996年）第79页以下、第27卷第1号（1996年）第1页以下、第27卷第2号（1997年）第41页以下；曾根威彦：《处罚条件》，载阿部纯二、板仓宏、内田文昭、香川达夫、川端博、曾根威彦编：《刑法基本讲座·第二卷·构成要件论》（1994年）第320页。

二、对犯罪概念的机能的阻害

1. 承认"客观处罚条件"这一特殊概念的存在，将其定位于犯罪概念和犯罪论体系外部，不仅仅是纯粹的语言问题，从实质上看，其中还存在阻害犯罪概念以及犯罪论体系的机能的问题。

虽然在有关犯罪概念以及犯罪论体系的机能方面存在各种各样的观点，但是，一般认为，特别是由违法性和责任构成的实质的犯罪概念⑤在与实体法的关系上具有以下三个机能：第一，对实定法规定所列举的各个要素的根据以及趣旨加以说明，由此体现该规定的正当性的作用。这可以称为说明·正当化机能。第二，为实定法的解释提供指针、进行规制的作用。这可以称为指导·规制机能。第三，当实定法的规定不符合一般的犯罪概念以及犯罪论体系的要求时，对该规定予以批判，并促进其改废的作用。这可以称为批判·形成机能。⑥

2. 上述犯罪概念的机能当然不会涉及位于犯罪概念外部的事由。因此，客观处罚条件的存在，就意味着缩小了犯罪概念的机能的射程。具体而言，这将造成以下几方面的不妥。

首先，由于作为客观处罚条件被排除出犯罪概念的事由处于犯罪概念的说明·正当化机能的射程以外，因此，其存在根据只能求诸赤裸裸的"政策"，从而丧失了刑法理论上的基础。例如，根据将事前受贿罪中的"就任公务员"作为客观处罚条件从犯罪概念（违法性）中分离出来的立场，将无法通过法益的侵害·危殆化对"就任公务员"之所以必要的理由作出说明。然而，要在脱离法益的侵害·危殆化的情况下为该要件的存在提供合理的根据，显然是极其困难的。

其次，由于处于犯罪概念的指导·规制机能的射程以外，因此，被

---

⑤ 关于实质的犯罪概念，参见内田文昭：《刑法概要·上卷〔基础理论·犯罪论（1）〕》（1995 年）第 34—36 页等。

⑥ 在有关犯罪论体系的机能方面富有启发性的文献是，Claus Roxin, Strafrecht Allgemeiner Teil, Bd. 1, Grundlagen der Aufbau der Verbrechenslehre, 2. Aufl. (1994), S. 153ff.

犯罪概念和可罚性

视为客观处罚条件的事由就丧失了解释论上的指针和基准，同时还被放逐于犯罪成立方面的各项原则的规制之外。尤其成为问题的，是其违背了责任主义。例如，就像我们从以前德国的判例·学说中所看到的那样，如果将妨害执行公务中的职务行为的适法性理解为客观处罚条件，就可以不要求行为人对此存在认识，但是，这样的解释无外乎在掩饰对责任主义的违背。⑦⑧⑨

最后，即使是难以适应犯罪概念要求的实定法规定，只需通过将存在疑义的要素驱逐出犯罪概念的方法，就能够避免来自犯罪概念的批判。例如《刑法》第 207 条规定的同时伤害的特例，由于其在不利于被告人的方向上对行为与结果之间的因果关系这一犯罪构成事实进行拟制或者推定⑩，因而受到批判。⑪ 但是，如果采用主张只需具备"二人以上施暴"的行为，即可满足构成要件，而"伤害的发生"则只不过是与犯罪构成事实无关的客观处罚条件这样一种理论构成，就能够轻易地回

---

⑦ Vgl., Günter Bemmann, Zur Frage der objektiven Bedingungen der Strafbarkeit (1957), S. 32ff. 另外，1970 年《第三次刑法改正法》对于有关"职务行为的适法性"的无法避免的错误的情形设置了免责规定（第 113 条第 4 项），因此，现在已经不存在将其理解为纯粹的客观处罚条件的学说了。

⑧ 可以说，我国将作为具体危险犯的放火罪·失火罪（《刑法》第 109 条第 2 项、第 110 条、第 116 条第 1 项·第 2 项）中的"公共危险的发生"视为客观处罚条件的观点（香川达夫：《放·失火罪与公共危险》，载香川达夫：《刑法解释学的现代课题》（1979 年）第 327 页以下（特别是第 341 页）〔初出：《学习院大学法学研究年报》第 13 号（1978 年）〕）的目的，也在于主张故意无须涉及该事实。

⑨ 另外，Gerhard Haß, Zur Wesen und Funktion der objektiven Strafbarkeitsbedingung. Bemerkungen zur Entstehungsgeschichte des Begriffs, Rechtstheorie 3 (1972), S. 32 中指出，客观处罚条件概念本身就是以避免适用规定故意对象的（当时的）德国《刑法》第 59 条为目的成立、发展起来的。

⑩ 将本特例理解为因果关系的推定的是，渡边则芳：《同时伤害》，载冈野光雄编：《刑法演习Ⅱ〔各论〕》（1987 年）第 30 页以下（特别是第 36 页）。相反，主张不是直接对因果关系的拟制或者推定，而是对意思疏通的存在，亦即共犯关系的存在进行拟制的是，西原春夫：《暴行与同时伤害》，载西原春夫、藤木英雄、森下忠编：《刑法学 4〔各论的重要问题Ⅰ〕》（1977 年）第 31 页以下（特别是第 35 页）。此外，将其理解为对意思疏通或者共犯关系的推定的是，齐藤诚二：《同时伤害的特则》，载齐藤诚二：《特别讲义·刑法》（1991 年）第 258 页以下（特别是第 264 页）。

⑪ 认为该规定违反宪法的是，平野龙一：《刑法各论之诸问题》，载《法学セミナー》第 199 号（1972 年）第 78 页；平野龙一：《刑法概说》（1977 年）第 170 页。

避前面的批判。⑫ 于是，客观处罚条件这一范畴就为难以符合犯罪概念要求的要素提供了庇护场所，从而阻害了犯罪概念所具有的批判·形成机能。⑬

三、"客观处罚条件"的包括性·无限定性

"客观处罚条件"的问题，还体现为它是一个极具包括性的、无限定的概念，缺乏实质且积极的内容。对于"客观处罚条件"，学说上没有对其作出任何超越消极定义即不属于犯罪概念的各个构成要素——行为、构成要件、违法性、责任——的实质性概念规定。⑭ 这是因为，客观处罚条件这一范畴不是由统一的观点导出的，而是作为对于不具有共同性质的各种情形的杂集的统称而形成的。⑮ 借用 M.

---

⑫ 将发生同时伤害特例中的"伤害"作为客观处罚条件的适例加以列举的是，佐伯·前揭注③第195页。但是，他的出发点是将客观处罚条件作为违法类型还原于构成要件。在我国，以将客观处罚条件分离于犯罪概念作为前提，明确将本特例中的"伤害"定性为客观处罚条件的观点，是不存在的。相反，在德国，将类似于本特例的《刑法》第227条中规定的"死亡"或者"重伤害"的发生解释为客观处罚条件的观点，是判例·通说的立场（Vgl., BGHSt 39, 305 (307); Karl Lackner, Strafgesetzbuch, 21. Aufl. (1995), § 227 Rdn. 5 (S. 942)）。

⑬ 此外，关于结果加重犯，只要将加重结果作为客观处罚条件定位于"犯罪"概念的外部，同样也就不会出现批判的契机。可以说，只有将这种"加重结果"作为决定犯罪行为的不法的事由引入"犯罪"概念，才能为采取部分废止结果加重犯或者对其要求责任关联等立法措施（德国《刑法》第18条、我国的《改正刑法草案》第22条等）开辟途径。关于主张应当将"加重结果"解释为（不法）构成要件要素的观点，参见香川达夫：《结果加重犯的本质》（1978年）第15页以下；丸山雅夫：《结果加重犯研究》（1990年）第123页以下。

⑭ 鲍姆加腾指出："在客观处罚条件相互之间，……除了不属于其他犯罪要素的范畴以外，不存在任何共性。"（Arthur Baumgarten, Der Aufbau der Verbrechenslehre (1913), S. 192）

⑮ 拉德布鲁赫在将客观处罚条件评价为"苦不堪言的范畴（Verlegenheitsrubrik）"和"大杂烩的范畴（Sammelrubrik）"（Gustav Radbruch, Zur Systematik der Verbrechenslehre, in: Festgabe für Reinhard von Frank zum 70. Geburtstag Bd. 1. (1930), S. 170）的同时，还指出这样的客观处罚条件（以及一身处罚阻却事由）无法与目的论体系相调和。也就是说，"在当今的犯罪论当中，还残存着客观处罚条件和一身处罚阻却事由等形式的范畴论的概念构成。因为，这些概念中所包含的法现象具有完全不同的目的，它们仅仅是根据为刑罚提供条件或者阻却特定行为人的刑罚等范畴论的特征才被联系在一起"（a. a. O., S. 163）。

E. 迈耶的评价，即客观处罚条件"徒具其名（Name），而无其实（Art）"⑯。

这种缺乏积极指标的无限定的概念，不仅给学术上的使用制造了障碍，在进一步助长对前述犯罪概念的机能的阻害方面，也存在问题。由于"客观处罚条件"概念是包括性的、无限定的，因此，解释者基本上可以自由决定是否将某个要素包含在这个概念当中。所以，在想要将实定法上的某个要素从责任主义的制约中解放出来时，只需将该要素归入无色的、包括性的"客观处罚条件"范畴，就可以轻易达到这一目的。

第二节 "客观处罚条件"的用语

1. 为什么要使用"客观处罚条件（die objektiven Bedingungen der Strafbarkeit＝可罚性的客观条件）"或者"外部处罚条件（die äußeren Bedingungen der Strafbarkeit）"等词语①，来表述破产犯罪中"破产宣告的确定"等事由以及这些事由所具有的法律性质呢？

2. 首先来考察一下"客观处罚条件"中的"客观（objektiv）"这一修饰语以及"外部处罚条件"中的"外部（äußer）"这一修饰语具有怎样的含义。②

通常认为，这里所谓的"客观"以及"外部"等修饰语说明这些事

---

⑯ Max Ernst Mayer, Der allgemeine Teil des deutschen Strafrechts, 2. Aufl. (1923), S. 101.

① 有关该当客观处罚条件的事由在德国刑法学中被赋予的各种名称，参见齐藤诚二：《关于客观处罚条件的备忘录（一）》，载《成蹊法学》第 1 号（1969 年）第 137—138 页注①。

② 作为对刑法中使用的"客观性"以及"客观"的含义进行分析的论著有，赫塞·朗帕特：《刑法中的客观说·主观说及其周边的问题点》，载《法的理论 6/续·原秀男博士追悼论集》（1985 年）第 187 页以下；Wolfgang Schild, Objektiv und subjektiv in der strafrechtswissenschaftlichen Terminologie, in：Ius Humanitatis. Festschrift für zum 90. Geburtstag von Arfred Verdoß (1980), S. 215ff.

由"存在于外部世界",而非存在于行为人的内心。③ 只要在这一趣旨上来理解,"客观"和"外部"等用语就理所当然地成为对于该当实定法上的客观处罚条件的事由的表述,而不会产生特别的问题。"破产宣告的确定"等事由——与客观的构成要件要素一样——不是主观的心理事象,而是存在于外部世界的"客观"事实,这一点是毫无疑问的。

相对于此,通说见解则是在更为限定的意义上使用"客观"一词的。也就是说,它意味着"只需纯粹存在于外部世界即可,而无须行为人的主观认识·预见(以及认识·预见的可能性)涉及"④⑤。在采用这种用词方法的场合,"客观"的含义在"客观处罚条件"与"客观的构成要件要素"之间就会出现差异。"客观的构成要件要素"包含在故意的对象之中;相反,"客观处罚条件"则未被故意的对象所包含。另外,在使用"外部处罚条件"一词的场合,"外部(äußer)"这一修饰语往往也是在不要求行为人认识的趣旨上使用的。⑥ 这样一来,可以认为通说见解是为了将一定的事由排除在故意的认识对象之外,才附加使用"客观"或者"外部"等修饰语的。

---

③ 例如,朗帕特教授就是在与"内部"相对置的"外部"的意义上理解客观处罚条件中"客观"的含义的,认为其与行为和结果都是"客观的"具有相同含义(前揭注②第229-230页)。

④ 对此,雅科布斯在表述该当客观处罚条件的要素时使用的"纯粹的-客观条件(die nur-objektiven Bedingungen)"一词,对这一点体现得更为明确(Günther Jakobs, Strafrecht Allgemeiner Teil, Die Grundlagen und die Zurechnungslehre Lehrbuch, 2. Aufl. (1991), S. 335)。

⑤ Vgl., Arthur Baumgarten, Der Aufbau der Verbrechenslehre (1913), S. 268 ; Christof Schnaidt, Die objektiven Bedingungen der Strafbarkeit dargestellt im Zusammenhang mit der dogmatischen Entwicklung in der Verbrechenslehre (1949), S. 22-24.

此外,贝林指出,在给人造成一种与"一身处罚条件(die persönlichen Strafbarkeitsbedingungen)"相对称的错误印象这一点上,"客观处罚条件"的用语是不妥当的。他认为,客观处罚条件与一身处罚条件的区别,在于前者与"行为(Tat)"有关,后者则与"行为人(Täter)"有关。在不要求反映行为人心理层面的意义上,二者均是"客观的"(Ernst Beling, Die Lehre vom Verbrechen (1906), S. 57)。

⑥ Vgl., August Finger, Tatbestandsmerkmale und Bedingungen der Strafbarkeit, GA 50 (1903), S. 32ff. (insb. S. 45) ; Erich Land, System der äußeren Strafbarkeitsbedingungen. Ein Beitrag zur Lehre vom Tatbestand (1927), S. 9.

犯罪概念和可罚性

康特洛维茨还赋予"外部"这一修饰语以下两层含义：不要求与行为之间存在因果关联以及相关的证明；以存在于刑法"外部"的考量作为基础。⑦ 应当说，这两点也体现了通说见解对该当客观处罚条件的事由所持有的印象。

3. 其次，在使用"客观处罚条件"或者"可罚性的客观条件"的场合，所谓的"处罚"以及"可罚性（Strafbarkeit）"等词语具有怎样的含义呢？

现在，"处罚条件"以及"可罚性的条件"等用语被理解为"处罚这种法律效果"必须具备的法律要件。"破产宣告的确定"等事由就是作为刑罚法规中的刑罚这一法律效果所需的法律要件而被列举的，因此，在这个意义上，对于其属于"客观处罚条件"的观点是不存在质疑余地的。而且，在这个意义上，构成要件该当性、违法性以及责任也都属于"处罚条件"⑧。

相对于此，通说见解则为"处罚条件"以及"可罚性的条件"等用语赋予了更为限定的含义。也就是说，它不是"犯罪"的要件，而仅仅是"处罚"或者"可罚性"的要件。可以认为，这体现了通说见解通过"客观处罚条件"一词将"犯罪"的成立与"处罚"以及"可罚性"相分离的思考方法。

4. 最后，"客观处罚条件"中的"条件（Bedingung）"一词是什么意思呢？

"客观处罚条件"一词，可以理解为其揭示了处罚所需的"法律要件"。一般而言，所谓"条件"，是指"事物的成立或者实现所必要的事实"或者"引起某种事态的原因"⑨。在这个意义上，"处罚条件"就意味着"刑罚权的成立所必要的事实"或者"成为处罚原因的事实"。"破产宣告的确定"等事由就属于这个意义上的处罚所需的"必要条件"，

---

⑦ Hermann Kantrowicz, Tat und Schuld (1933), S. 239.

⑧ 所以，也存在将包含构成要件该当性、违法性、责任在内的刑罚权发生所需的全部要件称为"广义的处罚条件"，将所谓的客观处罚条件称为"狭义的处罚条件"的用词方法（例如，参见小野清一郎：《新订·刑法讲义总论》1948 年第 218 页等）。

⑨ 松村明编：《大辞林》（1988 年）。

是与刑罚这一法律效果相对应的"法律要件"。对于这一点，是不存在质疑余地的。而且，在这个意义上，构成要件该当性、违法性以及责任等各个要素也同样属于"处罚条件"。

相对于此，通说见解则为客观处罚条件中的"条件"一词赋予了更为限定的含义。在民法中，所谓"条件"，是指"使法律行为的效力的发生或者消灭取决于将来发生与否尚不确定的事实的法律行为的附款"，"该事实本身即被称为条件"⑩。而通说见解也是在与民法中的"条件"相同的意义上使用客观处罚条件中的"条件"的。⑪在使用这种限定意义上的"条件"一词的场合，"客观处罚条件"——作为所谓刑罚权的"停止条件"⑫——仅仅是指在行为之后发生的不确定的事实。本书认为，通说将客观处罚条件放逐于"犯罪"概念外部的主要动机，就是对于使"犯罪"的成立与否取决于"行为后的不确定的事实"，亦即承认"附条件的犯罪"⑬抱有抵触情绪。

但是，"行为后的不确定的事实"这一特征，既不是所有被视为该当客观处罚条件的事由共有的，也不是它们固有的。例如，破产犯罪也预先设定了"破产宣告的确定"先于行为存在的情形。此时，"破产宣

---

⑩ 几代通：《民法总则〔第二版〕》（1984年）第450页。

⑪ 在与民法中的"条件"概念的关系上探讨客观处罚"条件"的含义的是，Schnaidt, a. a. O. (Anm. 5), S. 16-22。

⑫ 作为为客观处罚条件赋予"停止条件"的性格的论著，香川达夫：《结果加重犯的本质》（1987年）第18页；堀内捷三：《责任主义与客观的处罚条件》，载《团藤重光博士古稀祝贺论文集·第二卷》（1984年）第160页。

⑬ "附条件的犯罪（das bedingte Verbrechen）"这一概念是宾丁提倡的（Karl Binding, Das bedingte Verbrechen, GS 68 (1902), S. 1ff.）。他将"附条件的犯罪"定义为"其可罚性依赖于将来尚不确定的事实的违法行为"（S. 3），而以"支付停止"或者"破产程序的开始"为条件的破产犯罪等就包含在这个范畴当中（S. 6ff.）。

虽然"附条件的犯罪"这一概念与同为宾丁所提倡并被认为是"客观处罚条件"概念之端绪的"刑法的二次要件（zweite Bedingungen des Strafrechts）"以及"附二重条件的刑罚威吓（doppelt bedingte Strafdrohungen）"并不相同（S. 3-4），但是，至少它们都对通说关于客观处罚条件的理解产生了间接的影响。另外，齐藤·前揭注①第156-161页，注①也对"附条件的犯罪"进行了探讨。

告的确定"在行为当时就已经是既存的事实了。[14] 另外，德国将敌对外国的犯罪中的互惠主义的保障（德国《刑法》第 104 条 a）作为客观处罚条件，这也是一种在行为当时就要求存在的事实。[15] 所以，被视为该当客观处罚条件的事由未必仅限于"行为后的不确定的事实"。另一方面，在将与共犯处罚有关的实行从属性作为前提的情况下，对教唆者或者帮助者的处罚被附加了正犯者的实行这一"将来的不确定的事实"[16]。还有，一般而言，只要存在行为后介入不可预期的情形的可能性，就不得不承认结果犯中"结果"的发生也是不确定的。[17][18] 因此，对处罚附加"行为后的不确定的事实"这一条件的，也不限于所谓的客观处罚条件的场合。

虽然为"客观处罚条件"赋予"将来的不确定的事实"的特征并不正确[19]，但不能否认的是，这一特征确实体现了通说见解对客观处罚条件所持有的印象。可以说，以这种不正确的印象为前提来论证客观处罚条件的法律性格，也是导致有关客观处罚条件的讨论出现混乱的原因之一。[20]

5. 如上所述，对于"客观处罚条件"一词，只要是在广义——而

---

[14] 在意大利，有学者采纳了民法上的"条件"概念，认为"破产程序的开始"只有发生在行为之后时，才是客观处罚条件；而时间上先于行为存在的情形，则属于真正的构成要件要素（Klaus Tiedemann, Objektive Strafbarkeitsbedingungen und die Reform des deutschen Konkursstrafrechts, ZRP 1975, S. 129ff., (insb. S. 131, Fn. 13)）。但是，同一犯罪类型内部的同一事实的法律性格仅仅由于时间关系而变得完全不同，这是不合理的。

[15] Vgl., Schnaidt, a. a. O. (Anm. 5), S. 21.

[16] 宾丁以"他们的命运依赖于第三人的自由行为"为由，将教唆犯和帮助犯纳入"附条件的犯罪"范畴当中（Binding, a. a. O. (Anm. 13), S. 6-8）。

[17] 此时，是将"结果"本身称为"条件"，还是将介入事情称为"条件"，都不过是无关紧要的用词问题而已。无论如何，结果犯的成立依赖于不确定的要素这一事实是不会改变的。

[18] 于是，如果要否定"犯罪"和"不法"取决于这个意义上的"条件"，就只能采用将"结果"也解释为客观处罚条件的一元人的不法论。

[19] 为此，里特勒认为，"客观的可罚要件（die objective *Voraussetzungen* der Strafbarkeit）"这一表述才是最理想的（Theodor Rittler, Strafbarkeitsbedingungen, in：Festgabe für Reinhard von Frank zum 70. Geburtstag, Bd. 2 (1930), S. 1)。

[20] 此外，小野清一郎博士还为"条件"赋予了"次要的"这一含义，即"犯罪是处罚的'缘由'，而〔所谓的客观处罚条件〕则是次要的处罚的'条件'"（小野清一郎：《刑法概论》(1952 年) 第 181 页。另外，六角括号内的内容系作者补充）。

且是通常的意义——上理解各个构成词，它就不具有特别的含义。该当"客观处罚条件"的事由"存在于外部世界，是刑罚这种法律效果的法律要件"，这才是对实定法规定的要件的忠实记述。对此是不存在质疑余地的。

然而，通说见解则为"客观处罚条件"一词——通常是默然地——赋予了更为限定的含义，即，"无须行为人的认识·预见涉及的、行为后的不确定的事实，与犯罪的成立与否无关、仅为处罚提供条件的事实"。可以认为，这种定性——尤其是在无须认识·预见涉及方面——已经超越了实定法的记述领域，是以论者的解释作为基础的。因此，必须追究采用这种解释的根据所在。然而，如后文所述，通说并未揭示符合其实质的根据，反而给人造成一种以"客观处罚条件"的名称本身作为解释根据的印象。

第三节　学说状况的概观

1. 为了具体把握问题所在，在进入实质性探讨之前，本书拟首先对有关"客观处罚条件"概念的讨论的演进和现状加以概观。①

---

①　关于学说史，参见佐伯千仞：《客观处罚条件》，载佐伯千仞：《刑法中的违法性理论》（1974年）第154页以下〔初出·《法学论丛》第36卷第1号（1937年）第44页以下、第2号（1937年）第248页以下〕；中村晥兆：《客观处罚条件论及其批判（一）》，载《法律论丛》第33卷第4号（1959年）第26页以下；齐藤诚二：《关于客观处罚条件的备忘录（一）》，载《成蹊法学》第1号（1969年）第135页以下；堀内捷三：《责任主义与客观处罚条件》，载《团藤重光博士古稀祝贺论文集·第二卷》（1984年）第142页以下；北野通世：《客观处罚条件论（一）（二）（三）（四）（五）》，载《山形大学纪要（社会科学）》第24卷第1号（1993年）第23页以下、第25卷第1号（1994年）第29页以下、第25卷第2号（1995年）第107页以下、第26卷第1号（1995年）第1页以下、第26卷第2号（1996年）第79页以下。Vgl., Christof Schnaidt, Die objektiven Bedingungen der Strafbarkeit dargestellt im Zusammenhang mit der dogmatischen Entwicklung in der Verbrechenslehre (1949), S. 41ff.；Günter Bemmann, Zur Frage der objektive Bedingungen der Strafbarkeit (1957), S. 3ff.；Gerhard Haß, Die Entstehungsgeschichte der objektiven Strafbarkeitsbedingung. Eine literägeschichtliche Darstellung (1969)；ders., Zur Wesen und Funktion der objektiven Strafbarkeitsbedingung. Bemerkungen zur Entstehungsgeschichte des Begriffs, Rechtstheorie 3 (1972), S. 23ff.

2. (1) 客观处罚条件概念的起源,可以追溯到德国刑法学中的弗兰克的观点和宾丁的观点。1872年,弗兰克在对刑法中的各项规定进行具体考察之后,指出在很多规定中刑罚权的发生都要求存在行为人的可罚性行为,亦即犯罪以外的其他事实。② 但是,弗兰克仅仅指出这种事实的存在,并未对此作出体系论上的说明。在这个意义上,可以说弗兰克的观点是以对于各论的关注为基础的。然而,同样是在1872年,宾丁在其著作《规范及其违反》中提出的观点,则是以规范论的具体展开这种对总论的关注为背景的。在区分命令服从的"规范"和指示处罚的"刑罚法规"的前提下,宾丁指出在"刑罚法规"的要件中存在与"规范违反"无关的内容,并将其命名为"刑法的二次要件(zweite Bedingungen des Strafrechts)"③。后来的学说就是从这一"刑法的二次要件"中发现了"客观处罚条件"概念在刑法理论上的原型。④

(2) 在19世纪末到20世纪初的自然主义倾向下,"客观处罚条件"概念不是从规范的观点,而是从"行为"以及"因果性"的视角为学界所接受的。例如,李斯特将客观处罚条件定义为"从犯罪行为本身独立出来的……外部事由"⑤;布鲁迈认为,客观处罚条件是"在概念上不能成为由行为人引起并负责"的对象,"完全分离于行为人的意思方面和行为方面"的事由。⑥

(3) 自贝林于1906年提出构成要件概念以后,学界开始通过与"构成要件"概念的对比来研究"客观处罚条件"的性格。贝林本人也

---

② Francke, Das deutsche Strafgesetzbuch und die Strafsachen aus Handlungen der Zeit vor dessen Gesetzeskraft, GA 20 (1872), S. 14ff. (insb. S. 34).

③ Karl Binding, Die Normen und ihre Übertretung. Eine Untersuchung über die Rechtmäßige Handlung und die Arten des Delikt, Bd. 1., Normen und Strafgesetze, 1. Aufl. (1872), S. 130ff.

④ 参见佐伯·前揭注①第154页以下;齐藤·前揭注①第166页以下。Vgl., Bemmann, a. a. O. (Anm. 1), S. 3; Haß, Die Entstehungsgeschichte, a. a. O. (Anm. 1), S. 31ff.

⑤ Franz von Liszt, Lehrbuch des deutschen Strafrechts, 2. Aufl. (1884), S. 168.

⑥ Ernst Blume, Tatbestandskomplemente (1906), S. 16.

将相当于客观处罚条件的"刑罚威吓条件（Strafdrohungsbedingungen）"与"构成要件"概念对立起来。⑦但是，这与客观处罚条件并不包含在他所提倡的以罪刑法定主义的担保和可罚性行为的类型化为目的的"构成要件"中的观点显然是存在矛盾的。另外，M. E. 迈耶也放弃了客观处罚条件的积极定义，将不属于构成要件作为其唯一的特征。⑧但是，对于不属于构成要件的实质性理由，他没有作出解释。

这些观点归根到底只是鉴于当时的德国《刑法》第59条（相当于现行《刑法》第16条的规定）要求对该当"构成要件"的行为状况具有故意，于是将其想要从故意的对象中排除出去的要素排除出"构成要件"而已。⑨尤其是在贝林学派所倡导的"价值中立的"构成要件中，由于不存在判断实定法上规定的各个要素是否属于构成要件的基准，因此，任意将某要素排除出构成要件并视为客观处罚条件就成为可能。但是，为了排除在故意的对象之外而排除出构成要件的做法，将无法避免本末倒置、循环论证的批判。⑩

（4）后来，随着刑法学领域中实质性考察的倾向日益增强，学者们逐渐意识到价值中立的构成要件存在局限性，于是开始以作为不法类型的构成要件为媒介，基于实质违法性的观点对"客观处罚条件"概念展开探讨。例如，黑格勒认为，违法性的实质在于"社会有害性"；与行为的社会有害性有关的要素属于构成要件，而与之无关的要素则属于客观处罚条件。⑪里特勒认为，之所以不要求故意·过失涉及客观处罚条件，其理由在于这些事由与行为的违法性无关。⑫

另一方面，基于实质违法性的考察也为将客观处罚条件还原于犯罪

---

⑦ Ernst Beling, Die Lehre vom Verbrechen (1906), S. 51ff.

⑧ Max Ernst Mayer, Der allgemeine Teil des deutschen Strafrechts, 2. Aufl. (1923), S. 101.

⑨ Vgl., Arthur Baumgarten, Der Aufbau der Verbrechenslehre (1913), S. 187–188.

⑩ 参见堀内·前揭注①第143页。

⑪ August Hegler, Die Merkmale des Verbrechens, ZStW 36 (1915), S. 223ff.

⑫ Theodor Rittler, Der Grundsatz der Schuldhaftung und die objektiven Bedingungen der Strafbarkeit, ÖZStW 8 (1920), S. 323ff.；ders., Strafbarkeitsbedingungen, in：Festgabe für Reinhard von Frank zum 70. Geburtstag, Bd. 2. (1930), S. 1ff.

概念提供了可能性。例如，绍尔主张，由于该当客观处罚条件的事实也为当罚的法益侵害提供了基础，因而应当将其理解为作为不法类型的构成要件要素。[13] 兰德则将所谓的客观处罚条件视为促进对公共安宁的侵害予以类型化的要素，从而还原于不法构成要件[14]；在此基础上，他还对这些事由与行为之间的关联性进行了研究。[15]

（5）20世纪50年代以后，责任主义的观点成为有关客观处罚条件的最重要的关注焦点。也就是说，缺少故意·过失等责任关联的客观处罚条件的存在能否与作为刑法基本原则的责任主义相调和，成为争论的焦点。这种问题意识的转移，起因于有关责任主义重要性的意识的高涨以及刑法修改工作过程中对于客观处罚条件是否妥当的具体探讨。[16]

以施米德霍伊泽[17]为代表的通说见解一方面继续在无须故意·过失关联涉及的事由的意义上维持着客观处罚条件概念，另一方面则试图通过将其解释为仅仅是对处罚进行限制的要素，从而实现其与责任主义的调和。具体而言，客观处罚条件是通过进一步附加其他要件对已经具备不法和责任的当罚性行为的可罚性加以限制的事实，因而无须为责任关联所涉及。但是，无论是用"加以限制"来说明，还是用"提供基础"来说明，该事由作为处罚所需的要件的实质是不会改变的。如果认为即使不满足条件也具备充分的当罚性，为何需要待至条件实现以后才予以处罚呢？从刑法解释学的立场来看，对其理由的探究是无法回避的。然而，处罚限制事由说并未阐明限制处罚的具体理由。这样看来，为客观

---

[13] Wilhelm Sauer, Grundlagen des Strafrechts nebst Umriß einer Rechts- und Sozialphilosophie (1921), S. 307ff.；ders., Die beiden Tatbestandsbegriffe—Zur Lehre von den äußeren Strafbarkeitsvoraussetzungen, in：Festschrift für Edmund Mezger (1954), S. 117ff.

[14] Erich Land, System der äußeren Strafbarkeitsbedingungen. Ein Beitrag zur Lehre vom Tatbestand (1927), S. 19ff.

[15] Land, a. a. O.（Anm. 14），S. 26ff.

[16] 关于审议刑法修改的 Große Strafrechtskommission, 55. Sitzung, 56. Sitzung (1956) 过程中的讨论，Vgl., Niederschriften über Sitzungen der großen Strafrechtskommission, Bd. 5., Allgemeine Fragen zum Besonderen Teil (1958), S. 84ff.。

[17] Eberhard Schmidhäuser, Objektive Strafbarkeitsbedingungen, ZStW 71 (1959), S. 545ff.

处罚条件赋予处罚限制事由的性格，不就是为了迎合将其排除于故意·过失的对象之外的意图吗？要消除这一质疑，就必须说明将客观处罚条件从不法（以及责任）的领域中区别出来的实质性指标。关于这一点，施特拉腾韦特指出，不法（以及责任）与客观处罚条件的实质性区别在于，不法（以及责任）为当罚性（Strafwürdigkeit）提供了基础，而客观处罚条件则为要罚性（Strafbedürfnis）提供了基础。[18] 但是，针对当罚性与要罚性的分离，其根据和基准则受到质疑。[19] 另外，也有学者指出，就完全酩酊罪（德国《刑法》第323条a）而言，主张因饮酒而导致的酩酊本身——即使未在酩酊状态下实施任何犯罪行为——已经具备当罚的不法的观点是不合理的。[20]

于是，阿图尔·考夫曼一方面承认客观处罚条件为不法提供了基础，另一方面则放弃了对客观处罚条件与责任主义的调和，而是将它的存在作为责任主义的界限或者例外来加以说明的。[21] 但是，就责任主义而言，至少其核心部分是宪法上的要求。鉴于此，贸然放弃责任关联是存在疑问的。然而，施瓦凯特则尝试从"危险责任"的观点出发，对客观处罚条件与责任主义进行调和。[22] 也就是说，由于该当客观处罚条件的事由作为行为的危险通常表现为一种附随性要素，所以，故意·过失实施行为的行为人就因为承担着客观处罚条件的存在·发生这种危险而成为可非难的。但是，对于这种观点也存在如下批判：因承担着对于具体事实缺乏心理关联的、一般的·抽象的危险而负责，这无异于承认结

---

[18] Günter Stratenwerth, Objektive Strafbarkeitsbedingungen im Entwurf eines Strafgesetzbuchs 1959, ZStW 71 (1959), S. 565ff.

[19] Vgl., Günther Jakobs, Strafrecht Allgemeiner Teil, 2. Aufl. (1991), S. 338f.; Frank Altpeter, Strafwürdigkeit und Straftatsystem (1990), S. 38ff.; Jürgen Baumann/Ulrich Weber, Strafrecht, Allgemeiner Teil, 9. Aufl. (1985), S. 464.

[20] Arthur Kaufmann, Unrecht und Schuld beim Delikt der Volltrunkenheit, JZ 1963 S. 429.〔作为介绍，浅田和茂：《阿图尔·考夫曼〈完全酩酊犯的不法与责任〉》，载《关西大学法学论集》第21卷第6号（1971年）第66页以下〕。

[21] Arthur Kaufmann, Das Schuldprinzip, 2. Aufl. (1976), S. 249ff.

[22] Heinrich Schweikert, Die Wandlungen der Tatbestandslehre seit Beling (1957), S. 86ff.; ders., Strafrechtliche Haftung für riskantes Verhalten, ZStW 70 (1958), S. 394ff.

果责任的法理。㉓

所以，贝姆曼根据贯彻责任主义的观点，全面否定了客观处罚条件的存在。他认为，被排除在故意·过失的对象之外的客观处罚条件的存在，是古老的偶然责任的遗物㉔，应当在将该当客观处罚条件的要素——除了应当解释为诉讼条件的以外——还原为不法构成要件要素的同时，将其包含在故意的对象之中。㉕但是，对客观处罚条件的存在予以否定的贝姆曼的观点也遭到以下批判：这种观点混淆了不应当存在不为故意的对象所包含的事实这一"应然"的问题和现实中确实不存在那种事实这一"实然"的问题。㉖因此，他的观点未能获得支持。

3. 如上所述，虽然名称存在差异，但是承认客观处罚条件这一独立的范畴，将其与行为、构成要件、违法性（不法）以及责任相分离，认为其不属于犯罪概念的实质性构成要素，这是自宾丁以来在德国刑法学界一直处于通说地位的立场。㉗ 在我国，学说状况也基本相同。代表通说的小野清一郎博士认为，"当刑事责任的发生以犯罪事实以外的一定事由的发生作为条件时，该事由即为狭义的处罚条件"㉘；这种狭义的处罚条件"不是构成要件的一部分"，而且"与行为本身的违法性以及相应的道义责任没有直接关系，是一种个别的外部事由"㉙。相反，佐伯千仞博士则提出了应当将客观处罚条件作为可罚的违法类型的要素还原于犯罪概念的先驱性主张。㉚ 虽然也存在

㉓ Vgl., Arthur Kaufmann, a. a. O. (Anm. 20), S. 430.

㉔ Bemmann, a. a. O. (Anm. 1), S. 1-2.

㉕ Bemmann, a. a. O. (Anm. 1), S. 28ff.; ders., Welche Bedeutung hat das Erfordernis der Rauschtat in § 330a StGB?, GA 1961, S. 65ff.

㉖ Vgl., Hans-Heinrich Jescheck, Besprechung von Bemmann: Zur Frage der objektiven Bedingungen der Strafbarkeit, GA 1958, S. 125; Theodor Rittler, Besprechung von Bemmann: Zur Frage der objektiven Bedingungen der Strafbarkeit, JZ 1958, S. 189.

㉗ 但是，在德国，在形式上将客观处罚条件定位于"犯罪（Verbrechen）"内部的观点也并不少见。

㉘ 小野清一郎：《刑法概论》（1952年）第181页。

㉙ 小野·前揭注㉘第182页。

㉚ 佐伯·前揭注①第191页以下。

上编　关于所谓的客观处罚条件

支持这一立场的观点[31]，但是通说仍然是将客观处罚条件理解为存在于犯罪概念外部的独立范畴。[32]

4. 关于"客观处罚条件"，除了如何确定这个概念的特征（概念的内涵）以外，应当将实定法上规定的哪些事由包含在其中（概念的外延），也是问题所在。在我国，多数观点一致认为，客观处罚条件的实例仅限于破产犯罪（《破产法》第374条、第375条）中的"破产宣告的确定"[33]以及事前受贿罪（《刑法》第197条第2项）中的"就任公

---

[31] 将客观处罚条件作为（违法类型的）构成要件要素还原于犯罪概念的论著有，平场安治：《刑法总论讲义》（1952年）第67页以下；佐伯千仞：《四订刑法讲义（总论）》（1981年）第190页以下；中山研一：《刑法总论》（1982年）第202页以及第244页；中义胜：《讲述犯罪总论》（1980年）第95页；内藤谦：《刑法讲义总论（上）》（1983年）第214页；中义胜、吉川经夫、中山研一编：《刑法Ⅰ总论》（1984年）第87页以下〔生田胜义执笔〕；町野朔：《刑法总论·讲义案Ⅰ〔第二版〕》（1995年）第146页以下；森下忠：《刑法总论》（1993年）第60页（但是，对于缺乏客观处罚条件的场合，此书第280页仍然承认"犯罪"成立）；曾根威彦：《刑法总论〔新版补正版〕》（1996年）第66页以下等。另外，林干人一方面将客观处罚条件理解为对不法予以类型化的要素，另一方面则将其与构成要件相区别。参见林干人：《构成要件该当事实的错误与违法性的错误》，载林干人：《刑法的基础理论》（1995年）第61页以下（特别是第67页以下）〔初出·《警察研究》第63卷第2号、第3号（1992年）〕。

将客观处罚条件作为责任要素还原于犯罪概念的是，堀内捷三：《责任主义与客观处罚条件》，载《团藤重光博士古稀祝贺论文集·第二卷》（1984年）第157页以下。

将客观处罚条件作为可罚性的要素还原于犯罪概念的是，庄子邦雄：《刑法的基础理论》（1971年）第59页以下；中野次雄：《刑法总论概要〔第三版〕》（1992年）第128页。

[32] 明确采纳将客观处罚条件作为位于"犯罪"概念外部的独立范畴的立场的论著有：团藤重光：《刑法纲要总论〔第三版〕》（1990年）第514页以下；柏木千秋：《刑法总论》（1982年）第364页；福田平：《全订刑法总论〔第三版〕》（1996年）第330-331页；内田文昭：《改订·刑法Ⅰ〔总论〕》（1986年）第358-359页；大谷实：《刑法讲义总论〔第四版补正版〕》（1996年）第515页；大塚仁：《刑法概说总论〔改订版〕》（1986年）第451页；香川达夫：《刑法讲义总论〔第三版〕》（1995年）第436页以下；香川达夫：《结果加重犯的本质》（1978年）第15页以下；川端博：《刑法总论讲义》（1995年）第63页以及第646页；野村稔：《刑法总论》（1990年）第86-87页；野村稔编：《刑法总论〔改订版〕》（1997年）第45页以下〔野村稔执笔〕；阿部纯二：《客观处罚条件·人的处罚阻却事由》，载《法学ガイド·刑法Ⅰ（总论）》（别册法セミ）（1987年）第25页以下等。

此外，西村克彦提倡的是"有罪确认条件说"这一独到的见解。参见西村克彦：《关于犯罪构成要件与处罚条件》，载西村克彦：《罪责的构造〔新版〕》（1991年）第226页以下〔初出·《警察研究》第44卷第2号（1973年）第3页以下〕。

[33] 《公司更生法》第290条规定的诈欺更生罪中的"更生程序开始决定"，也被认为具有与此相同的性格。

务员"。然而，在德国，很多要素都被认为是客观处罚条件。虽然在范围问题上存在理论分歧，但是相对多数的观点仍然将以下要素作为客观处罚条件的实例。

（1）敌对外国的犯罪行为（第102条以下）中的"外交关系的存在"以及"互惠主义的保障"（第104条a）。㉞

（2）名誉毁损罪中的"不能证明主张事实的真实性"（第186条）。㉟——另外，也有观点将"能够证明"视为处罚阻却事由。

（3）参与斗殴罪中的"致人死亡或者重伤"（第227条）。㊱

（4）破产犯罪中的"支付停止""破产开始"以及"破产宣告申请因破产财团不足被驳回"（第283条第6项、第283条b第3项、第283条c第3项、第283条d第4项）。㊲

㉞ 条文如下：

德国《刑法》第104条a：本章规定的犯罪〔第102条（攻击外国机关及其代表）、第103条（侮辱外国机关及其代表）、第104条（毁损外国国旗及国徽）〕，若非联邦共和国与他国存在外交关系、互惠主义受到保障且在行为当时仍然受到保障、经外国政府提出处罚要求且联邦政府授权刑事追诉的，则不受追诉。

另外，条文的翻译参考了法务大臣官房司法法制调查部编（宫泽浩一译）的《德国刑法典》（1982年）。出于表述统一性等情况的考虑，本书进行了适当的修正（下同）。

㉟ 条文如下：

德国《刑法》第186条：宣扬或者散布足以使他人遭受蔑视或者舆论贬低的事实的人，如果其不能证明该事实的真实性，处1年以下自由刑或者罚金；公开实施或者以散发文书的形式实施的，处2年以下自由刑或者罚金。

㊱ 条文如下：

德国《刑法》第227条：因殴斗或者多人实施攻击而导致他人死亡或者重伤（第224条）的，除本人无责任地被牵涉其中的情形以外，所有参与斗殴或者攻击的人均仅以参与为由判处3年以下自由刑或者罚金。

㊲ 条文如下：

德国《刑法》第283条第1项：当出现债务超过或者濒临支付不能或者已经支付不能的情况时，对实施下列行为的人判处5年以下自由刑或者罚金：

一　在破产宣告的场合，对属于破产财团的财产予以处分或者隐匿，或者以违反符合秩序的经济要求的方式予以破坏、损坏或者使其不能使用的；

二　以违反符合秩序的经济要求的方式进行导致亏损的交易、投机交易或者与商品或者有价证券有关的差额交易，或者以浪费性支出、博彩、赌博等方式巨额消费或者负债的；

（第1项第3号至第8号以及第2项至第5项省略）

第6项：仅在行为人停止支付或者针对其财产开始破产程序或者破产宣告的申请因破产财团不足而被驳回时，对行为予以处罚。

(5) 完全酩酊罪中的"在酩酊状态下实施违法行为"〔所谓的酩酊犯罪行为〕（第 323 条 a）。㊳㊴

除了上述事由以外，婚姻欺诈犯罪（第 170 条的旧规定）中的"婚姻的取消"、通奸罪（第 172 条的旧规定）中的"离婚"以及挑发决斗罪（第 210 条的旧规定）中的"决斗的实施"等事由，曾经也被理解为客观处罚条件。㊵ 然而，通奸罪和挑发决斗罪被 1969 年的《第一次刑法改正法律》废止，而婚姻欺诈犯罪则被 1973 年的《第四次刑法改正法律》废止。另外，妨碍执行公务罪（第 113 条）中的"职务行为的适法性"也曾被视为客观处罚条件的代表例㊶，但由于 1970 年的《第三次刑法改正法律》中追加规定了关于不可能回避的错误的免责条项（第 113 条第 4 项），从而失去了将其理解为纯粹意义上的客观处罚条件的余地。还有，结果加重犯中"加重结果"的发生也曾经被解释为客观处罚条件㊷，但是由于 1953 年的《第三次刑法变更法律》（当时的《刑法》第 56 条——现行《刑法》第 18 条）要求对于加重结果至少应当存在过失，因而现在已经不存在将其包含在客观处罚条件之中的观点了。㊸

㊳　条文如下：

德国《刑法》第 323 条 a 第 1 项：故意或者过失通过酒精饮料或者其他麻醉剂使自己陷入酩酊状态的人，在该状态下实施违法行为，并且由于酩酊导致不具备责任能力或者不能排除这种可能性，因而不能以该行为为由对其予以处罚，处 5 年以下自由刑或者罚金。

第 2 项：所处刑罚不得重于其在酩酊状态下实施的行为的刑罚。

第 3 项：如果酩酊状态下实施的行为属于若不存在告诉、授权或者处罚要求则不受追诉的犯罪，如果不存在告诉、授权或者处罚要求，则该行为不受追诉。

㊴　作为有关本规定的日文文献，西原春夫：《德国刑法中的酩酊犯罪》，载西原春夫：《刑事法研究·第一卷》（1967 年）第 95 页以下〔初出·日本刑法学会编：《酩酊与刑事责任》（《刑法杂志》第 9 卷第 3·4 号）（1959 年）第 21 页以下〕。

㊵　Vgl., Bemmann, a. a. O.（Anm. 1），S. 35ff.，S. 40ff.，S. 42ff.

㊶　Vgl., Bemmann, a. a. O.（Anm. 1），S. 32ff.；Haß, Die Entstehungsgeschichte der objektiven Strafbarkeitsbedingung, a. a. O.（Anm. 1），S. 7ff.

㊷　作为将结果加重犯中的加重结果包含在客观处罚条件当中的观点，例如 Beling, a. a. O.（Anm. 7），S. 52, Fn. 1.。

㊸　另外，由于作为本书探讨对象的观点在年代上跨越了这些刑法修改的前后全过程，因此，除了论及现行法的观点之外，还包括以旧规定或者草案为研究对象的观点。

第四节　犯罪概念的各构成要素与客观处罚条件
　　　　——作为以下各章的指针

　　1. 正如以上学说状况的概观所示，"客观处罚条件"概念是在与（实质意义上的）"犯罪"概念的对比中把握的，它被消极地定义为不属于行为、构成要件、违法性（不法）以及责任的要素。因此，为了解明该当客观处罚条件的事由的法律性质，在与"犯罪"概念中的各个要素之间的关系上进行探讨，才是妥当的。

　　2. 首先，在"客观处罚条件"概念诞生之后的比较早的阶段，将其定义为"不属于行为的事由"的观点是有力的。

　　然而，这里所谓的"行为"，通常是指广义的行为。一般认为，结果犯中的"结果"就包含在这种广义的"行为"之中。那么，"结果"与"客观处罚条件"的区别在哪里呢？对此，或许有学者认为二者的区别在于与行为之间是否存在因果关系。但是，不存在因果关系是否构成归属于行为事象的障碍的问题，仍然存在探讨的余地。关于客观处罚条件与"行为"概念的关系问题，本书拟在第二章中加以探讨。

　　3. 现在的通说见解将客观处罚条件定义为"不属于构成要件的事由"。

　　但是，由于"构成要件"的概念是多义的，而且大多是形式性的，因此，无法通过为客观处罚条件赋予"存在于构成要件外部的事由"这一特征，来直接说明客观处罚条件的实体。可以说，客观处罚条件被认为不属于构成要件，或者是对其不属于行为的反映，或者是其与犯罪的违法性无关的归结，又或者是其被排除出故意对象的另一种表述。所以，在说明客观处罚条件与构成要件的关系时，不仅需要确定在何种意义上使用"构成要件"的概念，与此同时，参考其背后的实质性观点也是必不可少的。关于这一点，本书拟在第三章中对客观处罚条件与构成要件的关系问题加以考察。

4. 更具实质性的研究路径，是为客观处罚条件赋予"不属于不法的事由"或者"与违法评价无关的事由"等特征的观点。

这种观点的原型，可以从宾丁提倡的将刑罚法规中不属于规范违反的部分视为客观处罚条件的观点中找到。此后，如前文所述，随着不法构成要件概念的有力化，不法论成为有关客观处罚条件的讨论的核心。最近，客观处罚条件与不法论的关系问题，在"结果"的体系性地位这一脉络中也备受关注。结果犯中的"结果"的发生，一直以来都被当然地理解为构成不法的要素，然而，提倡贯彻人的不法论的立场则提出了新的问题："结果"不就是处于不法外部的客观处罚条件吗？该问题的提出是以（命令）规范论作为理论基础的。在这一点上，可以认为其与宾丁的观点都是以共同的问题意识为背景的。因此，在第六章中，本书拟以结果犯中的"结果"的体系性地位为线索，在与刑法规范的构造相关联的同时，对客观处罚条件与"不法"以及"违法性"之间的关系问题加以说明。

5. 另外，将客观处罚条件定义为"不属于责任的事由"或者"与责任无关的事由"的观点，也得到有力的主张。在客观处罚条件与责任的关系方面，主要存在以下两个问题。

第一，该当客观处罚条件的事由本身是否能够成为责任要素？关于这个问题，堀内捷三教授提倡的是将客观处罚条件作为责任要素还原于犯罪概念的观点。对此，本书拟在探讨我国尝试将客观处罚条件还原于犯罪概念的观点的第五章中加以考察。

第二，对于该当客观处罚条件的事由，故意·过失等责任关联是否有必要涉及？在与责任主义相调和这一关注焦点的背景下，这个问题成为当今有关客观处罚条件的讨论的核心所在。通说见解认为，客观处罚条件之所以不包含在责任关联的对象之中，是因为其原本就不属于不法。从语言层面上看，通说见解似乎并没有违背责任主义。但是，由于其未能对客观处罚条件不属于不法作出切合实际的说明，因而也就无法避免主次颠倒以及循环论证的质疑。另外，主张将客观处罚条件还原为不法的构成要素的观点，则必须从正面对责任主义的要求作出回应。关于以上客观处罚条件与责任主义的调和问题，本书拟在第四章中以新近德国的学说为线索加以探讨。

6. 以上列举的客观处罚条件的概念规定，均以实质性地将客观处罚条件排除出犯罪概念作为前提。相反，少数观点则主张将客观处罚条件还原为"犯罪"的概念要素。这些观点试图基于"可罚性"的考虑对"犯罪"概念予以实质化，从而为客观处罚条件提供归宿。因此，本书拟在第五章以"犯罪概念的实质化与客观处罚条件"为标题，对上述观点展开讨论。

7. 在进行学术研究时，为了明确考察对象，本应对作为对象的事物进行定义。然而，基于以下原因，不得不承认预先对作为研究对象的"客观处罚条件"概念作出定义是非常困难的：第一，"客观处罚条件"概念不具有确定的轮廓，通说也未对其作出积极且实质的定义。第二，定义"客观处罚条件"，有先行确定原本应当作为讨论结果的"客观处罚条件"的性格之嫌。第三，特别是从对"客观处罚条件"概念的存在意义持怀疑态度的立场来看，对"客观处罚条件"作出概念规定可能与其自身的立场相矛盾。基于上述理由，笔者决定放弃在本书中预先界定"客观处罚条件"的定义的做法，而是将通说列举作为客观处罚条件的各种事由的集合作为研究对象。在第七章"还原于犯罪概念的试论"中，本书采用的也是对于以事前受贿罪中的"就任公务员"以及破产犯罪中的"破产宣告的确定"为代表的实定法上规定的事由进行个别探讨的研究方法。另外，第八章拟通过探讨解释论上对于判例中出现的"破产宣告的确定"的处理情况，来验证第七章提出的试论的具体妥当性。

第二章 "行为"与客观处罚条件

1. 客观处罚条件通常被赋予不属于"行为"的要素的特征。例如，弗朗茨·冯·李斯特就将客观处罚条件定义为"独立于行为本身且应当附加于行为的外部事由"①；泉二新熊博士将"不构成行为要素的一定事实"称为（狭义的）处罚条件。②

2. 围绕着"行为"概念，通常讨论的是"行为"的属性（尤其是作为人体活动的狭义行为的属性）问题。然而，在与客观处罚条件的关系方面，"行为"在时空上的延展，即什么范围的事实能够成为犯罪评价（违法评价）的对象这一（广义的）客观归属③问题，则成为考察的重点。④ 通说见解是基于该当客观处罚条件的事由不属于"行为"范畴

---

① Franz von Liszt, Lehrbuch des deutschen Strafrechts, 2. Aufl. (1884), S. 168.

② 泉二新熊：《日本刑法论·总论〔订正三七版〕》（1924年）第271页。此外，主张客观处罚条件的主要特征在于其不属于"行为"的论著有：木村龟二（阿部纯二·增补）：《刑法总论〔增补版〕》（1978年）第129页；内田文昭：《改订·刑法Ⅰ〔总论〕》（1986年）第358-359页。

③ "客观归属"一词，也用于指称与相当因果关系相对置的规范性归属原理的场合。然而，本书则是在一般性地表示更为广泛的违法性评价的时空界限的意义上，使用"客观归属"这一概念的。

④ 关于行为论具有作为归属论的侧面，参见米田泰邦：《刑法行为论的三〇年》，载米田泰邦：《行为论与刑法理论》（1986年）第214页-215页；吉田敏雄：《犯罪论中的行为概念研究——以树立存在论的行为概念为目标》，载《北大法学论集》第22卷第4号（1972年）第101页。Vgl., Arthur Kaufmann, Die ontologische Struktur der Handlung. Skizze einer personaler Handlungslehre, in: Festschrift für Hellmuth Mayer (1966), S. 100-101〔作为介绍，上田健二：《关于阿图尔·考夫曼〈行为的存在论构造——人格行为论序说〉》，载《同志社法学》第26卷第1号（第102号）（1968年）第105页以下。作为日文翻译，浅田和茂译：《行为的存在论构造——人格行为论之素描》，载上田健二监译：《转型期的刑法哲学》（1993年）第36页以下〕。

的认识，从而将其分离出"犯罪"概念的。可以认为，这些事由不被归属于"行为"的理由在于它们不是由行为人引起的，在性质上与行为人的活动之间缺乏因果性。⑤ 的确，"犯罪"是指应当受到处罚的行为，因此，不属于"行为"的事由在概念上也无法归属到"犯罪"当中。另外，还可能存在这样的考虑，即让"犯罪"的成立受限于与"行为"无关的、对行为人而言纯属偶然的外部事实，是违背（广义的）责任主义的。但是，笔者认为，所谓的客观处罚条件是否是无法归属于行为事象的事由，仍然存在探讨的余地。

3. 本来，人体活动只有在与社会外界相关联的情况下，才能获得作为"行为"的意义。人的"思想"之所以被区别于"行为"，排除在处罚对象之外，就是因为其尚未与社会外界发生交涉。另外，就"不作为"而言——尽管难以发现身体活动本身的有体性——由于违背期待、放任因果进程的活动能够对社会外界产生影响，于是就可以因为其具有社会现实性，从而肯定"行为"性的存在。所谓"行为"，无外乎通过人们的活动施加于社会外界，从而对其产生影响以及作用。⑥

这样一来，只要将"行为"理解为"人的活动与社会外界的交涉"，那么，"行为"的含义亦即决定行为的社会影响及作用的要因，就不仅限于人体活动方面，同时也存在于社会外界。例如，妨害灭火罪（《刑法》第 114 条）中规定的"火灾之时"等行为状况，虽然不是起因于行为人的身体活动，但是其作为决定行为的社会影响的要因，仍然被理解为构成行为事象的一环。因此，对于将客观处罚条件置于行为事象的内部，并据此而定位于犯罪概念的内部而言，与身体活动之间缺少因果性这一点不构成决定性障碍。⑦

---

⑤ Vgl., Ernst Blume, Tatbestandskomplemente (1906), S. 16.
⑥ 参见米田泰邦：《刑法中的行为概念的实践意义——为了社会行为论》，载米田泰邦：《行为论与刑法理论》(1986 年) 第 53 页〔初出・《司法研究所创立二〇周年纪念论文集・第三卷》(1967 年)〕。
⑦ 参见内藤谦：《刑法讲义总论（上）》(1983 年) 第 215 页。Vgl., Theodor Rittler, Strafbarkeitsbedingungen, in: Festgabe für Reinhard von Frank zum 70. Geburtstag, Bd. 2 (1930), S. 231.

上编　关于所谓的客观处罚条件

而且，只要承认"行为"的含义应当根据社会影响以及作用来判断，就没有理由将纳入考量范畴的外部要因限定为那些与身体活动同时存在的因素。因为，人的活动所产生的影响以及作用，会因该活动之后出现的情况而发生变化。所以，客观处罚条件通常是发生在（狭义的）行为之后的事实这一点，也不构成将其纳入行为事象的决定性障碍。

4. 那么，应当在哪里寻求作为社会事象的"行为"的时空界限呢？

社会行为论的主要倡导者迈霍菲尔认为，所谓行为，是指"客观上可能预见的、指向社会性结果的、客观上可能支配的活动"⑧。于是，根据社会行为论以及客观的目的行为论，在客观上可能预见且客观上能够成为目的的范围内，可以将对于社会外界的影响以及作用作为行为人的"活动"，归属于行为。⑨ 然而，如前所述，虽然行为的社会作用可能受到外部因素的左右，但是当行为的社会作用因客观上不可预见的外部因素的介入而发生变化时，其社会作用本身就丧失了客观的预见可能性，不得归属于行为。相反，人类活动的社会作用即使因客观上可能预见的外部因素而发生变化，其作用也处于预见可能性的范围之内，仍然不失为行为人的"活动"⑩。所以，应当在客观上可能预见的、因而在客观上可能利用的限度内，对决定行为的社会作用的外部因素加以考虑。

这样一来，只要是以当今获得广泛支持的社会行为论以及客观的目的行为论⑪作为前提，就可以认为被视为客观处罚条件的事由作为客观

---

⑧ Werner Maihofer, Der soziale Handlungsbegriff, in：Festschrift für Eberhard Schmidt zum 70. Geburtstag (1961), S. 178.

⑨ 关于作为"活动"的行为，米田律师认为，"其最大限度是处于人类一般的预见可能（客观目的性）的范围内的事实"，"只有这种社会事象才能作为'活动'归属于行为人"（米田・前揭注⑥第 54 页）。

⑩ 因果关系论中的相当因果关系说，就是对行为概念的时空界限予以具体化的观点。

⑪ 采纳社会行为论的论著有：佐伯千仞：《四订・刑法讲义（总论）》（1981 年）第 149 页；米田泰邦：《刑法的行为概念的条件——通往社会行为论之路》，载米田泰邦：《行为论与刑法理论》（1986 年）第 1 页以下〔初出・《司法研修所创立一五周年纪念论文集・下卷》（1963 年）〕；米田・前揭注⑥第 25 页以下；西原春夫：《刑法总论〔改订版・上卷〕》（1991 年）第 89 页以下等。主张客观的目的行为论的论著者，内田・前揭注①第 83 页。另外，可以认为，社会行为论和客观目的行为论在实体上并不存在差异，根据行为的作用"对象"命名的是社会行为论，从行为人方面体现行为作用的界限的是客观的目的行为论（参见米田・前揭注④第 221 页注①）。

的预见可能性以及客观的利用可能性的框架内决定行为对于社会外界的影响以及作用的要因,能够成为全部行为事象中的一环。另外,关于客观处罚条件的归属问题,本书拟在第七章中结合客观处罚条件在不法构造内部的地位,进行更为具体的论述。

第三章 "构成要件"与客观处罚条件
——以客观处罚条件概念确立期的学说为素材

序　说

如前所述，客观处罚条件通常被定义为不属于"构成要件"的要素。尤其是在有关客观处罚条件的通说见解得以确立的 20 世纪初期，对于客观处罚条件的讨论是以"构成要件"的概念为中心展开的。因此，本章拟以通说见解确立期的德日的学说作为素材①，对"构成要件"与客观处罚条件的关系问题加以探讨。

---

① 关于客观处罚条件的学说史，参见第一章第三节第 34 页注①中列举的文献。与本章相关的重要文献有：佐伯千仞：《客观处罚条件》，载佐伯千仞：《刑法中的违法性理论》(1974 年) 第 154 页以下〔初出·《法学论丛》第 36 卷第 1 号、第 2 号 (1937 年)〕；齐藤诚二：《关于客观处罚条件的备忘录 (一)》，载《成蹊法学》第 1 号 (1969 年) 第 135 页以下；堀内捷三：《责任主义与客观处罚条件》，载《团藤重光博士古稀祝贺论文集·第二卷》(1984 年) 第 142 页以下；北野通世：《客观处罚条件论 (一) (二) (三)》，载《山形大学纪要 (社会科学)》第 24 卷第 1 号 (1993 年) 第 23 页以下、第 25 卷第 1 号 (1994 年) 第 29 页以下、第 25 卷第 2 号 (1995 年) 第 107 页以下；Gerhard Haß, Die Entstehungsgeschichte der objektiven Strafbarkeitsbedingung. Eine literägeschichtliche Darstellung (1969)；Heinrich Schweikert, Die Wandlungen der Tatbestandslehre seit Beling (1957)。

第一节　德国的学说

第一款　"价值中立的构成要件"与客观处罚条件

1. 众所周知，作为犯罪成立要件之一的"构成要件"的概念，是贝林在其著作《犯罪论》中提出的。基于保障当时的德国《刑法》第2条规定的罪刑法定主义这一目的，贝林确立了"构成要件"的概念。所以，对于贝林而言，所谓"构成要件"，就是指犯罪类型的轮廓①，亦即对犯罪予以类型化的要素的总体②，"是有助于个别化目的的法命题要素"③。

然而，贝林还承认存在一种虽然被实定法明文规定，却不属于"构成要件"的要素，并将其命名为"刑罚威吓条件（Strafdrohungsbedingungen）"④。这就相当于通说所谓的客观处罚条件。

根据贝林的观点，刑罚威吓条件不属于行为、构成要件该当性、违法性、责任以及刑罚威吓适合性（Passen einer Strafdrohung）中的任何一方，而是继它们之后处于第六位的犯罪要素。⑤ 而且，刑罚威吓条件与构成要件该当性等的区别"对于故意的问题而言，具有尤为显著的意义"，"对纯粹的刑罚威吓条件不要求任何心理关联，只要其事实上存在即可"⑥。贝林将这种刑罚威吓条件区分为与所有犯罪均相关的绝对的刑罚威吓条件和仅与特定犯罪相关的相对的刑罚威吓条件。作为前者，他列举的适例是紧急避险状况（当时的德国《刑法》第54条）的

---

① Ernst Beling, Die Lehre vom Verbrechen (1906), S. 110.
② Beling, a. a. O. (Anm. 1), S. 3.
③ Beling, a. a. O. (Anm. 1), S. 181.
④ Beling, a. a. O. (Anm. 1), S. 51ff.
⑤ Beling, a. a. O. (Anm. 1), S. 52.
⑥ Beling, a. a. O. (Anm. 1), S. 53.

不存在；作为后者，他列举的适例有：在国内实施违警罪、参与斗殴罪中的"死亡结果"、破产犯罪中的"破产程序的开始"以及结果加重犯中的"加重结果"等。⑦

贝林指出，"刑罚威吓条件的目录下包含着极其繁杂的要素"，"尽管如此，认为将这些要素统合在一个统一的名称之下没有任何意义的指责仍然是欠妥当的"。因为，"所有这些要素在与位于之前阶层的五个犯罪概念要素毫无关联……以五个犯罪概念要素的存在为前提，仅仅是为可罚性本身提供条件的方面，是具有共性的"⑧。

所以，"刑罚威吓条件首先就与'构成要件'的要素形成了鲜明的对比。刑罚威吓条件与构成要件之间存在一条难以逾越的鸿沟（eine tiefe Kluft）"⑨。但是，关于某种事由是构成要件要素还是刑罚威吓条件的问题，贝林以"无法得出明确的区别标准"为由，仅仅提供了以下解释上的"线索（Anhaltspunkte）"：首先，"与行为人的行为（das täterischen Verhalten）之间的关系不密切、非先于行为存在、其本身属于存在于刑法外部的事实——例如停止支付和破产程序开始，就与构成要件无关"。其次，"结果既可以成为构成要件要素，也可以成为刑罚威吓条件"，至于应当如何解释的标准问题，则取决于该结果对于犯罪形象（Verbrechensbild）本身而言是否是本质性的。"先于行为存在的事象通常都与行为人的行为密切相关，因而原则上与构成要件不无关系"⑩。

2. 以上即为贝林在《犯罪论》中对于客观处罚条件（刑罚威吓条件）与构成要件概念的关系的论述。然而，正如经常受到的指责那样，这里暴露出贝林所倡导的构成要件概念中存在矛盾。

既然该当刑罚威吓条件的事由也是实定法上明文规定的处罚要件，就必须包含在罪刑法定主义所保障的对象当中。因此，只要是以

---

⑦ Beling, a. a. O. (Anm. 1), S. 53-54. 关于结果加重犯，S. 52, Fn. 1.
⑧ Beling, a. a. O. (Anm. 1), S. 58. 标有着重号的部分在原文中使用的是隔字体。
⑨ Beling, a. a. O. (Anm. 1), S. 58-59.
⑩ Beling, a. a. O. (Anm. 1), S. 59-60.

目的纯粹在于确保罪刑法定主义的"保障构成要件（Garantietatbestand）"⑪作为前提，刑罚威吓条件就应当属于构成要件。⑫⑬而且，作为表述该犯罪类型的特征的要素，参与斗殴罪中的"死亡结果"、破产犯罪中的"破产程序的开始"以及结果加重犯中的"加重结果"等分则规定的刑罚威吓条件，有助于"犯罪类型的轮廓"的形成，这一点是毋庸置疑的。⑭所以，分则中的刑罚威吓条件就应当属于"个别化构成要件"⑮。这样一来，从贝林将"构成要件"理解为保障罪刑法定主义的"犯罪类型的轮廓"这一出发点来看，就不得不认为将（至少是分则中的）刑罚威吓条件排除在"构成要件"之外是没有理由的。

贝林为何宁可造成这样的矛盾，也要坚持将刑罚威吓条件从构成要件中排除出去呢？归根到底，无非就是他想将刑罚威吓条件排除在故意的认识对象之外。当时的德国《刑法》第59条（现行《刑法》第16条）规定，故意犯的成立必须具有对属于"构成要件"的行为状况的认识。于是，在该当刑罚威吓条件的事由不得成为故意的对象这一既定的前提之下，贝林认为，"如果将这些要素归属于构成要件，就会与《刑法》第59条产生不可调和的矛盾"⑯。⑰另外，根据贝林将

---

⑪ 关于"保障构成要件"，Vgl., Dietrich Lang-Hinrichsen, Tatbestandslehre und Verbotsirrtum, JR 1952, S. 302ff.（insb. S. 307）。

⑫ 明确主张客观处罚条件属于"保障构成要件"的是，Johannes Wessels, Strafrecht Allgemeiner Teil, 25. Aufl.（1995），S. 31。

⑬ 另外，在将仅以确保罪刑法定主义为目的的"保障构成要件"作为重点的场合，除了通常的构成要件要素以外，刑事责任年龄、违法性阻却事由以及责任阻却事由等，只要是被制定法所规定的，就都属于"构成要件"（参见林干人：《构成要件该当事实的错误与违法性的错误》，载林干人：《刑法的基础理论》（1995年）第61页以下（特别是第69页）〔初出·警察研究》第63卷第2号、第3号（1992年）〕）。

⑭ Vgl., Hermann Bruns, Kritik der Lehre vom Tatbestand（1932），S. 29；Gerhard Haß, Die Entstehungsgeschichte der objektiven Strafbarkeitsbedingung. Eine literägeschichtliche Darstellung（1969），S. 53—55。

⑮ 这里所谓的"个别化"，不仅仅是指将某种犯罪类型与其他犯罪类型相区别，还包括将某种犯罪类型与其不可罚的情形相区别。

⑯ Beling, a. a. O.（Anm. 1），S. 201。

⑰ 参见泷川幸辰：《改订·犯罪论序说》（1947年）第51页。Vgl., Haß, a. a. O.（Anm. 14），S. 53；Heinrich Schweikert, Die Wandlungen der Tatbestandslehre seit Beling（1957），S. 23。

结果加重犯中的加重结果理解为刑罚威吓条件并排除在构成要件之外⑱这一点，也可以证明他实际上是基于"规制故意的构成要件"的观念来论述刑罚威吓条件的。虽然贝林将"保障构成要件"以及"个别化的构成要件"作为出发点，但是在与刑罚威吓条件的关系上，他却放弃了这一出发点，而仅仅将"规制故意的构成要件"作为前提。在此，可以发现由"构成要件"概念的多义性而导致的概念混同以及偷换概念的现象。⑲

然而，"构成要件"要发挥故意规制机能，决定哪些要素属于构成要件的基准就是必不可少的。但是，贝林并没有提供划定"构成要件"的外延的基准。虽然他提示出与行为人的行为的关联性这一"线索"，然而，所谓的与行为的关联性的实体却并不明确，根本无法称之为"基准"。而且，从将结果加重犯中的加重结果归入刑罚威吓条件这一点来看，也不能认为贝林本人实际上是以"与行为的关联性"为基准来区别构成要件和刑罚威吓条件的。

在贝林作为前提的形式的、价值中立的"构成要件"概念中，原本就不包括区别属于构成要件的事由和不属于构成要件的事由（刑罚威吓条件）的标准。正如施奈德指出的那样，"贝林采用的考察方法是纯粹形式的-理论的，是以法定要素的外部性质为基础的"，"根据这种考察

---

⑱ Beling, a. a. O. (Anm. 1), S. 52, Fn. 1.
⑲ 在后来的单行论文《构成要件的理论》中，贝林承认自己混淆了两个"构成要件"的概念，并修正了原来的观点（Ernst Beling, Die Lehre vom Tatbestand (1930)）。他将前著中赋予"构成要件"的两个相互矛盾的机能分配给"犯罪类型（Delikttyps）"和"指导形象（Leitbild）"这两个概念。"犯罪类型"以保障罪刑法定主义为目的，是由所有有助于个别化的主客观要素构成的（S. 1ff.）。由于该当客观处罚条件的事由也是对可罚的行为予以类型化、个别化的要素，因此属于"犯罪类型"。而"指导形象"则是由"犯罪类型"中的客观要素和主观要素统合而成的（S. 3ff.）。只有这种"指导形象"才是作为故意对象的"法定构成要件"（S. 4）。由于缺少与之相对应的主观方面，因此，该当客观处罚条件的要素不属于作为"指导形象"的法定构成要件（S. 19）。总之，贝林晚年的观点中值得注意的是，他一方面将客观处罚条件排除在名为"指导形象"的"规制故意的构成要件"之外；另一方面，则将其还原于作为犯罪成立要件的构成要件，即"犯罪类型"——违法·有责类型——当中。

方法对构成要件要素和客观处罚条件进行有意义的区别是不可能的"[20]。[21] 因此，关于某要素是否属于构成要件的问题，就只能由是否应当将其纳入故意的对象之中——论者所期待的——的结论来决定。但是，这不能成为对故意的对象进行的规制。因为，一方面根据是否包含在故意的对象当中来决定构成要件的范围，另一方面，又根据是否属于构成要件来划定故意的对象的范围，这完全就是循环论证。"构成要件"概念只有在根据其他观点划定其外延之后，才能够对故意的对象进行规制。[22]

3. 综上所述，以"价值中立的构成要件"为前提、将构成要件和客观处罚条件相对置的观点是存在局限性的。也就是说，如果要求"价值中立的构成要件"发挥保障机能以及个别化机能，就会与将客观处罚条件排除在构成要件之外的结论[23]相矛盾；如果追求"价值中立的构成要件"发挥故意规制机能，就会在故意对象的范围问题上不可避免地陷入循环论证，为恣意解释大开方便之门。

然而，陷入循环论证以及理论颠倒的问题，并不是提倡价值中立的构成要件的论者所固有的。即使是那些将构成要件作为不法类型把握的论者，由于他们以该当客观处罚条件的事由不能成为故意的对象作为既定的前提，并且自始至终都只是在说明其理由，因

---

[20] Christof Schnaidt, Die objektiven Bedingungen der Strafbarkeit dargestellt im Zusammenhang mit der dogmatischen Entwicklung in der Verbrechenslehre (1949), S. 70.

[21] 针对贝林的观点，佐伯千仞博士在指责其倡导的"构成要件"概念具有多义性、不确定性的同时，还批判道："即使试图在相关的观点中明确处罚条件与 Tatbestand 之间的界限，也是不可能的。实际上，不得不采取与行为人的责任无关的犯罪要素是处罚条件这种个别方向的考察"（佐伯千仞：《客观处罚条件》，载佐伯千仞：《刑法中的违法性理论》（1974年）第162页〔初出·《法学论丛》第36卷第1号、第2号（1937年）〕）。Vgl., Schweikert, a. a. O. (Anm. 17), S. 23.

[22] 关于对构成要件进行价值中立的把握的问题性，参见本章第三节三3（第75页以下）。

[23] 在我国，强调"构成要件"具有形式的、价值中立的性格的内田文昭教授也认为，"无论是事前受贿，还是破产犯罪，那些被视为'处罚条件'的客观事实都是由各分则条文加以明确规定的，在这个意义上确实可以将它们都视为'构成要件'要素"。但是，最终他却得出"将其视为犯罪成立之外的可罚性的条件是基于体系有序性的考虑不得已之举"的结论（内田文昭：《改订·刑法Ⅰ（总论）》（1986年）第358-359页）。

此，他们也无法完全克服循环论证以及理论颠倒的问题。㉔ 可以说，当今作为通说见解的处罚限制事由说依然延续了这种循环论证的问题。㉕

第二款 "作为不法类型的构成要件"与客观处罚条件

1. 众所周知，贝林学派倡导的形式的、无价值的"构成要件"概念的局限性问题逐渐为人们所认知，于是，将"构成要件"作为"不法类型"进行实质性理解的立场，就取得了通说地位。㉖

伴随着构成要件概念的实质化倾向，围绕客观处罚条件所展开的讨论也走上了实质化的道路。在这种实质化倾向中，存在两股相互对照的潮流。第一股潮流，是在继承通说将客观处罚条件排除在"构成要件"之外的框架的同时，试图根据违法性的实质的观点来探究区别客观处罚条件与构成要件要素的基准的观点。属于这股潮流的有黑格勒的学说㉗和里特勒的学说。㉘ 第二股潮流，是指出该当客观处罚条件的要素在实质上构成了行为的违法性，从而试图将其作为不

㉔ 为了使将"构成要件"作为违法类型的理解有意义，就不能仅仅将构成要件的内容与违法性相结合，还必须从实质上对违法性加以把握。初期的违法类型说对于违法性的理解大多是形式的，因而其中也明显存在与价值中立的构成要件相同的循环论证的问题。例如，将构成要件理解为违法类型并提倡一种消极的构成要件理论的鲍姆加腾对客观处罚条件作出如下定义："所谓客观处罚条件，是指立法者基于某种理由不要求对其存在故意关联，因而无法为构成要件要素的范畴所包摄的犯罪要件"（Arthur Baumgarten, Aufbau der Verbrechenslehre（1913）, S. 187-188. 着重号系笔者标注）。在将构成要件理解为违法性的认识根据的 M. E. 迈耶的教科书的论述中，也可以发现同样的倾向（Max Ernst Mayer, Der allgemeine Teil des deutschen Strafrechts（1915）, S. 100-101）。

㉕ 参见上编第四章第一节第三款 2（第 92 页以下）。

㉖ 关于"构成要件"概念的实质化过程，参见西原春夫：《犯罪论的定型性思考的界限》，载《齐藤金作先生还历祝贺论文集》（1963 年）第 159 页以下（特别是第 172 页以下）。

㉗ August Hegler, Die Merkmale des Verbrechens, ZStW 36（1915）, S. 19ff., S. 184ff.

㉘ Theodor Rittler, Der Grundsatz der Schuldhaftung und die objektiven Bedingungen der Strafbarkeit, ÖZStW 8（1920）, S. 323ff.；ders., Strafbarkeitsbedingungen, in: Festgabe für Reinhard von Frank zum 70. Geburtstag, Bd. 2.（1930）, S. 1ff.

法类型还原于构成要件的观点。这股潮流的先驱，是绍尔的学说㉙和兰德的学说㉚。另外，从实质上看，麦兹格主张的客观处罚条件是位于"极其接近构成要件之处（in nächste Nähe des Tatbestandes）"的要素，并赋予其构成要件的"附属物（Annex）"的特征的观点㉛，也可以归入第二股潮流。

下面，本书拟对突出体现"构成要件"的实质化倾向与客观处罚条件的性格之间的关联性的黑格勒的观点和绍尔的观点进行探讨。

2.（1）黑格勒主张的犯罪理论的方法论基础，是在图宾根学派的"利益法学"的影响下形成的目的论的考察方法。㉜ 基于这种目的论的考察方法，黑格勒认为违法性的实质在于社会有害性（Gesellschaftsschädlichkeit），亦即对于以国家的形式组织形成的社会所造成的侵害,㉝ 并在此基础上将"构成要件"理解为这种社会有害性的征表（Kennzeichen）。㉞

黑格勒试图通过与这种作为不法类型被予以实质化的"构成要件"进行对比，从而明确揭示客观处罚条件的实质的-目的论的意义。他主张，虽然客观处罚条件"存在于具有利益侵害性且对社会有害的行为人的行为的外部"，但是"仍然属于构成可罚性的条件"的要素。㉟ 而且，客观处罚条件的共性体现为"以超越有害社会的行为本身以及该行为的

㉙ Wilhelm Sauer, Grundlagen des Strafrechts nebst Umriß einer Rechts-und Sozialphilosophie (1921), S. 350ff.；ders., Die beiden Tatbestandsbegriffe —Zur Lehre von den äußeren Strafbarkeitsvoraussetzungen, in：Festschrift für Edmund Mezger (1954), S. 117ff.

另外，在较为忠实于绍尔的观点的立场上完成的学位论文有：Albert Korilla, Die Bedingungen der Strafbarkeit. Ein Beitrag zur Lehre vom Tatbestand (1929)（insb. S. 48ff.）；Helmut Rheindorf, Die objektiven Bedingungen der Strafbarkeit und die strafprozessualen Prozeßvoraussetzungen außerhalb der Strafprozeßordnung (1929)（insb. S. 10ff.）。

㉚ Erich Land, System der äußeren Strafbarkeitsbedingungen. Ein Beitrag zur Lehre vom Tatbestand (1927), S. 19ff.

㉛ Edmund Mezger, Strafrecht. Ein Lehrbuch, 2. Aufl. (1933), S. 177ff.

㉜ Vgl., Schweikert, a. a. O. (Anm. 17), S. 48.

㉝ Hegler, a. a. O. (Anm. 27), S. 31.

㉞ Hegler, a. a. O. (Anm. 27), S. 35. 此外，黑格勒还使用了与"构成要件"相当的"犯行记述（Deliktsbeschreibung）"这一概念。

㉟ Hegler, a. a. O. (Anm. 27), S. 223.

非难可能性的、极为特殊的原因为基础的要求被提升为刑法上的要件"㊱。

在目的论的考察方法的基础上，黑格勒又进一步对各个客观处罚条件的实质性根据进行了探讨，并根据内容的不同将其分为三种类型。第一种类型是基于以下理由而被规定的情形，即一般看来，虽然能够根据构成要件记述的行为认定其具备充分的社会有害性，但是，"通常还不能认为其已经具备了必要程度的严重性，对此还有必要作出特别的补充"㊲。他将这种类型的客观处罚条件命名为"征表的要素（symptomatische Momenten）"。"此时，处罚条件具有征表（Kennzeichen）存在真正重大的利益侵害的机能"。属于这种类型的事由包括：不告发犯罪计划的犯罪（德国《刑法》第139条）中的"该犯罪的实行"、挑发决斗罪（德国《刑法》第210条）中的"决斗的实施"、参与斗殴罪（德国《刑法》第227条）中的"死亡或者重伤"，以及破产犯罪（德国《破产法》第239条）中的"支付停止"等。㊳ 第二种类型是由于"将侵害纯粹的外国利益作为对象"，因此，国家只有在由处罚条件指示的特别要因存在的情况下才能够介入的情形。㊴ 这种类型适例包括：国外犯中的行为人是"本国国民"（德国《刑法》第4条第2号）与敌对外国的犯罪（德国《刑法》第102条、103条）中的"互惠主义的保障"等。㊵ 第三种类型是处罚条件"表现为二重否定的归结（Ergebnis einer doppelten Verneinung）"的情形。此时，"由于存在着与进行处罚相对立的反对利益，因此，只有在该反对利益消灭以后，才能产生处罚的契机"。例如，相对于以诱拐罪为理由的处罚，存在着尊重诱拐者和被诱拐者之间的婚姻关系这种对立的利益，因此，该婚姻被宣告无效就被规定为处罚条件。㊶

㊱ Hegler, a. a. O. (Anm. 27), S. 224. 另外，附有着重符号的部分在原文中是隔字体（下同）。
㊲ Hegler, a. a. O. (Anm. 27), S. 225–226.
㊳ Hegler, a. a. O. (Anm. 27), S. 226, Fn. 125a. 所有条文均为当时刑法的规定（下同）。
㊴ Hegler, a. a. O. (Anm. 27), S. 226–227.
㊵ Hegler, a. a. O. (Anm. 27), S. 227, Fn. 126.
㊶ Hegler, a. a. O. (Anm. 27), S. 227–228. 当时的德国《刑法》第238条规定："当拐卖者与被拐卖者结婚时，如果婚姻未被宣告无效，则不得追诉。"另外，基于相同的考虑，黑格勒将《刑法》第170条中的"婚姻的取消"和第172条中的"离婚"也列举作为处罚条件的适例（S. 228, Fn. 127）。

另外，针对贝林和鲍姆加腾提倡为客观处罚条件赋予不为责任包摄的要素这一特征的观点，黑格勒基于实质的-目的论的方法论的立场提出以下批判：客观处罚条件不为责任包摄"是次要的，这不过是行为不具有社会有害性的效果（Folge）而已"，如果以不为责任包摄这一特征作为根据，那么，原本不应包含在客观处罚条件当中的结果加重犯中的加重结果也将归入其中。㊷

（2）上述黑格勒的观点以实质的-目的论的考察方法取代了贝林等学者所采用的形式的-范畴论的考察方法，在探究客观处罚条件被加以规定的"根据"的同时，还试图明确区别构成要件要素与客观处罚条件的实质性基准，因此，在学术史上具有一定意义。㊸

但是，在区别构成要件要素与客观处罚条件的具体场合，这种实质的-目的论的考察方法是否得到贯彻，是存在疑问的。㊹ 例如，黑格勒将不告发犯罪计划的犯罪中的"该犯罪的实行"、挑发决斗罪中的"决斗的实施"以及参与斗殴罪中的"他人死亡或者重伤"等事由解释为征表性要素，据此将其排除在作为不法类型的构成要件之外。但是，这些事由不仅仅是"重大利益侵害"的征表，而且恰恰就是法律意图防止的"重大利益侵害"本身，是构成社会有害性的要素。㊺ 另外，黑格勒一方面将客观处罚条件视为重大利益侵害的"征表"，另一方面将构成要件作为违法性（即社会有害性）的征表，但是，二者的区别在哪里呢？只要这些疑问得不到解决，就无法明确客观处罚条件与构成要件以及违法性之间的区别。

黑格勒解释为客观处罚条件的事由与贝林根据形式的-范畴论的考察方法定性为客观处罚条件的事由——除结果加重犯以外——基本上是

㊷ Hegler, a. a. O. (Anm. 27), S. 224, Fn. 123.

㊸ 参见堀内捷三：《责任主义与客观处罚条件》，载《团藤重光博士古稀祝贺论文集·第二卷》（1984年）第145页。

㊹ Haß, a. a. O. (Anm. 14), S. 67.

㊺ 黑格勒认为，将这些事由定性为客观处罚条件的根据之一，在于认定其与行为之间存在因果关系是困难的（Hegler, a. a. O. (Anm. 27), S. 225, Fn. 123）。但是，这种考虑与社会有害性是无关的。

完全重合的。但是，正如哈斯所指出的那样，如果试图基于实质的-目的论的观点重新建构犯罪论，就有必要对客观处罚条件的存在与否以及范围等问题进行再检讨。[46]

这样看来，黑格勒的观点是以得到一般性承认的客观处罚条件作为既定的前提，试图仅仅根据"社会有害性"这一概念对其予以追认。因此，他仍然未能脱离循环论证的窠臼。

3.（1）与黑格勒一样，绍尔也是从实质的-目的论的考察方法出发的。然而，与黑格勒形成鲜明对比的是，他的研究方向是将客观处罚条件还原于作为违法类型的构成要件。

在将违法性实质性地定义为社会危险性或者社会有害性的基础上，绍尔主张对这种实质的违法性予以类型化的是"广义的构成要件"。因此，"立法者认为达到与刑罚相结合的程度的、对国家和社会存在危险或者有害的要素"，亦即"从立法者的立场来看，那些客观上当罚的要素均属于广义的构成要件"[47]。

在这个前提下，绍尔以实定法中规定的若干要素为例，对客观处罚条件（äußere Strafbarkeitsvoraussetzungen）是对当罚程度的违法性予以类型化的（广义的）构成要件要素进行了论证。

首先，关于通奸罪（德国《刑法》第172条），法律规定将"因通奸（wegen Ehebruch）"而导致离婚作为要件。绍尔认为，从这一点来看，通奸本身并不是当罚的（如果是，就会出现通奸罪的数量激增却不可处罚而被搁置的情形），只有在"通奸产生了对社会有害的作用以后，即破坏了婚姻关系以后"，才具有当罚性。因此，"这种客观处罚条件属于实质的违法性，进而也属于作为其类型化的（广义的）构成要件"[48]。

其次，在破产犯罪中，之所以将"支付停止"以及"破产程序的开始"规定为要件，是因为"根据立法者的意思，仅有个别列举的侵害债

---

[46] Haß, a. a. O. (Anm. 14), S. 67.
[47] Sauer, Die beiden Tatbestandsbegriffe, a. a. O. (Anm. 29), S. 119.
[48] Sauer, Die beiden Tatbestandsbegriffe, a. a. O. (Anm. 29), S. 119–120. 另外，基于通奸与离婚之间需要存在因果关系的理由，绍尔也反对将"离婚"理解为诉讼条件的立场。

权人的行为，尚不能认为具备了与特别的刑罚相结合的程度的社会有害性，只有在更为严重的损害……发生时，才具备那种有害性”㊾。

这样看来，绍尔虽然将客观处罚条件作为为犯罪行为的（当罚程度的）社会有害性提供基础的事实还原为广义的构成要件要素，却又认为对其无须存在故意。根据绍尔的观点，“在（广义的）构成要件内部，可以划定出一个特别重要且较为狭窄的范围，即能够称之为狭义的构成要件的责任领域，这才是责任的对象，该当于第 59 条所规定的行为状况”㊿。“虽然这种仅将较为狭窄的部分理解为构成要件的反对说仍然立足于根据责任，甚至是错误（第 59 条）来决定构成要件这一尚不成熟的立场，但是，构成要件确实应当被理解为一般的犯罪要素或者刑罚的要件，尤其是不法的类型性标志（typische Ausprägung des Unrechts）。”(51) 以“构成要件”概念的双义性作为前提，绍尔将客观处罚条件视为属于广义的构成要件，却不属于狭义的构成要件的要素，由此将其排除在故意的对象之外。

60 最后，绍尔根据客观处罚条件与狭义的构成要件之间的间隔程度（客观性的程度），将其区分为以下三种类型。

第一，“距离狭义的构成要件最近的要素，虽然不为责任所包摄，但是由于其体现了与责任之间的关联性（Beziehung zur Schuld），因而是可能被责任包摄的。”对于这种类型，可以作进一步的细分：其一，因果关系和责任非难的可能性同时存在的情形。结果加重犯（德国《刑法》第 226 条、第 178 条等）中的加重结果属于这种情形。其二，虽然存在因果关系，但由于是将来发生的事实而不具有责任的情形。因通奸或者结婚欺诈而导致离婚（同第 170 条、第 172 条）、不告发计划犯罪的犯罪的实行（同第 138 条）和不履行监督职责的犯罪的实行（同第 143 条）等，属于这种情形。其三，属于规范要素的情形。职务行为的适法性（同第 113 条、第 110 条）、公务员的权限（Zuständigkeit）（同第 116 条、第 137 条、第 153 条、第 154 条、第 156 条）、文书的法律

㊾ Sauer, Die beiden Tatbestandsbegriffe, a. a. O. (Anm. 29), S. 120-121.

㊿ Sauer, Die beiden Tatbestandsbegriffe, a. a. O. (Anm. 29), S. 123.

(51) Sauer, Die beiden Tatbestandsbegriffe, a. a. O. (Anm. 29), S. 123-124.

重要性以及作为证据的真实性（同第 267 条）和名誉毁损罪中的证明不可能性（同第 186 条）等，都属于这种情形。(52)

第二，“距离狭义的构成要件稍远的要素，虽然其被规定为不要求存在因果关系（kausalfrei）的情形，但是规定需要存在因果关系也是可能的。”这种类型可以细分为由结果构成的要素（同第 227 条、第 115 条、第 210 条、第 330 条 a）和规范性要素——支付停止以及破产程序的开始（德国《破产法》第 239 条以下）。(53)

第三，“距离狭义的构成要件最远的要素”体现了“纯然的客观性”，“责任关联和因果关联均不存在”。这种类型也可以再细分为掠取·诱拐罪（德国《刑法》第 238 条）中的宣告婚姻无效和行为的地点·时间（第 3 条以下）等事实性要素，以及外国法律中处罚规定的存在（同第 3 条第 2 项、第 4 条第 2 项）和互惠主义的保障（同第 102 61
条、第 104 条 a）等规范性要素。(54)

（2）上述绍尔的观点，以实质的-目的论的考察方法为基础，明确指出该当客观处罚条件的事由影响了行为的社会有害性，主张将其还原于“作为不法类型的构成要件”（广义的构成要件），这一点尤其值得关注。(55) 通过将客观处罚条件解释为不法构成要件的要素，他在赋予犯罪

(52) Sauer, Die beiden Tatbestandsbegriffe, a. a. O. (Anm. 29), S. 125. 另外，所有条文均为当时的规定（下同）。

(53) Sauer, Die beiden Tatbestandsbegriffe, a. a. O. (Anm. 29), S. 126.

(54) Sauer, Die beiden Tatbestandsbegriffe, a. a. O. (Anm. 29), S. 126.

(55) 众所周知，在将客观处罚条件还原于可罚的违法类型时，佐伯千仞博士积极地援用了绍尔的观点（佐伯·前揭注㉑第 175-179 页）。

此外，佐伯博士援用的是绍尔于 1921 年出版的著作《刑法的基础》（Grundlagen des Strafrechts, a. a. O. (Anm. 29)），而本书介绍的则是其 1954 年发表的论文《两种构成要件概念》。两部作品之间虽然有相当长的时间间隔，但观点基本上是一致的，没有重要的变更。然而，在《两种构成要件概念》一文中，可以看到论者的观点在以下两个方面有所发展：其一，（如其标题所示）广义和狭义的构成要件被明确地加以区分，二者与客观处罚条件之间的关系也得到说明；其二，根据因果关联和责任关联的观点，客观处罚条件被细致地分类。这两点均受到兰德于 1929 年发表的单行论文《外部的处罚条件的体系》（Land, System der äußeren Strafbarkeitsbedingungen, a. a. O. (Anm. 30)）的影响。

萨克斯的见解继受了将“不法构成要件”理解为广义的构成要件，将“规制故意的构成要件”理解为狭义的构成要件，并将二者进行对置的说明。（Walter Sax, „Tatbestand“ und Rechtsgutsverletzung, JZ 1976, S. 9ff., S. 80ff., S. 430ff. 关于萨克斯的观点，参见上编第四章第二节第五款〔第 125 页以下〕）。

概念一贯性的同时，还为各种该当客观处罚条件的事由提供了刑法理论上的实质性含义。

另一方面，与通说相同，绍尔认为该当客观处罚条件的事由不属于"规制故意的构成要件"（狭义的构成要件），从而将其排除在故意的对象之外。但是，他没有对这些要素不属于"规制故意的构成要件"的实质性理由作出说明，也原本就没有提出能够划定"规制故意的构成要件"外延的实质性的概念规定。也许——正如哈斯推测的那样[56]——是因为客观处罚条件的存在在当时已经渗透到学说当中，所以绍尔认为只能以存在这种不属于故意对象的事由作为前提。然而，如果要贯彻实质的-目的论的考察方法，就必须通过探究每个该当客观处罚条件的要素的根据和机能，逐一检讨是否要求对其具有故意关联的问题。

但是，根据绍尔将该当客观处罚条件的事由排除出故意的对象这一点，就作出通说见解与绍尔的观点仅仅是"语言上的差异"而已的判断还为时尚早。关于行为与客观处罚条件的关联性等问题，绍尔通过将客观处罚条件解释为构成犯罪行为的社会有害性的要素，从而导出了一定解释论上的要求。[57] 另外，他一方面将客观处罚条件不包含在故意的对象当中的理解作为以立法者意思为基础的既定前提，另一方面通过将其还原为不法构成要件的要素，为基于责任主义的观点进行立法论的批判提供了契机。[58] 于是，由于绍尔的见解为该当客观处罚条件的事由提供了接受来自实质性犯罪概念的"规制"和"批判"的契机，因而应当给予高度的评价。

第二节　我国的学说

1. 在我国的学说中，客观处罚条件也主要是在与"构成要件"概

---

[56]　Haß, a. a. O. (Anm. 14), S. 70.
[57]　Sauer, Grundlagen des Strafrechts, a. a. O. (Anm. 29), S. 364.
[58]　Vgl., Sauer, Grundlagen des Strafrechts, a. a. O. (Anm. 29), S. 366.

念的关系上讨论的。

2.（1）我国的构成要件论的主要倡导者小野清一郎博士认为，客观处罚条件的本质在于其不属于作为违法·有责类型的构成要件。①

小野博士指出："狭义的处罚条件不属于构成要件。例如，一般认为，破产犯罪中的破产宣告的确定（《破产法》第374条、第375条）属于狭义的处罚条件。然而，此时不要求破产宣告的存在和确定的事实必须是破产者欺诈或者过怠行为的结果；从法律上的犯罪行为来看，其或多或少属于外部的·偶然的事由。因此，它们既不是决定行为违法性的要素，也不是规制道义责任的要素……破产宣告的确定被作为处罚条件，毋宁是出于纯粹的政策性理由，而与行为的伦理性评价无关。"②虽然小野博士的观点发生过改变③，但他最终仍然认为处罚条件同样不属于刑事诉讼法上的"应当构成犯罪的事实"④。

（2）众所周知，小野博士的理论为单义性的"构成要件"赋予了极为广泛的机能。因此，通过将客观处罚条件排除出构成要件，从而一并解决了其在违法论、责任论、共犯论乃至刑事诉讼法等各个领域的处理问题。这一点充分体现了小野博士的理论所具有的一贯性。但是，由于他试图根据"构成要件"这种观念性存在演绎所有关于客观处罚条件的问题，因而就有可能造成丧失问题的具体性、回避实质性讨论的结果。

3.（1）相对于将单义性的"构成要件"作为前提的小野博士，泉二新熊博士则是以具有广狭二义的"构成要件"概念为前提论述（客观）处罚条件的。

---

① 小野博士将构成要件定义为"对违法且负有道义责任的行为予以类型化的观念形象（定型），在刑罚法规中被概念性地规定为科刑的根据"（小野清一郎：《犯罪构成要件的理论》，载小野清一郎：《犯罪构成要件的理论》（1953年）第11页）。

② 小野清一郎：《构成要件概念的诉讼法意义》，载小野清一郎：《犯罪构成概念的理论》（1953年）第432—433页〔初出·牧野教授还历祝贺《刑事论集》（1938年）〕。此外，小野清一郎：《新订·刑法讲义总论〔第五版〕》（1951年）第217页以下、小野清一郎：《刑法概论》（1952年）第181页以下也提出了同样的见解。

③ 在《刑事诉讼法讲义》（1934年）第472页，小野清一郎博士将客观处罚条件包含在"应当构成犯罪的事实"当中。

④ 小野：《构成要件概念的诉讼法意义》前揭注②第454页。

泉二博士认为，"在罪刑法定主义之下……有责违法的行为如果不具备刑罚法令所规定的特别要件，原则上就不得作为犯罪加以处罚"，这种作为刑罚法令所规定的特别要件的"应当构成犯罪的事实"被称为"广义的特别构成要件"⑤。作为构成这种"广义的构成要件"的要素，除了"罪体""行为人的身份""特别的目的以及其他意思状态"以外，与之相并列的还有相当于客观处罚条件的"罪体以外的客观条件（所谓的狭义的处罚条件）"⑥。

另一方面，泉二博士还将与意思责任相区别的、作为"各条规定的行为本身的形态性构成条件"的"罪体"称为"狭义的特别构成要件"⑦。客观处罚条件不包含在这种"狭义的构成要件"的范畴当中。也就是说，"法律有时会将存在某种不构成行为本身的要素的一定事实作为对有责的违法行为进行处罚的特别条件。德国学者将这种条件称为狭义的处罚条件（Strafbarkeitsbedingung i. e. S.）……在该条件实现之前，行为的可罚性尚不能确定。既然只有在该条件实现以后才能将行为认定为能够予以处罚的犯罪行为，那么，该条件无疑就是犯罪的要素。但是，由于该条件并不是构成行为本身的要素，因此，其显然不属于所谓的罪体"⑧。

（2）如上所述，泉二博士通过将客观处罚条件包含在"广义的构成要件"的要素之中，从而将其纳入罪刑法定主义的保障对象的范畴，并作为"犯罪"的成立要件，这一点是值得关注的。然而，虽然泉二博士将客观处罚条件排除在"狭义的构成要件"之外，但是，由于"狭义的构成要件"只是在范畴论上被定义为"罪体"，因此，将客观处罚条件排除在"狭义的构成要件"之外的实质性意义并不明确。

---

⑤　泉二新熊：《刑法大要〔第40版〕》（1942年）第101-102页。另外，原文是用片假名书写的，本书将其改为平假名，并增加了标点符号和浊音符号。

⑥　同上书，第103页。

⑦　同上书，第103页。

⑧　同上书，第106-107页。着重号系笔者附加。

此外，被列举作为狭义的处罚条件的适例的是破产犯罪中的破产宣告；而应当从狭义的处罚条件中区分出来的事由包括：相对于教唆行为的正犯的实行行为、恩赦、刑罚的时效、亲告罪中的告诉。

4.（1）岛方武夫法官同样是以具有双重含义的"构成要件"概念作为前提的。

岛方法官一方面援用贝林晚年时的观点，另一方面则主张应当对"具有行为定型化作用的构成要件"和"规制故意的构成要件"（法定构成要件）加以区别。⑨ 具体而言，"具有行为定型化作用的构成要件"是与（当时的）《刑事诉讼法》第360条规定的"应当构成犯罪的事实"相对应的；除了"法定构成要件要素"以外，还包括作为"附加的构成要件要素"的客观处罚条件、结果加重犯中的加重结果以及主观的构成要件要素。⑩ 与此相对，"规制故意的构成要件"则不过是应当成为故意对象的部分，亦即客观法律要素的主要部分而已。⑪

于是，根据岛方法官的观点，客观处罚条件"既不是犯人的行为，也不是行为的附随事由，而是存在于行为之外的偶然的外部事实"，"正因如此，才不要求其为故意所包含"，不属于"规制故意的构成要件"。但是，"立法者认为，只有通过附加这些外部条件，应当进行处罚的行为定型才会成立。在这个意义上，它就成了决定犯罪行为的形态的法律要素"，因而属于"具有行为定型化作用的构成要件"⑫。⑬

（2）岛方法官的上述观点中值得注意的是，他一方面将客观处罚条件排除在"规制故意的构成要件"之外，另一方面认为其属于"具有行为定型化作用的构成要件"。虽然岛方法官所称的"具有行为定型化作用的构成要件"被寄予直接发挥诉讼法机能的期待，然而，既然是"行为的定型化"，就可以认为其在实体法上也具有罪刑法定主义机能和个

---

⑨ 岛方武夫：《应当构成犯罪的事实（一）——作为有罪判决的必要记载事项》，载《法曹会杂志》第15卷第1号（1937年）第45页以下（特别是第58页）。

⑩ 岛方武夫：《应当构成犯罪的事实（二·完）——作为有罪判决的必要记载事项》，载《法曹会杂志》第15卷第2号（1937年）第51页以下（特别是第64页）。

⑪ 岛方·前揭注⑨第58页。

⑫ 岛方·前揭注⑩第53页。

⑬ 此外，平场安治博士是以"犯罪类型"和"可罚的违法行为类型"这两个构成要件概念为前提，来论述"客观处罚条件"的体系性地位的（平场安治：《构成要件理论的再构成》，载平场安治：《刑法中的行为概念研究》（1966年）第83页以下〔初出·泷川先生还历祝贺《现代刑法学的课题〔下〕》（1955年）第535页以下。另外，还可以参见平场安治：《刑法总论讲义》（1952年）第63页以下）。

别化机能。但是，岛方法官对于"具有行为定型化作用的构成要件"的定性仅限于形式层面，对其实质性意义·机能的考察则未能予以展开。⑭ 因此，由将客观处罚条件还原于"具有行为定型化作用的构成要件"的观点，未必能够导出客观处罚条件的实质性格。这也体现了形式的-范畴论的考察方法的局限性。

第三节 考 察

一、从"构成要件"概念出发的研究路径的问题性

如上所述，自贝林以来的通说见解是在与"构成要件"概念相对立的意义上对客观处罚条件进行把握的，将其定义为不属于构成要件的要素。对此，绍尔等学者提倡的反对说则主张应当将客观处罚条件还原于广义的构成要件。然而，在将客观处罚条件排除在狭义的构成要件之外这一点上，反对说与通说之间具有共同性。总之，20世纪50年代以前对于客观处罚条件的探讨，都是以"构成要件"概念为中心展开的。① 但是，从方法论上看，不得不说将"构成要件"概念作为讨论的中心存在着以下问题。

---

⑭ 对此，必须注意的是，在岛方法官援用的贝林晚年的观点中，相当于"具有行为定型化机能的构成要件"的"犯罪类型（Delikttyps）"被赋予了违法（有责）类型的实质性格（Ernst Beling, Die Lehre vom Tatbestand (1930), S. 2）。

① 这主要体现在，这一时期以客观处罚条件为主题的著作、论文大都在其标题或者副标题中使用了"构成要件"一词（Josef Kohler, Tatbestandsmerkmale und Strafbarkeitsbedingung, GA 49 (1902), S. 1ff.; August Finger, Tatbestandsmerkmale und Bedingungen der Strafbarkeit, GA 50 (1903), S. 32ff.; Ernst Blume, Tatbestandskomplemente (1906); Erich Land, System der äußeren Strafbarkeitsbedingungen. Ein Beitrag zur Lehre vom Tatbestand (1927); Albert Korilla, Die Bedingungen der Strafbarkeit. Ein Beitrag zur Lehre vom Tatbestand (1929); Wilhelm Sauer, Die beiden Tatbestandsbegriffe—Zur Lehre von den äußeren Strafbarkeitsvoraussetzungen, in: Festschrift für Edmund Mezger (1954), S. 117ff.）；而且，在以"构成要件"为主题的著作中，也通常会对客观处罚条件的概念展开详细的分析（Leopold Zimmerl, Zur Lehre vom Tatbestand. Übersehene und vernachläßigte Probleme (1928); Hermann Bruns, Kritik der Lehre vom Tatbestand (1932)）。

第一，以主要具有形式性格的"构成要件"概念作为讨论的出发点，可能会掩盖有关客观处罚条件的实质性问题。在论述客观处罚条件的法律性质时，首先必须探究的是这些事由基于怎样的理由被规定在刑罚法规中以及它们以什么为根据决定了可罚性等问题。然而，"构成要件"这一概念在法律上只具有"形式"意义，其本身并不包含任何理由和根据。因此，无论是与构成要件相对置，还是还原于构成要件要素，根据形式意义上的"构成要件"概念是无法对客观处罚条件的实质性根据作出说明的。② 可以说，在某种意义上，"客观处罚条件"概念的无内容性恰恰就是"构成要件"概念的无内容性的反映。③ 尤其是在对"构成要件"进行价值中立的把握的场合，就更加无法发现决定实定法上的某种要素是否属于"构成要件"的标准，也根本不可能解答"客观处罚条件是否属于构成要件"的问题。另外，即使是将"构成要件"理解为违法类型或者违法·有责类型的场合，"构成要件"概念也只能通过"违法性"或者"责任"等其他实质性概念才能获得内涵。在这一点上，其也具有形式的性格。因此，"客观处罚条件与构成要件之间的关系"问题，是只有通过对于"客观处罚条件与违法性（以及责任）之间的关系"进行实质性考察才能得以解答的"到达点"，而绝对不能成为"出发点"。将"构成要件"概念作为讨论的出发点是"结论先行"的体

---

② 指出在与"构成要件"这一"形式的犯罪概念（der formallen Verbrechensbegriff）"之间的关系上探讨客观处罚条件问题的局限性的文献是：Christof Schnaidt, Die objektiven Bedingungen der Strafbarkeit dargestellt im Zusammenhang mit der dogmatischen Entwicklung in der Verbrechenslehre (1949), S. 60ff.。

③ 在是否包含在故意的认识对象之中的结论方面，"构成要件"和"客观处罚条件"被认为是相互对照的；但是，作为"概念"来看，在缺少积极的且实质的内涵方面，二者存在共性。

如前所述，拉德布鲁赫将"客观处罚条件"概念评价为"苦不堪言的范畴（Verlegenheitsrubrik）"（Gustav Radbruch, Zur Systematik der Verbrechenslehre, in：Festgabe für Reinhard von Frank zum 70. Geburtstag Bd. 1. (1930), S. 170）。相应地，对于当时的德国刑法第59条的"构成要件"，齐默也将其评价为"苦不堪言的概念（Verlegenheitsbegriff）"（Zimmerl, a. a. O. (Anm. 1), S. 75）。另外，因客观处罚条件"徒有其名"而放弃其积极的概念规定的 M. E. 迈耶也指出，对法定构成要件作出实质性定义是困难的。其理由在于，法定构成要件中"包含着由完全异质的内容构成的各种要素"（Max Ernst Mayer, Der allgemeine Teil des deutschen Strafrechts (1915), S. 90）。

现,其必然会回避对于客观处罚条件的实质性讨论。

第二,"构成要件"概念的多义性和多样性,也是导致关于客观处罚条件的讨论出现混乱的重要原因。众所周知,"构成要件"是一个多义性的概念,对"构成要件"的内容和性格的理解往往因论者的不同而不同。④ 所以,在将"构成要件"概念作为讨论的中心时,就会产生对于因"构成要件"的多义性和多样性而使客观处罚条件的讨论焦点变得模糊不清或者偷换问题的疑虑。⑤

于是,笔者拟在下文对构成要件的各项机能与客观处罚条件的关系进行整理,从而对问题的焦点予以明确化。

二、"构成要件"的各项机能与客观处罚条件

1. "构成要件"具有各种各样的机能。然而,在与客观处罚条件之间的关系方面存在问题的是哪些机能呢?在主张将客观处罚条件排除出"构成要件"的通说见解看来,"构成要件"的哪种机能无法与客观处罚条件融合呢?

2. (1) 本书拟从与罪刑法定主义机能(保障机能)、个别化机能、诉讼法的机能等所谓的形式机能的关系方面着手考察。

首先,罪刑法定主义的保障应当包括该当客观处罚条件的事由。对于这一点是不存在异议的。只要"就任公务员或者仲裁员"这一要件没有实现,无论案件的性质多么恶劣,均不得按照事前受贿罪进行处罚。而且,对于就任非公务员的人而言,即使其所处的地位具有公共性,也不允许对"公务员或者仲裁员"的要件进行类推解释,从而认定构成事前受贿罪。关于这一点,目前还没有文献作出特别的论述,其原因就在

---

④ 很多文献都曾指出构成要件具有多义性和多样性。参见町野朔:《构成要件的理论》,载芝原邦尔、堀内捷三、町野朔、西田典之编:《刑法理论的现代展开·总论Ⅰ》(1988年)第1页以下〔初出·《法学セミナー》第378号、第379号、第380号(1986年)〕;铃木茂嗣:《构成要件论的再构成——关于认定论的"构成要件"概念》,载《法学论丛》第124卷第5=6号(1989年)第61页以下。

⑤ 参见佐伯千仞:《客观处罚条件》,载佐伯千仞:《刑法中的违法性理论》(1974年)第162页〔初出·《法学论丛》第36卷第1号、第2号(1937年)〕。

于这是一个理所当然的结论。

其次，由于该当客观处罚条件的事由体现了可罚性事态的特征，因而也有助于犯罪类型的个别化。对于这一点仍然不存在质疑的余地。⑥

最后，在刑事诉讼法上，该当客观处罚条件的事由是首要的证明对象，属于有罪判决中必须明确阐释理由的"应当构成犯罪的事实"（《刑事诉讼法》第335条第1项）。对此，大审院的判例已经从正面予以承认⑦；在学术界，除了前述小野博士的观点以外，也不存在异议。⑧

综上所述，在与"构成要件"概念所具有的罪刑法定主义机能（保障机能）、个别化机能、诉讼法机能等所谓的形式机能的关系方面，未能发现应当将该当客观处罚条件的事由排除出"构成要件"的理由。关于该当客观处罚条件的事由，晚年的贝林认为其属于"犯罪类型"的要素，泉二博士将其包含于"广义的构成要件"之中，岛方法官将其作为"具有行为定型化作用的构成要件"的要素，这些观点都说明客观处罚条件包含在构成要件的形式机能的射程范围之内。

（2）在与构成要件所具有的"不法类型化机能"的关系方面，客观处罚条件可能在以下两个方面成为问题：第一，从时空上看，该当客观处罚条件的事由是否包含在违法评价的对象当中的问题。对于这个问题，应当从行为概念以及（客观）归属的观点⑨出发进行探讨。第二，根据违法性的评价基准，该当客观处罚条件的事由是否能够影响违法评价，亦即这些事由是否具有影响法益侵害性或者社会伦理规范违反性的性质的问题。对于这个问题，应当从违法性的实质的观点出发加以论证。无论哪个问题，都只有参考行为以及归属的观点或者违法性的实质，才可能展开讨论，而"构成要件"概念内部并不存在解决问题的直接线索。

---

⑥ Vgl., Hermann Bruns, Kritik der Lehre vom Tatbestand (1932), S. 29.
⑦ 大判大正6年4月19日《法律新闻》第1261号第31页。
⑧ 例如，参见田宫裕：《刑事诉讼法〔第二版〕》（1996年）第426页。
⑨ 参见上编第二章（第43页以下）。

(3) 在德国，由于《刑法》第 16 条（与作为其前身的第 59 条的旧规定具有相同的主旨）规定故意犯的成立必须认识到属于"法定构成要件（gesetzlicher Tatbestand）"的事由，因此，学界主要是以"故意规制机能"为中心来讨论构成要件与客观处罚条件之间的关系问题的。然而，"构成要件"要发挥故意规制机能，就必须以存在决定是否属于构成要件的基准为前提。但是，这样的基准并不包含在"构成要件"概念当中。因而，该当客观处罚条件的事由能否成为故意的对象的问题，就不能根据"构成要件"概念从形式上来决定，而必须经过对这些事由的意义·根据——特别是与违法性之间的关联性——以及责任主义的射程范围等问题进行实质性考察，才能够确定。

3. 综上所述，在与客观处罚条件的关系上存在问题的构成要件的机能，包括违法类型化机能和故意规制机能。但是，这些问题均以与违法性或者责任之间的关系等更具实质性的问题为前提。关于客观处罚条件与构成要件的关系问题，本书拟在对其与违法性以及责任的关系进行探讨之后，在第七章中阐述最终的态度。另外，关于作为前提的对于"构成要件"的理解问题，拟在下文作简单论述。

三、对于作为本书前提的"构成要件"的理解

1. 有关"构成要件"的性质和内容的讨论，目前呈现出极其复杂的局面，分歧较多。其中，最为重要的对立点在于如何理解构成要件与违法性（以及责任）的关系。关于这一点，主张将构成要件作为价值中立的概念从违法性（以及责任）中分离出去的观点[10]和主张将

---

[10] 例如，内田文昭：《改订·刑法Ⅰ（总论）》（1986 年）第 84 页以下；内田文昭：《刑法概要·上卷〔基础理论·犯罪论（1）〕》（1995 年）第 143 页以下；曾根威彦：《刑法总论〔新版补正版〕》（1996 年）第 56—57 页；曾根威彦：《犯罪论的体系构成》，载曾根威彦：《刑法的重要问题·总论〔补订版〕》（1996 年）第 1 页以下（特别是第 8 页以下）；曾根威彦：《作为行为类型的构成要件》，载《法学教室》第 166 号（1994 年）第 8 页以下（然而，曾根教授认为，只要承认"该当构成要件的行为通常也是违法（有责）的"，那么，"将其视为'违法（·有责）类型'就未必是错误的"〔载《法学教室》第 166 号第 8 页〕）；山火正则：《构成要件的意义和机能》，载阿部纯二·板仓宏·内田文昭·香川达夫·川端博·曾根威彦编：《刑法基本讲座·第二卷·构成要件论》（1994 年）第 3 页以下（特别是第 16 页以下）。

其作为违法类型或者违法·有责类型进行实质性把握的观点⑪之间存在对立。

　　对于这个问题，有必要根据刑法理论学的任务的观点进行考察。刑法理论学的主要任务在于，探究实定法上的刑罚法规所规定的各个要件的趣旨和根据，通过对其进行理论上的整序，反过来再对实定法上的要件的解释进行指导、规制。而且，在理论上对刑罚法规中的各个要件的趣旨和根据进行整序的，无非就是违法性和责任。因此，有必要将刑罚法规中的各个要件与违法性或者责任联系起来进行理解。只有这样，刑罚法规中的各个要件才能被赋予刑法理论上的意义和正当性，同时也才能获得解释论上的基准和指针。可以认为，这一点在有关犯罪成立的消极要件问题上已经得到了充分的认识。也就是说，阻却犯罪成立的事由一般都是以违法性阻却事由或者责任阻却事由的形式与实质性观点相结合的，而没有被理解为价值中立的情形。⑫ 以刑法第36条规定的正当防卫为例，刑法理论学就试图通过将其解释为违法性阻却事由，从而在违法性的观点中寻求正当防卫的意义和根据，同时从中导出能够解决有关正当防卫的各种解释问题的线索。这样一来，对于作为犯罪的积极成立要件的构成要件的性质，就应当作出同样的理解。就构成要件中的各个要素而言，也要求通过将其与违法性或者责任等实质性观点的结合，从而在说明其根据和趣旨、揭示其刑法学的正当性的同时，明确其解释的基准和指针。所以，构成要件不能是价值中立的，而应当将其作为违法·有责类型进行实质性的理解。犯罪构成要件以及犯罪阻却事由等"形式"，是由于

---

　　⑪　尽管不同学说之间在细节上存在相当大的差异，但是，至少在将构成要件理解为违法类型或者违法·有责类型这一点上，可以说实质性把握的立场是多数说。强调构成要件与违法性之间具有密切关联性的论著有：佐伯千仞：《构成要件序说——为了所谓的构成要件理论》，载佐伯千仞：《刑法中的违法性理论》（1974 年）第 91 页以下〔初出·《法学论丛》第 29 卷第 2 号、第 3 号（1933 年）〕；西原春夫：《构成要件的价值性格——犯罪论中的定型性思考的界限·之二》，载《早稻田法学》第 41 卷第 1 号（1965 年）第 161 页以下等。
　　⑫　所谓的一身处罚阻却事由等狭义的处罚阻却事由，可以勉强称为价值中立的阻却事由。

承载着违法性或者责任的"实质",而获得了刑法理论上的正当性。相反,违法性以及责任等法理念,则是由于被赋予了犯罪构成要件或者犯罪阻却事由的"形式",而成为能够适用于具体事件的"法律要件"⑬。

2. 相反,如果认为构成要件是价值中立的,构成要件的各个要素就将从违法性以及责任等刑法理论的理念中分离出去⑭,从而丧失理论根据和解释的指针。⑮ 在解释构成要件时,保护法益的观点的重要性是不言而喻的。然而,在价值中立且分离于违法性的观点的构成要件中,法益(的侵害·危殆化)的观点至少不能成为具有拘束力的解释基准。而且,在解释某种事由对于共犯者是否具有连带作用、关于某种事由的错误是否阻却故意等问题时,被理解为价值中立的构成要件也没有说服力。⑯ 所以,在与实定法上的法律要件(法的实定性)和法理念相分离这一点上,这种将构成要件理解为价值中立

---

⑬ 因此,违法性以及责任本身都不应当以作为犯罪成立要件的犯罪论体系要素的形式位于前面,而应当在背后促进违法构成要件、责任构成要件、违法阻却事由、责任阻却事由等法律要件的形成(参见中山研一:《刑法总论》(1982年)第119页)。

⑭ 提倡价值中立的构成要件的论者也许会一方面承认根据违法性(以及责任)的观点作出实质性解释,另一方面主张应当价值中立地适用由该解释导出的"构成要件"。但是,如果认为适用具有价值中立性,那么,刑事责任年龄就也具有"价值中立的"性格。不仅如此,如果对解释和适用进行严格区分,违法阻却事由和责任阻却事由的适用也就应当是价值中立的。由于这些情形中包含有相对较多的规范性要素,因此,在解释(具体要件的定立)的过程中进行实质性考虑的必要性就比较高。然而,如果通过解释对要件予以具体化,其适用就变成了"套用"工作,而不是价值判断或者评价本身。这样一来,适用的价值中立性就是所有法律要件共同的属性,而不是"构成要件"所特有的。

另外,即使站在将构成要件理解为违法(以及责任)类型的立场上,违法性(以及责任)的观点也是在解释阶段定立具体要件的过程中考虑的问题,而已经定立的具体要件的适用作为"套用"工作的事实则不会发生改变。

⑮ 因此,在将构成要件理解为价值中立的存在的立场看来,"未记明的构成要件要素"是难以想象的。

⑯ 主张价值中立的构成要件具有决定承载着非难可能性这一价值的故意的认识范围的机能的观点,原本就颇为牵强。之所以要求对于作为故意内容的该当构成要件的事实存在认识,是因为构成要件是由为各个犯罪的不法提供基础的事实构成的。如果构成要件是价值中立的,为什么会要求具有对该事实的认识呢?要说明其理由,想必是非常困难的。

的事实的观点是存在问题的。⑰

正如在第一章中指出的那样,"客观处罚条件"的概念中存在的问题是,由于其被分离于违法性以及责任等刑法上的理念,因而沦为一个包括的、无内容的概念,而且还被剥夺了刑法理论上的正当性和解释论上的指导原理以及规制原理。⑱ 而"客观处罚条件"概念的这一问题性也完全存在于被理解为价值中立的"构成要件"概念之中。从其他立场来看,将构成要件理解为价值中立的概念的观点,基本上等于将所有的构成要件要素都理解为客观处罚条件。于是,如何理解构成要件的性格的问题与如何理解客观处罚条件的性格的问题,在方法论上就具有了共同的基础。根据本书提倡的探寻实定法上的要件背后的理论根据,由此实现对解释的规制的立场,就应当将法律要件这种形式与法律理念——违法性以及责任——结合起来加以理解。这同样也适用于构成要件(的要素)、犯罪阻却事由、被视为客观处罚条件的事由、被视为处罚阻却事由等所有的法律要件。

---

⑰ 将构成要件理解为价值中立的事实的观点,其首要目的在于使构成要件发挥罪刑法定主义机能。但是,罪刑法定主义的要求不仅涉及有关构成要件的规定,还涉及有关违法性阻却事由和责任阻却事由的规定、有关责任年龄的规定以及——如果承认其存在——有关客观处罚条件和一身处罚阻却事由的规定。如果将罪刑法定主义机能集中于不过是犯罪成立要件的一个阶段而已的"构成要件"之上,就会出现缩小罪刑法定主义的适用领域的问题。而且,罪刑法定主义的主要内容,是"不得超越法律的用语对被告人进行不利的解释"的要求。因此,担保罪刑法定主义的,不应当是通过解释而产生的"构成要件",而必须是在解释之前就已经确定的"刑罚法规"或者"法条"。

将构成要件理解为价值中立的存在的观点,其第二个目的是通过在构成要件之后的阶段——不是违法阻却事由——设置"违法性",从而充实违法判断。但是,"违法性"本身只是一种价值判断以及评价的观点,只有在具备了构成要件以及违法阻却事由等"法律要件"的形式之后,才可能适用于具体案件。至少,要求法官作出纯粹的违法性判断是不现实的。即使是可罚的违法性的判断,对于法的安定性以及判断过程的明确化而言,采用构成要件(可罚的违法类型)或者(可罚的)违法阻却事由的形式也是必不可少的。而且,在超法规的判断中,从法律思考的观点来看,具有重要意义的是采用在定立"超法规的违法阻却事由"的基础上将其适用于案件的形式,而不是纯粹的违法性判断的形式。所以,将纯粹的违法性作为独立的犯罪成立要件是不妥当的,而且这样也无法满足违法性判断。

⑱ 参见上编第一章第一节二(第17页以下)。

第四章　责任主义与客观处罚条件
——以1950年以后德国的学说为素材

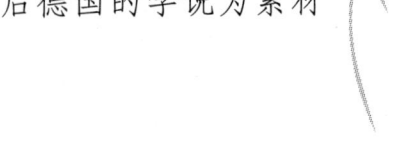

序　说

如前章所述，20世纪初叶，德国涌现出大量关于客观处罚条件的论文，围绕着与"构成要件"概念的关系问题展开了活跃的讨论。然而，相关的讨论到20世纪30年代逐渐沉寂下来。此后，以50年代末期开始的刑法修改工作为契机，客观处罚条件再次成为学界关注的焦点。[①] 与20世纪30年代以前相比，这一阶段的讨论具有以下两个特

[①] 特别是在刑法修改委员会（Große Strafrechtskommission, 55. Sitzung, 56. Sitzung, (1956)）对德国刑法1959年草案的审议过程中，围绕着客观处罚条件问题展开了活跃的探讨。当时，继伯克曼的基调报告之后，拉克奈、韦尔策尔、E. 施密特、加拉斯等学者纷纷发表了意见（Niederschriften über Sitzungen der großen Strafrechtskommission, Bd. 5., Allgemeine Fragen zum Besonderen Teil (1958), S. 84ff.）。

而且，1959年草案中的客观处罚条件的处理问题，甚至被作为1959年5月21日在埃尔朗根召开的刑法学者会议的主题。在此次刑法学者会议上，施米德霍伊泽发表了基调报告（Eberhard Schmidhäuser, Objektive Strafbarkeitsbedingungen, ZStW 71 (1959), S. 545ff.），施特拉腾韦特也发表了相关的报告（Günter Stratenwerth, Objektive Strafbarkeitsbedingungen im Entwurf eines Strafgesetzbuchs 1959, ZStW 71 (1959), S. 565ff.）。

征：第一，不仅仅局限于以"构成要件"为基轴进行概念性探讨，同时还结合各种犯罪类型展开具体的、实质性的讨论。其直接原因在于，在刑法的全面修改过程中，分则中含有客观处罚条件的规定得到了个别的讨论。②也可以认为，这反映了刑法学的关注焦点从体系建构转移到问题解决的现实。第二，客观处罚条件与责任主义的调和成为最受关注的问题。这一点也起因于有关客观处罚条件在立法论上是否妥当的争论，但更深层次的背景则是人们对于责任主义的重要性的意识的提高。

本章拟通过对德国晚近学说的探讨，说明客观处罚条件与责任主义之间的关系问题，并在有关客观处罚条件与不法论之间的关联性方面获得一定的启示。③

第一节 通说见解——处罚限制事由说

德国的通说见解试图将该当客观处罚条件的事由理解为具有位于违法性领域外部、对处罚进行限制的性格的要素，据此来说明客观处罚条件与责任主义之间的整合性。也就是说，对于已经具备违法性和责任的当罚性行为，客观处罚条件仅仅是限制处罚的事由而已，因此，即使不要求对其存在故意（或者过失），也不会与责任主义相抵触。这种通

---

② 由于"构成要件"的概念以刑罚法规的存在为前提，因此，其很难在立法论上发挥机能。可以说，这也是构成要件概念从有关客观处罚条件的议论的第一线退出的原因之一。

③ 探讨20世纪50年代以后德国的客观处罚条件论的日文文献有：堀内捷三：《责任主义与客观处罚条件》，载《团藤重光博士古稀祝贺论文集·第二卷》（1984年）第149-154页；北野通世：《客观处罚条件论（三）（四）（五）》，载《山形大学纪要（社会科学）》第25卷第2号（1995年）第107页以下、第26卷第1号（1996年）第1页以下、第26卷第2号（1996年）第79页以下。另外，在与法义务标志的关系方面论及施米德霍伊泽和施特拉腾韦特关于客观处罚条件的观点的文献有，宫泽浩一：《开放的构成要件与法义务标志》，载宫泽浩一：《刑法的思考和理论》（1975年）第141页以下（特别是第285页以下）〔初出·《法学研究》第33卷第11号（1960年）第34卷第10号、第11号、第12号（1961年）〕。

说的说明被称为"处罚限制事由说"①。

上述处罚限制事由说的思考方法，在德国一系列的刑法修改工作中

---

① 属于该立场的论著有：Wilhelm Gallas, Niederschriften über die Sitzungen der Großen Strafrechtskommission, Bd. 5., Allgemeine Fragen zum Besonderen Teil (1958), S. 104；Karl Lackner, Niederschriften, Bd. 5, S. 95；Eberhard Schmidhäuser, Objektive Strafbarkeitsbedingungen, ZStW 71 (1959), S. 545ff.；Günter Stratenwerth, Objektive Strafbarkeitsbedingungen im Entwurf eines Strafgesetzbuchs 1959, ZStW 71 (1959), S. 565ff.；Georg Schwalm, Gibt es objektive Strafbarkeitsbedingungen?，MDR 1959, S. 906；Dietrich Lang-Hinrichsen, Zur Kriese des Schuldgedankens im Strafrecht, ZStW 73 (1961), S. 210ff.（insb. S. 221-222）〔作为介绍，宫泽浩一：《〈全刑法杂志〉73 卷（1961 年）》，载《法学研究》第 36 卷第 8 号（1963 年）第 96 页以下（第 100 页以下）〕；Walter Stree, Beteiligung an einer Schlägerei, JuS 1962, S. 93ff.；Pierluigi Schaad, Die objektiven Strafbarkeitsbedingungen im schweizerischen Strafrecht. Mit Berücksichtigung des deutschen und des österreichischen Rechts (1964), S. 28-31；Walter Stree, Objektive Bedingung der Strafbarkeit, JuS 1965, S. 465ff.；Thomas Carstens, Schutzgesetz und objektive Strafbarkeitsbedingung, MDR 1974, S. 983ff.；Friedrich Wilhelm Krause, Die objektiven Bedingungen der Strafbarkeit, Jura 1980, S. 449ff.，(insb. S. 452)；Jürgen Wolter, Objektive und personale Zurechnung zum Unrecht, in：Bernd Schünemann (hrsg.), Grundfragen des modernen Strafrechtssystems (1984), S. 103ff. (insb. S. 119)〔作为日文翻译，葛原力三：《对不法的客观归属和人的归属》，载中山研一、浅田和茂监译：《现代刑法体系的基本问题》（1990 年）第 119 页以下〕（然而，沃尔特的观点却体现出将完全酩酊罪中的"酩酊犯罪行为"以及参与斗殴罪中的"他人死伤"理解为不法要素的方向）；Theodor Lenckner, Schönke/Schröder, Strafgesetzbuch Kommentar 25. Aufl. (1997), Vor §13 Rdnr. 124-124a, S. 181-182；Reinhart Maurach/Heinz Zipf, Strafrecht, Allgemeiner Teil, Tb. 1., 8. Aufl. (1992), §21 Rdnr. 16, S. 297-298；Claus Roxin, Strafrecht, Allgemeiner Teil, Bd. 1., 2. Aufl. (1994), §23 Rdnr. 21, S. 872（但是，完全酩酊罪中的"酩酊犯罪行为"以及参与斗殴罪中的"他人死伤"均被视为构成要件要素）；Karl Lackner, Strafgesetzbuch mit Erläuterungen, 21. Aufl. (1995), Vor §13 Rdnr. 30, S. 75；Eduard Dreher/Herbert Tröndle, Strafgesetzbuch und Nebengesetze, 47. Aufl. (1995), §16 Rdnr. 32, S. 112-113。另外，耶赛克、魏根特将客观处罚条件区分为敌对外国的犯罪中的"互惠主义的保障"（德国《刑法》第 104 条 a）等"真正的客观处罚条件"和完全酩酊罪中的"酩酊状态下的犯罪行为"（同第 323 条 a）等"不真正的客观处罚条件"，并指出二者在法律性质上是存在差异的。具体而言，真正的客观处罚条件是"纯粹的处罚限制事由（reine Strafeinschränkungsgründe），因此，即便是基于责任主义的观点，也不得对其进行批判"。相反，不真正的客观处罚条件则属于"伪装的刑罚创设性行为事由（verschleierte strafbegründende Tatumstände）"或者"隐蔽的刑罚加重事由（verkappte Strafschärfungsgründe）"，"从本质上看，其意味着基于刑事政策的理由对责任主义进行限制"（Hans-Heinrich Jescheck/Thomas Weigend, Lehrbuch des Strafrechts, Allgemeiner Teil，5. Aufl. (1996), S. 554ff。另外，持相同立场的还有：Klaus Tiedemann, Objektive Strafbarkeitsbedingungen und die Reform des deutschen Konkursstrafrecht, ZRP 1975, S. 129ff. (insb. S. 132)。就"真正的客观处罚条件"而言，这种二分说属于通说见解的阵营；就"不真正的客观处罚条件"而言，则可以将其称为反对说。

为立法担当者所采纳。对此，德国刑法 1962 年草案的理由书明确地作出如下说明：

"……客观处罚条件并没有违背责任主义，并导致行为的可罚性被不当扩大；相反，基于刑事政策的考虑，法律对于其本身即当罚且有责的不法的可罚性进行了限缩，将其限定为要罚性也能够得到认定的一定场合。因此，客观处罚条件同时也是对可罚性的限制（Einschränken der Strafbarkeit）。"②

下面，本节将首先对施米德霍伊泽和施特拉腾韦特在以"1959 年草案中的客观处罚条件的处理"为主题的刑法学者会议上发表的观点进行考察，进而指明处罚限制事由说的问题性。

第一款　施米德霍伊泽的观点
——处罚限制事由说的基本思考方法

1. 对于作为通说见解的处罚限制事由说的基本思考方法进行详细展开的，是施米德霍伊泽。

2. （1）在以"德国刑法 1959 年草案中的客观处罚条件的处理"为主题的刑法学者会议上，施米德霍伊泽作了基调演讲。首先，他针对该主题提出三个课题：1）"客观处罚条件"的概念规定；2）关于使用立法中的"客观处罚条件"的一般要求；3）1959 年草案的有用性。③ 在此基础上，他分别就 1）、2）两个课题阐述了自己的主张。

（2）首先，施米德霍伊泽以德国《刑法》第 113 条（妨害执行公务罪）中规定的"职务行为的适法性"为例，将问题点具体化为以下内容。

---

② Entwurf eines Strafgesetzbuch (StGB) E1962 mit Begründung—Bundestagvorlage—(Deutscher Bundestag 4. Wahlperiode) (1962), S. 268.

另外，关于完全酩酊罪（旧《刑法》第 330 条 a）中的酩酊状态下的可罚性行为，联邦最高法院的判例也指出："法律……仅对酩酊者在无责任能力状态下实施了可罚性行为的情形科处刑罚，这实际上是在自我限制（Zurückhaltung）"。显然，判例也采纳了处罚限制事由说的立场（BGHSt 16, 124 (125-126)）。

③ Schmidhäuser, a. a. O. (Anm. 1), S. 545-546.

如果将职务行为的适法性这一要件——无论基于何种理由——视为客观处罚条件，那么，只要与该要件相关，就不要求行为人具有故意。由此也许会产生是否侵害责任主义、陷入结果责任或者偶然责任的疑问。但是，被称为客观处罚条件的事由已经完全不属于构成要件的不法，而这一点恰恰就是通常不要求故意或者责任涉及它的理由所在。结合《刑法》第113条的例子而言，无论职务行为是否适法，反抗职务行为本身就已经充分体现了本罪的不法。④

（3）根据以上基本理解，施米德霍伊泽对有关客观处罚条件的一般性概念规定的问题展开了讨论。关于这一概念规定，他指出："客观处罚条件……能够成为法律概念的情形，仅限于在与刑法上的效果有关的其他要件进行比较时，有意义地与特殊的法律效果相结合的特殊实体通过该名称得到揭示的场合。"⑤而且，他还试图对客观处罚条件与不法、责任以及诉讼条件之间的区别作出说明。

首先，客观处罚条件与不法以及责任的区别，主要表现为是否要求责任关联。具体而言，"客观处罚条件——与'客观'处罚条件的名称相符——只要'客观'存在，就足以作为刑罚的前提；至于行为人是否认识到这些事由，或者是否至少存在认识的可能性，都不是必要的。也就是说，一般而言，责任不必涉及这些事由"。"但是，由于处罚无责任者是不允许的——这里必须以此作为不可侵犯的前提，因此，能够认为不要求具有责任的，就仅限于那些已经完全不属于犯罪行为的不法的事由。在构成要件的不法内部，没有客观处罚条件存在的余地。"⑥

其次，关于客观处罚条件与诉讼条件的界限问题，施米德霍伊泽作出以下说明："〔作为客观处罚条件的〕职务行为的适法性与不法构成要件的要素一样，都属于行为事象本身（Tatgeschehen selbst）。如果不具备该事由，在与行为事象的直接关联（unmittelbare Zusammenhang）方面，行为的可罚性将被终局性（endgültig）地排除。因此，从应当同

---

④ Schmidhäuser, a. a. O. (Anm. 1), S. 546-547.
⑤ Schmidhäuser, a. a. O. (Anm. 1), S. 547.
⑥ Schmidhäuser, a. a. O. (Anm. 1), S. 548.

样对待等价的事物的立场来看，应当将职务行为的适法性这一事由……区别于诉讼条件，而与不法构成要件的要素同样对待。"例如，"无法律则无刑罚（nulla poena sine lege）"这一法治国家的保障、严格证明（Strengbeweis）的要求以及在合议法院的表决中未达到三分之二多数则不能作出不利于被告人的判断的原则等，对于职务行为的适法性等客观处罚条件同样适用。⑦

通过以上探讨，施米德霍伊泽得出以下有关客观处罚条件的一般性定义：

"客观处罚条件，是指被作为决定刑法效果的前提的事由——尽管其位于不法以及责任等犯罪行为的类型性要素的外部——它与不法行为相关联，当其不具备时，将在与行为的直接关联方面终局性地得出不处罚行为人的效果。能够肯定与行为之间存在直接关联的，是该事由属于行为状况（Tatsituation）或者该当于责任涉及的行为结果的场合。"⑧

（4）根据施米德霍伊泽的观点，虽然缺少责任关联，但至少作为一般论而言，客观处罚条件并不违背责任主义，立法者使用这一概念是不存在问题的。⑨ 因为，"从由构成要件类型化的不法且有责的行为来看，客观处罚条件限制（einschränken）了该行为的可罚性"⑩。

施米德霍伊泽还以不得对可罚性进行恣意限制为由，讨论了立法者的裁量界限问题。他认为，可罚性的限制必须能够与国家刑罚的目的保持一致。至于限制的理由，则可以求诸刑事政策性利益的欠缺以及避免不被认可的处罚。例如，在反抗违法的职务行为的场合，处罚就要受到公正性（Billigkeit）要求的限制。此时，由官员的行为违法地引发了国民的反抗，于是国家就不应当对这种反抗予以处罚。而且，处罚反抗者是对执行官员的错误职务行为的一种追认，这种形式的认可也是必须避

---

⑦ Schmidhäuser, a. a. O. （Anm. 1）, S. 557. 六角括号内的标注系作者补充。
⑧ Schmidhäuser, a. a. O. （Anm. 1）, S. 558.
⑨ Schmidhäuser, a. a. O. （Anm. 1）, S. 561.
⑩ Schmidhäuser, a. a. O. （Anm. 1）, S. 561.

免的。另外，基于诉讼经济的理由，也可以得出根据客观处罚条件限制可罚性的结论。尤其是事先对举证极为困难的情形予以排除，就是限制可罚性的目的所在。⑪⑫

3. 上述施米德霍伊泽的观点，可以归纳为以下三点。

（1）客观处罚条件是不为责任关联所涉及的要素，由此而区别于不法构成要件的要素。

（2）在与行为的直接关联方面，客观处罚条件终局性地阻却了可罚性，由此而区别于诉讼条件。

（3）客观处罚条件是基于某种理由对不法且有责行为的可罚性作出的限制，因而不违背责任主义。

这种观点一方面典型地体现了处罚阻却事由说的理论（（1）、(3)）；另一方面，在将客观处罚条件作为行为事象而承认其与构成要件具有同质性这一点（2）上，则提出了其独到的见解。对于该观点的详细探讨，本书拟结合下文介绍的施特拉腾韦特的观点，在第三款中予以展开。

第二款　施特拉腾韦特的观点
——"当罚性"与"要罚性"的分离

1. 在处罚限制事由说中，试图从"要罚性"的观点中寻求积极地为客观处罚条件赋予特征的指标的，是施特拉腾韦特。在此，本书也将根据他在以1959年草案为主题的刑法学者会议上的报告，来考察他的观点。

2.（1）首先，对于客观处罚条件与责任主义的关系问题，施特拉腾韦特作出如下一般论的展开："仅从纯粹的理论角度上看，可以认为所有客观处罚条件都是对原本更加广泛的刑罚威吓作出的限制。"也就

---

⑪ Schmidhäuser, a. a. O. (Anm. 1), S. 561-562.

⑫ 在体系书中，施米德霍伊泽将客观处罚条件命名为"附加的犯罪行为要素（zusätzliche Straftatmerkmale）"，作为"当罚性"的要件（Schmidhäuser, Strafrecht Allgemeiner Teil (1975), S. 482ff.）。

是说，客观处罚条件是"超出有责的构成要件之实现的附加要件"，它仅仅意味着"个别地放弃与责任相对应的刑罚"而已。因此，"在原理上，客观处罚条件和责任主义是可以相互调和的"[13]。

（2）施特拉腾韦特在——与当罚性（Strafwürdigkeit）相区别的意义上——要罚性（Strafbedürfnis）的观点中寻求客观处罚条件的实质意义和正当性。他认为，为了赋予国家刑罚权，除了当罚性的要件之外，还必须具备要罚性的要件。据此，客观处罚条件应当被赋予的机能就变得明确，即，决定当罚性的是行为人有责的行为，而决定要罚性的则是客观处罚条件。本来，构成要件所确定的通常只是行为具备一般的要罚性的场合；但是，即使是具有同样的非难可能性的行为，偶尔也会出现要罚性存在差异的情形。在这种情况下，如果不考虑为要罚性提供基础的要素，处罚范围就会过度扩大；然而，如果将这些要素纳入非难可能性的对象当中，处罚范围则会过度缩小。于是，通过客观处罚条件将规定的适用范围限定为同时具备当罚性和要罚性的行为的做法，就获得了正当性。[14]

（3）为了更加明确地划定客观处罚条件概念的轮廓，施特拉腾韦特作出如下阐述。

如果以区分当罚性和要罚性为基础，首先需要明确的就是客观处罚条件不得成为非难可能的行为本身的构成要素这一消极基准。更准确地说，客观处罚条件不属于任何刑法上的禁止·命令·容许命题的素材（Materie）。只有这样理解，才能够使无须考虑错误这一得到一般认可的结论具有正当性。[15] 当然，这种基于当罚性的观点为客观处罚条件划定消极界限的尝试，还必须借助于要罚性的观点加以补充完善。要罚性，是指为了保护法律秩序而使刑罚介入的必要性。这种必要性与违反禁止或者命令的行为扰乱受法律保护的秩序的程度相对应，随着其提高而增大。据此，客观处罚条件的实体内容就变得明确，即，客观处罚条

---

[13] Stratenwerth, a. a. O. (Anm. 1), S. 565-566.
[14] Stratenwerth, a. a. O. (Anm. 1), S. 567-568.
[15] Stratenwerth, a. a. O. (Anm. 1), S. 569.

件无疑就是认定应予否定的行为高度侵害了受法律保护的秩序所必需的要件。⑯ 以破产犯罪为例，虽然构成要件所包摄的行为本身就已经违背了法律，但是，只有在附加客观处罚条件——支付停止或者破产开始——之后，才能作为对于债权人受保护的利益的显在侵害（manifeste Beeinträchtigung geschützter Gläubigerinteressen）发挥作用，从而肯定刑罚介入的必要性。⑰

（4）另外，施特拉腾韦特还将要罚性的观点——不仅是划定客观处罚条件与不法·责任的界限——作为有效划定客观处罚条件与诉讼条件的界限的标准加以援用。也就是说，由于要罚性是为国家介入刑罚的权力和义务划定界限的标准，因此，作为要罚性要件的客观处罚条件就属于刑罚请求权的发生事由。相反，诉讼条件与刑罚请求权的发生无关，仅仅是其实施（Durchsetzung）的要件。例如，议员的免责是与其他值得保护的利益相关的，互惠主义的保障则是与纯粹的目的追求相关的；然而，由于它们都只是暂时地或者持续地妨碍刑事诉讼，因而被赋予了诉讼条件的性格。⑱

（5）通过以上论述，施特拉腾韦特归纳出客观处罚条件具备以下实质性特征："客观处罚条件并不体现任意的合目的性考虑（beliebige Zweckmäßigkeitserwägungen），其揭示了对于受法律保护的秩序的极其严重的扰乱（eine ernstere Störung der rechtlich geschützten Ordnung）以及……高度的法秩序违反性（Rechtsordnungswidrigkeit）的特征。"⑲ "……只有关注这种'法秩序违反性'，而不是一般的'与处罚相关的利益'，客观处罚条件才能够成为具有确定轮廓的范畴。"⑳

为了说明"法秩序违反性"，施特拉腾韦特指出法领域中存在着不同的层次。也就是说，"法，不仅仅是构成与人类的正确活动有关

---

⑯ Stratenwerth, a. a. O. (Anm. 1), S. 570.
⑰ Stratenwerth, a. a. O. (Anm. 1), S. 571.
⑱ Stratenwerth, a. a. O. (Anm. 1), S. 572-573.
⑲ Stratenwerth, a. a. O. (Anm. 1), S. 573. 标注着重号的部分在原文中使用的是隔字体。
⑳ Stratenwerth, a. a. O. (Anm. 1), S. 573. Anm. 22.

的观念性规范的复合体。对于法而言,最本质的莫过于建立构成社会生活的有效秩序。因而,法秩序的违反不仅仅以行为的形态违反了规范为前提,还包括其作为对法律秩序的侵害表现于外部"。而且,从这一点中,除了非现实的未遂(迷信犯)的不可罚性以及过失犯中的结果责任的根据以外,同时还能够发现客观处罚条件的实体。换言之,"客观处罚条件体现了为要罚性提供基础的、一定程度的法秩序违反性"[21]。

3. 上述施特拉腾韦特的观点的要点,可以归纳为以下两个方面。

(1) 客观处罚条件的消极特征在于,它是不属于"当罚性",即禁止·命令·容许的素材的事由,因而不违背责任主义。

(2) 客观处罚条件的积极特征在于,它是为"要罚性",即"高度的法秩序违反性"提供基础的事由。在这一点上,它区别于与国家刑罚权的发生无关的诉讼条件。

尽管也存在其他援用"当罚性"和"要罚性"的区别对客观处罚条件的实质法律性质进行说明的观点[22],但施特拉腾韦特的观点中最为值得关注之处在于,其具体揭示了"要罚性"的内容。然而,在"高度的法秩序违反性"中寻求"要罚性"的内容,也使得"要罚性"与"违法性"的区别变得不够明确。对于这一点,将在第三款中作出进一步的探讨。

第三款　处罚限制事由说的问题性

1. 如上所述,德国的通说见解试图通过将客观处罚条件理解为纯粹的处罚限制事由,从而实现其与责任主义的调和。也就是说,虽然仅凭实行行为就可以认定完全的当罚性,但是在客观处罚条件成就之前——朝着有利于行为人的方向——应当暂缓处罚。这种理论构成使得不要求对于客观处罚条件具有责任关联这一结论得以正当化。的确,从

---

[21] Stratenwerth, a. a. O. (Anm. 1), S. 573-574.
[22] 例如,Jescheck/Weigend, a. a. O. (Anm. 1), S. 556(然而,关于"真正的客观处罚条件");Wolter, a. a. O. (Anm. 1), S. 119 等。

形式论的角度来看，这种处罚限制事由说的主张似乎具有合理性。因为，只要承认即使尚不存在客观处罚条件也具有完全的当罚性，就可以认为对于客观处罚条件的责任关联是多余的。但是，从实质上看，则不得不说处罚限制事由说存在下面的问题。

2. 首先，关于处罚限制事由说的思考方法本身，正如经常被指摘的那样，其中存在"循环论证"以及"理论颠倒"的现象。

例如，基于"大多数所谓的客观处罚条件实际上都是不法要素"的立场，韦尔策尔主要着眼于妨害执行公务罪中的职务行为的适法性，对处罚限制事由说提出以下批判："……该要素仅仅是因为实定法的规定不要求责任涉及，才被视为'客观处罚条件'的。然而，被视为'客观处罚条件'反过来又被作为无须责任涉及的理由加以援用。采用这种循环论证的动机，在于违背责任主义时产生的心理愧疚（das schlechte Gewissen）。"[23]另外，关于处罚限制事由说中的理论颠倒问题，阿图尔·考夫曼指出："如果〔像处罚限制事由说那样〕由责任的范围导出不法的范围，得出责任主义得到维持的结论就是理所当然的。但是，这种方法无疑是存在错误的。恰恰相反，我们必须根据不法的范围来决定责任的范围。只有在确定了什么是不法之后，才能够进一步讨论需要责任涉及多大范围的问题。"[24]

关于处罚限制事由说中存在的循环论证和理论颠倒的问题，也能够从"客观处罚条件"概念的成立·发展过程的角度加以证明。在对19世纪中期以后的判例·学说中的"客观处罚条件"概念的成立·发展过程进行详细的探讨以后，哈斯提出以下观点："这个〔客观处罚条件〕概念是在片面重视能够由其提供根据（且必须由其提供根据）的法律效

---

[23] Hans Welzel, Niederschriften über Sitzungen der großen Strafrechtskommission, Bd. 5., Allgemeine Fragen zum Besonderen Teil (1958), S. 98. 据此，韦尔策尔又进一步将"职务行为的适法性"解释为独立的法义务标志，主张应当将相关的错误作为禁止的错误加以对待。

[24] Arthur Kaufmann, Das Schuldprinzip. Eine strafrechtlich-rechtsphilosophische Untersuchung (1961), S. 248-249. 考夫曼还指出，如果采用处罚限制事由说的理论，就能够将结果加重犯中的加重结果也解释为限制处罚的要素，由此认为处罚限制事由说是不妥当的（S. 247）。

果的情况下发展起来的。换言之,这个概念自始就是以排除〔有关故意对象的〕《刑法》第59条为目的的。"㉕ 这样一来,"客观处罚条件就为人们所期待的可罚性的扩大提供了解释论上的正当性。因为,这种法律观念……有助于缩小《莱比锡刑法》第59条的适用范围。所以,将客观处罚条件理解为处罚限制事由,基本上是不妥当的。作出那种理解的理论解释与这些要素的机能和成立史之间是存在矛盾的"。㉖

正如上述观点指出的那样,至少提倡处罚限制事由说的学者在主观方面首先会认为,该当客观处罚条件的事由不应当包含在故意的认识内容当中,为了迎合这种观点,于是得出了应当将这些事由排除在(当罚的)不法的领域之外的理论归结,这一点是难以否定的。例如,从施米德霍伊泽的以下论述中,就能够发现这种理论颠倒的问题:"处罚无责任者是不被允许的——必须以这一不可侵犯的原则(unabdingbar)作为此处的前提,所以能够认为不要求责任(schuldfrei)的,就只能是那些已经完全不属于犯罪行为的不法的事由。在该当构成要件不法的内部,没有客观处罚条件存在的余地。"㉗

而且,处罚限制事由说所依据的"客观处罚条件不过是对处罚的限制而已"的表述方式,也没有突破语言本身的印象领域,其作为论证客观处罚条件与责任主义之间的整合性的理论是不充分的。对于这一点,阿图尔·考夫曼指出:"从概念的内涵与外延之间的相反关系法则来看,基本上所有的犯罪要素都具有限制处罚的特征。例如,德国《刑法》第242条〔盗窃罪〕的适用范围并没有因为财物的'他人性'而扩大,而是受到了它的限制,这一点是毋庸置疑的。尽管如此,应该没有人会认为由于该要素不是行为不法的前提,所以也不需要故意包含该要素。这说明,某个犯罪要素具有限制处罚的性格与其具有不法构成或者不法加

㉕ Gerhard Haß, Zur Wesen und Funktion der objektiven Strafbarkeitsbedingung. Bemerkungen zur Entstehungsgeschichte des Begriffs, Rechtstheorie 3(1972), S. 32. Vgl., ders., Abschied von der objektiven Strafbarkeitsbedingung, ZRP 1970, S. 196.

㉖ Gerhard Haß, Die Entstehungsgeschichte der objektiven Strafbarkeitsbedingung. Eine literägeschichtliche Darstellung (1969), S. 121.

㉗ Schmidhäuser, a. a. O. (Anm. 1), S. 548.

重的性格之间根本不存在任何对立。"㉘ 正如考夫曼所指出的那样，是赋予某要素"限制处罚"的性格，还是赋予其"为处罚提供基础"的性格，大体上只是解释说明上的差别，无论如何都不会改变该要素"被视为处罚要件"的实体。然而，将某要素解释为"限制处罚"的事由可能给人留下有利于行为人的印象，这样一来，就会产生消除对于将该要素排除在责任主义的保障之外的心理抵抗的效果。但是，以缺乏实体的语言印象为基础来剥夺法治国家的保障，这是绝对不允许的。

由此可见，仅从处罚限制事由说的理论本身来看，其完全停留在形式理论的层面，作为对于客观处罚条件的实质性根据的说明以及与责任主义的共存可能性的论证，是不充分的。因此，如果要对客观处罚条件的存在予以正当化，就必须从实质性观点出发，对处罚限制事由说的形式性理论加以补充。

3.（1）首先，关于一般意义上的"客观处罚条件"，需要追究这一概念的实质的且积极的指标。只有揭示了"客观处罚条件"概念的积极指标，才能开辟出一条摆脱循环论证的路径，也才可能与诉讼条件相区别。㉙

（2）在处罚限制事由说内部，最为强烈地意识到揭示为客观处罚条件赋予特征的积极指标的必要性的，是施特拉腾韦特。他在与"当罚性"相对置的意义上的"要罚性"这一观点中发现了客观处罚条件的积

㉘ Arthur Kaufmann, Unrecht und Schuld beim Volltrunkenheit, JZ 1963, S. 425ff. (insb. S. 429) (= Schuld und Strafe, Studien zur Strafrechtsdogmatik, 2. Aufl. (1983), S. 229ff.)〔作为介绍，浅田和茂：《阿图尔·考夫曼〈完全酩酊犯的不法和责任〉》，载《关西大学法学论集》第21卷第6号（1972年）第66页以下〕。

㉙ 诉讼条件也不属于不法，因此，根据处罚限制事由说提供的消极指标无法对客观处罚条件与诉讼条件加以区别。对此，能够预见到的反驳是，即使采纳处罚限制事由说，仍然可以根据法律效果（法律上的处理）方面的差异来区别客观处罚条件和诉讼条件。但是，客观处罚条件与诉讼条件在处理上的差异，也只有根据二者的实质性格上的差异才能得到正当化。正如考夫曼指出的那样，客观处罚条件和诉讼条件在处理上是否应当区别对待以及基于何种理由使这种区别对待正当化等问题，原本就是必须追问的（Kaufmann, a. a. O. (Anm. 24), S. 249）。

极指标。㉚但是，正如序章所述㉛，"当罚性"与"要罚性"在概念上的区别未必是明确的。而且，在以刑罚目的作为指导理念的现代刑法观的基础上，从机能方面对"当罚性"和"要罚性"加以区别也是非常困难的。㉜再者，"要罚性"这一概念过于抽象和概括，难以发挥作为体现客观处罚条件的积极特征的实质性指标的机能。

然而，施特拉腾韦特主张将"要罚性"视为一个较一般性理解更为具体的、限定的概念。他认为，所谓"要罚性"，是指"为保护法秩序而介入刑罚的必要性"㉝；这种介入的必要性并非建立在"任意的合目的性考虑"的基础之上，而是以"扰乱法律所保护的秩序"或者"高度的法秩序违反性"为基础的。㉞的确，这种对"要罚性"概念作限定性把握的观点不仅为这一概念划定了"明晰的轮廓"，而且在明确客观处罚条件的积极特征方面也具有一定意义。另一方面，如果基于"法秩序违反性"的观点来把握"要罚性"，"要罚性"与违法性的区别就会消失。对于这一点，阿图尔·考夫曼指出："施特拉腾韦特提出了与行为的不法即违法性（Rechtswidrigkeit）相并列的、特别的'法秩序违反性（Rechtsordnungswidrigkeit）'的概念。但是，二者的区别在哪里呢？而且，为何无须责任涉及这个提高法秩序违反性的要素呢？归根到底，这难道不是一种企图掩饰客观处罚条件违背责任主义的尝试吗？"㉟正如考夫曼指摘的那样，对施特拉腾韦特提倡的"法秩序违反性"与"违法性"加以区别，进而对"要罚性"与"当罚性"加以区别是非常困难的。一般而言，"违法性"是根据法秩序的观点对行为

㉚ Stratenwerth, a. a. O. (Anm. 1), S. 567ff.
㉛ 参见序章第二节（第4页以下）。
㉜ Vgl., Günther Jakobs, Strafrecht Allgemeiner Teil, Lehrbuch (1991), 10/5, S. 338f.; Frank Altpeter, Strafwürdigkeit und Straftatsystem (1990), S. 38ff.; Jürgen Baumann/Ulrich Weber, Strafrecht, Allgemeiner Teil Lehrbuch, 9. Aufl. (1985), S. 464. 鲍曼和韦伯指出，当"要罚性"因刑事政策性考虑被否定时，"当罚性"往往也被否定；当罚性和要罚性的区别是恣意的，无法贯彻始终。
㉝ Stratenwerth, a. a. O. (Anm. 1), S. 570.
㉞ Stratenwerth, a. a. O. (Anm. 1), S. 573.
㉟ Arthur Kaufmann, a. a. O. (Anm. 24), S. 250.

作出的无价值评价。因此，可以认为行为的"法秩序违反性"以及"法秩序的扰乱"就是"违法性"本身，或者至少是"违法性"的重要组成部分。甚至施特拉腾韦特自己也承认，"对于法而言，其本质在于建立构成社会生活的有效秩序"㊱。既然如此，对法予以否定的不法不就恰恰应当体现为扰乱"构成社会生活的秩序"的"法秩序违反性"吗？㊲

从实质上看，施特拉腾韦特提倡的"法秩序违反性"与"违法性"之间并不存在差异。关于这一点，结合他所列举的有关"法秩序违反性"的具体事例就可以更加明确。施特拉腾韦特认为，破产犯罪中的"停止支付"作为造成"债权人被保护的利益受到显在侵害"的因素，构成了"法秩序违反性"㊳。然而，"债权人的利益"恰恰就是破产犯罪的保护法益本身，对它的"显在侵害"——只要遵循有关违法性实质的一般性理解——必然是"违法性"的重要构成要素。此外，他还认为，根据以"法秩序违反性"作为实质内容的"要罚性"观点，也能够对过失犯中的"结果"的意义以及非现实的不能未遂的不可罚性加以说明。㊴但是，一般而言，这些问题只能在违法论的领域加以解决。

或许只有站在将所有结果无价值要素均排除出违法论的一元人的不法论的立场上，主张将"法秩序违反性"排除在违法评价的对象之外的观点才具有一贯性。但是，一元人的不法论甚至会认为未对客观的法秩序或者法益状态造成任何影响的场合也具有违法性。在这一点上，不得不认为其背离了法的任务。㊵而且，众所周知，作为二元人的不法论的代表性论者，施特拉腾韦特也对一元人的不法论提出了批判，并着重强

㊱ Stratenwerth, a. a. O. (Anm. 1), S. 573.

㊲ 然而，是将"法秩序违反性"的内容理解为对于法秩序本身的观念性侵害，还是将其理解为对于构成法秩序的各个具体法益的侵害以及危殆化，将导致违法论出现重大差异。

㊳ Stratenwerth, a. a. O. (Anm. 1), S. 571.

㊴ Stratenwerth, a. a. O. (Anm. 1), S. 573.

㊵ 参见上编第六章第二节第二款（第191页以下）。

调不法论中的结果无价值的重要性。㊶

由此可见，施特拉腾韦特试图通过以"法秩序违反性"作为实质内容的"要罚性"来揭示客观处罚条件的积极特征的尝试，未能证明客观处罚条件与犯罪行为的违法评价无关，最终反而揭示出客观处罚条件的实质性根据在于违法性的考虑。

（3）与施特拉腾韦特试图在"要罚性"这一评价基准中寻求客观处罚条件的指标相反，施米德霍伊泽则试图从与行为的时空关系的观点出发，揭示客观处罚条件的积极指标。具体而言，施米德霍伊泽将客观处罚条件归属于"行为事象本身"㊷，主张其特征在于"必须与不法行为存在直接关系"㊸。而且，能够认定"与行为事象存在直接关联性"的，是"该事由属于行为状况的场合，或者如果是责任涉及的事由，则相当于行为结果的场合"㊹。

这个指标主要是施米德霍伊泽基于客观处罚条件与诉讼条件相区别的意识提出来的。但是，从反面来看，可以认为其突显了客观处罚条件和不法构成要件要素的同质性，动摇了客观处罚条件不属于不法构成要件的前提。这一点，在施米德霍伊泽的以下论述中得到明确的体现。也就是，"只要被称为客观处罚条件的事由与不要求责任的事实无关，就必须与不法构成要件要素作同样对待。因为，在其他所有重要的方面，客观处罚条件均区别于诉讼条件，而与不法构成要件要素则是相同的"㊺。这一论述无异于宣告：被视为客观处罚条件的事由虽然在实体

㊶ Günter Stratenwerth, Handlungs-und Erfolgsunwert im Strafrecht, SchwZStr 79 (1963), S. 233ff.〔作为介绍，宫泽浩一：《〈瑞士刑法杂志〉78 卷（1962 年）、79 卷（1963 年）》，载《法学研究》第 38 卷第 3 号（1965 年）第 104 页以下（与本书相关的内容，参见第 114 页以下）〕; ders., Zur Relevanz des Erfolgsunwertes im Strafrecht, in: Festschrift für Friedrich Schaffstein zum 70. Geburtstag (1975), S. 177ff.〔作为介绍，增田丰：《京特·施特拉腾韦特〈关于刑法中的结果无价值的重要性〉》，载《法律论丛》第 50 卷第 1 号（1977 年）第 93 页以下〕

㊷ Schmidhäuser, a. a. O. (Anm. 1), S. 557.

㊸ Schmidhäuser, a. a. O. (Anm. 1), S. 558.

㊹ Schmidhäuser, a. a. O. (Anm. 1), S. 558.

㊺ Schmidhäuser, a. a. O. (Anm. 1), S. 559.

上与不法构成要件要素并不存在差异，但是，由于不涉及责任关联，因而难以将其认定为不法构成要件要素。⑯ 属于"行为事象本身"、构成"行为状况"或者"行为结果"的客观处罚条件之所以被认为无法归属于不法构成要件的理由，除了其不被作为故意·过失的对象之外，就再也找不到其他理由了。⑰

（4）这样看来，处罚限制事由说未能成功地提出一个由积极指标提供特征的"客观处罚条件"的概念规定，由该学说得出的"客观处罚条件"的指标反而体现了其与不法要素的同质性。⑱

4.（1）对于每个该当客观处罚条件的事由，必须说明的问题是：从实质上看，这些事由是否与违法评价无关？换言之，即使排除这些事由，该犯罪类型是否仍然具有完全的当罚的不法？在此，本书拟就完全酩酊罪（德国《刑法》第 323 条 a）和参与斗殴罪（同第 227 条）展开若干探讨；至于我国同样作出规定的破产犯罪，将在第七章中予以详细讨论。⑲

（2）根据有关完全酩酊罪的德国《刑法》第 323 条 a 的规定，利用酒精等使自己陷入酩酊状态的行为人，只有其在酩酊状态下实施了违法行为时，才受到处罚。⑳ 通说见解将酩酊状态下的违法行为（＝酩酊犯罪行为）视为客观处罚条件，在此基础上又将其理解为处罚限制事

---

⑯ Vgl., Arthur Kaufmann, a. a. O.（Anm. 24），S. 250.

⑰ 另外，施米德霍伊泽将违背尊重法益的要求视为法益侵害，并基于行为的义务违反性的观点对违法性加以把握（Eberhard Schmidhäuser, Der Unrechtstatbestand, in：Festschrift für Kar Engisch (1969), S. 433ff.）。根据这种强调行为无价值的违法观，将不属于行为人实施的违反义务的行为的事由从不法当中排除出去，也许并不存在特别的困难。但是，结果犯中的"结果"以及构成要件性状况被视为责任关联的对象；相反——在与行为之间的关系方面不存在差异——客观处罚条件则被排除在责任关联的要求之外，这种区别对待是无法以他所提倡的行为无价值论为前提得到合理说明的。

⑱ 而且，对于处罚限制事由说而言，虽然仅凭犯罪行为就"值得处罚"，但是在客观处罚条件发生之前需要限制处罚的理由，是其必须回答的问题。然而，处罚限制事由说的支持者未能就该问题提供合理的理由。

⑲ 参见上编第七章第二节（第 249 页以下）。

⑳ 关于条文的日文翻译，参见本书第 38 页注㊳。

由。[51] 根据这种立场，过度饮酒以及陷入酩酊状态的事实本身就已经体现了当罚性的不法，原本仅此就值得予以处罚；然而，如果行为人未在酩酊状态下实施犯罪行为，则应当基于刑事政策上的理由对处罚加以限制。但是，如果对于未在酩酊状态下实施任何违法行为的情形——例如过度饮酒之后立即昏睡的情形，也仅以饮酒或者酩酊为由肯定其具备完全酩酊罪的当罚性的不法，则可以说是不切实际的。[52] 通说认为，完全酩酊罪的处罚根据在于饮酒或者酩酊所具有的对于公共安定的抽象危险。但是，就饮酒本身所具有的抽象危险而言，作为其对象的法益完全是不特定的，而且危险的程度极低，难以认为其为刑事不法提供了基础。[53] 而且，一方面将完全酩酊罪解释为抽象危险犯，另一方面又要求在实施酩酊犯罪行为以后才能处罚，不得不认为这是缺乏一贯性的。抽象危险犯原本就是一种不必等待法益侵害或者具体危险的发生，只需要在行为当时具有一般性危险的阶段加以把握，在能够认为妥当的情况下采用的一种立法形式。然而，就完全酩酊罪而言，只有等到作为危险现实化的酩酊犯罪行为出现以后，才予以处罚。之所以将酩酊犯罪行为作为要件，是因为对于处罚而言，仅有饮酒行为本身所包含的抽象危险尚不充分，只有当危险通过酩酊犯罪行为的形式具体化、现实化以后，才能肯定其具备当罚性的不法。[54] 另外，第 323 条 a 第 2 项规定，完全酩酊罪的刑罚不得超过对酩酊犯罪行为所科处的刑罚；同条第 3 项也规定，如果酩酊犯罪行为是亲告罪，则完全酩酊罪也应当作为亲告罪处理。可以说，这种法律上的处理也说

---

[51] Vgl., Lackner, a. a. O. (Anm. 1), §323a Rdn. 1, 5, (S. 1271ff.); Peter Cramer, Der Vollrauschtatbestand als abstraktes Gefährdungsdelikt (1962), S. 46ff., S. 108ff.

[52] Vgl., Arthur Kaufmann, a. a. O. (Anm. 24), S. 252; ders., a. a. O. (Anm. 28), JZ 1963, S. 429.

[53] 萨克斯指出，主张无须等待酩酊犯罪行为发生，仅由"自己酩酊"即可肯定刑事不法的观点违背了比例性原则，所以是违反宪法的。此外，他还认为，仅凭参与斗殴罪中的"参与斗殴"或者破产犯罪中的"浪费行为"就承认具备独立的刑事不法，也是违反比例性原则的（Waltar Sax,„ Tatbestand "und Rechtsgutverletzung（Ⅰ）, JZ 1976, S. 15）。

[54] 阿图尔·考夫曼认为，处罚限制事由说对于完全酩酊罪作出的说明是"牵强的、形式的，并且是一种伪实体的构成"（Arthur Kaufmann, a. a. O. (Anm. 28), JZ, S. 426）。

明：酩酊犯罪行为对于完全酩酊罪的不法而言具有重要的意义。[55][56][57]

---

[55] Vgl., Günter Neumann, Zurechnung und Vorverschulden. Vorstudien zu einem dialogischen Modell strafrechtlicher Zurechnung (1985), S. 52；Franz Streng, Schuld ohne Freiheit? Der funktionale Schuldbegriff auf dem Prüfstand, ZStW 101 (1989), S. 317.

[56] 而且，虽然酩酊犯罪行为的严重性在量刑中也被认为是具有决定性作用的因素（Vgl., BGHSt 23, 375 (376)；BGHSt 38, 356 (361)〔作为介绍，铃木彰雄：《不真正不作为犯的未遂、完全酩酊罪的量刑》，载《比较法杂志》第 29 卷第 4 号（1996 年）第 91 页以下〕），但是，这种量刑论上的意义却无法由主张酩酊犯罪行为与不法评价无关的处罚限制事由说加以说明。Vgl., Hans-Ullrich Paeffgen, Strafzumessungsaspekte bei § 323a StGB, NStZ 1993, S. 66ff.

[57] 关于完全酩酊罪的理解方法，批判通说并承认酩酊犯罪行为具有不法构成意义的观点提供了以下四个方向。

第一个方向是，虽然承认酩酊犯罪行为提高了完全酩酊罪的不法，却不要求对其存在责任关联，只是在量刑阶段考虑责任主义。也就是说，当行为人无法预见酩酊犯罪行为时，法官应当通过判定接近处断刑下限的刑罚，来实现与责任主义的调和（Jescheck/Weigend, a. a. O.（Anm. 1），S. 557；Vgl., Jürgen Wolter, Vollrausch mit Januskopf, NStZ 1982, S. 54ff.〔作为介绍，植田博：《具有两面性的完全酩酊》，载《警察研究》第 54 卷第 10 号（1983 年）第 88 页以下〕）。该观点是一种合宪限定解释。但是，通过法官的裁量以及难以设定明确界限的量刑阶段的操作是否能够完全消除宪法上以违背责任主义为理由的疑虑，仍然存在疑问。

第二个方向是，在将酩酊犯罪行为还原为不法构成要件要素的基础上，要求对此存在故意・过失等责任关联（Günter Bemmann, Welche Bedeutung hat das Erfordernis der Rauschtat in § 330aStGB?, GA 1961, S. 65ff.〔要求故意或者过失〕；Claus Roxin, Strafrecht Allgemeiner Teil, Band 1, 2. Aufl. (1994), S. 868f.〔要求过失〕）。对于这种要求故意或者过失的立场，有批判指出：其结果是造成完全酩酊罪的成立范围与因原因自由行为（actio libera in csusa）而被认定的可罚性的范围相重合，于是，完全酩酊罪的规定就成为多余的（Kaufmann, a. a. O.（Anm. 24），S. 251）。作为对这一批判的反驳，罗克辛主张，由于在大部分犯罪类型中均未设置过失处罚规定，因而大部分过失的原因自由行为是因完全酩酊罪的规定才被赋予了可罚性（a. a. O., S. 869）。另外，贝曼曼则试图通过以下理解将酩酊犯罪行为与原因自由行为相区别，即在完全酩酊罪中，对于实施特定的酩酊犯罪行为的预见是不必要的，正如条文所示，只要对于实施某种"被科处刑罚的行为"具有预见或者预见可能性即可（a. a. O., S. 72-74）。笔者认为，完全酩酊罪将沦为多余的批判是以仅在故意・过失的关联上广泛地承认成立原因自由行为的观点为前提的。然而，根据主张对原因自由行为附加构成要件的限定、对其成立范围作出限定性理解的立场，即使在完全酩酊罪中要求对酩酊犯罪行为具有故意・过失，也未必能够得出该规定多余的归结。另外，还有观点试图通过要求对酩酊犯罪行为存在"危险责任"关系，从而实现其与责任主义的调和（Heinrich Schweikert, Strafrechtliche Haftung für riskantes Verhalten? ZStW 70 (1958), S. 394ff., insb. S. 403-407）。但是，是否能够将这种危险责任关联称为本来意义上的"责任关联"，则是存在疑问的（参见本章第二节第四款（第 120 页以下））。

第三个方向是，主张第 323 条 a 不是规定独立的犯罪类型的条文，而是原本应在总则中规定的有关责任能力的条文。也就是说，应当将第 323 条 a 理解为关于责任能力的例外规定，即其趣旨在于不允许有责地使自己丧失责任能力的人对自己有利地利用无责任能力的状态（Neumann, a. a. O.（Anm. 55），S. 125ff. ；Streng, a. a. O.（Anm. 55），S. 318ff.）。

第四个方向是，主张完全酩酊罪是违反宪法的。也就是说，完全酩酊罪虽然以确证受到酩酊犯罪行为侵犯的规范作为目的，却不要求对于酩酊犯罪行为存在责任关联，因此，其违背了具有宪法根据的责任主义（Helmut Frister, Schuldprinzip, Verbot der Verdachtsstrafe und Unschuldsvermutung als materielle Grundprinzipien des Strafrechts (1988), S. 53-59）。

（3）根据德国《刑法》第227条的规定，斗殴或者多人攻击行为的参与者只有在"致人死亡或重伤时"，才按照参与斗殴罪进行处罚。[58] 通说见解认为，就本罪而言，参与斗殴行为本身已经体现了当罚性的不法，而"致人死亡或重伤"的发生则仅仅是客观处罚条件，即对处罚加以限制的要件而已。[59] 但是，从实质上看，"致人死亡或重伤"无疑就是该规定意图防止的恶害。如果仅有参与斗殴这一抽象的危险，就完全具备了与法定刑相当的当罚性，也就不必等待"致人死亡或重伤"的发生，而应当将一般的参与斗殴行为都规定为处罚对象。而且，如果认为"致人死亡或重伤"与不法无关，就会得出因正当防卫"致人死亡或重伤"的人[60]、在"致人死亡或重伤"的结果发生后加入斗殴的人[61]，甚至是身负"重伤"的被害人本人[62]，都将按照参与斗殴罪受到处罚的归结。然而，这些归结显然是不妥当的。[63]

5. 由以上探讨可知，作为通说见解的处罚限制事由说对客观处罚条件与责任主义的调和并不成功。在处罚限制事由说提出的"客观处罚条件是位于不法外部的、限制处罚的事由，因而无须责任关联涉及"这一消极的、形式的理论中，存在本末倒置以及循环论证之嫌。然而，如果为了消除这些嫌疑而尝试对客观处罚条件作出积极的、实质性的概念规定，最终的结果就将归于"法秩序违反性"等，承认客观处罚条件与违法性相关联。而且，就完全酩酊罪中的"酩酊犯罪行为"以及参与斗殴罪中的"致人死亡或者重伤"等事由而言，其无疑就是法律应当防

---

[58] 关于条文的日文翻译，参见本书第37页注[36]。

[59] Lackner, a. a. O. (Anm. 1), §227 Rdn. 5 (S. 942); Heinz Wagner, Beteiligung an einer Schlägerei (§277 StGB) bei Verursachung des Todes in Notwehr——BGHSt 39, 305, JuS 1995, S. 296ff.

[60] Vgl., BGHSt 39, 305. 〔关于本案，Thomas Rönnau/Kurt Bröckers, Die objektive Strafbarkeitsbedingung im Rahmen des §227 StGB, GA 142 (1995), S. 549ff.；Wagner, a. a. O. (Anm. 59), S. 296ff.〕

[61] Vgl., BGHSt 16, 130.

[62] Vgl., BGHSt 33, 100 (104). 〔关于本案，Hans-Ludwig Günther, §227 StGB findet auch Anwendung, wenn der Angegriffene bei einem von mehreren gemachten Angriff einen der Angreifer in Notwehr tötet, JZ 1985, S. 584ff.〕

[63] 主张德国《刑法》第227条的规定违反宪法的是Frister, a. a. O. (Anm. 57), S. 59-61。

止的恶害，在抛开这些事由的情况下肯定当罚性的不法，显然是不切实际的。这样看来，处罚限制事由说只是为了避免客观处罚条件与责任主义相抵触的一种技巧性的理论构成，其未能正确地反映问题的实质。

另外，不仅限于责任主义，处罚限制事由说的理论还可以用于规避所有犯罪成立方面以及犯罪认定方面的保障。例如，无罪推定原则（"存疑有利于被告"原则）以及严格证明的必要性等犯罪认定方面的要求，都能够通过适用处罚限制事由说的理论轻易规避。根据处罚限制事由说的理论，即使将存在问题的事由排除在外，行为依然具备充分的当罚性，因此，关于该事由的举证责任所在以及要求达到的证明程度，都完全可以依赖于国家的政策性判断。而且，根据处罚限制事由说，由于被告人的当罚性在该当事由被证明之前就已经得到证明，所以，没有必要允许被告人就相关要素进行抗辩。当某事由在有利于被告人的方向上被赋予处罚限制事由的特征时，只要与该事由有关，剥夺被告人所有抗辩的做法就能够得到正当化。

前述参与斗殴罪就是通过处罚限制事由说的理论来规避犯罪认定方面的保障的适例。如果认为"致人死亡或重伤"是法律应当防止的恶害，追诉方就必须对与死伤结果之间存在因果关系进行证明。然而，通说则仅根据参与斗殴本身即认定具备本罪的当罚性，并通过这种说明对不要求证明该因果关系予以正当化。关于这一点，正如其经常受到的指摘那样㉔，虽然可以认为本罪的实质性立法目的在于克服对斗殴所造成的死伤结果的因果关系进行证明的困难，但是，该立法目的与无罪推定原则之间的对立则由于处罚限制事由说理论的适用而得以在形式理论的层面被化解。㉕㉖

㉔ Vgl., Günther, a. a. O. (Anm. 62), S. 585.

㉕ 从实体法的观点来看，参与斗殴罪的规定——再加上对于结果不要求故意·过失等主观的归属关联——不要求自己引起结果这一客观的归属关联，从而规避了作为广义的责任主义内容的个人责任原则。

㉖ 与此相对，不要求破产犯罪中的行为与"破产宣告的确定"——德国法中的"支付停止"以及"破产开始"——之间存在因果关系，未必是不妥当的。因为，"破产宣告的确定"不是应当通过法律加以防止的恶害，而是导致恶害发生的介在事由。关于这一点，参见上编第七章第二节第一款（第249页以下）。

可以说，主张将我国的名誉毁损罪中的"揭发事实的真实性"（《刑法》第230条之2）解释为"处罚阻却事由"的观点⑰，也是为了避免与无罪推定原则发生抵触，才适用处罚限制事由说的理论的。根据这种观点，如果将"真实性"视为犯罪的构成要素，就不允许将举证责任转嫁给被告方；然而，只要将其理解为位于"犯罪"概念外部的"处罚阻却事由"，举证责任的转移就能够由此得到正当化。的确，如果认为在具有公共性·公益性的场合，无论事实的真伪，揭发事实本身即构成（当罚的）不法，那么，"真实性"要件就将成为为保障被告人的利益而附加的恩惠性要件，让被告人承担此项举证责任似乎没有不妥之处。但是，将具备第230条之2规定的要件的表现行为理解为违法且被禁止的行为，是对表现自由的蔑视，这是不妥当的。⑱这种"处罚阻却事由说"终究未能克服理论颠倒以及循环论证的弊病。⑲

综上所述，除了违背责任主义以外，在开辟了多条规避法治国家保障的渠道这一点上，处罚限制事由说也必须受到批判。

第二节 反对通说的观点——不法要素说

如上节所述，试图通过将客观处罚条件排除在不法之外，从而实现与责任主义相调和的处罚限制事由说，是一种不符合实际的、技巧性的理论，其难以避免循环论证以及本末倒置的弊端。因此，反对通说见

---

⑰ 例如，中野次雄：《名誉毁损罪中的违法阻却事由和处罚阻却事由》，载《刑事法与裁判的诸问题》（1987年）第66页以下〔初出·《警察研究》第51卷第5号（1980年）〕；内田文昭：《刑法各论〔第三版〕》（1996年）第217页以下等。

⑱ 根据处罚限制事由说，对于满足刑法第230条之2所规定的要件的表现行为，通过暴力手段予以阻止的情形也将作为正当防卫予以正当化。

⑲ 此外，古劳尔对于抽象危险犯的解释也体现了处罚限制事由说在举证责任中的应用。他主张，应当在坚持"存疑有利于被告"原则不涉及客观处罚条件的前提下，通过将抽象危险犯中的"危险"的发生解释为客观处罚条件，从而使被告人承担有关"危险"发生的举证责任（Eva Graul, Abstrakte Gefährdungsdelikte und Präsumptionen im Strafrecht (1991), S. 361ff.〔关于古劳尔的观点，松生建：《抽象危险犯中的危险》，载《海上犯罪理论——大国仁先生退官纪念论集》（1993年）第77页以下进行了详细的探讨〕）。

犯罪概念和可罚性

解，对该当客观处罚条件的事由为行为的不法提供基础或者加重行为的不法予以肯定的观点（不法要素说），也得到有力的主张。①

对于不法要素说而言，首要的问题是客观处罚条件在不法构造内部的地位和机能。也就是说，该当客观处罚条件的事由与行为之间是什么关系？基于何种观点肯定其为行为的不法提供基础或者提高行为的不法？而且，在采纳不法要素说时，客观处罚条件与责任主义之间的整合性就成为一个需要正面回答的问题。因为，如果一方面维持客观处罚条件是无须故意·过失涉及的要素这一前提，另一方面又将其还原为不法要素，就必须承认缺少责任关联的不法要素，从而造成违背责任主义的

---

① 属于该立场的论著有：Wilhelm Sauer, Grundlagen des Strafrechts nebst Umriß einer Rechts-und Sozialphilosophie (1921), S. 307ff. ; ders., Die beiden Tatbestandsbegriffe—Zur Lehre von den äußeren Strafbarkeitsvoraussetzungen, in : Festschrift für Edmund Mezger (1954), S. 117ff.〔关于本论文，参见本书第 58 页以下〕; Erich Land, System der äußeren Strafbarkeitsbedingungen. Ein Beitrag zur Lehre vom Tatbestand (1927), S. 19ff. ; Günter Bemmann, Was bedeutet die Bestimmung „ wenn nicht diese Tatsache erweislich wahr ist " im § 186 StGB?, MDR1956, S. 387ff. ; ders., Zur Frage der objektiven Bedingungen der Strafbarkeit (1957) ; ders., Welche Bedeutung hat das Erfordernis der Rauschtat in § 330a StGB?, GA 1961, S. 65ff. ; Heinrich Schweikert, Die Wandlungen der Tatbestandslehre seit Beling (1957), S. 86ff.〔作为书评，Dietrich Oehler, GA 1958, S. 237〕; ders., Strafrechtliche Haftung für riskantes Verhalten?, ZStW 70 (1958), S. 394 ; Paul Bockelmann, Niederschriften über Sitzungen der großen Strafrechtskommission, Bd. 5., Allgemeine Fragen zum Besonderen Teil (1958), S. 84ff. ; Arthur Kaufmann, Das Schuldprinzip. Eine strafrechtlich-rechtsphilosophisch Untersuchung (1961), S. 247ff.〔作为介绍，宫泽浩一：《阿图尔·考夫曼著〈责任原理〉》，载《法哲学年报》1963 年上第 167 页以下〕; ders., Unrecht und Schuld beim Delikt der Volltrunkenheit, JZ 1963, S. 425ff. (= Schuld und Strafe (1966), S. 264ff.)〔作为介绍，浅田和茂：《阿图尔·考夫曼〈完全酩酊犯的不法与责任〉》，载《关西大学法学论集》第 21 卷第 6 号（1972 年）第 66 页以下〕; Walter Sax, „ Tatbestand " und Rechtsgutsverletzung (Ⅰ), Überlegungen zur Neubestimmung von Gehalt und Funktion des „ gesetzlichen Tatbestands " und des „ Unrechtstatbestandes ", JZ 1976, S. 9ff., S. 80ff. ; ders., „ Tatbestand " und Rechtsgutsverletzung (Ⅱ), Folgerungen aus der Neubestimmung von Gehalt und Funktion des „ gesetzlichen Tatbestandes " und des „ Unrechtstatbestandes, " JZ 1976, S. 429ff.〔作为对本论文的探讨，甲斐克则：《法益论的一个侧面——以关停人口心肺器的许容性为中心》，载《九大法学》第 45 号（1982 年）第 63 页以下（特别是第 78 页以下）〕; Harro Otto, Strafwürdigkeit und Strafbedürftigkeit als eigenständige Deliktsaufbau, in : Gedächtnisschrift für Horst Schröder (1978), S. 53ff. (insb. S. 63ff.) ; Frank Altpeter, Strafwürdigkeit und Straftatsystem (1990), S. 241 ; Günther Jakobs, Strafrecht Allgemeiner Teil, 2. Aufl. (1991), S. 335ff. (10/1ff.).

结果。所以，不法要素说所面临的选择是，甘愿违背责任主义，进而探究对此予以正当化的实质性理由；否则，就必须要求具备现实的责任关联。与处罚限制事由说试图从形式论的层面上实现客观处罚条件与责任主义的调和不同，不法要素说则需要对此作出更为实质性的解决。

对于承认客观处罚条件具有不法构成机能的观点，本节拟以客观处罚条件在不法构造内部的地位·机能以及其与责任主义的整合性为重点展开讨论。

第一款 奥托的见解
——当罚的法益侵害·危殆化与客观处罚条件

1. 首先，作为基于"当罚的法益侵害·危殆化"的观点将客观处罚条件定位在不法构成要件内部的学说，本书拟探讨的是奥托的见解。

对于将客观处罚条件作为独立范畴加以把握的通说见解，奥托批判其"用语言问题（Sprachproblem）取代了实体问题（Sachproblem）"，他主张"所谓的客观处罚条件是不法构成要件的要素"[②]。

奥托是基于"当罚性"的观点为自己的主张提供根据的。他认为，刑罚是对于受刑者的自由、人格发展和尊严的严重介入，因此，只有在为保障法的和平而不可欠缺的场合，才允许科处刑罚。所以，能够认定具有当罚性的，只能是"由于显著危及或者侵害法共同体内部的社会关系，因而应当受到社会伦理否定的行为"[③]。

在通过"严重的法益侵害"[④] 这一指标将"当罚性"的观念导入不法构成要件领域的同时，奥托还将该当客观处罚条件的事由作为为"当罚的不法事态"提供基础的要素，定位于不法构成要件。他认为，在某些情况下，法益的危殆化以及侵害的当罚性会依存于应当附加在已经成立的行为无价值之上的特别的结果无价值。[⑤] 对于只有在具备这种特别

---

② Otto, a. a. O. (Anm. 1), S. 64.
③ Otto, a. a. O. (Anm. 1), S. 54.
④ Otto, a. a. O. (Anm. 1), S. 55.
⑤ Otto, a. a. O. (Anm. 1), S. 64.

的结果无价值之后才能被认定为当罚的不法事态的犯罪,"立法者为了区分当罚的不法和非当罚的不法,就必须将因只具备一定的结果无价值特征而不要求为行为人的故意所包摄的要素附加在事态的记述(Sachverhaltsbeschreibung)上"。这种要素无疑就是客观处罚条件。"但是,该要素绝不是与不法以及责任的性质相异的事由,所以也就没有必要将其理解为独立的犯罪要素。因为,该要素不过是在一定的量上对不法作出的限定而已。"⑥ 这样一来,客观处罚条件就被理解为,"为当罚的不法事态和尚不当罚的不法事态划定界限的、不为故意包摄的、限制可罚性的要素"⑦,属于不法构成要件。⑧

2. 上述奥托的观点试图在不法构成要件的领域中对由个人尊严的要求和比例性原则导出的"当罚性"进行考量,从而将客观处罚条件还原于不法构成要件,这一点是值得注意的。根据"当罚性"的要求,不法构成要件——不是单纯的不法——应当理解为达到值得处罚程度的严重不法的类型化。然而,要判断不法是否达到了值得处罚的程度,有关行为对于外界产生的影响这一结果无价值要素的考察就是必不可少的。这样一来,根据"当罚的不法"这一构想,就会发现与不法的严重性的要求相并列的结果无价值的重要性。另外,虽然所谓的客观处罚条件是在脱离行为人以后发生的,但是也能认为其属于影响行为的社会意义的事由。所以,可以认为奥托将客观处罚条件作为为"当罚的不法事态"提供基础的结果无价值要素定位于不法构成要件当中,这符合这些事由的本质,基本上应当予以支持。⑨

---

⑥ Otto, a. a. O. (Anm. 1), S. 64–65.

⑦ Otto, a. a. O. (Anm. 1), S. 65.

⑧ 另外,基于将客观处罚条件理解为为当罚的法益侵害提供基础的要素这一前提,奥托得出结论:在隐匿财产等破产行为和"支付停止""破产开始"之间需要存在危险实现的关系(Harro Otto, Der Zusammenhang zwischen Krise, Bankrotthandlung und Bankrott im Konkursstrafrecht, in: Gedächtnisschrift für Rudolf Bruns (1980), S. 265ff.)。

⑨ 对于奥托的不法观,即主张将法益理解为"价值,亦即具有介于机能统一体和人格之间的价值的关系"、强调人的不法的观点(Vgl., Otto, a. a. O. (Anm. 1), S. 55–56; ders., Rechtsgutsbegriff und Deliktstatbestand, in: Heinz Müller-Diez (hrsg.), Strafrechtsdogmatik und Kriminalpolitik (1971), S. 1ff.),有必要进行深入的讨论。另外,关于对奥托的法益概念的详细考察,参见伊东研祐:《法益概念史研究》(1984 年)第 367 页以下。

但是，关于客观处罚条件与责任主义的调和这一点，奥托的见解仍然存在问题。他虽然将客观处罚条件还原为不法构成要件的要素，却与通说一样，也将其理解为"限制可罚性"的事由，排除在责任关联的对象之外。然而，一方面认为当罚的不法只有在该当客观处罚条件的事由发生之后才能实现，另一方面赋予这些事实"限制处罚"的特征，这显然是矛盾的。因为，要赋予某种事实"限制处罚"的特征，就必须承认即使排除这些事实，仍然能够肯定存在当罚的不法。⑩

第二款　雅科布斯的见解
——作为命令·禁止的溯及性、事后性条件的客观处罚条件

1. 与奥托基于当罚的法益侵害的观点说明客观处罚条件在不法构成要件中的地位不同，雅科布斯则是根据行为规范以及命令·禁止的条件这一观点，来揭示客观处罚条件和不法（以及构成要件）的关系的。

2. 在"与不法或者构成要件该当性有关的、纯粹客观的条件（die nur-objektiven Bedingungen des Unrechts oder seiner Straftatbestandlichkeit）"的名称下，雅科布斯将所谓的客观处罚条件定位在不法或者构成要件的内部。他认为，在该当客观处罚条件的事实未发生的场合，不法和构成要件该当性将被否定。⑪

首先，关于作为不法条件的场合，雅科布斯作出如下阐述：

"能够认定为溯及性、事后性不法条件（eine rückwirkende, aufschiebende Bedingung des Unrechts）的，是只要结果尚未具体化，就不应当将行为作为不法对待的场合。"例如，《刑法》第 323 条 a 规定的完全酩酊罪就属于这种情形。如果认为酩酊通常都构成不法，警察就必须责令解散所有的宴会。但是，对于虽不受欢迎却得到社会一般性容忍的行为，采取这种措施不仅是不现实的，同时也无法与一般的行

---

⑩ 奥托还援用"危险责任"的观念作为调和缺少主观归属关联的客观处罚条件与责任主义的理由（Otto, a. a. O. (Anm. 1), S. 65, Fn. 45）。然而，关于这种危险责任说的问题性，将在本节第四款 3（122 页以下）进行探讨。

⑪ Jakobs, a. a. O. (Anm. 1), S. 335ff.

为自由相调和。在这类犯罪当中,"规范(Norm)和不法均被设定了条件,因此,在行为当时,行为人是在针对其自身的危险(auf sein eigenes Risiko)中活动的。例如,只要在酩酊状态下未实施任何犯罪行为,酩酊就是被允许的;而酩酊状态下犯罪行为的发生,将使酩酊被溯及地(rückwirkend)禁止。所以,在行为当时,行为是否构成不法是尚不确定的"⑫。

其次,关于作为构成要件该当性条件的场合,雅科布斯作出如下论述:

"……不法的犯罪构成要件该当性被附加溯及性、事后性条件的是,即使不考虑结果的发生,该犯罪行为仍然是被禁止的;但是,只有在结果发生之后,才能认为该当构成要件的场合。此时,行为虽然是不被允许的,但是要成为充分显著的刑法上的制裁对象,则需要该行为的抽象危险性为结果所证实。"例如,在敌对外国罪中,只有对方国家也对同样的行为进行处罚时(《刑法》第104条a),该行为才是与两国间的秩序关系不相容的。再如,参与斗殴罪中的严重结果(同第227条)以及破产犯罪中的破产(同第283条第6项、第283条b第3项、第283条c第3项、第283条d第4项)都是证实构成要件行为的危险性的要素。⑬

以上述理解为前提,雅科布斯就该当客观处罚条件的事由与行为之间的关系问题进行了论述。他认为,这些事由与行为之间需要存在何种关系,是由各个规定的保护范围(Schutzbereich)所决定的。例如,在刑法第323条a(完全酩酊罪)中,就要求酩酊犯罪行为是由存在于行为人的支配领域内(im Zuständigkeitsbereich)的原因所引起的。在刑法第283条以下(破产犯罪)中,则要求作为非难破产行为的根据的危机状态是导致支付停止或者破产开始的起因。⑭

3. 综上所述,根据雅科布斯的观点,所谓的客观处罚条件,是指

---

⑫ Jakobs, a. a. O.(Anm. 1), S. 337.
⑬ Jakobs, a. a. O.(Anm. 1), S. 337.
⑭ Jakobs, a. a. O.(Anm. 1), S. 339-340.

对行为溯及地附加不法性或者构成要件该当性的事由。但是，这种提倡行为规范以及命令·禁止具有"溯及性"的理论构成是存在局限的。也就是说，行为规范以及命令·禁止是在行为时针对行为人的意思发挥作用的，其应当具有作为选择行为的指针的机能。因此，那些在行为时尚不确定、无法成为行为人的行动指针的行为规范，其本身就丧失了作为"行为规范"的机能。雅科布斯所谓的"犯罪行为因条件的发生而被溯及地禁止"，最终无非是指只有在发生了法益侵害、危殆化之后，行为才具备不法性。主张刑法的目的在于（行为）规范的安定化的雅科布斯，也许已经意识到在与行为规范的关系方面对不法构成事实加以说明的必要性，但是，基于行为规范的观点将客观处罚条件这种通常发生在脱离行为人之后的事由与不法相结合，这不得不说是一种背离实体的技巧性说明。同样，关于被视为附加构成要件该当性的事由，"溯及性的条件"这一说明也是不自然的。[15] 该说明无非阐述了以下事实：只有在该事由发生以后，构成要件——类型化的当罚性不法——才得以实现。

另外，雅科布斯一方面将该当客观处罚条件的事由与不法或者构成要件该当性相结合；另一方面主张由于这些事由"不属于作为行为记述（Handlungsbeschreibung）的不法构成要件"，因而没有必要成为责任关联的对象。[16] 但是，他并没有说明划定"行为记述"范围的标准以及将责任关联的对象限定在该范围之内的理由。[17] 对于将客观处罚条件理解为"结果"以及"危险的具体化"、要求其与行为之间存在一定关联性的雅科布斯而言，要对构成要件结果或者构成要件状况等作为责任关联对象的事由与不要求责任关联的"纯粹的客观条件"之间的区别作出切实的说明，是极为困难的。所以，在与责任主义相调和的问题上，雅科布斯的见解仍然是存在疑问的。

---

[15] 关于雅科布斯的"规范违反的条件"这一观点的问题性，参见上编第六章第三节第二款三2（2）（第213页以下）。

[16] Jakobs, a. a. O. （Anm. 1）, S. 339.

[17] 关于无法贯彻根据"行为"概念来区别客观处罚条件与构成要件要素的问题，参见上编第二章（第43页以下）。

第三款　阿图尔·考夫曼的见解
——作为责任主义的界限的客观处罚条件

1. 前面探讨的奥托的见解和雅科布斯的见解都是以客观处罚条件在不法论中的地位、机能为重点而展开的，却没有对其与责任主义的关系进行积极的论证。相对于此，阿图尔·考夫曼的见解则恰恰是以客观处罚条件与责任主义的关系作为焦点展开的。

2. 在单行论文《责任主义原理》中，考夫曼将所谓的客观处罚条件与无认识的过失、结果加重犯、刑罚的量定等一同作为"责任主义实现的界限"[18]。

与通说一样，考夫曼也将"客观处罚条件无疑是无须为行为人的责任所涉及的行为事由"[19]作为前提。但是，针对通说将这些事由理解为位于不法外部的处罚限制事由这一主张，他批判道："这是强迫责任主义迎合刑法的……教条主义（Doktrinarismus）。"[20]也就是说，在根据法律上的指示或者内在的必要性得出责任要求不得涉及特定的不法要素这一结论的情况下，这种责任主义的例外就应当被赋予例外的性格，而不应通过伪装的构成将其隐藏。这种伪装出来的、现实中并不存在的与责任主义的契合，纯粹是解释学上的牵强附会，其对于责任刑法的实现而言绝无益处，只能是有害的。本来，"对于行为的不法而言不具有任何意义的实定法上的刑罚要件，其必要性和正当性都不应予以承认。没有为不法提供基础的情形，同样也无法为刑罚提供基础"[21]。所以，当然不应否定该当客观处罚条件的事由为不法提供基础这一事实。例如，对于妨害执行公务罪的社会伦理性无价值内容而言，执行公务是否具备适法性具有决定性意义；而完全酩酊罪的当罚性则完全依赖于酩

---

[18] Arthur Kaufmann, Das Schuldprinzip, a. a. O. (Anm. 1), S. 247ff.
[19] Arthur Kaufmann, Das Schuldprinzip, a. a. O. (Anm. 1), S. 247.
[20] Arthur Kaufmann, Das Schuldprinzip, a. a. O. (Anm. 1), S. 248.
[21] Arthur Kaufmann, Das Schuldprinzip, a. a. O. (Anm. 1), S. 249.

酊状态下实施的犯罪行为。这些归结都毫无争议的余地。因为，否则，无论是妨害适法的公务执行活动，还是违法的公务执行活动；或者无论是在酩酊状态下实施快乐杀人（Lustmord），还是损坏物品，抑或是没有实施任何犯罪行为，都将体现完全相同的不法。㉒

这样一来，根据考夫曼的观点，客观处罚条件就被定义为"虽然构成行为的不法，却无须为责任包摄的事由"㉓。于是，关于这种"与责任无关的不法要素（schuldindifferente Unrechtsmerkmale）"与责任主义的关系问题，考夫曼指出："在责任刑法中，被赋予这种特征的客观处罚条件不具有正当的地位，这是没有任何疑问的。从理念上看，责任刑法中能够允许存在的，仅限于与责任相关联的不法要素"；但是，"将可罚性与纯粹客观的条件相关联，由此使得结果责任原则在一定范围被正当化，这种现实的必要性在某些犯罪中显然是存在的"㉔。

此外，考夫曼还将〔当时的〕德国《刑法》第330条a完全酩酊罪中的酩酊犯罪行为作为"与责任无关的不法要素"的典型，在论文《完全酩酊罪中的不法和责任》㉕中展开了详细的探讨。作为结论，他一方面承认"使第330条a与责任主义相调和是不可能的"，另一方面提出了"是否因为违背责任主义就必须完全放弃相关的规定"的问题。对此，他作出以下回答：我们生活在一个受制约的、不完全的世界中。因此，在任何时代，责任主义都绝不可能完全实现。我们甚至连责任本身都无法准确认识，又如何能够完全实现责任主义呢？而且，在实现责任主义的过程中会遇到各种各样的限制，尽管如此，我们仍然不得不使用刑罚。"《刑法》第330条a是必要的（notwen-

---

㉒ Arthur Kaufmann, Das Schuldprinzip, a. a. O. (Anm. 1), S. 249-250.
㉓ Arthur Kaufmann, Das Schuldprinzip, a. a. O. (Anm. 1), S. 251.
㉔ Arthur Kaufmann, Das Schuldprinzip, a. a. O. (Anm. 1), S. 251.
㉕ Arthur Kaufmann, Unrecht und Schuld beim Delikt der Volltrunkenheit, a. a. O. (Anm. 1), JZ, S. 425ff.

dig)——但同时也是深受怀疑的（zutiefst fragwürdig）。"㉖㉗㉘

3. 上述考夫曼的观点尖锐地指出处罚限制事由说的说明是一种为了掩饰违背责任主义的技巧性解释，同时还揭示了该当客观处罚条件的事由是对于犯罪行为的不法而言具有决定性意义的实体。可以说，这两点是尤其值得注意的。

但是，他虽然将客观处罚条件理解为不法要素，却不要求对此具有责任关联，这一点仍然是存在疑问的。考夫曼将"客观处罚条件是不要求责任关联涉及的事由"这一传统定义㉙作为既定的前提，而未就要求责任关联涉及这些事由是否会招致不妥当的结果进行具体的探讨。在未经过实质性探讨的情况下，就预先排除责任关联的可能性㉚，这对于渴望实现责任主义的考夫曼而言，则未免有些操之过急。㉛

㉖ Arthur Kaufmann, Unrecht und Schuld beim Delikt der Volltrunkenheit, a. a. O. (Anm. 1), JZ, S. 433.

㉗ 另外，关于名誉毁损罪中的揭示事实的真实性，考夫曼提出了同样的主张。Arthur Kaufmann, Zur Frage der Beleidigung von Kollektivpersönlichkeiten, ZStW 72（1960），S. 418ff.（insb. S. 436-437）.

㉘ 除考夫曼以外，将客观处罚条件作为责任主义的界限加以论证的观点还有：Heinz Müller-Dietz, Grenzen des Schuldgedankens im Strafrecht（1967），S. 75ff.〔作为介绍，大谷实：《缪拉蒂茨〈刑法中责任观念的界限〉》，载《判例タイムズ》第224号（1968年）第47页以下〕；Christof Schnaidt, Die objektiven Bedingungen der Strafbarkeit dargestellt im Zusammenhang mit der dogmatischen Entwicklung in der Verbrechenslehre（1949），S. 144ff.。

㉙ 本来，如果"所谓客观处罚条件，是指无须责任关联涉及的情形"的定义是仅限于对"客观处罚条件"这一用语的使用方法的约束（名词定义），它就不具有任何成为批判对象的性质。但是，当该定义中含有关于现实的"该当客观处罚条件的事由"这一性格（事物定义），亦即含有"对于实定法中该当客观处罚条件的事由不要求责任关联涉及"的判断时，该判断的妥当性就必然要被作为验证的对象。在有关客观处罚条件的讨论中，经常出现伪装成名词定义而对事物定义加以探讨的观点。考夫曼对于"客观处罚条件"的定义看上去似乎是名词定义，但是，由于他所关注的是酩酊犯罪行为等实定法中的具体事由，因此，其中也必然包含事物定义。

㉚ 例如，关于要求责任关联涉及完全酩酊罪中的酩酊犯罪行为的尝试，参见本章第一节第三款（注57）（第104-105页）。

㉛ 对于考夫曼的观点，宫泽浩一教授批判道："根据对于本质认识的界限、绝对性要求的怀疑，直接否定实定法中相对现实化的道路，这样的判断未免有些操之过急"（宫泽·前揭注①第176页）。

另外，考夫曼一方面指责客观处罚条件违背责任主义，另一方面以现实的必要性为由对其在实定法中的存在予以正当化，这一点也值得商榷。将作为超越的·形而上学性存在的责任主义与作为历史的·现实性存在的实定法相对置的法哲学立场，是考夫曼上述理解的背景。但是，现在，至少责任主义的核心部分被认为是宪法上的具体要求。㉜ 既然如此，它就已经在实定法的层面上被具体化，而不再是一种形而上的存在。这样一来，要对实定法中客观处罚条件的存在予以正当化，就必须在提供有关合宪性的具体判断标准的基础上，针对每个客观处罚条件的合宪性进行探讨。㉝

　　然而，认为考夫曼承认客观处罚条件是不要求故意·过失涉及的事由，从而将其观点与处罚限制事由说之间的区别归结为仅仅是"表述的差异"，这种理解也是比较草率的。可以说，考夫曼的观点使客观处罚条件与责任主义之间的对立显在化，并唤起了对于客观处罚条件的立法论批判㉞，从而促进了责任主义在立法论上的实现。而且，肯定客观处罚条件具有不法构成机能的观点，因为导出了将对于客观处罚条件缺乏责任关联的行为人的刑罚限制在处断刑下限附近这一考量，从而开辟了在量刑中实现责任主义的可能性。可以说，这种立法论上的批判和量刑方面的考量与在形式理论层面上避免违背责任主义的处罚限制事由说是截然不同的。"实现责任主义"未必等同于"提供与责任主义相调和的

㉜　承认责任主义是宪法原则的德国判例有：BVerfGE 6, 389 (439)；50, 125 (140)；BGHSt 1, 124 (125f.)；10, 247 (249f.) 等。

㉝　例如，弗里斯特就以完全酩酊罪（德国《刑法》第 330 条 a）、参与斗殴罪（同第 227 条）以及名誉毁损罪（同第 186 条）的规定中含有违反责任主义要求的客观处罚条件为由，主张其违反宪法（Helmut Frister, Schuldprinzip, Verbot der Verdachtsstrafe und Unschuldsvermutung als materielle Grundprinzipien des Strafrechts (1988), S. 53ff.）。

㉞　事实上，考夫曼已经表明了其在立法论上对于客观处罚条件的强烈批判的态度。在 1964 年刊载于《全刑法杂志》的论文中，他以"可罚性应当仅限定为基于全体法共同体构成成员共同的或者至少是能够理解的基本伦理的立场所无法容忍的行为这一要求"为根据，主张"应当删除含有客观处罚条件的各项规定，进而否定完全酩酊罪的可罚性"（Die Irrtumsregelung im Strafgesetz-Entwurf 1962, ZStW 76 (1964), S. 543ff., (S. 561)〔作为日文翻译，上田健二：《1962 年刑法草案中的错误规定》，载《同志社法学》第 26 卷第 2 号（1974 年）第 45 页以下（第 59 页）〕）。

说明"。在某些情况下，相对于提供与责任主义相调和的说明而言，明确指出这种说明不具有可能性更能为立法论上的批判提供契机，这才是有利于实现责任主义的。相反，牵强地为与责任主义相调和提供说明，往往会造成隐藏现实的违背责任主义的结果，这一点是必须注意的。

第四款　施维克特的见解
——危险责任说对客观处罚条件的正当化

1. 与阿图尔·考夫曼放弃对客观处罚条件与责任主义的调和不同，施维克特则试图通过导入"危险责任（Risikohaftung）"这个与故意·过失相并列的第三种责任形式，使得客观处罚条件和责任主义能够共存。

2. 他指出，"与故意和过失的态度形态相并列，还存在着另外一种态度形态"[35]，将其命名为"冒险的态度（das riskante Verhalten）"[36]。根据他的观点，这种"冒险的态度"，"体现了存在于行为人的行为和行为状况之间的较过失更为稀薄的关联，尽管如此，其仍然能够与责任主义相调和"[37]。

他认为，只有通过这种"冒险的态度"，才能够对客观处罚条件的意义作出适当的说明，同时还可以揭示出客观处罚条件与责任主义的共存可能性。也就是说，"规定有所谓的客观处罚条件的犯罪类型，通常都是以危险的思考（Risikogedanke）为基础的"，"被称为'处罚条件'的要素，从类型上看……无非就是含有危险（Risiko）态度的结果（Erfolge）或者状况（Umstände）"[38]。在这些犯罪类型中，"为了更加

---

[35] Schweikert, Strafrechtliche Haftung für riskantes Verhalten?, a. a. O. (Anm. 1), S. 394. Vgl., ders., Die Wandlungen der Tatbestandslehre seit Beling, a. a. O. (Anm. 1), S. 89.
[36] Schweikert, Strafrechtliche Haftung für riskantes Verhalten?, a. a. O. (Anm. 1), S. 395.
[37] Schweikert, Strafrechtliche Haftung für riskantes Verhalten?, a. a. O. (Anm. 1), S. 394.
[38] Schweikert, Strafrechtliche Haftung für riskantes Verhalten?, a. a. O. (Anm. 1), S. 400.

有效地抑制其反社会的态度，立法者放弃了对相关的问题要素必须具有故意或者过失的要求，对于这些要素，只要其态度具有危险性，亦即构成'冒险的态度'这一态度形态即可"㊱。

"……所谓的客观处罚条件是决定刑事不法（Strafunrecht）的要素，亦即构成要件要素。然而，在首尾一贯的责任刑法中，必须将刑事不法的整体都作为非难可能性的对象"㊵。所以，客观处罚条件也应当属于责任非难的对象。这种责任非难的基础在于，"行为人因故意或者过失地实现了其他要素，从而接受（auf sich nehmen）了客观处罚条件存在或者可能发生的危险（Risiko）"㊶。于是，在施维克特看来，"冒险的态度不仅是违法的，而且是非难可能的"㊷。

施维克特认为，要求对"纯粹偶然的结果"负责是违背责任主义的。因此，关于对"危险责任"负责的问题，他提倡作出以下限定：首先，作为客观限定，"冒险的态度"与"构成危险内容的情况（Risikoumstand）"之间必须存在相当性关联（adäquater Zusammenhang）。这种相当性关联相当于过失犯中的客观预见可能性。㊸其次，作为对于个人非难可能性的主观限定，必须具备的条件是：根据行为人的能力和知识，冒险的态度是可能回避的；根据行为人的个人认识能力，冒险的态度与构成危险内容的情况之间的相当性关联是可能认识的；能够期待行为人回避危险的发生。另外，在不含有违反注意义务这一点上，"冒

㊴ Schweikert, Strafrechtliche Haftung für riskantes Verhalten? a. a. O. (Anm. 1), S. 400.

㊵ Schweikert, Strafrechtliche Haftung für riskantes Verhalten? a. a. O. (Anm. 1), S. 401. 另外，施维克特将构成要件理解为"刑事不法的类型性记述"，其中包括为各个犯罪行为的刑事不法提供基础以及提高或者降低其刑事不法的所有要素（Vgl., ders., Die Wandlungen der Tatbestandslehre seit Beling, a. a. O. (Anm. 1), S. 145)。

㊶ Schweikert, Strafrechtliche Haftung für riskantes Verhalten? a. a. O. (Anm. 1), S. 402-403.

㊷ Schweikert, Strafrechtliche Haftung für riskantes Verhalten? a. a. O. (Anm. 1), S. 403.

㊸ Schweikert, Strafrechtliche Haftung für riskantes Verhalten? a. a. O. (Anm. 1), S. 406. Vgl., ders., Die Wandlungen der Tatbestandslehre seit Beling, a. a. O. (Anm. 1), S. 149-150.

险的态度"与过失是相区别的。㊹㊺

3. 如上所述，施维克特在将该当客观处罚条件的事由理解为为"刑事不法"提供基础的要素，从而还原于构成要件的同时，还试图使用"冒险的态度"这种责任形式将其纳入非难可能性的对象，并据此实现客观处罚条件与责任主义的共存。

但是，施维克特对于所谓的"冒险的态度"或者"危险责任"是满足责任主义要求的责任形式的论证并不充分。关于这一点，阿图尔·考夫曼针对"危险责任"这个"第三种责任形式"提出了批判，即"非指向具体结果、仅指向不特定危险（unbestimmtes Risiko）的'另一种态度形态'……怎样才能符合责任负责原理（Schuldhaftungsprinzip），这是一个难以解释的问题，其论据也未得到任何说明。施维克特本人并没有意识到，他所谓的责任负责无非就是古时的结果责任原则"㊻㊼。考夫曼认为，对于责任而言，重要的并不是非难可能性这种形式，而是非难可能性的内容。施维克特所称的"第三种责任形式"的基础是由"完全抽象的、孤立的'非难可能性'概念"提供的，其不具备作为责任的实质。㊽㊾

㊹ Schweikert, Strafrechtliche Haftung für riskantes Verhalten?, a. a. O. (Anm. 1), S. 407. Vgl., ders., Die Wandlungen der Tatbestandslehre seit Beling, a. a. O. (Anm. 1), S. 150.

㊺ 除此之外，支持危险责任说的还有：Werner Hardwig, Studien zum Vollrauschtatbestand, in: Festschrift für Eberhard Schmidt zum 70. Geburtstag (1961), S. 467ff.〔作为介绍，尾中俊彦：《维尔纳·哈德维希〈酩酊构成要件的考察〉》，载《法学论丛》第70卷第5号（1962年）第158页以下〕；Johannes Wessels, Strafrecht Allgemeiner Teil, 25. Aufl. (1995), S. 42; 伊藤宁、松生光正、川口浩一、葛原力三：《刑法教科书·总论〔上〕》（1992年）第143页〔松生光正执笔〕。

㊻ Arthur Kaufmann, Unrecht und Schuld beim Delikt der Volltrunkenheit, a. a. O. (Anm. 1), JZ, S. 430.

㊼ 另外，有关结果责任法理的日文文献有：赫塞·朗帕特：《古代刑法中的 Versari in re illicita 之否认和现代刑法中的偶然作用》，载《上智法学论集》第24卷（1981年）第235页；丸山雅夫：《结果加重犯论》（1990年）第182页以下等。

㊽ Arthur Kaufmann, Unrecht und Schuld beim Delikt der Volltrunkenheit, a. a. O. (Anm. 1), JZ, S. 431.

㊾ 另外，克劳茨也指出："危险责任的思考会使人联想起民法上的危险责任（zivilrechtliche Gefährdungshaftung）以及教会法上的结果责任法理。"（Friedrich Klause, Die objektiven Bedingungen der Strafbarkeit, Jura 1980, S. 452. Fn. 14).

上编　关于所谓的客观处罚条件

除了行为人客观的冒险行为以外，施维克特还要求存在"有关相当性关联的主观预见可能性""冒险行为的回避可能性"以及"回避危险的期待可能性"。关于这一点，贝姆曼对于将"危险责任"视为独立的责任形式提出了质疑。㊿ 他认为，以上述主观要件作为前提的"危险责任"无非就是过失责任。"因为，在行为人可能认识到'其态度与危险情况之间存在相当性关联'的场合，同时也就能够认为构成危险态度的内容的危险情况本身也是可能认识的。这种认识可能性意味着实施他行为是可能的，对于以过失来非难能够期待实施他行为的行为人而言，这已经足够了。"关于这一点，虽然施维克特本人主张危险责任在不含有违反注意义务的问题上区别于过失责任，但是贝姆曼则认为这种区别不具有任何意义。因为，"虽然危险情况具有认识可能性，但行为人仍然实施了该行为；而且，对于行为人而言，他行为是可能的，也是期待可能的。注意义务的违反就恰恰存在于这些事实当中"。

综上所述，对于施维克特倡导的"危险责任"的概念，学界提出了两种方向相反的批判，这反映了其论述中存在相互矛盾的说明。㊶ 也就是说，在说明"冒险的态度"时，他认为采取"冒险的态度"本身就负有接受"危险情况"的存在·发生的责任；相反，在有关"危险情况的认识可能性"的说明中，他认为对于"危险情况"的归责而言，仅有"冒险的态度"是不够的，还必须存在危险情况（以及危险情况与行为之间的相当性关联）的认识可能性。如果施维克特的真正意图在于前者，考夫曼的批判就是妥当的；如果在于后者，则贝姆曼的批判就是妥当的。

总之，施维克特提倡的将"危险责任"的实体作为符合责任主义要求的独立的责任形式的观点并不成功。可以说，即使"责任"判断采用"非难可能性"的形式，作为判断对象的"责任"的实体也必须在对于

㊿　Günter Bemmann, Welche Bedeutung hat das Erfordernis der Rauschtat im § 330a StGB？, a. a. O. （Anm. 1），S. 72.

㊶　Vgl., Dietrich Lang-Hinrichsen, Zur Krise des Schuldgedankens im Strafrecht，ZStW 73（1961），S. 210ff.〔作为介绍，宫泽浩一：《〈全刑法杂志〉73 卷（1961 年）》，载《法学研究》第 36 卷第 8 号（1963 年）第 96 页以下（第 100 页以下）〕。

不法事实的心理关联中寻求。施维克特将无须故意·过失关联涉及该当客观处罚条件的事由作为前提,因此,他认为除了导入"危险责任"这一第三种责任形式以外,不存在其他能够与责任主义共存的方法。但是,返回其出发点重新审视故意·过失关联是否真的不可能涉及那些事由的问题,是非常必要的。

第五款　萨克斯的见解
——关于客观处罚条件的不可能回避的错误的免责

1. 尝试通过将关于客观处罚条件的错误作为禁止的错误处理,从而实现与责任主义的调和的是萨克斯。

2. 萨克斯对"不法构成要件(Unrechtstatbestand)"和"法定构成要件(gesetzlicher Tatbestand)"加以区别,认为"不法构成要件"是一个较"法定构成要件"更具有包括性的范畴。也就是说,"不法构成要件"是当罚性法益侵害的类型;而"法定构成要件"则是规制故意对象的要件,其不过是不法构成要件的一部分而已。㊵

作为"不法构成要件"要素中的不能为"法定构成要件"所包含的适例,萨克斯列举的是主观的违法要素和所谓的客观处罚条件。他认为,与主观的违法要素不同,客观处罚条件是一种客观存在,因而可能成为行为人的认识对象;然而,为了避免在适用规定时产生"刑事政策上难以容忍的'空白'",所以不能将其归入(nicht zugehören dürfen)"法定构成要件"㊶。但是,为了得出该结论而将这些事由解释为与不法无关的"处罚限制事由",是不妥当的。如果仅仅根据第330条a完全酩酊罪中的自己酩酊或者《破产法》第240条第1项中的浪费财产,就认定具备刑法上的不法,这显然违背了比例性原则,因而也是违反宪法的。如果只看这些行为本身,它们对于不法而言是中立(unrechtsneutral)的,只有在酩酊状态下实施违法行为或者造成停止支付时,才具

㊵ Sax, „Tatbestand" und Rechtsgutsverletzung（Ⅰ）, a. a. O.（Anm. 1）, S. 80.
㊶ Sax, „Tatbestand" und Rechtsgutsverletzung（Ⅰ）, a. a. O.（Anm. 1）, S. 14.

有当罚性。因此，所谓的客观处罚条件虽然不属于作为故意对象的"法定构成要件"，却是为"针对规范的保护目的的当罚性侵害"提供基础的事实，属于"不法构成要件"㊹。

以上述对于客观处罚条件的理解为前提，萨克斯就相关错误的处理问题作出以下论述：在对"法定构成要件"要素发生错误的场合，由于行为人"没有认识到其行为的社会意义是为刑罚法规所包摄的态度"，因而也就"不存在担心可能会实现该当各构成要件的不法的契机"。相反，在对于以客观处罚条件为代表的"针对规范的保护目的的当罚性侵害"的要素发生错误的场合，"行为人有意识、有意图地采取了刑罚法规所包摄的态度"，只是"没有认识到自己的态度导致了当罚性法益侵害亦即刑法所禁止的法益侵害"。所以，关于"针对规范的保护目的的当罚性侵害"的要素的错误是关于态度的禁止的错误，正如《刑法》第17条规定的那样，只有"该错误无法避免的场合"，行为人才能够免责。而且，这种处理方法是符合责任关联应当涉及所有与"可罚的不法"有关的事情这一责任主义的要求的。㊺

在有关妨害执行公务罪中的职务行为的适法性的错误的规定（《刑法》第113条第4项）㊻中，萨克斯发现了上述处理有关客观处罚条件

㊹ Sax,„ Tatbestand "und Rechtsgutsverletzung（Ⅰ）, a. a. O. (Anm. 1), S. 15.

㊺ Sax,„ Tatbestand "und Rechtsgutsverletzung（Ⅱ）, a. a. O. (Anm. 1), S. 430.

㊻ 德国《刑法》第113条〔妨害执行公务罪〕的规定如下段所示。另外，该条文的翻译还参考了法务大臣官房司法法制调查部编〔宫泽浩一译〕《德国刑法典》（1982年），并结合表述的统一性等情况作出了适当的调整。

德国《刑法》第113条第1项：在公务员或者联邦国防军士兵执行法规、法令、法院判决或处分等职务行为的过程中，使用暴力或者以暴力相威胁的方式进行对抗，或者对其进行暴力攻击，处2年以下自由刑或者罚金刑。

（第2项省略）

第3项：当职务行为非依法进行时，该当行为不按本条处罚。行为人误认该行为是依法进行的，亦同。

第4项：当行为人在实施行为之际误认为职务行为非依法进行时，行为人能够避免该错误的，法院可根据裁量减轻其刑罚（第49条第2项）；责任轻微的，可免除本条所规定的刑罚。行为人无法避免该错误的发生，而且就其所认知的情况判断，不能期待其使用法律上的防御手段防止此误认为违法的职务行为的，不依本条处罚该行为；能够对行为人抱有期待的，法院可以根据裁量减轻其刑罚（第49条第2项），或者免除本条所规定的刑罚。

的错误的范例。该规定将类似于《刑法》第 17 条关于禁止的错误的效果扩及职务行为的适法性的错误，这与责任主义这一法治国家的利益是相吻合的。(57) 然而，不同之处在于，在《刑法》第 17 条中，甚至是未曾考虑到行为是否违法的情形也能成为免责的对象；而在第 113 条第 4 项中，只有积极地误认职务行为不违法的情形，才能成为免责的对象。根据“关于国家权力措施的适法性的事实推定”，职务行为是否适法的风险要求由行为人承担，而上述差异也由此获得了正当性。另外，关于其他“针对规范的保护目的的当罚性侵害”，由于行为人承担着“符合‘法定构成要件’的态度致使各种保护法益遭受侵害的风险”，因此也应当对关于职务行为的适法性的错误作出同样的处理。于是，萨克斯得出结论：“《刑法》第 113 条第 4 项是对于‘针对规范的保护目的的当罚性侵害的所有场合均妥当的禁止的错误的规定”(58)。

3. 上述萨克斯的观点，在尝试通过将不法构成要件实质性地理解为“当罚性法益侵害”，从而将客观处罚条件还原于不法构成要件这一
128 点上，是值得关注的。此处仅就其与责任主义的关系问题进行探讨。

针对客观处罚条件不得成为责任关联的对象这一通说所采纳的前提，萨克斯提出异议，并试图通过使责任关联涉及这些事由的方式实现其与责任主义的调和，这一点应当予以高度评价。但是，关于将客观处罚条件的错误作为禁止的错误处理的问题(59)，则存在以下疑问。

首先，在客观处罚条件的错误中，成为问题的不是违法性评价，而是**事实的存在与否**。既然如此，仍然将其作为禁止的错误处理的根据就是不明确的。(60)(61)虽然萨克斯试图援用德国《刑法》113 条第 4 项关于

---

(57) Sax, „ Tatbestand “ und Rechtsgutsverletzung (Ⅱ), a. a. O. (Anm. 1), S. 430.

(58) Sax, „ Tatbestand “ und Rechtsgutsverletzung (Ⅱ), a. a. O. (Anm. 1), S. 430-431.

(59) 与萨克斯相同，也主张在对客观处罚条件出现了不可能回避的错误时，应当对行为人免责的是，内田文昭：《改订刑法Ⅰ（总论）》（1986 年）第 359 页。

(60) 参见北野通世：《客观处罚条件论（四）》，载《山形大学纪要（社会科学）》第 26 卷第 1 号（1995 年）第 12 页。

(61) 另外，萨克斯还采纳了将有关违法阻却事由的事实性前提的错误理解为禁止的错误的严格责任说的立场（Sax, „ Tatbestand “ und Rechtsgutsverletzung (Ⅱ), a. a. O. (Anm. 1), S. 430, Fn. 5)。

"职务行为的适法性"的错误的规定来为作为禁止的错误处理提供根据，但是将该规定一般化地适用于所有客观处罚条件是有问题的。也就是说，妨害执行公务罪中的"职务行为的适法性"是一个接近于法律评价领域的规范性要素，甚至可以将其作为韦尔策尔所谓的"法义务标志"，从而解释为与妨害行为的违法评价相关的事由[62]；而参与斗殴罪（德国《刑法》第227条）中的"他人死亡或重伤"等事由则是纯粹的事实性要素，与"法义务标志"是完全异质的。

其次，不要求对于客观处罚条件存在认识·预见，只要该错误无法避免即可免责的方法，尚不足以为行为人的故意责任提供充分的根据。如果认为"当罚性法益侵害"是处罚的根据以及禁止的对象，那么，在对于为该"当罚性法益侵害"提供基础的事实缺乏认识的场合，就不能对行为人追究故意责任。对此，萨克斯作出的解释是，通过实施"法定构成要件"所规定的行为，从而获得了洞察该行为是否不法的契机，于是，仅凭"法定构成要件"的认识就能够认定故意责任。[63] 但是，仅有关于完全酩酊罪中的"自己酩酊"或者破产犯罪中的"财产的浪费"等被视为"对于不法而言中立"的行为的认识，恐怕还难以获得唤起洞察不法的契机。应当说，只有在"酩酊犯罪行为"或者"支付停止"造成"当罚性法益侵害"时，这些事由才有必要包含在故意的认识对象当中。

萨克斯本来就没有提出在"不法构成要件"要素中区分属于作为故意的认识对象的"法定构成要件"要素和不属于故意的认识对象的其他要素的、符合实际情况的标准。在这一问题上，萨克斯区别"不法构成要件"和"法定构成要件"的尝试为任意缩小故意对象开辟了道路。而关于客观处罚条件被排除在"法定构成要件"之外的理由，他也仅仅是求诸避免"在适用刑罚法规时产生刑事政策上难以容忍的'空白'"[64]。在此，可以发现其中存在着与通说处罚限制事由说相同的"理论颠倒"

---

[62] Hans Welzel, Der Irrtum über die Rechtsmäßigkeit der Amtsausübung, JZ 1952, S. 19-20.

[63] Sax, „Tatbestand" und Rechtsgutsverletzung（Ⅱ）, a. a. O. (Anm. 1), S. 431.

[64] Sax, „Tatbestand" und Rechtsgutsverletzung（Ⅰ）, a. a. O. (Anm. 1), S. 14.

以及"循环论证"等问题。如果借用奥特佩特的话来讲，则可以说萨克斯的观点"以刑事政策上的愿望思考取代了解释学上的说理"⑥。

另外，萨克斯对于无法避免有关客观处罚条件的错误的情形应当免责的解释，在要求对客观处罚条件的存在·发生具有认识·预见可能性这一点上，其结论与要求过失责任的立场是重合的。⑥ 所以，从实质上看，也可以认为萨克斯的观点承认了对于该当"法定构成要件"部分的故意责任和对于该当客观处罚条件部分的过失责任的复合责任形态。⑥ 关于这种要求对于客观处罚条件存在过失（预见可能性）的观点，拟在本章"小括"部分⑥加以简要评述。

第六款　贝姆曼的见解
——否定客观处罚条件的存在

1. 从贯彻责任主义的观点出发，对客观处罚条件的存在予以全面否定的是贝姆曼。他认为，那些历来被视为客观处罚条件的要素都可以还原为不法构成要件要素或者诉讼条件；而对于解释为不法构成要件要素的事由，则要求行为人的故意必须涉及。

2. （1）在单行论文《关于客观处罚条件的问题》的序言部分，贝姆曼基于责任主义的观点对有关客观处罚条件的传统理论提出以下异议。

能够对行为人科处刑罚的，仅限于其在实施行为时已经认识到或者可能认识到刑法上所有重要的外部事实的场合。这是近代刑法的一项基本原则。然而，如今，一种不要求为行为人的故意或者过失所包摄，只要客观存在就能够让行为人负责的要素却得到认可。这种要

---

⑥　Frank Altpeter, Strafwürdigkeit und Straftatsystem (1990), S. 223.

⑥　然而，在采纳萨克斯的提议的场合，由于此时的前提是积极地误认为客观处罚条件不存在·不发生，因此，免责的范围就要比追究过失责任的场合受到更加严格的限定。参见北野通世：《客观处罚条件论（五）》，载《山形大学纪要（社会科学）》第26卷第2号（1996年）第95页注㉝。

⑥　Vgl., Jakobs, a. a. O. (Anm. 1), S. 339 (10/6), Fn. 6.

⑥　本书第141页。

素通常被称为客观处罚条件,其作为古代偶然责任的残余被保留下来。但是,对于偶然事件承担刑法上的责任,是不符合近代的法感觉的。⑩

(2) 在上述问题意识的基础上,贝姆曼通过对客观处罚条件的学术史研究,发现"客观处罚条件"的概念被消极地定义为位于构成要件、违法性、责任的外部,且不属于诉讼条件的情形。⑩ 而且,要使这一传统的概念规定发挥作用,在此之前有必要确定构成要件、违法性、责任以及诉讼条件的意义。

贝姆曼认为,首先,构成要件是"刑法不法的类型化",具有"准确地为禁止的材料划定轮廓的机能"⑪。所以,对于不法而言具有重要意义的要素,均属于构成要件要素。于是,"能够被解释为'处于构成要件外部'的客观处罚条件的,就只能是对行为的不法而言没有任何意义的要素"⑫。其次,违法性是根据法秩序对行为作出的无价值判断,也仅仅是"满足构成要件的态度的属性(Eigenschaft)",而不是为了充足不法的材料而必须附加于构成要件该当行为的实体。因此,"客观处罚条件存在于违法性外部的主张,无非是强调客观处罚条件不是构成要件要素"⑬。与此相对,责任是就违法态度对行为人的非难可能性。所以,具有纯粹客观性的客观处罚条件与根植于行为人人格中的责任显然不具有共通性。然而,在为客观处罚条件赋予"存在于责任外部"的要素这一特征的场合,与其认为客观处罚条件不是责任的构成要素(Bestandteil),不如说其首要的主旨在于强调客观处罚条件不

---

⑩ Bemmann, Zur Frage der objektiven Bedingungen der Strafbarkeit, a. a. O. (Anm. 1), S. 1-2.

⑩ Bemmann, Zur Frage der objektiven Bedingungen der Strafbarkeit, a. a. O. (Anm. 1), S. 11.

⑪ Bemmann, Zur Frage der objektiven Bedingungen der Strafbarkeit, a. a. O. (Anm. 1), S. 12-13.

⑫ Bemmann, Zur Frage der objektiven Bedingungen der Strafbarkeit, a. a. O. (Anm. 1), S. 19.

⑬ Bemmann, Zur Frage der objektiven Bedingungen der Strafbarkeit, a. a. O. (Anm. 1), S. 19-20.

属于责任非难的对象（Gegenstand des Schudvorwurfs）。但是，责任非难的对象是违法构成要件的实现，其中包括所有与行为不法相关的要素。所以，"能够解释为'位于责任外部'的客观处罚条件的，就只能是对于行为不法而言不重要的情形"[74]。最后，诉讼条件是"关于诉讼本身的容许性要件"[75]。客观处罚条件与诉讼条件之间的本质区别在于，前者具有实体法性格，后者则具有诉讼法性格。"通常决定某要素是否具有实体法性格的标准，最终在于某要素是符合刑罚的思考（Strafgedanken），还是与刑罚的思考毫无关系。只有为了对行为人科处相应的刑罚（verdientermaßen）所必需的要素，才属于实体刑法。"所以，"能够理解为'不属于诉讼条件'的客观处罚条件的，仅限于存在于'与刑罚这种害恶具有相应性（Verdientsein）的思考领域内部'的要素"[76]。

（3）根据上述客观处罚条件与其他要素在概念上的区别，贝姆曼对被解释为客观处罚条件的实定法要素是否不属于构成要件、违法性、责任以及诉讼条件中的任何一个范畴的问题进行了逐一探讨。通过研究，他得出的结论是：敌对外国的犯罪中的互惠主义的保障（德国《刑法》第104条a）、婚姻欺诈罪中的婚姻取消（同第170条）以及通奸罪中的离婚（同第172条）是诉讼条件；而妨害执行公务罪中的职务行为的适法性（同第113条）、挑发决斗罪中的决斗的实施（同第210条）、参与斗殴罪中的他人死亡或者重伤（同第227条）以及破产犯罪中的支付停止或者破产开始（《破产法》第239条以下）则均属于构成要件要素。[77]

---

[74] Bemmann, Zur Frage der objektiven Bedingungen der Strafbarkeit, a. a. O. （Anm. 1），S. 21-22.

[75] Bemmann, Zur Frage der objektiven Bedingungen der Strafbarkeit, a. a. O. （Anm. 1），S. 22-23.

[76] Bemmann, Zur Frage der objektiven Bedingungen der Strafbarkeit, a. a. O. （Anm. 1），S. 27.

[77] 所有条文均为1957年时的规定。另外，《刑法》第172条通奸罪和第210条挑发决斗罪于1969年被废除；第170条婚姻欺诈罪于1973年被废除；关于第113条妨害执行公务罪，1970年增设了无法回避的错误的免责规定；《破产法》第239条以下的破产犯罪于1976年被编入刑法第283条以下。

另外，贝姆曼还主张，根据责任主义的要求，那些还原为构成要件要素的事由都应当包含在故意的认识对象当中。⑱ 下面，本书拟以敌对外国的犯罪中的"互惠主义的保障"以及破产犯罪中的"支付停止"和"破产开始"为例，深入探讨贝姆曼的观点。

（a）贝姆曼认为，"互惠主义的保障""对于行为的社会有害性而言完全不具有任何意义"，也与"对刑罚相应性的思考领域"无关。值得处罚的法益侵害不是由"互惠主义的保障"来体现的。规定该要件的趣旨，毋宁在于通过为处罚敌对外国的行为设定"互惠主义的保障"这一条件，从而促使外国也能够给予德国同样的刑罚保护。这样的考虑与刑罚正当化与否之间不存在任何关系。因此，"互惠主义的保障"不是实体法上的处罚条件，而是诉讼条件。关于这一点，通过现行《刑法》第104条使用的"若不存在互惠主义的保障，则不得以本罪追诉"的表述，也可以得到明确的印证。⑲

（b）另一方面，破产犯罪中的"支付停止"和"破产开始"属于构成要件的要素。

根据贝姆曼的观点，通说和判例认为，一旦将"支付停止"等作为构成要件要素，它们就必须是行为人有责地引起的；在这一前提下，由于要求这种因果关系是不妥当的，因而将"支付停止"等定性为客观处罚条件。贝姆曼对此提出批评：所有构成要件要素必须由行为人引起这一前提是错误的。事实上，构成要件中通常都包含非由行为人引起的要素。在构成要件要素中，属于行为人引起的对象的，仅限于狭义的行为（Tathandlung）和结果（Taterfolg）。所以，主张应当将"支付停止"

---

⑱ 此外，在 Bemmann, Was bedeutet die Bestimmung „ wenn nicht diese Tatsache erweislich wahr ist " im § 186 StGB?, a. a. O. (Anm. 1) 中，贝姆曼将名誉毁损罪中的揭发事实"不真实"解释为构成要件要素，同时还要求行为人的故意必须涉及该要素（然而，在立法论上，则提倡应当规定对于"不真实"的过失责任）。另外，在 Bemmann, Welche Bedeutung hat das Erfordernis der Rauschtat in § 330a StGB?, a. a. O. (Anm. 1) 中，贝姆曼将完全酩酊罪中的"酩酊犯罪行为"解释为构成要件要素，同时要求对此存在故意或者过失。

⑲ Bemmann, Zur Frage der objektiven Bedingungen der Strafbarkeit, a. a. O. (Anm. 1), S. 28-32.

等事由解释为客观处罚条件的通说所提出的理由是不成立的。[80]

另外,为了说明"支付停止"等事由为破产犯罪的不法以及当罚性提供了基础,贝姆曼作出如下论述:要将"支付停止"等事由解释为客观处罚条件,就必须证明这些事由不会对行为的当罚性产生任何影响。但是,只要破产行为是由正常的行为人实施的,就不能认为已经充分具备了破产犯罪的不法内容。例如,浪费、博彩、赌博等过度支出本身并不包含任何当罚性的不法。而为这样的破产行为赋予犯罪性格的,无非就是"支付停止"以及"破产开始"等要素。也就是说,"支付停止"以及"破产开始""通过为行为人赋予经济方面的特别的诚实义务,从而为破产行为打上了'不法的烙印(Stempel des Unrechts)'"[81]。

基于上述理由,贝姆曼得出结论:"支付停止以及破产开始绝对不是客观处罚条件,而是构成要件要素。"[82] 在此基础上,他就相关的责任关联问题作出如下阐述:"毫无疑问,作为构成要件要素的支付停止以及破产开始都必须为行为人的故意所包摄。因此,在实施行为时,行为人对于已经导致或者可能导致支付停止或者破产开始的情况必须有认识,或者至少要预见到这种情况发生的可能性。"[83]"对于这一点,应该是不存在疑问的。因为,对于诸如违法制作账簿的商人(《破产法》第240条第3号)等实施破产行为的行为人进行处罚,如果使其仅仅取决于客观上存在支付停止或者破产开始等事由,那么,借用卡德卡的表述,即为'要么抽签决定处罚,要么遵循以前的习惯将违法制作账簿的商人排成一列,对每第十个人进行处罚,这两种做法之间并没有什么区别'。"[84]

---

[80] Bemmann, Zur Frage der objektiven Bedingungen der Strafbarkeit, a. a. O. (Anm. 1), S. 46-48.

[81] Bemmann, Zur Frage der objektiven Bedingungen der Strafbarkeit, a. a. O. (Anm. 1), S. 48-49.

[82] Bemmann, Zur Frage der objektiven Bedingungen der Strafbarkeit, a. a. O. (Anm. 1), S. 49-50.

[83] Bemmann, Zur Frage der objektiven Bedingungen der Strafbarkeit, a. a. O. (Anm. 1), S. 50-51.

[84] Bemmann, Zur Frage der objektiven Bedingungen der Strafbarkeit, a. a. O. (Anm. 1), S. 51.

上编　关于所谓的客观处罚条件

（4）最后，贝姆曼就客观处罚条件的一般存在可能性作出如下论述。

承认客观处罚条件的存在，需要以该当构成要件的违法且有责行为的领域和诉讼法领域之间存在间隙作为前提。但是，国家刑罚权的发生仅仅依赖于属于"与刑罚这种恶害具有相应性的思考领域"的要素。而且，属于该刑罚的思考领域的，只有构成该当构成要件违法且有责的行为的要素。至于其他要素，则是与行为人是否值得处罚这一问题有关的，因而只具有诉讼法意义。所以，该当构成要件的违法且有责的行为的领域和诉讼法的领域是直接相连的，二者之间不存在间隙。⑧⑤ 据此，贝姆曼得出结论："客观处罚条件是不存在的。"⑧⑥

3. 上述贝姆曼的观点中需要特别注意的是，通过将被理解为客观处罚条件的事由还原为构成要件要素或者诉讼条件，从而否定了"客观处罚条件"这一存在异议的概念；与此同时，通过将还原为构成要件的事由纳入故意的对象（"酩酊犯罪行为"是故意或者过失的对象），从而实现了责任主义的贯彻。

当然，针对贝姆曼的观点的批判也相当强烈。例如，"贝姆曼混淆了实然世界和应然世界"⑧⑦；"责任主义意味着不应当存在与责任无关的不法要素，而不意味着其并不存在"⑧⑧。⑧⑨ 在这些批判中，既有基于理论性观点针对一般性地否定"客观处罚条件"这一概念提出的批判，也有基于实际的、刑事政策性观点针对将该当客观处罚条件的事由纳入故意对象提出的批判。

首先，就一般性地否定"客观处罚条件"概念这一点而言，贝姆曼的论证确实不够充分。"客观处罚条件不存在"的结论，是他根据以下

---

⑧⑤　Bemmann, Zur Frage der objektiven Bedingungen der Strafbarkeit, a. a. O. (Anm. 1), S. 52-56.

⑧⑥　Bemmann, Zur Frage der objektiven Bedingungen der Strafbarkeit, a. a. O. (Anm. 1), S. 56.

⑧⑦　Theodor Rittler, Besprechung von Bemmann : Zur Frage der objektiven Bedingungen der Strafbarkeit, JZ 1958, S. 189.

⑧⑧　Arthur Kaufmann, Das Schuldprinzip, a. a. O. (Anm. 1), S. 148.

⑧⑨　此外，对贝姆曼提出批判的还有：Georg Schwalm, Gibt es objektive Strafbarkeitsbedingungen?, MDR 1959, S. 906 ; Hans-Heinrich Jescheck, Besprechung von Bemmann : Zur Frage der objektiven Bedingungen der Strafbarkeit, GA 1958, S. 124 ; 北野·前揭注㊿第 7 页以下。

两点得出的：(1) 与"刑罚的相应性"相关联的事由都属于构成要件该当性、违法性、责任的领域；(2) 与"刑罚的相应性"不相关的事由都属于诉讼条件。但是，他并没有对（1）、（2）两个命题作出任何论证，而是直接作为既定的前提。在这一点上，贝姆曼对于一般性地否定"客观处罚条件"的论证陷入了"结论先行"的窠臼。无论如何，在"客观处罚条件"的概念层面上探讨一般的存在可能性问题，都不是一个能产生实质结果的论证。实际上，将（被视为）该当客观处罚条件的具体事由的性格作为焦点才是更为重要的。

于是，可以说更为实质性的分歧在于要求对该当客观处罚条件的事由存在故意（或者过失）是否妥当的问题。关于这一点，支持通说的立场指出，要求对该当客观处罚条件的事由存在认识・预见，是无视刑事政策性要求的表现。⑩ 的确，是否要求对于实定法上的具体事由存在故意（或者过失），不仅仅是纯粹的理论问题，还是一个实践问题。因此，对于具体妥当性的考察是不能否定的。但是，主张故意不应当涉及客观处罚条件的论者只是将其结论作为既定的前提，却并没有对如果要求故意涉及这些事由将会实际产生刑事政策上难以容忍的不妥进行具体论证。如果那些基于具体妥当性的观点提出的批判没有作出具体展开，就是缺乏说服力的。尤其是在结合责任主义的要求加以考量时，与要求对这些事由存在故意（或者过失）是否妥当有关的"举证责任"，就应当由主张要求存在故意（或者过失）是不妥当的论者承担。⑪

里特勒提出批判：贝姆曼认为对于"支付停止"等事由的故意内容

---

⑩ Jescheck, a. a. O. (Anm. 89), S. 125；北野・前揭注⑩第 7 页以下。

⑪ 在德国，妨害执行公务罪中的"职务行为的适法性"是一个经常被用于说明基于刑事政策上的理由而要求故意关联缺乏妥当性的事由（现在，对于就该事由发生不可避免的错误的情形，法律规定予以免责）。但是，在我国，要求对于"职务行为的适法性"存在认识或者认识到为其提供基础的事实的主张，是通说观点。而且，在我国的判例中，也没有因为要求存在这种认识而出现刑事政策上难以容忍的不妥。如果认为德日两国之间在社会状况方面不存在显著差异，那么，德国有关将该事由作为故意的对象不具有妥当性的判断的现实根据何在，就是必须质疑的问题（另外，如果其趣旨在于因不能要求对职务行为的"适法性"评价本身存在认识，从而将该事由理解为客观处罚条件，所有的规范性要素就都有可能被赋予客观处罚条件的性格）。

只需对这些事由的认知即可,但是,这种对故意的把握却"将作为核心的意欲要素从故意概念中剥离了出去"[92]。的确,对于"支付停止"等非由行为人的实行行为所引起的事由——在某些场合也可能是在实行行为实施以前就已经发生的事由——的实现,行为人是不可能存在意欲的。但是,即使是在通常被理解为构成要件要素的事由当中,行为主体的属性、行为客体的属性以及行为状况等也不是由实行行为引起的,行为人对其实现也不可能存在意欲。尽管如此,也不能认为将这些事由纳入故意的对象就剥夺了"故意概念的核心"。在认识或者预见到这些事由的情况下仍然决意实施一定的行为,这就为进行故意责任的非难提供了契机。在这一点上,"支付停止"的场合也是一样的。[93] 可以说,里特勒的批判是在混淆了故意与行为意思的基础上提出的。这样一来,对于"支付停止"等的故意而言,"意欲"或者"实现意思"就是不必要的,只要具备认识或者预见即可。而且,与其他构成要件要素一样,对于"支付停止"的到来也无须确定的预见,只要存在"可能"的未必的预见即可;对于"支付停止"或者"破产开始"等法律概念的认识,也只需"普通人之间的平行评价"即可。在这一前提下,要求对"支付停止"存在故意就未必是非现实的。[94]

这样看来,主张应当将被视为客观处罚条件的事由还原为构成要件要素,并要求对此存在故意(或者过失)的贝姆曼的提议——针对各种犯罪类型展开具体的探讨无疑是必要的——是值得予以充分考虑的。[95]

---

[92] Rittler, a. a. O. (Anm. 87), S. 189.

[93] 关于这一点,参见上编第七章第二节第二款二(第267页以下)。

[94] 然而,正如阿图尔·考夫曼批判的那样,关于要求对于完全酩酊罪中的"酩酊犯罪行为"具有故意(或者过失)的问题,贝姆曼的理解是存在问题的。也就是说,贝姆曼认为,在饮酒时,行为人只要预见(或者具有预见可能性)到酒后可能会实施某种可罚性行为即可。但是,承认这种抽象的故意·过失则无异于肯定结果责任原理(Vgl., Arthur Kaufmann, Unrecht und Schuld beim Delikt der Volltrunkenheit, a. a. O. (Anm. 1), S. 431)。

[95] 另外,对于根据何种观点能够认为被视为该当客观处罚条件的事由为不法提供了基础或者提高了不法的问题,贝姆曼并未作出适当的说明。例如,根据违反"诚实义务"的观点,可以认为"支付停止"为破产犯罪的不法提供了基础。但是,当"支付停止"发生在实行行为之后时,义务违反性因行为后出现的事由而发生变动,这种说明显然是不妥的。而且,由于对被视为客观处罚条件的事由在不法论内部的地位·机能的分析不够充分,所以,在存在问题的事由和行为之间的客观关系问题上,并未得出有意义的结论。既然将客观处罚条件还原于不法,那么,不仅仅是主观的归属关联,客观的归属关联就也是必须考虑的问题。

第三节 小 括

如上所述，德国存在多种有关客观处罚条件与责任主义的关系的学说。

首先，作为通说见解的处罚限制事由说试图通过说明客观处罚条件处于不法的外部、仅仅是对已经构成当罚性行为的处罚加以限制的要素，从而实现其与责任主义的调和。但是，如果对存在问题的犯罪类型加以考察，就会发现主张即使排除该当客观处罚条件的事由，仍然具备当罚性不法的观点是不切实际的；而且，离开法益侵害·危殆化的观点，要对规定这些事由的根据作出说明是非常困难的。于是，可以认为处罚限制事由说是一种为了将该当客观处罚条件的事由排除在故意的对象之外的技巧性理论，其无法避免理论颠倒以及循环论证的弊病。

因此，主张将该当客观处罚条件的事由解释为不法的构成要素的观点（不法要素说）更为切合实际，应当予以支持。根据对于责任关联的要求不同，该观点可以作如下细分：第一种立场，将客观处罚条件作为责任主义的例外，不要求对此存在责任关联。在为从立法论上批判客观处罚条件提供契机等方面，相对于在形式理论层面上回避与责任主义相抵触的处罚限制事由说而言，这种观点确实为责任主义的实现作出了一定贡献。但是，鉴于责任主义在宪法上的地位，还是应当尽可能地追求责任关联的可能性。第二种立场，试图基于"危险责任"的观点对有关客观处罚条件的责任关联问题加以说明。但是，将接受抽象的危险作为归责的根据，则无异于承认结果责任的法理。第三种立场，通过将有关客观处罚条件的存在的错误作为禁止的错误处理，从而实现其与责任主义的调和。但是，将有关客观处罚条件这一事实是否存在的错误理解为禁止的错误，是存在疑问的。

这样一来，既然将客观处罚条件视为不法要素，就只有要求对其存在故意或者过失才具有一贯性。虽然究竟是要求存在故意还是过失，最终还要作为对各个规定的解释加以具体论证①②，但是，原则上应当要求必须存在故意关联（亦即对于该当事由存在认识或者预见）。的确，如果认为对于结果加重犯中的加重结果要求过失（预见可能性）即可避免与责任主义相抵触，就可以认为对于客观处罚条件要求存在过失（预见可能性）也能够满足责任主义的最低要求。③④ 但是，与结果加重犯不同，在客观处罚条件成为问题的犯罪类型中，基本行为本身是缺少可罚性的，仅有对基本行为的认识，尚不足以期待能够唤起充分的反对动机。在这一点上，必须承认将故意的对象限定为基本行为是不具有合理性的。而且，要认为对于该当客观处罚条件的事由仅存在过失即可，根据《刑法》第38条第1项的规定，不要求故意的趣旨就必须由法律条文作出明确规定。⑤

---

① 参见町野朔：《刑法总论讲义案〔第二版〕》（1995年）第147页。

② 关于我国实定法中的被视为客观处罚条件的各种事由，本书拟在上编第七章（第225页以下）中展开具体讨论。

③ 主张对于客观处罚条件至少需要存在过失的观点有：内藤谦：《刑法讲义总论（上）》（1983年）第215页；町野·前揭注①第147页。此外，要求对于德国《刑法》第227条规定的他人死亡或者重伤的发生存在预见可能性即过失的观点有：Hans-Joachim Hirsch, Leipziger Kommentar, 11. Aufl. (1993), §227 Rdn. 15；ders., Zur Problematik des erfolgsqualifizierten Delikts, GA 1972, S. 65ff. (insb. S. 77)。要求对于德国《刑法》第186条名誉毁损罪中的真实性的证明存在注意义务违反即过失的观点是：ders., Ehre und Beleidigung. Grundfragen des strafrechtlichen Ehrenschutzes (1967), S. 168.

④ 另外，如第七章所述，"破产宣告的确定"等事由不是行为的结果，而是构成法益侵害·危殆化的前提的外部的·附随的状况。因此，过失引起这些事由的情形当然不存在问题。所以，这里所谓的"过失"应当理解为，行为人虽然有可能认识·预见到那些该当客观处罚条件的外部的·附随的状况的存在·发生，然而，他却在不具有这种认识·预见的情况下实施了行为，并由此导致行为的作用与外部的状况相结合，从而造成法益侵害·危殆化的事态。

⑤ 对此，法院以"取缔事项的本质"为由承认对于无明文规定的过失犯的处罚（最决昭和28年3月5日刑集第7卷第3号第506页；最判昭和37年5月4日刑集第16卷第5号第510页；最决昭和57年4月2日刑集第36卷第4号第503页）。但是，既然刑法第38条第1项明确规定了故意犯处罚的原则，那么，与此相反的"特别规定"就必须在法条上明确规定不要求故意的趣旨。主张必须明文规定过失犯处罚的观点有：木村龟二（阿部纯二增补）：《刑法总论〔增补版〕》（1978年）第79页；内藤谦：《刑法讲义总论（下Ⅰ）》（1991年）第1101页；庄子邦雄：《刑法总论〔第三版〕》（1996年）第342页；甲斐克则：《行政刑法中的过失犯处罚与明文的要否——从法益保护与行为主义·罪刑法定主义·责任主义的冲突到调和》，载井上祐司先生退官纪念论集《现代刑事法学的课题》（1989年）第105页以下（特别是第166页以下）；松原芳博：《过失犯的处罚与明文的要否》，载松尾浩也、芝原邦尔、西田典之编：《刑法判例百选Ⅰ〔第四版〕》（1997年）第106页以下。

另外，由于将客观处罚条件解释为不法要素，因而除了对于相关事由的主观责任关联以外，还必须说明其与行为之间的客观关联性。为此，明确该当客观处罚条件的事由在不法构造内部的具体地位·机能就是必要的。

第五章 "犯罪"概念的实质化和客观处罚条件
——我国的客观处罚条件还原论

序 说

在我国，与通说见解将客观处罚条件放逐于"犯罪"概念外部相对立，主张应当将客观处罚条件还原于"犯罪"概念内部的观点也得到部分学者有力的支持。这些观点均试图通过可罚性的考虑对作为客观处罚条件的"归宿"的犯罪概念予以实质化，从而使得还原客观处罚条件成为可能。例如，关于犯罪概念实质化的必要性，佐伯千仞博士指出："一直以来的形式性的违法以及责任的观念无法包含它们〔该当客观处罚条件的要素〕。实际上，这就是致使其体系地位不明，并最终导致需要创制一个独立的客观处罚条件概念的理由所在。因此，毋宁应当在方法论上对自己主张的违法或者责任的概念中无法包含那些要素进行深刻的反省。"[①]

[①] 佐伯千仞：《违法性的理论》，载佐伯千仞：《刑法中的违法性理论》（1974年）第52页〔初出·日本刑法学会编：《刑事法讲座·第一卷》（1952年）〕。另外，引文中六角括号内的内容系作者补充。

因此，本书希望能够在本章通过对我国提倡将客观处罚条件还原于"犯罪"概念的观点的探讨，在还原的"归宿"问题上获得启发。

第一节　作为"可罚性"要素的客观处罚条件

本节拟探讨的是庄子邦雄教授和中野次雄教授的见解。他们主张将"可罚性"这一范畴作为独立的构成要素导入"犯罪"概念，在此基础上通过将客观处罚条件解释为"可罚性"的要素，从而将其定位于"犯罪"概念的内部。

第一款　庄子邦雄教授的见解

1. 关于犯罪概念与可罚性之间的关系，庄子邦雄教授指出："在通说中，犯罪被定义为该当构成要件的违法且有责的行为；而行为外的要素则被视为与犯罪成立要件相分离的可罚性的要素。也就是说，客观处罚条件或者人的处罚阻却事由都被理解为存在于犯罪这一实体要素外部的、发动刑罚所需的实体要素。"[①] 但是，"'犯罪'的实质应当与刑罚权的发动紧密结合在一起加以理解。当刑罚权发动时，就必须承认'犯罪'已经成立"[②]。申言之，"从提倡应当将行为与行为人有机结合、进而确定作为整体的'刑事责任'这一立场来考察，刑罚减轻、免除的场合自不待言，在尚未对刑罚进行一般裁量、仅具有刑罚权发动的抽象可能性的阶段，就在不考虑行为外的要素的情况下创制'犯罪'的实体，不得不说这明显忽视了'犯罪'的实体"[③]。因此，庄子教授认为，"所

[①] 庄子邦雄：《刑法的基础理论》（1971年）第59-60页。庄子教授指出，通说将"犯罪的成立"和"刑罚权的发动"相分离的理由是：一方面，"由于犯罪是否成立的判断应当以行为为中心，因而不能将与行为本身没有直接关系的要素理解为犯罪成立要素"；另一方面，"当行为该当构成要件、违法且有责时，就能够肯定对于行为的'非难'或者'非难可能性'，因此，必须对与'非难'没有直接关系的行为外部要素和犯罪要素进行区别考察"。

[②] 庄子·前揭注①第65页。

[③] 庄子·前揭注①第71页。

谓'犯罪'，应当被定义为该当构成要件的违法且有责的，并且具有可罚性的行为"④。

莊子教授指出，将"可罚性"要件导入"犯罪"概念的实益，在于能够对客观处罚条件、人的处罚阻却事由、刑罚减免事由、刑罚量定事由等作出合理的说明。在此基础上，他以事前受贿罪（《刑法》第197条第2项）为例作出以下说明："即使是尚未获得公务员或者仲裁员的地位之人，由于其损害公务廉洁性的危险也极其严重，因而应当肯定其行为的违法性和责任。事前受贿罪就是以这种观点为基础得到承认的。"⑤ "但是……只要尚未具有公务员的身份，作为'受贿罪'加以处罚就是不妥当的。于是，'事前受贿行为'的'可罚性'只有在成为公务员或者仲裁员之后才能完全得到承认，而刑罚权则必须在满足行为外的特别条件、从而形成'事前受贿罪'这一犯罪的实体时，才能够现实地发动。"⑥ "也就是说，只有在具备了成为公务员或者仲裁人这一行为外的特别的'可罚性'要素之后，才能完全形成事前受贿罪的实体；而在此之前，犯罪的实体并不完备。"⑦ 于是，根据莊子教授的观点，作为"可罚性"要素的"就任公务员或者仲裁员"就成为"犯罪"的成立要件。⑧

2. 上述莊子教授的见解以贯彻"犯罪是作为刑罚对象的行为"的命题为目标，这一点是值得注意的。而且，对于他将"犯罪"作为实体概念加以把握，并强调切合实际地构建犯罪论的必要性的方面，也应当

---

④ 莊子·前揭注①第71页。
⑤ 莊子·前揭注①第72页。
⑥ 莊子·前揭注①第73页。
⑦ 莊子·前揭注①第74页。
⑧ 此外，莊子教授在其体系书中指出，客观处罚条件虽然是"与犯罪实体的形成没有直接关系的外部事由"，但是，"在将'犯罪'理解为为刑罚权的发动提供根据的法律要件时，就必须将其视为广义的犯罪的外部条件"（参见莊子邦雄：《刑法总论〔第三版〕》（1996年）第408—409页；还可以参见第52—53页）。可以说，虽然在认为"与犯罪实体的形成没有直接关系"这一点上存在若干微妙的差别，但是在作为"可罚性"的要件定位于犯罪概念内部这一点上，本书介绍的观点得到维持（体系书中有关客观处罚条件的论述在第二章"犯罪论"部分）。

给予高度评价。但是，正如序章所述⑨，对于将"可罚性"作为犯罪论体系中的独立范畴的观点，可以指出其中存在以下问题：

"可罚性"是一个包含有关处罚是否适当的所有考虑的概括的、抽象的概念，其未必具有统一的、具体的内容。然而，从分析性思考的立场来看，构成犯罪论的各个阶层都应当具有能够与其他阶层相区别的具体性，并保持内部的统一性。在莊子教授提倡的"可罚性"中，包含了客观处罚条件、一身的处罚阻却事由、刑罚免除·减轻事由、刑罚量定事由等多种情形。例如，量刑上考虑的人格要素具有行为人的个人特性，其作用仅限于行为人本人；而"破产宣告的确定"则是一种外部事态，也能够对其他关系人产生连带性效果。将这些基本性质完全不同的要素纳入同一范畴，是难以与作为犯罪论体系的基础的分析性思考相符合的。

而且，由于"可罚性"概念具有概括的·一般条项的性格，与"违法性"概念和"责任"概念相比，其对于说明实定法要素的实质性根据以及解决解释论上的问题并没有多少帮助。例如，即使在"可罚性"概念中寻找规定"就任公务员"的理由，也无法摆脱同义反复的窠臼，根本无法揭示其实质性根据所在。⑩另外，缺乏统一性·具体性的"可罚性"概念，也无法为解决是否需要认识到存在问题的情形以及是否对共犯者产生连带作用等解释论上的问题提供指针。所以，如果从将客观处罚条件还原于犯罪概念所产生的体系理论以及解释论上的效果方面来看，还是将其还原于具有具体性·实质性内容的"违法性"或者"责任"更为妥当。

对此，莊子教授以该当客观处罚条件的事由与行为无关为由，否定了将其还原于"违法性"或者"责任"的可能性。⑪在这一点上，可以

---

⑨ 序章第三节（第 8 页以下）。

⑩ 关于要求具备"就任公务员"这一条件的理由，莊子教授指出："只要尚未获得公务员的身份，作为'受贿罪'予以处罚就是不妥当的"（莊子·前揭注①第 73 页）。但是，为何只要不具有"公务员的身份"，处罚就是不妥当的呢？如果再具体追究要求具备"公务员的身份"的实质性根据，就将归结为针对公务廉洁性或者公正性的危险的具体化观点，进而肯定违法性的观点。

⑪ 莊子教授认为，犯罪不仅仅是对"行为"的评价，其作为对"行为人"的评价也是相当重要的（莊子·前揭注①第 19 页以下）。但是，客观处罚条件所产生的效果也能够及于其他参与人。由此可见，其与对"行为人"的评价是不同性质的。

说庄子教授的观点与通说见解是一致的。但是，从"犯罪是行为"这一命题来看，包含可罚性要件在内的"犯罪"的要素必须与对行为的评价相关联。⑫ 的确，"就任公务员"等事由并非狭义的行为和结果，但是正如第二章所述，仍然应当承认存在着将其定位于广义的行为事象内部的余地。⑬ 将客观处罚条件定位于行为事象内部，对于探究（狭义的）的行为与条件之间的机能关联性以及设定条件发生的时空界限等都是有益的。⑭

这样一来，对于从实质上将客观处罚条件还原于"犯罪"概念而言，说明该当客观处罚条件的事由的实质性根据以及探究这些事由与行为之间的关联性就成为重要的课题。⑮

第二款　中野次雄教授的见解

1. 在论述"犯罪的本质"时，中野次雄教授将"可罚性"解释为一种与违法性、责任相并列的独立属性。

中野教授指出："犯罪必须是违法且有责的行为。然而，并非所有违法且有责的行为都是被科处刑罚的行为即犯罪。……基于刑法谦抑主义的立场，国家只有在认为必要的场合才会科处刑罚。这种应当被国家科处刑罚的属性，就是行为的可罚性。"⑯据此，"犯罪的本质"被定义为"违法、有责且可罚的行为"⑰。

关于"可罚性"的内容，中野教授认为，"其最终是由一个国家的

---

⑫　另外，针对将客观处罚条件还原于构成要件的观点，庄子教授提出批判："主张行为只有在成为公务员或者仲裁人之后才违法，而成为公务员或者仲裁人之前则完全不违法的观点，忽视了事前受贿行为的实体"（庄子·前揭注①第75页。着重号系笔者附加）。但是，将"就任公务员"理解为构成要件要素的观点并非主张完全不违法的行为因条件的成就而变为违法，而是认为单纯的违法行为因条件的成就而具有了可罚的违法性。

⑬　参见上编第二章（第43页以下）。

⑭　参见上编第七章第一节第二款（第236页以下），第二节第二款（第265页以下）。

⑮　而且，通过探究这种实质性根据以及与行为之间的关联性，还为将客观处罚条件还原至违法论提供了可能性。

⑯　中野次雄：《刑法总论概要〔第三版〕》（1992年）第56页。

⑰　中野·前揭注⑯第60页。

犯罪概念和可罚性

立法政策所决定的"。与此同时，作为一般性的考虑事项，他进一步列举了以下几种观点：（1）一般而言，倾向于将具有轻微违法性·有责性的行为置于处罚对象之外；（2）在多数情况下，只有在产生法益的侵害或者客观危险之后，才予以处罚；（3）从行为的性质上看，如果对其适用一般的道德规范或者民事处罚更为妥当，就不对其科处刑罚；（4）当刑罚会给被害人造成不利或者损害亲属关系，或者在一定程度上侵害履行职务的自由时，国家刑罚权基于纯粹的政策性理由介入就是不适当的；（5）为了实现犯人的改造·回归社会，有时会对可罚性予以否定或者限制；（6）时效制度也是建立在国家的可罚性评价随着时间的经过而发生变化的基础之上的。[18]

中野教授认为，客观处罚条件就是基于上述（2）的考虑而成为可罚性的要素的。也就是说，"即使是违法性·有责性未必轻微的行为，也不能仅因此就成为处罚的对象；在多数情况下，只有当该行为现实地导致法益侵害的发生或者至少在客观上造成这种危险，才受到处罚"[19]。作为以上述考虑为基础的要素，狭义的处罚条件〔客观处罚条件〕是与必须发生结果才能处罚的结果犯以及以被教唆人·被帮助人实施实行行为作为处罚条件的教唆犯·帮助犯相并列的。他还指出，该狭义的客观处罚条件是"附加于违法行为的、与其无直接关系的其他事实；在法益侵害现实化以后，才能认定可罚性"[20]，它"不是使行为具有违法性的要素，而仅仅是基于政策性的立场，在法益侵害现实化之后才进行处罚的可罚性要素……因而不能成为事实性故意的对象"[21]。

另外，中野教授还主张应当对"犯罪的本质"和"现行法中犯罪的构成"加以区别，后者是由构成要件和犯罪成立阻却事由构成的。其中，构成要件中包括有关违法性的事由、有关责任的事由以及有关可罚性的事由；而犯罪成立阻却事由中则包括违法阻却事由、责任阻却事由

---

[18] 中野·前揭注[16]第 57-58 页。另外，还可以参考本书第 222-223 页所列举的可罚性阻却事由的事例。
[19] 中野·前揭注[16]第 57 页。
[20] 中野·前揭注[16]第 57 页。
[21] 中野·前揭注[16]第 128 页。

以及可罚性阻却事由。㉒ 于是，在现行法的构成当中，狭义的客观处罚条件作为为可罚性提供基础的事实，被定性为构成要件要素。㉓㉔

2. 在上述"可罚性"论中，中野教授具体列举了各种考虑事项，并试图对"可罚性"概念予以具体化・实质化，这一点尤为值得关注。而且，可以说每个列举事项都包含着丰富的启示。然而，从体系论上看，将这些考虑事项一并包含在"可罚性"范畴的观点是存在问题的。

在中野教授所列举的"可罚性"的考虑事项中，从有关外部行为以及结果的事项到有关行为人的人格特性的事项，包含了各种各样的内容。但是，如前款所述，从分析性思考的立场来看，将这些性质各异的考虑统合于所谓的"可罚性"这一个范畴是否妥当，是存在疑问的。而且，由于"可罚性"概念具有一般条项的性格，因而难以在刑法的解释・适用中发挥规制性机能。所以，考虑到犯罪概念的指导・规制机能，与其将"可罚性"观点作为独立的范畴，毋宁应当尽可能地将其与在评价的对象和基准方面具有相对明确的轮廓的违法性以及责任相关联，以可罚的违法性或者可罚的责任等形式加以考虑，才更为合理。一般而言，中野教授列举的（1）中违法性・责任的轻微性可以作为可罚的违法性或者可罚的责任，在违法论或者责任论中加以探讨㉕；而（3）中被认为使用刑罚以外的制裁更加合适的通奸等事例，无非就是佐伯千仞博士还原为可罚的违法性的"质"的事由㉖；（2）中关于需要发生法

㉒　中野・前揭注⑯第 60 页以下。

㉓　中野・前揭注⑯第 128 页。

㉔　另外，在论文《名誉毁损罪中的违法阻却事由和处罚阻却事由》，载中野次雄：《刑事法与裁判的诸问题》（1987 年）第 66 页以下〔初出・《警察研究》第 51 卷第 5 号（1980 年）〕中，中野教授以名誉毁损罪中的事实证明的法律性质为素材，对"可罚性"概念进行了具体的展开。

㉕　另外，关于是将违法性和责任的轻微性放在"可罚性"范畴中判断，还是分别放在违法论和责任论中判断的问题，看上去似乎仅仅是语言问题。但是，如果放在"可罚性"范畴判断，就需要对有关违法性的轻微性和有关责任的轻微性进行综合判断。相反，如果分别放在违法论和责任论中进行判断，则需要进行阶段性・分析性的思考，即首先根据违法性的轻微性判断进行一定的选择，然后再进行责任的轻微性判断。在这一点上，体系性差异是具有实质意义的。

㉖　参见佐伯千仞：《可罚的违法序说——通过违法概念的形式化以阻止刑罚权滥用》，载佐伯千仞：《刑法中的违法性理论》（1974 年）第 20-21 页〔初出・末川先生古稀纪念《权利的滥用（上卷）》（1962 年）〕。

犯罪概念和可罚性

益的侵害・危殆化才能处罚的考虑，通常也可以置于违法性的领域。将这些考虑一并移入"可罚性"论，有可能招致违法论和责任论的空洞化。从这个意义上讲，将"可罚性"作为与违法性、责任相并列的独立范畴的观点，也存在质疑的余地。㉗

关于客观处罚条件的实质性根据，中野教授求诸"法益侵害的现实化"这一考虑。如后文所述，这种理解符合该当客观处罚条件的事由的实质，应当予以支持。㉘ 于是，应当将"法益侵害的现实化"的考虑放在违法性中判断还是放在可罚性中判断的体系论，就成为问题所在。而这种讨论又与有关如何理解违法性的实质的对立相关联。关于这一点，中野教授立足于以行为规范为基轴的违法观，认为由于"违法性是指行为违反了行为规范"㉙，因而违法评价的对象最终应当是"行为本身"㉚。如果按照这种理解，不属于"行为本身"的法益的侵害・危殆化就不能成为违法评价的对象，而仅仅是作为"可罚性"的要件来判断。㉛ 这样一来，将"可罚性"作为独立范畴导入犯罪论体系的观点，就与将违法性视为违反行为规范以及违反命令规范的立场具有了亲和性。可以说，提倡"可罚性评价"范畴的宫本英修博士成为彻底的命令规范论者㉜是绝非偶然的。㉝ 对于行为规范论和命令规范论也存在疑问，这一点拟在下一章进行深入探讨。㉞

另外，与体系论不同，就实质论而言，既然将客观处罚条件的根据

㉗ 参见序章第三节（第 8 页以下）。
㉘ 上编第七章第一节第一款（第 225 页以下），第二节第一款（第 249 页以下）。
㉙ 中野・前揭注⑯第 24 页。
㉚ 中野・前揭注⑯第 32 页注②。
㉛ 因此，从中野教授的立场来看，结果犯中"结果"的发生也不是违法要素，而是"可罚性"要素。也就是说，之所以规定构成要件结果，"其趣旨在于，在行为所引起的法益侵害或者危险以结果的形式在客观上实现以后，才能肯定该行为的处罚价值（可罚性）"（中野・前揭注⑯第 110 页），"在这个意义上，可以将结果视为狭义的处罚条件……的一种"（中野・前揭注⑯第 114 页注⑦）。
㉜ 参见宫本英修：《规范性评价和可罚性评价》，载牧野教授还历祝贺《刑事论集》（1938 年）第 3 页以下等。
㉝ 参见平场安治：《构成要件理论的再构成》，载平场安治：《刑法中的行为概念研究》（1966 年）第 120 页以下〔初出・泷川先生还历纪念《现代刑法学的课题（下）》（1955 年）〕。
㉞ 参见上编第六章第二节（第 178 页以下）。

求诸"法益侵害的现实化",那么,是否就应当要求该"法益侵害的现实化"和行为之间存在客观的以及主观的归属关联呢?这个问题仍然需要作进一步研究。㉟

第二节　作为"责任"要素的客观处罚条件
　　——堀内捷三教授的见解

　　1. 基于满足体系整合性、实现与责任主义相调和的目的,堀内捷三教授提倡将客观处罚条件作为责任要素。①

　　2. 在对德国的学说史进行梳理的基础上,堀内教授针对有关客观处罚条件的对立点提出以下观点:

　　无论是主张客观处罚条件不属于犯罪成立要素的通说观点,还是将其视为违法要素的观点,"在承认客观处罚条件与故意无关这一点上是一致的。在这个意义上,当今关于客观处罚条件的争议并不在于实际问题,而在于如何在犯罪论体系上进行定位的体系论问题。的确,如果立足于体系性观点,由于刑罚以犯罪为前提,因而有关刑罚权的发生·变更·消灭的事由就都应当理解为犯罪要素。在这个意义上,将客观处罚条件视为违法要素的观点维持了体系的整合性。但是,这种观点……也试图通过将客观处罚条件解释为责任主义的例外,从而承认它是刑法学中的一个异物……所以,如果要通过将客观处罚条件理解为既非违法要素、亦非外部构成要素,从而满足体系的整合性、实现与责任主义的调和,就必须探讨将其解释为责任要素的可能性"②。

　　基于上述问题意识,堀内教授对"责任"概念进行了再检讨。具体而言,一直以来,责任论"都是根据教条主义的观点进行考察的,因

　　㉟　在中野教授的观点中,虽然同样是体现"法益侵害的现实化"的"可罚性"要素,但是,从结论上讲,结果犯中的结果是故意的对象(中野·前揭注⑯第114页注⑦),而所谓的客观处罚条件则不是故意的对象。

　　①　堀内捷三:《责任主义与客观处罚条件》,载《团藤重光博士古稀祝贺论文集·第二卷》(1984年)第141页以下(特别是第158页)。

　　②　堀内·前揭注①第158页。

此，根本没有容纳客观处罚条件的余地"③。但是，"责任取决于刑事政策性观点"这一理解，在今天已经得到普遍认可。④ 所以，"无论是在坚持他行为可能性概念的同时纳入刑事政策性考量，还是再推进一步放弃这一概念而以刑事政策性目的代替，仅有他行为可能性是不能为责任提供基础的。即使存在（固有的）他行为可能性，也可能存在责任要受到预防性观点左右的情形"⑤。

堀内教授认为，以包含上述刑事政策性考虑的实质的责任概念为前提，在不违背责任主义的情况下将客观处罚条件还原于责任论就是可能的。也就是说，客观处罚条件"是基于确保处罚妥当性的刑事政策性理由而附加于行为的可罚性的要素"，只有在其发生之后，"行为人的责任才具备了基础"⑥。但是，此时，"责任的基础并非是在缺少他行为可能性的情况下仅由预防性观点提供的"。例如，"在即将成为公务员的人可能不实施收受贿赂的行为而收受贿赂这一点上，事前受贿罪中的他行为可能性是能够得到承认的。因此，虽然此时本应追究事前受贿罪的罪责，但是在公务员的任命下达之前，刑法基于谦抑性的立场对处罚加以限制。在这个意义上，客观处罚条件是一种停止条件。在条件发生以后，施加责任非难才成为可能"⑦。

于是，堀内教授得出结论："以当今对于责任主义的展开为前提，将客观处罚条件解释为责任要素、包摄于犯罪论体系，是可能的。"⑧⑨

---

③ 堀内·前揭注①第158页。
④ 堀内·前揭注①第159页。
⑤ 堀内·前揭注①第159-160页。在论述预防性考虑在责任论中的重要性时，堀内教授特别援用了罗克辛提倡的"答责性"概念（堀内·前揭注①第154-157页）。
关于堀内教授对于"责任"的理解，参见堀内捷三：《责任论的课题》，载芝原邦尔、堀内捷三、町野朔、西田典之编：《刑法理论的现代展开·总论Ⅰ》（1988年）第171页以下〔初出·《法学セミナー》第391号、第392号、第393号（1987年）〕；堀内捷三：《责任主义的现代意义》，载《警察研究》第61卷第10号（1990年）第3页以下。
⑥ 堀内·前揭注①第160页。
⑦ 堀内·前揭注①第160页。
⑧ 堀内·前揭注①第160页。
⑨ 堀内教授指出，"如果像本文这样理解客观处罚条件，其错误就不阻却故意"（堀内·前揭注①第161页注㊄）。

3. 以上堀内教授的见解试图在满足体系整合性的同时，实现与责任主义的调和，这一点是值得注意的。我国关于还原客观处罚条件的讨论主要关注的是体系整合性问题，而对于与责任主义的调和问题尚未进行充分的展开。但是，这种将与责任主义的调和问题束之高阁的还原，是无法解决有关客观处罚条件的实质性问题的。在这一点上，堀内教授直面责任主义问题的态度具有重要意义。但是，在有关还原于责任论的具体论证方面，可以认为堀内教授的观点中也存在以下几个问题：

首先，将客观处罚条件还原于责任论的观点要想在体系论和解释学上产生丰硕的成果，作为归宿的"责任"概念本身必须具有能够被称之为"责任"的具体的、特定的内容。虽然堀内教授提出将刑事政策性考虑导入"责任"阶段的方向性是基本妥当的，但是要维持"责任"概念的具体性·独立性，就必须对导入刑事政策性考虑的方法和界限加以具体化。⑩ "责任"概念一旦丧失了具体性·限定性，具备了将一切有关处罚是否适当的考虑均包含于其中的一般条项的性格，那么，其实体就与"可罚性"概念没有差别了。⑪

其次，要在责任论中协调地对客观处罚条件进行定位，就必须在明确客观处罚条件的具体机能的基础上，说明其在责任论内部的地位·作用。关于这一点，堀内教授只是抽象地指出，客观处罚条件的意义和根据在于"确保处罚妥当性的刑事政策性理由"⑫，却未能揭示它的具体机能。⑬ 例如，"就任公务员"这一事实在何种意义上承担着刑事政策

---

⑩ 刑法是一种通过作用于行为人（以及将自己置于行为人立场的国民）的规范心理，从而实现预防功能的制度，因而也就应当将"责任"概念理解为行为人的规范心理及其社会心理性反映的基础。根据这种立场，一方面主张客观处罚条件是与行为人的主观完全无关的纯客观事由，另一方面又将其定性为责任要素的观点，就是存在疑问的。

⑪ 前述莊子教授的观点认为，"行为责任"因对于行为的非难可能性而得到承认；要肯定作为整体的"刑事责任"，就必须附加客观处罚条件等可罚性要件。但是，莊子教授所称的"刑事责任"和堀内教授所称的"责任"的区别未必明确。

⑫ 堀内·前揭注①第160页。

⑬ 在本论文中，堀内教授的意图在于提出还原客观处罚条件的"框架"，而客观处罚条件的具体地位、机能则被排除在论述对象之外。但是，这一"框架"妥当与否，必须通过客观处罚条件在其内部的具体地位·机能来验证。

性考虑？这种刑事政策性考虑在责任判断的构造中具有怎样的地位？[14]对于这些问题，堀内教授的论述并不明确。然而，无论是解决有关客观处罚条件的解释论上的各种问题，还是实现客观处罚条件与责任主义的实质性调和[15]，对于客观处罚条件在责任论中的具体地位·作用的说明都是无法回避的。

事前受贿罪中的"就任公务员"等客观处罚条件属于外部事态，对于其他参与人也会产生连带作用。因此，在考虑将这些事由定位于犯罪论时，与责任相比，探究其与违法性之间的关联性才是更为合理的。[16]那么，堀内教授为什么放弃了还原于违法性的立场呢？其理由包括以下两个方面：首先，客观处罚条件并非以行为为基础。也就是说，像结果加重犯中的"加重结果"那样，"行为后发生的各种事由影响行为的违法性的现象并非不存在"；然而，"在以行为人的行为为基础这一点上，这些事由与客观处罚条件是不同的"，因此"将客观处罚条件理解为违法要素是不妥当的"[17]。其次，"一方面将客观处罚条件视为不法要素，另一方面又认为其不为责任所包摄，这与责任主义相抵触"[18]。这样看来，堀内教授将客观处罚条件排除在违法性之外的理由与通说观点相

---

[14] 针对堀内教授的论文，上田健二教授提出疑问："如果认为客观处罚条件与预防责任的关系仅在于它是责任非难的前提条件，那么，客观处罚条件不仍然还是责任要素以外的条件吗？"（中山研一、上田健二：《刑事法学的动向·团藤重光博士古稀祝贺论文集第二卷·之一》，载《法律时报》第58卷第2号（1986年）第130页）〔上田健二担当〕。另外，着重符号系上田教授附加）。

[15] 作为对于与责任主义相调和的论证，堀内教授认为，"在即将成为公务员的人……收受贿赂这一点上，事前受贿罪中的他行为可能性是能够得到承认的"，"因此，虽然此时本应追究事前受贿罪的罪责，但是在公务员的任命下达之前，刑法基于谦抑性的立场对刑罚加以限制"（堀内·前揭注①第160页）。这种观点与作为德国通说的处罚限制事由说的理论之间并不存在实质性差异。如前所述，处罚限制事由说的理论中存在主次颠倒以及循环论证等问题（上编第四章第一节第三款〔第91页以下〕），而堀内教授的观点也无法完全克服这些问题。

[16] 堀内教授提倡的对于责任概念的刑事政策性重构的方向，为还原与行为人的个人属性有关的一身处罚阻却事由提供了有益的视角（参见下编第三章第二节第五款〔第389页以下〕）。

[17] 堀内·前揭注①第158页。

[18] 堀内·前揭注①第147页。

同，即均求诸行为性的界限和责任关联的欠缺。[19] 但是，如前所述，将该当客观处罚条件的事由作为行为事象中的一环[20]、要求存在责任关联[21]，并不是不可能的。这样一来就消除了将客观处罚条件排除出责任论的必然性。客观处罚条件向责任论的还原，是首先在体系论上证明不可能将其还原至违法论以后才出现的问题。[22]

第三节　作为"可罚的违法类型"要素的客观处罚条件
——佐伯千仞博士的见解

1. 佐伯千仞博士主张，所谓的客观处罚条件与行为的法益侵害性有关，应当将其定位于"可罚的违法类型"[①]。众所周知，我国主张将客观处罚条件还原于犯罪概念的观点正是发端于佐伯博士的这种见解。

2. （1）佐伯博士的问题意识表现为，确保犯罪概念的一贯性，并充实犯罪论——特别是违法论·责任论。关于这一点，本章的序说部分已经加以引用。另外，他在论文《客观处罚条件》中也明确地作出以下阐述：

"处罚条件的观念是基于对刑罚请求权的要件中包含着与刑法学上

---

[19] 另外，如果将客观处罚条件视为完全与行为和行为人相分离的存在，那么，将其理解为责任要素也将是相当困难的。

[20] 参见上编第二章（第43页以下）。

[21] 参见上编第四章第二节第六款3（第136页以下）。

[22] 即使承认事前受贿罪中的"就任公务员"具有一般预防的意义，也不能认为它体现了针对公务的廉洁性和公正性的危险的显在化。

[①] 佐伯博士关于客观处罚条件的重要文献有：佐伯千仞：《构成要件序论——以所谓构成要件的理论为目的》，载佐伯千仞：《刑法中的违法性理论》（1974年）第91页以下（特别是第133-136页）〔初出·《法学论丛》第29卷第2号、第3号（1933年）〕；佐伯千仞：《客观处罚条件》，载佐伯千仞：《刑法中的违法性理论》（1974年）第149页以下〔初出·《法学论丛》第36卷第1号、第2号（1937年）〕；佐伯千仞：《违法性的理论》，载佐伯千仞：《刑法中的违法性理论》（1974年）第52页以下〔初出·日本刑法学会编《刑事法讲座·第一卷》（1952年）〕；佐伯千仞：《四订·刑法讲义〔总论〕》（1981年）第136页以下以及第190页以下。此外，佐伯博士的观点——在对"破产宣告的确定"等事由的不法构成机能的说明方面存在若干变化——基本上是一致的，没有发生重大变化。

作为犯罪的实质要件的违法性以及责任性无关的要素这一事实的认识，不得已在刑法学体系中承认其地位的。在这一点上，它与所谓的一身刑罚阻却原因具有相同的性质。然而，对于试图通过违法和责任的理论对刑法世界进行整序的刑法学而言，这无疑是一种必然的恶，属于例外情况。"但是，"如果进行体系性的考察，承认处罚条件这一范畴就是比较困难的；而一旦承认，实际上就只能宣告自己有关违法以及责任的理论无法适用于刑法的全部领域"②。

基于上述问题意识，佐伯博士得出以下结论：

"只要将所谓的处罚条件视为实体刑法中的犯罪要件，就能够而且必须还原到违法或者责任当中。其中，被还原于违法的处罚条件是构成作为可罚的违法类型的 Tatbestand 的要素；然而，其例外地不属于故意的预见内容。"③

（2）于是，作为在实定法规定的事由中无须为故意包摄的违法要素，佐伯博士列举了以下几种情形④：

1）应当适用属地主义的犯罪在国内实施的情形；应当适用属人主义的犯罪主体是日本人的情形；应当适用保护主义的犯罪对象是日本国民的情形。这些情形通常属于刑法的地域效力的问题；然而，由于这些要件的存在理由是国家进行刑法干涉的必要性，因而也可以归结为是否存在可罚的违法性的问题。

2）使用非刑罚法中的法律概念或者社会性·文化性概念的规范性要素。关于规范性要素，只要具备与其相当的社会性判断以及普通人的评价即可，"即使完全没有认识，也不影响故意的成立"；然而，"之所以要求其客观存在，是因为立法者认为只有此时才具有达到可罚性程度

---

② 佐伯：《客观处罚条件》前揭注①第 153-154 页。还可以参见佐伯：《违法性的理论》前揭注①第 52 页。
③ 佐伯：《客观处罚条件》前揭注①第 191-192 页。
④ 佐伯：《客观处罚条件》前揭注①第 192-200 页。此外，从"客观处罚条件"这一题目来看，这里列举的事由有些过于广泛。然而，由这一点也可以看出佐伯博士试图说明被称为客观处罚条件的事由并不是什么特殊存在的意图。参见佐伯：《构成要件序论》前揭注①第 133 页以下。

的违法"。

3) 结果加重犯中的加重结果。只要认为对此无须具有过失,"就能够承认所谓的处罚条件或者与其相近的概念";但是,"与通常的结果犯中的结果属于违法类型要素一样,也应当将其归入违法"。

4)《刑法》第 207 条关于同时伤害的特例中的伤害结果的发生。此时,立法者"通过刑法中的例外拟制,从而将伤害的存在视为各行为人的结果或者确定地征表各行为人所具有的特别危险性的要素。"

5) 有必要将亲告罪中的告诉区分为两种类型。在强奸罪等场合,由于告诉的有无与可罚的违法性无关,因而这里的告诉仅仅是诉讼条件;相反,在亲属盗窃例(第 244 条)中有关非同居亲属的场合以及掠取·诱拐罪(第 229 条)的场合,"告诉的有无恰恰就是被害人感受的体现,因此,被害人提起的告诉就具有表明存在相应的违法性的作用"。然而,告诉是在行为后实施的,"这看似主张通过溯及事后发生的事实来消除或者减少行为的违法性。但是,这里的问题并不在于溯及性作用,而仅仅是自始就为行为提供了内在的违法性的表征·认识手段"。

6)〔旧〕《新闻法》第 41 条规定,"报纸刊载扰乱安宁秩序或者有害风俗的事项的",对发行人·编辑予以处罚。关于这一规定,判例认为,对于"扰乱安宁秩序或者有害风俗的事项"是不需要认识的。据此,该事由也被理解为不为故意对象所包含的可罚的违法性要素。

7) 破产犯罪(《破产法》第 374 条)中的"破产宣告的确定"、爆炸物犯罪不报罪(《爆炸物取缔罚则》第 8 条)中的不报告的相关犯罪被实施、为逃避兵役而逃跑·欺诈等犯罪(〔旧〕《兵役法》第 74 条)中的达到征兵年龄。"这些条件与故意之间的关系不是问题……如何将它们作为行为的违法性要素才是困难所在。另外,虽然破产宣告的确定(这是对支付不能的确认)有时表现为行为的结果,但一般……应当将其理解为行为人的行为所具有的特别严重的违法性的征表;《爆炸物取缔罚则》第 8 条……与结果加重犯一样,也应当作为行为的结果理解为违法类型要素;《兵役法》第 74 条和现行刑法制度均体现出以既遂·实害犯为原则、以未遂·危险犯为例外的精神,在达到前述征兵年龄时,此前潜在的行为的可罚的侵害性才显现出来。这些事由都不是与行为的违法性·法益侵害性无关的要素。

8）名誉毁损罪中的真实性的证明（〔旧〕《新闻法》第 45 条）。

9）此外，累犯性·常习性也没有必要包含在行为人的认识当中，它们不是违法要素，而应当视为责任要素。

（3）对于将客观处罚条件还原为可罚的违法类型要素所产生的解释论上的诸多问题，佐伯博士作出如下说明⑤：

1）处罚条件"与其他违法要素不同，其不属作为故意内容的行为人预见到的事实或者作为过失的行为人应当预见的事实的范畴"。

2）在按照一般理解认为只要不具备处罚条件，既遂和未遂就不能成立的场合，其理由值得研究。如果根据客观未遂论来说明，即处罚条件不具备时，存在"构成要件的欠缺"或者未发生成立未遂所必需的客观危险，因而不成立未遂。而且，只要不具备作为违法要素的处罚条件，共犯也不能成立。

3）虽然处罚条件与犯罪行为的时间以及地点的决定不无关系，但是，就行为的时间而言，作为刑法中的一般理论，（与结果发生的时间相区别的）狭义的行为时间被视为标准，于是处罚条件就不能成为标准。

4）对于在缺少处罚条件的情况下提起公诉的场合而言，"当该处罚条件属于可罚的违法类型要素之一时，既然其不存在，就只能宣告无罪"。

（4）最后，在立法论上，佐伯博士认为，问题在于是否应当将客观处罚条件这一不属于故意·过失的对象的违法要素作为过去的结果责任主义的残余予以消除。⑥ 对此，他指出："毋宁应当肯定与责任无关的违法要素的必然性，并在此基础上为避免相关事由在刑事司法中产生不当的结果而划定一定的界限，这才是努力的方向。"⑦ 对于界限的划定，

---

⑤ 佐伯：《客观处罚条件》前揭注①第 201-204 页。
⑥ 佐伯：《客观处罚条件》前揭注①第 204-206 页。
⑦ 佐伯：《客观处罚条件》前揭注①第 207 页。

佐伯博士提出以下三个要求⑧：

1）处罚条件"应当被理解为补充·完成某行为的可罚的违法性的附随要素。即使其不存在，也能够预想到违法态度的存在。处罚条件具有强化违法的作用，却不应当具有使尚不违法的行为变成违法的作用"。

2）当处罚条件"发生在行为之后且表现为一种恶害时，对于相关的条件，行为必须具有作为相当性条件的性质。当然，这并不意味着要求处罚条件是由行为实际产生的相当性结果，而是指该行为本身必须具有……在一般意义上能够导致相关事态发生的性质"。

3）"与行为和处罚条件相关的客体必须具有同一性"，"例如，知悉有关爆炸物的犯罪却不报告的行为人，只有在其未报告的犯罪被实施时才受处罚"。

3.（1）作为我国客观处罚条件还原论的起点，以上佐伯博士的观点对后来的学说产生了巨大的影响。然而，围绕客观处罚条件而形成的观点的对立，与其说是由对于这些事由本身的理解上的差异造成的，毋宁认为这主要反映了有关犯罪论的前提性理解的差异。所以，本书试图首先从佐伯博士的观点中寻找使客观处罚条件的还原成为可能的方法论·体系论方面的要因。

第一要因在于，佐伯博士采取的是实质性考察方法，尤其是对构成要件进行了实质性把握。也就是说，客观处罚条件的还原源于对这些事由的根据的探求。在这个意义上，犯罪论方面的实质性考察方法就成为还原客观处罚条件的出发点。而且，通过将构成要件（Tatbestand）实质性地理解为违法类型，并主张"对于该当犯罪类型具备其预定程度的违法性而言所有重要的要素都属于这一范畴"⑨，从而为客观处罚条件提供了归宿。⑩

第二要因在于，佐伯博士采取的是客观评价规范论（客观违法论）

---

⑧ 佐伯：《客观处罚条件》前揭注①第 207-208 页。
⑨ 佐伯：《构成要件序论》前揭注①第 128 页。
⑩ 如前文所述，被理解为价值中立的构成要件在论证客观处罚条件方面未能有效地发挥作用（上编第三章第一节第一款 2〔第 50 页以下〕）。

以及法益侵害说。大多数该当客观处罚条件的事由都是发生于行为之后的事态，无法直接成为命令规范的对象。只有以客观评价规范论为前提，通过与法益的侵害·危殆化相结合，这些事由才能对违法性产生影响。⑪

第三要因可以从佐伯博士主张的可罚的违法性理论⑫中探寻。对于诈欺破产罪中的"破产宣告的确定"等情形，佐伯博士指出："即使不存在这些情形〔破产宣告的确定等〕，行为仍然是违法的。但是，国家认为只有在这些特别不当的情形发生之后，才能够达到可罚程度的违法性。这些外部条件恰恰就是行为在达到受处罚程度（或者是被加重处罚的程度）的违法性之前所欠缺的要素。"⑬ 针对将客观处罚条件还原为构成要件（或者违法性）的立场，有批判指出：因该当客观处罚条件的事由的发生而使得完全适法的行为变为违法行为，这是不妥当的。⑭ 然而，以佐伯博士为代表的还原论立场实际上是在承认实行行为本身即具有一定的违法性的基础上，主张客观处罚条件的发生使得其达到了可罚的违法性的程度。⑮

---

⑪ 关于佐伯博士主张的客观评价规范论（客观违法论）和法益侵害说，参见佐伯千仞：《主观违法与客观违法》，载佐伯千仞：《刑法中的违法性理论》（1974 年）第 55 页以下〔初出·《法学论丛》第 27 卷第 1 号（1932 年）〕；佐伯：《违法性的理论》前揭注①第 27 页以下（特别是第 29 页以下）。

⑫ 关于佐伯博士主张的可罚的违法性理论，参见佐伯千仞：《可罚的违法序说——通过违法概念的形式化阻止刑罚权滥用》，载佐伯千仞：《刑法中的违法性理论》（1974 年）第 1 页以下〔初出·末川先生古稀纪念《权利的滥用·上卷》（1962 年）〕；佐伯千仞：《可罚的违法性》，载《法曹与人权感觉》（1970 年）第 198 页以下〔初出·《法学教室》1962 年 7 月号〕；佐伯千仞：《可罚的违法性理论的拥护——对木村教授的批判的回应》，载佐伯千仞：《刑法中的违法性理论》第 369 页〔初出·《法学セミナー》1970 年 3 月号、4 月号、5 月号〕；佐伯千仞：《可罚的违法性》，载佐伯千仞：《刑法中的违法性理论》415 页以下〔初出·日本律师联合会研修丛书（1971 年）〕。

⑬ 佐伯：《构成要件序论》前揭注①第 135 页。此外，着重号系作者附加。

⑭ 例如，庄子邦雄：《刑法的基础理论》（1971 年）第 75 页等。

⑮ "结果"的不法构成机能也是一样的。虽然我国大多数观点都承认结果犯中的"结果"具有不法构成机能，却不认为——包括缺少未遂处罚规定的犯罪在内——此前完全适法的行为会因"结果"的发生而变成违法行为。"结果"的发生不过是将由实行行为的危险性提供基础的违法性进一步提高而已。这样一来，违法性有程度之分的认识，实际上就成为肯定"结果"具有不法构成机能的不可欠缺的前提。

众所周知，以上三个要因都是与佐伯博士所倡导的犯罪论的根基相关的主张。也可以说，作为这些基本主张的例证，佐伯博士提出了将客观处罚条件还原的观点。在这个意义上，佐伯博士开辟还原客观处罚条件的路径是具有必然性的。⑯

（2）如果着眼于该当客观处罚条件的事由本身，其实质性根据与法益的侵害以及危殆化相关联就是不争的事实。提倡将客观处罚条件放逐于犯罪概念之外的见解自不待言，而将其作为"可罚性"要件的见解以及作为"责任"要素的见解，也都未能成功地提出足以取代法益的侵害·危殆化的实质性根据。这样看来，基于法益侵害说的立场在体系上将客观处罚条件定位于"可罚的违法类型"，才符合其实质性根据。而且，在具有法益侵害性这个统一的、具体的指标方面，"可罚的违法类型"（违法构成要件）的范畴比"可罚性"具有相对明确的轮廓。所以，就定位于"可罚的违法类型"的观点而言，无论是在体系理论上还是在解释论上，都能够期待其产生更为具体的成果。

（3）但是，佐伯博士的观点中也存在若干亟待解决的课题。

（a）首先成为问题的，是客观处罚条件在不法内部的地位。

关于"破产宣告的确定"等事由，佐伯博士认为，其在违法论中的地位是"行为人的行为所具有的特别严重的违法性的征表"⑰，根据客观处罚条件，"行为自始即具有的违法性……才能被确定地认识"⑱。但是，正如经常受到的指责那样，应当将不法构成事实本身与其认识手段相区别。⑲ 在这一点上，不得不认为征表说的解释作为还原于违法论的

---

⑯ 本书无法在此对方法论·体系论等前提性问题加以展开，但佐伯博士所采纳的前提基本上是能够予以支持的。关于对构成要件的实质性把握，参见上编第三章第三节三（第77页以下）；关于客观评价规范论，参见上编第六章第四节（第221页以下）。

⑰ 佐伯：《客观处罚条件》前揭注①第199页。另外，《违法性的理论》前揭注①第52页也有主旨相同的论述。相反，在《构成要件序论》前揭注①以及《四订·刑法讲义〔总论〕》前揭注①中，佐伯博士则并未使用"征表"一词。

⑱ 佐伯：《客观处罚条件》前揭注①第189页。

⑲ Vgl., Theodor Rittler, Strafbarkeitsbedingungen, in：Festgabe für Reinhard von Frank zum 70. Geburtstag Bd. 2.（1930），S. 15.

论证是不充分的。⑳ 而且，将客观处罚条件的意义仅仅求诸对行为不法的征表，缩小了这些事由的社会性·现实性意义。㉑ 在试图将客观处罚条件还原于违法论的立场看来，应当更进一步地探究其所具有的不法构成机能，而不仅仅是不法征表机能。

另外，在其他场合，佐伯博士将"恶害"㉒ "国家反对的情形"㉓ 或者"法律意图防止的法益侵害"㉔ 等作为这些事由的特征。他认为，当处罚条件属于"行为之后发生的一种恶害"时，"行为必须具有在一般情况下能够导致该事态发生的性质"，但并不要求"处罚条件是行为实际引起的相当性结果"㉕。的确，对于"破产宣告的确定"等事由要求存在因果关系是不现实的。但是，如果以该当客观处罚条件的事由是法律应当予以防止的恶害本身的理解作为前提，那么，行为只具有导致其发生的"一般性倾向"就是不充分的；而不要求行为导致该事由发生的现实的因果关系，该立场就不具有一贯性。仅凭行为中所包含的"一般性倾向"，只能为行为时的"抽象危险"提供基础，却不足以为对发生的恶害负责提供根据。而且，如果以行为具有引起结果的"一般性倾向"为根据而拟制因果关系的存在，则违反了"存疑有利于被告人的利益（in dubio pro reo）"的原则。㉖ 这样看来，虽然基于法益的侵害·危殆化的观点对客观处罚条件进行把握的方向是妥当的，但是将其视为"法律意图防止的法益侵

---

⑳ 参见香川达夫：《结果加重犯的本质》（1978 年）第 19 页。Vgl., Günter Bemmann, Zur Frage der objektiven Bedingungen der Strafbarkeit (1957), S. 49. 此外，一方面反对将客观处罚条件还原至违法论，另一方面却承认其具有不法征表机能的文献是：August Hegler, Die Merkmale des Verbrechens, ZStW 36 (1915), S. 226. 等。

㉑ 除此之外，关于对征表说的批判，参见上编第七章第二节第一款 5（2）（第 255 页）。

㉒ 佐伯：《客观处罚条件》前揭注①第 207 页。

㉓ 佐伯：《构成要件序论》前揭注①第 134 页。

㉔ 佐伯：《四订·刑法讲义〔总论〕》前揭注①第 191 页。

㉕ 佐伯：《客观处罚条件》前揭注①第 207 页。

㉖ 征表说的立场同样认为现实的因果关系是必要的。因为，外部事态要能够征表行为不法，就必须表明该事态与行为之间存在具体的关系。一元人的不法论将"结果"视为行为不法的征表，此时，行为与结果之间存在因果关系是当然的前提。

害"本身则是比较牵强的。㉗

（b）其次，在客观处罚条件与责任主义的调和问题上，也存在一个有待解决的课题。关于客观处罚条件在解释论上的处理问题，佐伯博士认为，"与其他违法要素不同，其不属于作为故意内容的行为人预见到的事实或者作为过失的行为人应当预见的事实的范畴"㉘㉙。与此同时，他还以德国的妨害执行公务罪中的"职务行为的适法性"为例，主张"即使是在将来的刑事立法中，不要求为故意·过失所包含的违法要素也绝对不会消失"㉚㉛。

但是，正如经常受到的指责那样㉜，从责任主义的观点来看，承认存在不能成为责任关联的对象的违法要素是有问题的。既然将客观处罚条件还原为违法要素，就应当尽量探究要求责任关联的可能性。佐伯博士从重视法律现实、将是否要求故意·过失作为"实际存在的实定法问题"㉝的立

㉗ 正如第七章详细论述的那样，应当将客观处罚条件作为法益的侵害·危殆化的前提条件，理解为构成不法的要素。只有根据这种理解，才能就"破产宣告的确定"在行为前后所具有的机能作出统一的说明（参见第一编第七章第二节第一款4〔第252页以下〕）。

㉘ 佐伯：《客观处罚条件》前揭注①第201页。

㉙ 然而，具体来看，不能成为故意·过失的对象这一解释的射程范围未必是明确的。例如，关于破产犯罪中的"破产宣告的确定"、爆炸物犯罪不报罪中的"爆炸物犯罪的实行"、为逃避兵役而逃跑·欺诈等犯罪中的"达到征兵年龄"等，佐伯博士是在不能成为故意·过失的对象的违法要素这一项目中列举的，但同时又认为它们"与故意的关系并不是问题（在后二者中是当然存在的）……"（佐伯：《客观处罚条件》前揭注①第199页）。此外，关于事前受贿罪中的"就任公务员"，佐伯博士从正面肯定了其属于故意的对象（同书第196页注一）。在教科书中，关于以上四个事由的表述是，"行为人对其到来或者发生是具有预期、预想的，而不存在预见的情形难以想象"（佐伯：《四订·刑法讲义〔总论〕》前揭注①第191页）。

㉚ 佐伯：《客观处罚条件》前揭注①第206-207页。

㉛ 佐伯博士在《四订·刑法讲义〔总论〕》前揭注①第191-192页中作出如下论述："由于这种不要求行为人的预见或者预见可能性的违法性要素并不仅仅是结果责任的残余，甚至还体现了基于刑事政策性要求进行创制的倾向——例如，在最近德国的刑法修改过程中，就出现了主张妨害执行公务罪的成立要求被妨害的公务具有适法性，而为了能够对行为人误认为公务执行行为违法的情形进行处罚，应当将其作为处罚条件的提案。因此，将刑法学从旧观念中解放出来是非常必要的。"

㉜ 例如，堀内捷三：《责任主义与客观处罚条件》，载《团藤重光博士古稀祝贺论文集·第二卷》（1984年）第141页以下（特别是第149页以下）等。

㉝ 佐伯：《客观处罚条件》前揭注①第174页。

场出发，承认存在无需为故意·过失所包含的违法要素。[34] 但是，为了促进法律的修改或者判例的变更，刑法理论学必须保持与法律现实之间的相对独立性。

第四节 小 括

综上所述，将客观处罚条件与法益的侵害·危殆化相关联，并还原为违法构成要件（可罚的违法类型）的方向是基本妥当的。在与法益的侵害·危殆化的关系方面寻求客观处罚条件的实质性根据，是最符合这些事由的实体的理解；而且，对于将这些事由定位于违法构成要件的立场能够在体系理论以及解释论上得出丰硕的成果，也是值得期待的。然而，就试图将客观处罚条件定位于违法构成要件内部的立场而言，不仅要对其在违法构造内部的地位·机能——包括与行为之间的关系——予以具体化，还需要为了实现与责任主义的调和而探究其主观归属关联的问题。

将客观处罚条件定位于违法构成要件的观点是以客观的评价规范论作为前提的。因此，在下一章中，本书拟以"结果"的体系性地位的问题为线索，来说明刑法规范的理论构造问题。

---

[34] 在阿图尔·考夫曼的观点中，也可以发现与佐伯博士相同的见解。关于考夫曼的观点，参见上编第四章第二节第三款（第115页以下）。

第六章　规范论与客观处罚条件
——"结果"在犯罪论中的体系性地位

第一节　问题所在

　　杀人罪中致人死亡的"结果"① 的发生②，是属于作为违法评价对象的不法，抑或仅仅是位于不法外部的客观处罚条件呢？本章拟对这一

---

① 本章中出现的"结果"，直接的含义是指结果犯中的构成要件结果（狭义的结果），亦即"规定在构成要件中的行为客体的有形变化，是体现法益的侵害以及危殆化的要素"。但是，在很多文脉中，对于一般的广义结果亦即作为行为对社会外界的影响的事态无价值（以及事态有价值）而言，该含义也是妥当的。另外，关于"结果"概念的多义性，参见内藤谦：《刑法讲义总论（上）》（1983年）第206页以下。
② 如果对"结果"进行所谓的阶段式考察，则可以将其分为法律规定的"结果"、行为人预见并期待的"结果"、现实发生的"结果"。在本章中成为问题的，是最后一种"实在的结果"。

有关"结果"在犯罪论体系中的地位问题展开探讨。③

这个问题，是以与规范的理论构造相关的命令规范论（意思决定规范论）和客观评价规范论之间存在对立为背景的。根据命令规范论得到的一贯性结论（一元人的不法论）是，作为已经脱离行为人掌控的事态，"结果"的发生不能成为命令的对象，因而不属于不法的构成要素。但是，事实上，以命令规范为前提——与作为违反命令规范的行为无价值一样——将结果也归属于不法的构成要素的观点处于通说的地位（二元人的不法论）。另外，根据客观评价规范论，不法被理解为法律应当防止的不当事态，于是"结果"就成为不法的核心要素。

上述关于"结果"的体系性地位的争论，是不法构造论中最根本的对立。与此同时，在以下几个方面，它也为有关客观处罚条件的争论提供了有益的视角：

第一，"结果"的体系性地位问题使得客观处罚条件概念与规范论的密切关系表面化。这种客观处罚条件概念与规范论的关联，在客观处罚条件概念的起源即宾丁的观点中就能够发现。宾丁以命令服从的"规范（Norm）"和指示处罚的"刑罚法规（Strafgesetz）"的对立为前提，指出在刑罚法规所规定的要素中存在着与违反规范（Delikt）无关的情形。④ 也就是说，"在个别情况下，行为的可罚性并不仅仅依赖于规范违反性，还要由处于被禁止的行为的外部的第二次要件提供条件"⑤。这种与违反规范无关的"实体刑法的第二次条件（zweite Bedingungen des materiellen Strafrechts）"无疑就是现在的"客观处罚条件"概念的

---

③ 在我国，直接以结果的体系性地位为主题的论文有：增田丰：《现代德国刑法学中的人格不法论的展开 I——特别是结果在犯罪构成中的体系性地位和机能》，载《明治大学大学院纪要》第 12 集（1）法学编（1974 年）第 129 页以下；增田丰：《人格不法论与责任说的规范论基础》，载《法律论丛》第 49 卷第 6 号（1977 年）第 137 页以下；曾根威彦：《一元人的不法论及其问题点》，载福田平·大塚仁博士古稀祝贺《刑事法学的综合探讨（上）》（1993 年）第 171 页以下；曾根威彦：《二元人的不法论与犯罪结果》，载《研修》第 526 号（1992 年）第 3 页以下。

④ Karl Binding, Die Normen und ihre Übertretung, Bd. 1., 1. Aufl. (1872), S. 232ff.; ders., Handbuch des Strafrechts, Bd. 1. (1885), S. 588ff.

⑤ Binding, Die Normen und ihre Übertretung, a. a. O. (Anm. 4), S. 130.

起源。于是，通过将刑罚法规与规范相分离，并将规范理解为命令·禁止，从而形成了客观处罚条件这一概念。⑥ 可以说，将"结果"定性为客观处罚条件的一元人的不法论，是对宾丁所倡导的命令规范论的进一步贯彻。⑦⑧

第二，"结果"的体系性地位问题极其明确地体现了在有关客观处罚条件的讨论中处于核心地位的"偶然责任"的问题。关于客观处罚条件，有观点认为，将已经与行为人的行为（以及意思）相分离的外部事由和"犯罪"（以及不法）的存在与否相关联，会导致对偶然责任⑨的肯定。⑩ 而一元人的不法论则进一步指出，这种"偶然性"的契机是伴随着"结果"的发生而出现的，应当基于贯彻责任主义的意图将"结果"也排除在不法论之外。

---

⑥ 关于宾丁的规范论与客观处罚条件之间的关系问题，参见佐伯千仭：《客观处罚条件》，载佐伯千仭：《刑法中的违法性理论》（1974 年）第 154 页以下〔初出·《法学论丛》第 36 卷第 1 号、第 2 号（1937 年）〕；中村晃兆：《客观处罚条件论及其批判（一）》，载《法律论丛》第 33 卷第 4 号（1959 年）第 27 页以下；齐藤诚二：《关于客观处罚条件的备忘录（一）》，载《成蹊法学》第 1 号（1969 年）第 166 页以下；北野通世：《客观处罚条件论（一）》，载《山形大学纪要（社会科学）》第 24 卷第 1 号（1993 年）第 29 页以下。Vgl., Johannes Naglar, Leipziger Kommentar I, 6. Aufl. (1944), S. 41；Armin Kaufmann, Lebediges und Totes in Bindings Normentheorie (1954), S. 212ff.

⑦ 本书认为，为一元人的不法论提供规范论基础的阿明·考夫曼的观点在探讨宾丁的规范论的过程中得到体现（Armin Kaufmann, Normentheorie, a. a. O. (Anm. 6), S. 69ff., 102ff.），这绝对不是偶然的。

⑧ 此外，宾丁的规范论还通过将"当罚性（Strafwürdigkeit）"与"要罚性（Strafbedürftigkeit）"相分离，从而影响到客观处罚条件论（Vgl., Armin Kaufmann, Normentheorie, a. a. O. (Anm. 6), S. 213；Bernhard Haffke, Die Bedeutung der Differenz von Verhaltens- und Sanktionsnorm für die strafrechtliche Zurechnung, in：Bernd Schünemann/Jorge de Figueiredo Dias (hrsg.), Bausteine des europäischen Strafrechts (1995), S. 89ff.）。也就是说，根据宾丁对"规范"和"刑罚法规"的对立，后来的学说导出了"当罚性"和"要罚性"的对立。通过这种对立，不法（以及责任）与客观处罚条件之间的区别得到说明（Vgl., Günter Stratenwerth, Objektive Strafbarkeitsbedingungen im Entwurf eines Strafgesetzbuchs 1959, ZStW 71 (1959), S. 565ff.）。但是，正如序章所述，这种对立是存在疑问的。

⑨ 在不要求与行为之间存在因果关系的客观归属方面以及不要求行为人的预见（以及预见可能性）的主观归属方面，所谓的客观处罚条件中的偶然契机都存在问题。

⑩ 与责任主义之间的关系是最近有关客观处罚条件的争论的焦点。关于这一点，参见上编第四章（第 79 页以下）。

下面，本书试图通过对"结果"的体系性地位的探讨，来阐明客观处罚条件与规范论以及违法本质论之间的关系，并在客观处罚条件中有关偶然性的契机问题上获得某些启发。

第二节　一元人的不法论

第一款　一元人的不法论的主张

一、谱系

一元人的不法论的特征，在于将不法判断的基础求诸行为人的主观方面（主观的行为无价值论），同时还将外部的"结果"的发生排除在不法论之外（一元的行为无价值论）。在这个意义上，一元人的不法论又可以称为主观的-一元的行为无价值论。① 这种一元人的不法论的特征在曾经的主观违法论②和犯罪征表说③中也有所体现，但是在否定不法与责任的区别的问题上，其已经变成过去的学说。相反，现代的——以区别不法和责任为前提——一元人的不法论则发端于韦尔策尔的学说。

---

① 关于"主观的-一元人的不法论"这一术语，Vgl., Michael Rehr-Zimmermann, Die Struktur des Unrechrts in der Gegenwart der Strafrechtsdogmatik (1994), S. 22.。

② Alexander Hold von Ferneck, Die Rechtswidrigkeit. Eine Untersuchung zu den allgemeinen Lehren des Strafrechts, Bd. 1. (1903), S. 387.

③ 例如，牧野英一博士的主观犯罪理论就明显体现出与一元人的不法论相同的倾向。作为由犯罪征表说得到的一贯性归结，牧野博士采纳了将实行的着手时期理解为"犯意的成立因将其付诸实施的行为而被确定之时"的主观未遂论（牧野英一：《刑法总论（第八版）》(1951年) 第195页）。与此同时，牧野博士还主张，"结果的发生与行为人的犯罪性如何无关"（同第191页），因此，在立法论上，"应当将结果排除在犯罪的构成要件之外"（同第192页）。此外，关于结果与行为之间的因果关系，牧野博士采用的是在适用上与条件说如出一辙的危险关系说（同第207—209页），这一点与将"结果"理解为客观处罚条件的立场也是相关联的。然而，对于"结果"的体系性地位问题，牧野博士并未给予特别的关注。

上编　关于所谓的客观处罚条件

　　以目的行为论为背景，韦尔策尔将不法理解为"行为人相关的'人的'行为不法"④，主张结果无价值（法益侵害）"仅在人的违法行为内部（行为不法的内部）才是有意义的"⑤。而且，他否定过失犯中的"结果"具有不法构成机能，认为其不过是对"完全由行为无价值提供根据的不法"进行"选择（Auslese）"的要素而已。⑥

　　这样看来，韦尔策尔虽然将行为无价值作为不法论的中心，并对结果无价值的重要性予以否定，但仍然不能称为彻底的一元人的不法论。在他的观点中，结果无价值具有"人的不法内部的""非独立的"地位。另外，否定过失犯中的结果具有不法构成机能的主张在故意犯中是否妥当，也是不明确的。而且，对于过失犯中的结果（未被视为禁止的材料），他并未将其解释为客观处罚条件，而是以"必须与该当构成要件的行为之间存在特别的关系"为根据，归入构成要件的范畴。⑦ 由此可见，在韦尔策尔的理论中，"结果"的体系性地位是不明确的，其理论的一贯性存在疑问。

　　后来的学说以韦尔策尔的观点作为出发点，开始解决其中尚不明确的残留问题，并试图贯彻一元人的不法论。首先，阿明·考夫曼⑧为一元人的不法论提供了规范论的基础；而齐林斯基⑨则对一元人的不法论进行了明确且具体的展开。在我国，受考夫曼等学者的观点的影响，增

---

④　Hans Welzel, Das Deutsche Strafrecht, 8. Aufl. (1963), S. 56.

⑤　Welzel, Das Deutsche Strafrecht, a. a. O. (Anm. 4), S. 57.

⑥　Hans Welzel, Fahrlässigkeit und Verkehrsdelikte, Zur Dogmatik der fahrlässigen Delikte (1961), S. 11, S. 22. 另外，着重符号系作者附加。

⑦　Welzel, Fahrlässigkeit und Verkehrsdelikte, a. a. O. (Anm. 6), S. 11, S. 22.

⑧　Armin Kaufmann, Lebediges und Totes in Bindings Normentheorie (1954), S. 69ff.; ders., Zum Stande der Lehre vom personalen Unrecht, in: Festschrift für Hans Welzel zum 70. Geburtstag (1974), S. 393ff.〔作为翻译，川端博：《不法论的现代展开——人的不法论对犯罪理论的新构成》，载川端博译：《刑法的基本问题》（1983年）第27页以下〕。

⑨　Diethart Zielinski, Handlungs- und Erfolgsunwert im Unrechtsbegriff. Untersuchungen zur Struktur von Unrechtsbegründung und Unrechtsausschluß (1973), S. 1ff.〔作为书评，Friedrich Schaffstein, Rezension zu Zielinskis Handlungsund Erfolgsunwert im Unrechtsbegriff, in GA 1975, S. 342f.; Volker Krey, Literaturbericht: Strafrecht-Allgemeiner Teil (Rechtswidrigkeit), ZStW 90 (1978), S. 199ff.〕

田丰教授⑩也极力倡导一元人的不法论。⑪

二、命令规范论

以目的行为论作为存在论的基础，一元人的不法论对命令规范论（意思决定规范论）进行了展开。在此，本书拟通过阿明·考夫曼的论述，来考察一元人的不法论的规范论基础。

阿明·考夫曼对规范与价值判断的关系进行了分析，指出规范的定立过程分为三个评价阶段：第一个评价阶段是关于"法状态（rechtliche Zustand）"的肯定评价，其构成了"法益"。这种肯定性评价判断

---

⑩ 增田丰：《现代德国刑法学中的人格不法论的展开Ⅰ——关于结果在犯罪构成中的体系性地位和机能》，载《明治大学大学院纪要》第12集（1）法学编（1974年）第136页以下；增田丰：《刑法规范的理论构造和犯罪论的体系》，载《法律论丛》第49卷第5号（1977年）第109页以下；增田丰：《人格不法论与责任说的规范理论基础》，载《法律论丛》第49卷第6号（1977年）第145页以下；增田丰：《京特·施特拉腾韦特〈关于刑法中的结果无价值的重要性〉》，载《法律论丛》第50卷第1号（1977年）第93页以下；增田丰：《结果无价值在犯罪构成中的体系性地位和机能——以舍内的反驳为中心》，载《法律论丛》第50卷第4号（1977年）第87页以下。

⑪ 此外，采用一元人的不法论的还有：Friedrich Schaffstein, Handlungsunwert, Erfolgsunwert und Rechtfertigung bei Fahrlässigkeitsdelikten, in：Festschrift für Hans Welzel zum 70. Geburtstag (1974), S. 556ff.〔然而，虽然结果无价值的不法构成机能被明确否定，但不法加重机能却得以保留〕；Eckhard Horn, Konkrete Gefährdungsdelikte (1973), S. 78ff., 97ff.；Gerhard Dornseifer, Unrechtsqualifizierung durch den Erfolg——ein Relikt der Verdachtsstrafe?, in：Gedächtnisschrift für Armin Kaufmann (1989), S. 427ff.〔作为介绍，田渊浩二：《格尔哈德·多伦瑟夫〈结果导致的不法加重——嫌疑刑的残余〉》，载《法与政治》第42卷第3号（1991年）第155页以下；金泽文雄：《刑法与伦理》（1984年）第81页以下；川添诚：《规范论的变迁与刑法解释学》，载《明治大学大学院纪要》第22集（1）法学编（1985年）第87页以下（特别是第92页以下）。

另外，除了阿明·考夫曼所谓的波恩学派之外，齐佩利乌思、明茨贝格以及中野次雄教授也将"结果"排除在不法之外。虽然这些观点也属于一元行为无价值论，但是，在该行为无价值的实质在于行为的客观义务违反性以及危险性方面，其并不属于主观的行为无价值论（Reinhold Zippelius, Erfolgsunrecht oder Handlungsunrecht?, NJW 1957, S. 1707f.；ders., Die Rechtswidrigkeit von Handlung und Erfolg, AcP Bd. 157 (1958–1959), S. 390ff.；Wolfgang Münzberg, Verhalten und Erfolg als Grundlage der Rechtswidrigkeit und Haftung (1966), S. 93；中野次雄：《刑法总论概要〔第三版〕》（1992年）第114页注⑦）。因此，如果将波恩学派称为主观的一元行为无价值论，那么，齐佩利乌思等学者的观点就可以称为客观的一元行为无价值论。但是，行为规范以及命令规范必须现实地作用于行为人才是有意义的，因此，在理论上立足于命令规范论对行为无价值进行客观把握的观点就是不彻底的。

的总和即为"社会秩序"⑫。第二个阶段评价是关于"事件（Geschehen）"的评价，是指对第一阶段得到肯定性评价的法状态予以否定的法益侵害（事态无价值）以及阻止该法状态之否定的法益维持（事态有价值）。⑬ 第三个评价阶段是关于"人的活动（Menschenwerk）"的评价。在这个阶段，指向法益侵害的人的行为将得到否定性评价（行为无价值），而指向法益维持的行为将得到肯定性评价（行为有价值）。⑭

这三个评价阶段之间是根据与归结的关系。也就是说，对行为的评价，源自对于相关事件的评价；对事件的评价，则以先前对法益的承认为依据。但是，法规范的对象（因而也是违法评价的对象）则仅限于作为第三个评价阶段的对象的人的行为。关于其理由，考夫曼基于规范的拘束力的观点作出如下详细论述。

根据内在的目的论契机，规范必须被理解为构成人类动机的基础。因此，对于规范而言，以"人（Menschen）"作为对象就是其首要的本质。例如，命令雪不得发生雪崩是毫无意义的，该目的根本无法实现。⑮ 规范所具有的义务赋予功能，必须以规范的满足可能性作为前提。所以，法规范只能对能够为将来的因果性引起确定方向的决定因子即意思（Willen）发出要求。例如，禁止人不得成为雪崩的原因是没有意义的。能够成为禁止对象的，只能是实施试图引起雪崩的目的性行为或者实施根据一般的因果法则能够认为将会引起雪崩的特定行为。⑯

于是，根据一元人的不法论，刑法规范是作为命令·禁止而针对人的意志发挥作用的，其以行为人意思操控下的行为为对象⑰，不得涉及

---

⑫ Kaufmann, Normentheorie, a. a. O. (Anm. 8), S. 69-70.
⑬ Kaufmann, Normentheorie, a. a. O. (Anm. 8), S. 70-71.
⑭ Kaufmann, Normentheorie, a. a. O. (Anm. 8), S. 71-74.
⑮ Kaufmann, Normentheorie, a. a. O. (Anm. 8), S. 105.
⑯ Kaufmann, Normentheorie, a. a. O. (Anm. 8), S. 136. 另外，考夫曼还认为，作为抽象存在的"规范"只有在被具体化为"义务"以后，才能获得现实的拘束力（Normentheorie, a. a. O. (Anm. 8), S. 102ff.）。但是，由于"规范"和"义务"在对象的构造方面不存在任何差异，因而，为了避免赘述，本章将不作特别的区分，而直接加以介绍和探讨。
⑰ Kaufmann, Normentheorie, a. a. O. (Anm. 8), S. 106.

目的性行为的可能性范畴以外的活动。⑱ 也就是说，如果承认法以及法规范"只有针对具备行为能力的人和实现意思，才能发挥形成并保障人类的共同生活这一规制机能"，就"不应当禁止盲目的因果过程，而必须禁止能够目的性地决定将来的行为"⑲。

基于上述命令规范论，根据一元人的不法论可以在不法构造论上得出两个密切相关的重要结论：（1）不法的主观把握（主观的行为无价值论）；（2）将结果排除在不法概念之外（一元的行为无价值论）。

三、不法的主观把握（主观的行为无价值论）

如果认为命令规范作用于人的意思，那么，违反命令规范的也只能是人的意思（即错误的意思决定）。因此，根据一元人的不法论的立场，违反命令规范的不法就必须以行为人的意思为标准进行判断。违法性取决于"行为人在事实性故意中赋予其行为的含义"⑳。所以，为违法性提供基础，"不要求一定事由必须是现实的'客观性'存在，而行为人认为该事由现实存在才是必要且充分的"㉑。因为，"只有针对反映于知觉和表象的现实，人们才能通过行为发挥作用"㉒。于是，不法的实体就在于指向法益侵害的行为的主观企图（志向无价值）。基于以上观点，所谓的主观未遂论得以产生；而且，在不能犯甚至是迷信犯中，既然行为人的意思所指向的是法益侵害，就可以认为已经完全实现了不法。㉓

---

⑱ Kaufmann, Normentheorie, a. a. O. （Anm. 8）, S. 106－107.

⑲ 增田：《现代德国刑法学中的人格不法论的展开 I》前揭注⑩第133页。作为相同的主张，Zielinski, Handlungs-und Erfolgsunwert, a. a. O. （Anm. 8）, S. 143.

⑳ Kaufmann, Zum Stande der Lehre von personale Unrecht, a. a. O. （Anm. 8）, S. 403〔川端译·前揭注⑧第42页〕。

㉑ Zielinski, Handlungs- und Erfolgsunwert, a. a. O. （Anm. 9）, S. 144.

㉒ Zielinski, Handlungs- und Erfolgsunwert, a. a. O. （Anm. 9）, S. 144.

㉓ Kaufmann, Zum Stande der Lehre von personale Unrecht, a. a. O. （Anm. 8）, S. 403〔川端译·前揭注⑧第42页〕。另外，也可参见川添诚：《未遂犯中规范的具体化与法义务——主观未遂论之素描》，载《明治大学大学院纪要》第23集（1）法学编（1986年）第101页以下。

根据一元人的不法论的立场，对于违法性阻却事由也应当进行事前的、主观的判断。增田教授指出："正当化要素的存在与否必须根据'事前'（ex ante）判断来确定，因此，对于具体的容许（正当化）而言，能够成为标准的不是事后发生的结果的有价值·无价值的衡量，而只能是事前就已经确定的行为的有价值·无价值。因为，如果法义务的内容不能在事前或者最晚在行为实施的瞬间确定，就无法作为个人行动的指针发挥作用。"[24] 而且，一元人的不法论还认为，法益救济的志向为行为有价值提供了基础，因此，正当化的可否就不能根据客观的利益衡量进行判断，而应当根据反映于行为人主观方面的利益衡量来判断。[25]

另外，在从主观要素中发现不法的实体、将违法性判断的基础求诸行为人的意思的场合，不法与责任的区别就成为问题。关于这一点，一元人的不法论将规范的"赋予义务机能"和"赋予动机机能"相对立，主张具备义务履行能力（实施符合义务内容的行为的能力）的人未能履行义务的情形，属于违法；而具备义务遵守能力（因认识到义务的存在而赋予实施适法行为的动机的能力）的人懈怠该动机的赋予并实施违反义务行为的情形，属于责任。与该区别相对应，作为义务赋予的前提，事实性故意属于不法；而作为动机赋予的前提，违法性意识的可能性属于责任。据此，就得出了所谓的责任说这一归结。[26]

四、将"结果"排除在不法概念之外（一元的行为无价值论）

通过对命令规范论的演绎，一元人的不法论将"结果"排除在不法概念之外。[27]

---

[24] 增田：《人格不法论与责任说的规范论基础》前揭注⑩第154页以下。

[25] Zielinski, Handlungs- und Erfolgsunwert, a. a. O.（Anm. 9），S. 224ff. 增田：《人格不法论与责任说的规范论基础》前揭注⑩第153页以下。

[26] Kaufmann, Normentheorie, a. a. O.（Anm. 8），S. 160ff. 增田：《人格不法论与责任说的规范论基础》前揭注⑩第139页以下。

[27] Vgl., Zielinski, Handlungs- und Erfolgsunwert, a. a. O.（Anm. 9），S. 128ff. ；参见增田：《人格不法论与责任说的规范论基础》前揭注⑩第145页以下。

要发挥规制机能，规范的内容至少在行为实施的瞬间必须是确定的。因此，规范不可能依赖于事后发生的"结果"。也就是说，对于将作用于行为人的意思视为本质的命令•禁止规范而言，行为后发生的、受到外部•偶然情形的影响的"结果"是没有任何意义的。于是就得出结论："结果"不得成为命令•禁止规范的对象，因而违反命令•禁止规范的不法中也不能包含"结果"的发生。

责任主义的贯彻（偶然责任的排除），是一元人的不法论将"结果"排除在不法概念之外的理由。例如，增田教授指出："为结果发生（结果无价值）赋予'不法构成机能'，就意味着同时为其赋予'处罚根据机能'。然而，为取决于偶然情形的结果发生赋予'处罚根据机能'的结果刑法（恶的结果刑法）与责任刑法形成了鲜明的对立"[28]。他主张，根据责任主义的要求，必须对立法者拥有基于价值论•法政策性考量承认"结果"具有不法构成机能的自由予以否定。

于是，根据一元人的不法论的观点，不法仅仅是由以志向无价值为内容的行为不法一元化地构成的；"结果"既不能为不法提供基础，也不能提高不法的程度。而且，对于以不法为前提的责任判断而言，"结果"的发生也不具有任何意义。所以，在既遂和（终了）未遂中，完全相同的不法（以及责任）均得以实现[29]；即使是未发生任何结果的不注意行为，也完全具备、过失犯的不法（以及责任）[30]。

五、"结果"作为客观处罚条件的机能

1. 如上所述，根据一元人的不法论，"结果"完全与不法的存在与

---

[28] 增田：《人格不法论与责任说的规范论基础》前揭注⑩第 146-147 页。此外，也可以参见增田：《刑法规范的理论构造和犯罪论体系》前揭注⑩第 122 页；增田：《京特•施特拉腾韦特〈关于刑法中的结果无价值的重要性〉》前揭注⑩第 106 页。Vgl., Zielinski, Handlungs- und Erfolgsunwert, a. a. O.（Anm. 9），S. 145ff.。

[29] Vgl., Zielinski, Handlungs- und Erfolgsunwert, a. a. O.（Anm. 9），S. 144. 相反，在着手未遂的场合，由于行为未实施终了，所以，完全的不法也尚未实现（Kaufmann, Zum Stande der Lehre von personale Unrecht, a. a. O.（Anm. 8），S. 404〔川端译•前揭注⑧第 42 页以下〕）。

[30] Vgl., Zielinski, Handlungs- und Erfolgsunwert, a. a. O.（Anm. 9），S. 191.

否以及程度相分离。但是,"结果"在实定法上被规定为决定处罚与否以及程度的要素,这是不争的事实,而一元人的不法论也不能无视这一现实。于是,以一元人的不法论为出发点,在不法以外的领域考察"结果"的刑法意义和机能的探索得以展开。一元人的不法论指出,"结果"的意义在于为——与当罚性相区别的意义上的——"要罚性(Strafbedürfnis)"提供基础。也就是说,虽然仅有作为志向无价值的不法(以及与此相对应的责任)就能够为当罚性提供基础,但是现实的处罚则依赖于因"结果"的发生而得到肯定的要罚性。

这样一来,一元人的不法论就将"结果"的刑法意义理解为:位于不法外部的、决定要罚性的一种客观处罚条件。[31]

2. 要罚性的考量内容是由"结果"所具有的以下具体机能体现的:

(1) 第一,"媒介机能(Vermittlungsfunktion)"。[32] 可以说,所谓的"刑事政策机能"[33] 基本上与此是重合的。

齐林斯基对于这种媒介机能作出如下说明:

"国家是完全行使既存的刑罚权还是仅部分行使,取决于行为对法共同体产生怎样的影响。的确,对于所有违法行为而言,最本质的是其实际存在;而仅存在于内心的反价值的意思决定只要没有在社会领域中显在化(manifestieren),其对于法而言就是不重要的,也是无法把握的。但是,已经实施的不法的显在化程度是不同的,因而法的稳定受到动摇的强度也有所不同。犯罪行为的广泛影响、犯罪行为所引起的法共同体的激愤以及行为人反映出来的向被害人和社会'道歉(in Schuld stehen)'的意识,都会随着犯罪行为的结果而提升。"[34] 于是,"由于作为刑罚发动契机(Anlaß der Strafreaktion)的结果具有连接法共同体与不法行为的媒介机能,因而其地位得到肯定"[35]。

---

[31] 增田:《现代德国刑法学中的人格不法论的展开 I》前揭注⑩第 143 页。Zielinski, Handlungs- und Erfolgsunwert, a. a. O. (Anm. 9), S. 205ff.

[32] Zielinski, Handlungs- und Erfolgsunwert, a. a. O. (Anm. 9), S. 207ff.

[33] 增田:《现代德国刑法学中的人格不法论的展开 I》前揭注⑩第 144 页。

[34] Zielinski, Handlungs- und Erfolgsunwert, a. a. O. (Anm. 9), S. 207.

[35] Zielinski, Handlungs- und Erfolgsunwert, a. a. O. (Anm. 9), S. 209.

另外，霍伦基于"强化对于犯罪行为的印象（Verstärkung des Tateindrucks）"的观点，对"结果"的刑事政策机能作出如下说明：

"结果的发生恰恰证明了立法者禁止该行为的正当性。所以，行为人对他人造成的财产损失以及损失的程度为行为的无价值性的印象提供了基础，或者——当其已经存在时——强化了这种印象。因此，结果的发生就成为判断是否应当对行为人科处刑罚的有效基准。"㊱

（2）作为客观处罚条件的"结果"被赋予的第二个机能是"征表机能（Indizfunktion）"㊲。所谓的"证明技术机能（Beweistechnische Funktion）"㊳ 或者"刑事诉讼法机能"㊴ 基本上与此是重合的。

对于该机能，增田教授作出以下说明：

"为行为（不法）赋予意义的是作为志向对象的可能性结果，而不是现实发生的结果。然而，由于人的认识能力具有不完全性，所以有时也会发生无法在已经实施的、外在的实行行为中发现行为的意义的情况。此时就存在着不得忽视现实发生的结果的不法征表机能的理由。虽然现实发生的结果并非不法本身，但是其原则上能够使不法的证明变得容易……因为，即使是暂时的，实施完成的行为的痕迹也会残留在结果当中。"㊵

另外，在征表机能的延长线上，结果还被认为具有"选择机能"。也就是说，有学者指出，为了使成为处罚对象的事件的数量不超过刑事司法机关的承受能力，或者为了避免统计学意义上的犯罪发生数量增大到有损规范的实效性的程度，就要求通过"结果"的发生对处罚对象加

㊱ Horn, Konkrete Gefährdungsdelikte, a. a. O. (Anm. 11), S. 101-102.
㊲ Zielinski, Handlungs- und Erfolgsunwert, a. a. O. (Anm. 9), S. 209ff.
㊳ Wilhelm Degener, Zu den Bedeutungen des Erfolges im Strafrecht, Speziell：Zur strafbarkeitsbegründenden sowie zur strafrahmenprägenden Bedeutung des tatbestandlichen Erfolgseintritts, ZStW 103 (1991), S. 381.
㊴ 增田：《现代德国刑法学中的人格不法论的展开 I》前揭注⑩第 144 页。
㊵ 增田：《现代德国刑法学中的人格不法论的展开 I》前揭注⑩第 144 页。

以选择。㊶㊷

3. 综上所述，一元人的不法论的倡导者通过将"结果"的发生理解为具有"媒介机能"和"征表机能"的客观处罚条件，从而将其与不法概念相分离。也就是说，"结果"不是构成不法的要素，而是刑法规定的已经由志向无价值提供基础的不法和社会之间的媒介，或者使不法的证明变得容易的手段。而且，这种作为处罚条件的"结果"也不是为处罚提供基础的要素，其仅仅是对于处罚已经因志向无价值而肯定具备不法（以及责任）的当罚性行为进行限制的要素而已，因此，即使在刑法上对"结果"予以考虑，也不违反责任主义。㊸

第二款　批判性探讨

一、不法的孤立化——不法概念中现实性·外面性·社会性的缺失

1. 一元人的不法论的最大问题，在于将不法与外界割离，由此剥夺了不法的现实性·外面性·社会性。具体而言，一元人的不法论根据行为人的主观来确定不法，通过将不法限定在"反映于行为人的知觉·表象的现实"当中，从而剥夺了不法概念的现实性·外面性；与此同

㊶ Vgl., Degener, Zu den Bedeutung des Erfolges im Strafrecht. a. a. O. (Anm. 38), S. 378f.；Klaus Lüderssen, Die strafrechtsgestaltende Kraft des Beweisrechts, ZStW 85 (1973), S. 293ff.；ders., Erfolgszurechnung und „Kriminalisierung", in：Festschrift für Paul Bockelmann (1979), S. 192.

㊷ 最近，关于结果的意义问题，相对于其体系定位而言，有论文将其实质性机能作为重点加以分析。例如，根据以往的学说，迪格纳归纳出结果具有以下实质性机能："心理学刺激与反映的连锁要件""刑事政策上的经济性和选择的要因"以及"证明技术机能"(Degener, Zu den Bedeutung des Erfolges, a. a. O. (Anm. 38), S. 376ff.)。另外，登克尔指出，"结果"的机能包括："安定化的欲求（Befriedigungsbedürfnis）""腐败作用（Korrumpierungswirkung）""负担减轻机能（Entlastungsfunktion）"以及"媒介机能（Vermittlungsfunktion）"(Friedrich Dencker, Erfolg und Schuldidee, Zur Diskussion um die systematische und sachliche Bedeutung des Erfolges im Strafrecht, in：Gedächtnisschrift für Armin Kaufmann (1989), S. 451〔作为介绍，浅田和茂：《F. 登克尔〈结果与责任理念——关于结果在刑法中的体系性意义及实质意义的讨论〉》，载《法与政治》第 42 卷第 3 号（1991 年）第 163 页以下〕).

㊸ 增田：《刑法规范的理论构造和犯罪论体系》前揭注⑩第 123 页。

时，一元人的不法论还通过将作为与社会外界的连接点的"结果"排除在外，从而剥夺了不法概念的社会性。于是，不法仅仅作为行为人个人的问题而被孤立起来，其丧失了作为社会现象的犯罪的实体。正如雅科布斯所说，对于不法评价而言，"重要的不是行为的个人意义，而是其社会意义。这种社会意义不是从行为人的头脑中读取的（nicht am Kopf des Täters ablesbar），而必须由外部事实（Tat）追溯至行为人的头脑"㊹㊺。

2 不法概念中现实性·外在性的缺失，首先在与行为主义（Tatprinzip）的关系上是存在问题的。因为，按照行为主义的要求，对犯罪的处罚必须以社会外界现实发生的事实为根据，而绝不允许以内心的意思作为处罚的根据。可以说，在主观未遂论这一作为贯彻一元人的不法论而得出的归结中，上述来自行为主义的质疑是现实存在的。㊻㊼

一元人的不法论的倡导者也承认，仅有内心决意是不够的，还必须

㊹ Vgl., Günther Jakobs, Strafrecht Allgemeiner Teil, 2. Aufl. (1991), S. 166.

㊺ 对于一元人的不法论，米洛诺波洛斯批判道："其忽略了犯罪是一种应当从社会性的、其他人的立场加以考察的无价值事象。"（Christos Mylonopoulos, Über das Verhältnis von Handlungs-und Erfolgsunwert im Strafrecht (1981), S. 80. 标有着重符号的部分在原文中意大利字体）他还主张，能够构成不法的，仅限于"社会性的有害行为（was *sozial* schädlich ist），因而是可能经历、可能遭受的情形（*erfahren, erlitten* werden können）"（a. a. O. S. 82）。此外，也可参见曾根威彦：《一元人的不法论及其问题点》，载福田平、大塚仁博士古稀祝贺《刑事法学的综合探讨（上）》（1993年）第188页。

㊻ 增田教授将结果发生的具体危险性作为未遂犯中的处罚条件，于是就会得出与主张迷信犯、不能犯不可罚的客观未遂论（关于不能犯的具体危险说）相同的结论（增田：《现代德国刑法学中的人格不法论的展开I》前揭注⑩第142页以下）。对此，前田雅英教授指出："如果重视甚至含有具体危险这个意义上的结果无价值的处罚限定机能，就会使人产生'堂而皇之地从后门将已经被驱逐出门外的结果无价值重新招入'的感觉。"（前田雅英：《可罚的违法性理论的研究》（1982年）第272页注㉓）另外，对于增田教授主张的"不仅在既遂的场合，甚至在未遂的场合，也可以肯定结果无价值具有限定可罚性的重要机能"的观点，野村稔教授指出："仅仅是征表、证明行为无价值的存在与否·程度，而与违法性毫无关系的情形具有如此重要的处罚限定机能，是令人费解的。"（野村稔：《未遂犯研究》（1984年）第139页〔初出·《刑法杂志》第24卷第3·4号（1982年）〕）

㊼ 由一元人的不法论得出的以主观未遂论为代表的各种结论，存在陷入心情刑法的危险性，这一点经常受到指责。Vgl., Claus Roxin, Strafrecht Allgemeiner Teil, Bd. 1., Grundlagen der Aufbau der Verbrechenslehre 2. Aufl. (1994), S. 264.

存在行为的外部实施。但是,在理论层面上,立足于一元人的不法论将行为的外部实施纳入不法内容当中是极为困难的。因为,如果认为命令规范作用于人的意思,也就应当将命令规范的违反限定为人的意思——即错误的决意。而且,在行为的外部实施中,也存在与"结果"的发生相同的偶然性契机。也就是说,决意实施犯罪行为的行为人是否能够由预备阶段发展到实行行为,或者已经着手实施的行为人是否能够最终完成实行行为,都可能依赖于其无法预知的外部情形。在这个意义上,偶然性契机是无法排除的。[48] 例如,正如麦瓦德所指出的那样,A 出于杀死 B 的目的正在用手枪瞄准,在其扣动扳机之前因 X 将手枪夺走而未能开枪。此时,犯罪行为的中断就是偶然的。在偶然性的契机方面,上述情形与 X 将已经被瞄准的 B 推开、使得 A 发射的子弹未能击中 B 的情形之间不存在任何区别。[49]

这样看来,对于立足于命令规范论并试图排除偶然性契机的一元人的不法论而言,行为的外部实施不能成为处罚根据,最多——与"结果"一样——不过是错误意思的征表而已。从实质上看,这种"犯罪征表说"违反了行为主义。可以说,这是由学派的对立而得出的共识。所谓的"行为主义",不仅仅是指要求达到从外部可能认识的阶段以后才能成为处罚对象的形式性原理,还包括要求只有实际作用于社会外界的行为才能成为处罚对象——与"侵害原理"相通——的实质性原理。[50] 即使是"思想",一旦被表明,就能够从外部加以认识(如果是不可能认识的,就根本无需探讨,也不存在讨论是否能够予以处罚的余地)。然而,之所以根据"行为主义"的要求将思想排除在刑罚对象之外,是因为其对于外界并未产生实质性作用。基于上述关于行为主义的实质理

---

[48] Vgl., Jakobs, Strafrecht Allgemeiner Teil, a. a. O. (Anm. 44), S. 166.

[49] Manfred Maiwald, Die Bedeutung des Erfolgsunwertes im Unrecht——Der Einfluß der Verletzenposition auf eine dogmatische Kategorie——, in: Heinz Schöch (hrsg.), Wiedergutmachung und Strafrecht (1989), S. 64ff., (insb. S. 67).

[50] 参见中山研一:《刑法总论》(1982)第 74 页以下;梅崎进哉:《启蒙之前的犯罪观的变迁和行为主义的土壤——为讨论"行为主义"所作的预备性考察》,载《九大法学》第 52 号(1986 年)第 1 页以下;生田胜义:《行为原理与刑法》,载《立命馆法学》第 231·232 号(1993 年)第 115 页以下。

解，行为的外部实施——与结果的发生一起——不仅仅是一种征表，而必须根据其在现实社会中的作用的观点来把握。因此，在将行为主义限缩为（外部的）认识可能性或者可视性的要求这一点上，一元人的不法论是存在问题的。

3. 丧失社会性的不法概念在无法发挥其原本被期待的纷争处理机能和利害调整机能这一点上，也存在问题。这个问题在违法性阻却事由中表现得尤为突出。在出现利益冲突问题的违法性阻却的场合，不法论的主要机能就在于调整相互对立的各种利益。但是，对于以行为人的主观为基准的一元人的不法论，却无法期待其发挥这个机能。因为，根据一元人的不法论的立场，利益对立的各方当事人的违法性是以各自的表象为基础，不考虑其他当事人的利益而单方面确定的。例如，关于由正当防卫引起的违法性阻却，作为基准的并不是现实发生的急迫的不法侵害，而是行为人所表象的急迫的不法侵害。所以，即使符合假想防卫的情形——至少只要该假想是无法回避的——也能够得出违法性因正当防卫而被阻却的结论。此时，在违法性阻却的判断中，侵害对方的正当利益这一事实就完全没有被考虑。(51)

由此可见，在丧失了社会性的、孤立化的行为不法中，不存在任何联系各方参与者的客观连接点。在一元人的不法论中，甚至连是否存在

194 现实的利益对立都不会成为问题。这种纯粹的个人不法观，根本无法发

(51) 在对（违法性被阻却的）假想防卫进行反击的场合，能否将该反击行为认定为正当防卫呢？首先，当反击者（无过失地）误认为自己所遭受的攻击是违法侵害时，违法性将会因行为人实施的（无法避免的）假想防卫而被阻却。相反，根据一元人的不法论的一贯立场，当反击者正确地认识到自己所遭受的攻击是（违法性被阻却的）假想防卫时，就会被认定为对适法行为的反击，从而否定正当防卫的成立。尽管如此，齐林斯基仍然试图通过区分与犯罪成立要件有关的违法性和与正当防卫的对象有关的违法性，从而承认后一种情形中的反击者拥有正当防卫权。也就是说，就假想防卫行为而言，在与犯罪成立要件的关系上，其违法性被阻却；在作为正当防卫的对象的场合，由于存在“违法的”攻击，因而对此也可以成立正当防卫（Zielinski，Handlungs-und Erfolgsunwert，a. a. O.（Anm. 9），S. 299）。所以，关于作为正当防卫的前提的“违法”攻击，齐林斯基采用的也是与攻击者的主观相分离的“客观违法性”。在这一点上，刑法中客观的违法判断的必要性也得到了体现。如果承认客观的违法判断在刑法领域内具有如此重要的机能，那么，为何不允许在与“犯罪成立要件”的关系方面对其加以考察，就是必须追究的问题。

挥作为不法论而被期待的纷争处理等机能。(52)

4. 不法的主观化——尽管一元人的不法论者已经作出解释——在难以区别不法和责任这一点上也存在问题。一元人的不法论试图通过将义务充足能力与义务遵守能力相分离、由此将实现意思与动机形成过程相分离，从而对不法和责任加以区别。但是，将实现意思与动机形成过程相分离，就意味着放弃命令规范的核心即对意思的现实作用。这与命令规范论的前提是难以调和的。(53) 根据命令规范论的立场，规范仅仅试图通过现实地作用于人的意思来保护法益。然而，对于无法为其赋予遵守义务的动机的人而言，命令规范是不可能实际发挥作用的。所以，对于欠缺义务遵守能力的人（＝欠缺责任的人），就不能作出“违反命令规范”（＝违法）的评价。这样一来，由命令规范论发展到不承认欠缺责任的人具备不法的主观违法论，才可以说是具有一贯性的。

二、实定法中的“结果”的意义 196

1. 在能否对实定法中的“结果”所具有的重要意义作出说明这一点上，一元人的不法论受到质疑。(54) 对此，一元人的不法论试图援用“要罚性”的观点作出说明。然而，至少在已经得到合理化的、由刑罚目的论导出的当今通行的犯罪论中，“当罚性”与“要罚性”之间的区别是没有充分根据的。(55) 可以说，没有处罚必要性的行为，同时也是不值得处罚的。

2. 关于一元人的不法论所提出的“结果”的具体机能，也存在疑

(52) 对于部分主张应当对正当化事由的存在与否进行事前判断的二元人的不法论而言，这一批判也是妥当的。

(53) Vgl.，Mylonopoulos，a. a. O.（Anm. 45），S. 60；Santiago Mir Puig，Objektive Rechtswidrigkeit und Normwidrigkeit im Strafrecht，GA 108（1997），S. 757ff.（insb. S. 778）.

(54) Vgl.，Günter Stratenwerth，Zur Relevanz des Erfolgsunwertes im Strafrecht，in：Festschrift für Friedrich Schaffstein（1975），S. 186；Christian Schöneborn，Zum》Erfolgsunwert《im Lichte der sozialpsychologischen Attributionstheorie，GA 1981，S. 73ff.

(55) Vgl.，Jakobs，Strafrecht，Allgemeiner Teil，a. a. O.（Anm. 44），10/5，S. 338－339；Frank Altpeter，Strafwürdigkeit und Straftatsystem（1990），S. 38ff.；Jürgen Baumann/Ulrich Weber，Strafrecht，Allgemeiner Teil，9. Aufl.（1985），S. 464.

问。下面，本书将着眼于处罚的可否由结果决定的情形展开讨论。

（1）首先，媒介机能不过是一元人的不法论——违背现实地——从不法中剥夺社会性之后的补充而已。也就是说，为了将作为行为人的个人问题而被孤立化、并从社会中剥离出去的不法重新引入社会，就需要这样的媒介。但是，原本就应当在社会层面上对不法本身加以理解。因为，如后所述，虽然"结果"应当被视为一种社会现实中的"实在"，但是根据"媒介"的观点则无法适当地把握其作为社会"实在"的意义。

而且，"结果"的发生强化了犯罪行为的印象，并促使行为人产生赎罪意识，因此，根据刑事政策性观点作出的要罚性得到提高的说明，实际上是正好相反的。从特殊预防的效果来看，对于产生"赎罪意识"并获得反省契机的人而言，刑罚的目的在一定程度上已经得到实现，因而要罚性就会降低；相反，对于尚未自觉意识到犯罪行为的无价值的人而言，为了促使其规范意识的觉醒，就应当承认存在更为严重的要罚性。㊱

（2）其次，征表机能以及证明机能与主张结果的发生具有偶然性的一元人的不法论的前提相矛盾。因为，"结果"被理解为"偶然的产物（Produkt des Zufalls）"㊲，其与行为不法之间"不存在任何桥梁"㊳，从而根本不可能征表行为不法。㊴而且，一元人的不法论者强调，在过失犯的场合，"结果"的征表机能尤为重要。㊵然而，由于过失犯中的"结果"是行为的目的（实现意思）范围以外的事实，因而不得不承认其征表以目的性行为为基体的行为不法（志向无价值）是极为困难的。㊶

㊱ Vgl., Bernd Schünemann, Neue Horizonte der Fahrlässigkeitsdogmatik?, in: Festschrift für Friedrich Schaffstein zum 70. Geburtstag (1975), S. 172.

㊲ Zielinski, Handlungs- und Erfolgsunwert, a. a. O. (Anm. 9), S. 153.

㊳ Zielinski, Handlungs- und Erfolgsunwert, a. a. O. (Anm. 9), S. 142.

㊴ 参见曾根·前揭注㊵第187页。

㊵ Zielinski, Handlungs- und Erfolgsunwert, a. a. O. (Anm. 9), S. 211.

㊶ 在行为人的目的活动指向法益侵害以外的事实的过失犯的场合，"志向（Intentions-）"无价值的观念能否成立本身就是存在疑问的。

一元人的不法论者还认为,"结果"的证明机能使得对不法的证明变得容易。但是,如果因为行为不法(志向无价值)的证明较为困难,而主张只要满足"结果"的证明即可,就将出现违背"存疑有利于被告人的利益(in dubio pro reo)"原则的质疑。[62] 既然行为不法是处罚根据,对它的证明就必须达到不存在任何合理怀疑的程度。所以,根据一元人的不法论的立场,对行为不法本身的证明仍然是不可少的;然而,这样一来,"结果"的证明机能在审判的证明过程中就失去了意义。于是,所谓"结果"的证明机能最多也只是意味着程序的"起点",而立法者则不可能将纯粹的"起点"作为实体法上的处罚要件规定在刑法当中。[63] 即使是在行为不法已经得到独立证明的场合,"结果"仍然被作为要件,其理由就在于"结果"不仅具有作为认识手段的征表性·诉讼法的意义,同时还具有独立于行为不法的现实性·实体性意义。[64]

另外,选择机能不是"结果"作为客观处罚条件的机能,而应当认为是不法构成机能的体现。对于刑事司法机关而言,即使需要对应当由其处理的案件进行选择、限定,也要根据"结果"的发生与否进行——而不是采用诸如抽签的方式,这恰恰是因为"结果"与犯罪的无价值评价相关联。

3. 如果着眼于"结果"影响处罚的轻重程度的场合,通过媒介机能和证明机能对"结果"进行说明就会变得更加困难。[65] 因为,"媒介"和"证明"等手段性·技术性存在并不具备决定处罚的轻重程度的实体。从理论上讲,如果以结果只是行为不法的媒介以及证明手段的观点为前提,那么,一旦行为不法与社会相连接,其存在也得到证明,作为

---

[62] Vgl., Bernd Schünemann, Moderne Tendenzen in der Dogmatik der Fahrlässigkeits- und Gefährdungsdelikte, JA 1975, S. 512.

[63] 针对将"结果"理解为征表的观点,野村稔教授提出疑问:"结果的发生在诉讼中不就成为证据资料的问题了吗?"(野村·前揭注㊻第142页注⑮)

[64] 主张"结果"作为证明手段具有重要意义的观点与未遂犯处罚规定的广泛存在这一现实是矛盾的。因为,对于在多数犯罪中均被认为具有可罚性的未遂犯的不法而言,即使没有"结果"这一征表,其仍然能够容易地得到证明。

[65] Vgl., Detlef Krauß, Erfolgsunwert und Handlungsunwert im Unrecht, ZStW 76 (1964), S. 62.

客观处罚条件的"结果"的任务在此时就已经完成，而刑罚的轻重程度则仅仅取决于（以志向无价值为内容的）不法和责任。如果认为刑罚的轻重与征表以及证明的程度相对应，则无异于承认嫌疑刑。

在一元人的不法论的倡导者中，增田教授认为，在量刑上也应当对"结果"予以考量。⑥ 但是，关于作为客观处罚条件的"结果"基于怎样的根据影响刑罚的轻重程度，这一点是不明确的。最终，如果认为不仅是能否予以处罚，甚至连刑罚的轻重程度都要依赖于"结果"，就意味着在"结果"中寻求作为处罚根据的实体，并肯定其具有作为不法要素的意义。

相反，齐林斯基则认为，"结果"仅仅是在有关能否进行处罚方面成为问题，不得在量刑中考量。⑥⑦ 他否定"结果"的不法构成意义，仅承认其具有作为刑罚发动的"契机（Anlaß）"的意义。这个立场在理论上是具有一贯性的。但是，完全否定在量刑中对结果的严重性加以考量，是不现实的。而且，将"结果"排除在量刑基础之外，也难以与德国刑法第 46 条中作为量刑事由所列举的"由犯罪行为有责地引起的影响（die verschuldeten Auswirkungen der Tat）"这一规定相调和。⑥⑧

最后，正如舒内博伦所指出的那样⑥⑨，对于过失犯，即使根据齐林斯基的立场，最终也无法否定"结果"对于刑罚轻重的影响。在过失犯的场合，同一行为可能在与多个法益的关系上被评价为不注意（危险）。例如，野蛮驾驶汽车的行为无论是对于人的生命，还是身体，抑或是财产，都可以说是不注意的行为。齐林斯基主张，对于这种与多个法益相关的不注意行为，应当以现实发生的结果所征表的行为不法为根据进行处罚。⑦⓪ 所以，对于危及生命和身体的不注意行为，是作为过失致死罪进行重罚，还是作为过失致伤罪进行相对较轻的处罚，将仅取决于"结果"是死亡还是受伤。这样一来，齐林斯基就不得不承认"结果"决定着刑罚的轻重，而将"结果"仅仅作为处罚的"契机"这一前提则无法得到贯

---

⑥⑥ 增田：《人格不法论与责任说的规范论基础》前揭注⑩第 147 页。
⑥⑦ Zielinski, Handlungs- und Erfolgsunwert, a. a. O. (Anm. 9), S. 213ff.
⑥⑧ Vgl., Maiwald, a. a. O. (Anm. 49), S. 66.
⑥⑨ Vgl., Schöneborn, a. a. O. (Anm. 54), S. 74ff.
⑦⓪ Zielinski, Handlungs- und Erfolgsunwert, a. a. O. (Anm. 9), S. 211.

彻。可以说，包含有针对多个法益的不注意（危险）的过失行为的例子，明确体现了不法的质和量只能在"结果"发生之后才能特定的事实。

三、责任主义的贯彻方法

1. 针对一元人的不法论，最后的疑问就是关于责任主义的贯彻方法问题。

如前所述，虽然一元人的不法论以责任主义为根据将"结果"排除在不法之外，但是其最终仍然承认能否予以处罚（以及轻重程度）需要依赖于"结果"。这就意味着，其一方面否定"结果不法"以及"结果责任"，另一方面又对"结果处罚"予以肯定。如果认为结果的发生是偶然的，主张——不仅仅是不法和责任依赖于结果——能否予以处罚（以及轻重程度）也依赖于结果发生的观点不就应当说是不妥当的吗？

2. 对于上述疑问，一元人的不法论试图通过"处罚的根据"和"处罚的界限"的对比作出回答。具体而言，赋予"结果"不法构成机能，意味着用"结果"为处罚提供根据，因而是违背责任主义的；相反，在不法·责任的外部对"结果"进行考察，则是用"结果"为已经由行为不法提供基础的处罚划定界限，因而是不违反责任主义的。[71] 此时，结果（无价值）被理解为：对于已经具备充分的当罚性的行为，"基于'法政策·价值论的考虑'对国家刑罚权的发动加以限制的要素"[72]，由此实现与责任主义的调和。

3. 但是，"根据"和"界限"的对比只是字面上的，未必具有实体意义。[73] 可以说，无论是解释为"根据"还是"界限"，"结果"作为处罚要件的实质是不变的。而且，在将结果解释为纯粹为处罚划定界限的

---

[71] 增田：《关于结果无价值的重要性》前揭注⑩第106页以下；增田：《人格不法论与责任说的规范论基础》前揭注⑩第160页。

[72] 增田：《结果无价值在犯罪构成中的体系性地位和机能》前揭注⑩第96页。

[73] 阿图尔·考夫曼指出，所有限制可罚性的要素，同时也是为可罚性提供基础的要素。Arthur Kaufmann, Dogmatische und kriminalpolitische Aspekte des Schuldgedankens im Strafrecht, JZ 1967, S. 555〔作为日文翻译，参见加藤久雄、生田胜义、大谷实：《刑法中责任思想的理论与刑事政策的方面》，载佐伯千仭编译：《对新刑法的说明——德国反对案起草者的意见》（1972年）第77页以下〕。

要素的背景中，包含着认为仅有违反决定规范的志向无价值就已经值得处罚（当罚的）这一前提。但是，该前提本身就是存在问题的。如后文详细论述的那样，鉴于刑罚的事后处理机能，（广义的）结果——对外界的影响——才是为处罚提供基础的要素，当罚性绝不是仅仅根据志向无价值就能被肯定的。这一点也能够说明仅将"结果"视为为处罚提供界限的要素的观点是不妥当的。

4. 一元人的不法论虽然将责任主义的贯彻作为主要论据，却反而削弱了对责任主义的保障。根据将"结果"包含在不法要素当中的立场，结果的发生也被纳入责任主义的射程之内；基于责任主义的要求，结果与行为（人）之间必须存在归属关联。相反，如果将结果排除在不法之外并解释为客观处罚条件，责任主义的要求就不涉及与结果之间的归属关联问题。[74] 于是，即使考虑将某种归属关联作为要件，也不是基于责任主义的要求，而是服从于立法者的任意处分。而且，如果认为"结果"的发生属于客观处罚条件，是限制处罚已经具备充分的当罚性的行为的要件[75]，那么，将其排除在责任关联的对象之外的观点就不会遭到任何批判。由此会使人联想到，客观处罚条件这一概念通常被用于回避责任主义的制约。

一元人的不法论的意图，在于通过事先将能够因偶然性契机而发生的"结果"排除在责任主义的守备范围之外，从而实现责任主义的贯彻。显然，如果预先对责任主义的守备范围作出狭隘的限定，在该范围内贯彻责任主义就是轻而易举的。但是，这只不过是在语言层面上的自满而已。既然承认"结果"实际上决定着能否予以处罚（以及轻重程度）这一事实，就应当将"结果"纳入责任主义的守备范围之中，并要求对此存在（客观的·主观的）归属关联。只有如此，才有可能实际排除——不仅仅是在语言层面上——不当的偶然处罚。

---

[74] 在 Mylonopoulos, a. a. O. (Anm. 45), S. 45-47 中，作为根据一元人的不法论不要求对结果存在归属关联的具体实例，列举了韦伯的概括性故意、对于因果经过的重大错误、方法错误等情形。

[75] 关于"处罚限制事由说"理论中存在的结论先行、不符合实际的问题，参见上编第四章第一节第三款（第91页以下）。

第三节　二元人的不法论

第一款　二元人的不法论的主张

1. 二元人的不法论以人的不法论（行为无价值伦）为基础，主张不法是由行为（无价值）和结果（无价值）二者①构成的。这种立场是我国和德国的通说见解。②③

---

① 另外，关于是将行为的外部实施以及行为的危险性包含在行为无价值当中，还是包含在结果无价值当中的问题，在二元人的不法论的论者之间也存在争论（Vgl., Christos Mylonopoulos, Über das Verhältnis von Handlungs-und Erfolgsunwert im Strafrecht (1981), S. 19ff.）。而且，还有观点指出，对行为无价值和结果无价值进行区分本来就是非常困难的（Michael Rehr-Zimmermann, Die Struktur des Unrechts in der Gegenwart der Strafrechtsdogmatik (1994), S. 91ff.）。

② 正如经常受到的指责那样（内藤谦：《违法论中的行为无价值论和结果无价值论》，载中义胜编：《论争刑法》（1976年）第36页），我国大多数二元人的不法论并未像德国一样强调人的不法（行为无价值），而是体现出对结果无价值和行为无价值作对等考虑的倾向；然而，在以命令规范为前提、一般性地将故意作为不法要素这一点上，也可以将其归入二元"人的"不法论。

③ 采用二元人的不法论的有：阿部纯二：《基于行为无价值论的主张》，载《Law school》第23号（1980年）第4页以下；井田良：《违法性中的结果无价值和行为无价值——以偶然防卫为中心》，载井田良：《犯罪论的现在与目的行为论》（1995年）第115页以下（特别是第153页以下）〔初出・《法学研究》第63卷第10号、第11号（1990年）〕；井田良：《目的行为论与犯罪论的现在》，载井田良：《犯罪论的现在与目的行为论》第1页以下〔初出・福田平・大塚仁博士古稀祝贺《刑事法学的综合探讨（上）》（1993年）〕；板仓宏：《违法论中的行为无价值论和结果无价值论》，载中义胜编：《论争刑法》（1976年）第31页；板仓宏：《刑法总论》（1994年）第172页以下；大塚仁：《刑法概说・总论〔改订增补版〕》（1992年）第317页以下；大谷实：《刑法讲义总论〔第四版补订版〕》（1996年）第250页以下；川端博：《违法性的实质》，载川端博：《违法性的理论》（1990年）第51页以下（特别是第66页以下）〔初出・《法学セミナー》第385号、第386号（1987年）〕；川端博：《刑法总论讲义》（1995年）第276页以下；木村龟二：《刑法总论〔增补版〕》（1978年）第245页以下；莊子邦雄：《刑法总论〔第三版〕》（1996年）第76页以下以及第201页以下；高桥则夫：《共犯体系和共犯理论》（1988年）第278页以下；日高义博：《主观的违法要素与违法论》，载福田平・大塚仁博士古稀祝贺《刑事法学的综合探讨（下）》（1993年）第279页以下（特别是第296-298页）；平场安治：《责任的概念要素和刑事责任论的根底》，载《团藤重光博士古稀祝贺论文集・第二卷》（1984年）第34页以下（特别是第46-47页）；福田平：《全订・刑法总论〔第三版〕》（1996年）第140页以下；藤木英雄：《刑法讲义总论》（1975年）第76页以下；振津隆行：《不法中的结果无价值和行为无价值——关于违法及其阻却的考察》，载振津隆行：《刑事不法论研究》（1996年）第1页以下（特别是第41页）〔初出・《关西大学法学论集》第26卷（1976年）第1号、第2号〕；西原春夫：《刑法总论・上〔改订版〕》

犯罪概念和可罚性

二元人的不法论——与一元人的不法论相同——也是以命令规范论

（1993年）第131页以下；野村稔：《未遂犯研究》（1984年）第143页以下〔初出·《刑法杂志》第24卷第3·4号（1982年）〕；野村稔：《刑法总论》（1990年）第144页以下；宫泽浩一：《刑法理论与被害人学》，载福田平·大塚仁博士古稀祝贺《刑事法学的综合探讨（下）》（1993年）第67页以下（特别是第94—98页）；吉田宣之：《违法性的本质与行为无价值》（1992年）第27页以下；Hans-Joachim Rudolphi, Inhalt und Funktion des Handlungsunwertes im Rahmen der personalen Unrechtslehre, in：Festschrift für Reinhart Maurach zum 70. Geburtstag (1972), S. 51ff.〔作为介绍，真锅毅：《鲁德尔费〈人的不法论中的行为无价值的内容和机能〉》，载《佐贺大学经济论集》第11卷第1号（1978年）第59页以下〕；Günter Stratenwerth, Handlungs-und Erfolgsunwert im Strafrecht, SchwZStr 79 (1963), 233ff.〔作为介绍，宫泽浩一：《〈瑞士刑法杂志〉第78卷（1962年）、第79卷（1963年）》，载《法学研究》第38卷第3号（1965年）第104页以下（关于本论文，第114页以下）〕；ders., Zur Relevanz des Erfolgsunwertes im Strafrecht, in：Festschrift für Friedrich Schaffstein zum 70. Geburtstag (1975), S. 177ff.〔作为介绍，增田丰：《冈特·施特拉腾韦特〈关于刑法中的结果无价值的重要性〉》，载《法律论丛》第50卷第1号（1977年）第93页以下〕；Detlef Krauß, Erfolgsunwert und Handlungsunwert im Unrecht, ZStW 76 (1964), S. 19ff.〔作为介绍，中村义孝：《德特勒夫·克劳斯〈不法中的结果反价值和行为反价值〉》，载《立命馆法学》第59号（1965年）第109页以下〕（另外，克劳斯的观点是将法益侵害、社会性义务违反、违法的意思决定综合地理解为不法，因而可以称之为三元人的不法论）；Justus Krümpelmann, Die Bagatelldelikte. Untersuchungen zum Verbrechen als Steigerungsbegriff (1966), S. 82ff.〔作为介绍，大野平吉：《克林派尔曼著〈轻微犯罪——作为附程度概念的犯罪的研究〉》，载《判例タイムズ》第225号（1968年）第43页以下〕；Bernd Schünemann, Neue Horizonte der Fahrlässigkeitsdogmatik? Zur Stellung der individuellen Sorgfaltswidrigkeit und des Handlungserfolgs im Verbrechensaufbau, in：Festschrift für Friedrich Schaffstein zum 70. Geburtstag (1975), S. 159ff.; ders., Moderne Tendenzen in der Dogmatik der Fahrlässigkeits-und Gefährdungsdelikte, JA 1975, S. 442ff., S. 511f.; Manfred Maiwald, Die Bedeutung des Erfolgsunwertes im Strafrecht ——Der Einfluß der Verletzenposition auf eine dogmatische Kategorie ——, in：Heinz Schöch（hrsg.）, Wiedergutmachung und Strafrecht (1989), S. 64ff.; Wilhelm Gallas, Zur Struktur des strafrechtlichen Unrechtsbegriffs, in：Festschrift für Paul Bockelmann (1979), S. 155ff.; Mylonopoulos, a. a. O. (Anm. 1), S. 129ff.; Christian Schöneborn, Zum Erfolgsunwert im Lichte der sozialpsychologischen Attributionstheorie, GA 1981, S. 70ff.; Udo Ebert/Kristian Kühl, Das Unrecht der vorsätzlichen Straftat, Jura 1981, S. 225ff.; Jürgen Wolter, Objektive und personale Zurechnung von Verhalten, Gefahr und Verletzung in einem funktionalen Straftatsystem (1981), S. 24ff.; Hans-Joachim Hirsch, Der Streit um Handlungs-und Unrechtslehre, insbesondere im Spiegel der Zeitschrift für die gesamte Strafrechtswissenschaft (Teil II), ZStW 94 (1982), S. 239ff.; Hans-Ullrich Paeffgen, Anmerkungen zum Erlaubnistatbestandsirrtum, in：Gedächtnisschrift für Armin Kaufmann (1989), S. 399ff.〔作为介绍，桥田久：《汉斯＝沃尔里希·派弗根〈对于许容构成要件的错误的考察〉》，载《法与政治》第44卷第1号（1993年）第320页以下〕；Claus Roxin, Strafrecht Allgemeiner Teil, Bd. 1, 2. Aufl. (1994), S. 257ff. ; Günther Jakobs, Strafrecht Allgemeiner Teil, 2. Aufl. (1991), 6/75f., S. 167. ; Rehr-Zimmermann, a. a. O. (Anm. 1), S. 91ff.。

（意思决定规范论）作为其规范论前提的。④ 也就是说，在违法论中，刑法规范不仅具有评价规范机能，还具有（以一般人为对象的）命令规范机能。而且，评价规范不是先于命令规范而独立存在的；它与命令规范的对象相同，只不过是对违反命令规范的行为的含义作出的评价而已。⑤⑥因此，在二元人的不法论的立场看来，以违反命令规范为内容的行为无价值就理所当然地成为不法的核心要素。然而，虽然具备上述规范论的前提，但是二元人的不法论者却认为，仅从行为无价值中还看不到不法的必然性，至少在结果犯的既遂问题上⑦，也应当将结果（无价值）算作不法的构成要素。尽管承认"结果"具有不法构成机能的理由存在分歧，但多数观点都将其归结为考虑"结果"的现实必要性。

2. 首先，肯定"结果"具有不法构成机能的最重要的论据——在批判一元人的不法论的部分已经涉及——是"结果"在实定法中以及审判实务中的重要性。在实定法中，既遂犯被视为原则，在未遂的场合，如果是比较轻微的犯罪，将被排除在处罚对象之外（《刑法》第 44 条、德国《刑法》第 23 条第 1 款）；如果是比较严重的犯罪，则可以酌情减轻刑罚（《刑法》第 43 条、德国《刑法》第 23 条第 2 款）。另外，在审判实务中，对未遂犯的处罚通常要比既遂犯轻。尤其是在德国，根据《刑法》第 46 条作为量刑事由规定的"犯罪行为有责地引起的影响（die verschuldeten Auswirkungen der Tat）"，在量刑上对"结果"予以考虑的事实是无法否定的。⑧还有学者指出，结果加重犯的法定刑明显重于基本犯的法定刑⑨，以及

---

④ Vgl., Stratenwerth, Zur Relevanz des Erfolgsunwertes, a. a. O. (Anm. 3), S. 182; Rudolphi, a. a. O. (Anm. 3), S. 70.

⑤ 参见大塚・前揭注③第 310 页；日冲宪郎：《违法与责任》，载日本刑法学会编：《刑法讲座・二卷》（1963 年）第 87 页以下；庄子邦雄：《犯罪论的基本思想》（1979 年）第 123 页以下；西原・前揭注③第 127 页以下。

⑥ 然而，如后文所述，也有观点援用的是不与命令规范相对应的、独立的"评价规范"。例如，Gallas, a. a. O. (Anm. 3), S. 161ff. 等。

⑦ 关于是否要求举动犯或者未遂犯等场合也具有结果无价值的问题，二元人的不法论内部仍然存在争论。Vgl., Rudolphi, a. a. O. (Anm. 3), S. 70ff.

⑧ Vgl., Maiwald, a. a. O. (Anm. 3), S. 66.

⑨ 参见野村：《未遂犯研究》前揭注③第 144 页。Vgl., Ebert/Kühl, a. a. O. (Anm. 3), S. 235.

针对同一法益的侵害犯的法定刑重于（抽象）危险犯的法定刑⑩，这些都是"结果"影响刑罚轻重的适例。而且，既然处罚的可否与轻重在实定法上均依赖于"结果"的发生，就应当肯定"结果"具有不法构成机能。⑪ 因为，刑法中的理论构成必须与作为其基础的实定法相对应。⑫克劳斯指出："不法概念不是由'事物的本性'所决定的，而应当根据——有时并不完善的——法规来确定。"⑬

3. 其次，为了说明"结果"的重要性，二元人的不法论援用了对于人类行为的日常性评价。⑭ 例如，野村稔教授指出："以教育·学习为例，这里的评价就是根据作为参加教育·学习的态度本身所具有的价值和成果等教育·学习上的业绩来进行的。"⑮ 此外，麦瓦德还提出了救助人命的事例。具体而言，在向溺水者抛掷救生圈的场合，救助是否成功，取决于救生圈是否到达溺水者以及溺水者是否利用救生圈返回岸上等偶然因素。然而，救助者只有在救助成功时，才能受到救助人命的表彰。⑯ 因此，无论是善的方向，还是恶的方向，人类的行为中都存在着根据其所带来的结果受到评价的方面。如果说称赞不仅仅是针对善行本身，同时也是对其所具有的功绩作出的，那么，非难也就不仅仅是针对恶行本身，同时还应当指向由其导致的恶劣"结果"。

4. 为了论证"结果"的不法构成机能，犯罪和刑罚的社会性格也被援用。比如，施特拉腾韦特认为，由于"犯罪是一种社会现象，在通

---

⑩ Vgl., Wilhelm Degener, Zu den Bedeutung des Erfolges im Strafrecht. Speziell：Zur strafbarkeitsbegründenden sowie zur strafrahmenprägenden Bedeutung des tatbestandlichen Erfolgseintritts, ZStW 103 (1991), S. 362；Schöneborn, a. a. O. (Anm. 3), S. 75-76.

⑪ 参见野村：《未遂犯研究》前揭注③第 144 页。

⑫ Vgl., Schünemann, Neue Horizonte der Fahrlässigkeitsdogmatik, a. a. O. (Anm. 3), S. 171.

⑬ Krauß, a. a. O. (Anm. 3), S. 65.

⑭ Vgl., Gallas, a. a. O. (Anm. 3), S. 165；Ebert/Kühl, a. a. O. (Anm. 3), S. 234-235；Adolf Schönke/Horst Schröder/Theodor Lenckner, Strafgesetzbuch Kommentar, 25. Aufl. (1997), Vor. §13 Rdn. 59, S. 150；Hirsch, a. a. O. (Anm. 3), S. 245.

⑮ 野村：《未遂犯研究》前揭注③第 146 页注③。

⑯ Maiwald, a. a. O. (Anm. 3), S. 70.

常情况下，其不仅与行为人有关，还关系到被害人和社会"⑰，因而，被害的严重性以及法的稳定的扰乱等观点都应当在不法论中予以考虑。从被害人和法共同体的观点来看，"结果"已经发生的场合产生出较未遂情形更为深刻的对法的稳定的扰乱，社会的处罚诉求也因此而高涨，于是就需要发动刑罚这一纷争解决手段。⑱⑲

第二款　批判性探讨

一、积极的理论性理由的欠缺

如上所述，由于二元人的不法论具有鲜明的折中性格，因而，与其认为它的根据是由积极的、理论性理由提供的，毋宁说是通过指出其他立场（一元人的不法论以及客观评价规范论）的问题性这种消极的方法⑳、并援用现实的妥当性从而获得支持的。但是，仅凭对其他学说的批判，尚不足以论证自己观点的正当性。而且，由"结果"为实定法所规定这一事实直接得出其属于不法要素的结论，是具有跳跃性的。另外，如果认为犯罪论体系不仅限于对实定法作出说明，同时还基于一定

---

⑰ Stratenwerth, Zur Relevanz des Erfolgsunwertes, a. a. O. (Anm. 3), S. 186. 另外，着重号部分在原文中是意大利字体。

⑱ Vgl., Degener, a. a. O. (Anm. 10), S. 369-370；Maiwald, a. a. O. (Anm. 3), S. 71.

⑲ 除此之外，二元人的不法论的立场也存在援用法秩序的统一性这种观点的情形。也就是说，对于民法上的不法概念而言，"结果"无疑具有重要的意义；为了保持法秩序的统一性，对刑法上的不法概念也应当作统一理解，有必要为"结果"赋予不法构成机能（Krümpelmann, a. a. O. (Anm. 3), S. 82ff., S. 87ff.）。但是，与其说法秩序的统一性这一论据为二元人的不法论提供了理由，莫如认为它所支持的是客观评价规范论。因为，在民法中，当善意占有他人财物时，不法的存在完全不以行为无价值为前提。鉴于该事实，民法和刑法之间共通的不法概念，就只能求诸事态无价值。

⑳ 我国与德国的学说状况不同，因此，为二元人的不法论提供理由的方向也有所不同。我国注重的是物的不法论，强调在违法论中对结果无价值以及行为样态、行为人的主观等要素加以考量的必要性；相反，德国注重一元人的不法论，多数观点主张的是将结果（无价值）与行为无价值一并考量的必要性。在论述"结果"的体系性地位的本节中，主要是基于后者的视角对二元人的不法论展开讨论的。

的视角对刑罚法规的解释·立法进行规制和指导，就应当禁止无条件地迎合"有时并不完善的"法规。㉑

可以说，二元人的不法论提出的法之现实、对行为的日常性评价以及犯罪的社会性格等各种观点中确实含有体现了"结果"在刑法上的重要性的正当的内容。但是，作为对结果——与行为无价值一同——位于违法论的阶段的论证，这仍然是不充分的。㉒ 为了论证这一点，还必须为规范的理论构造和违法性判断提供统一的视角，据此来揭示"结果"在不法概念内部的意义。

二、与命令规范论之间的矛盾

于是，如果注意到二元人的不法论的前提即对于规范的理解，就会发现其前提与结论之间是不协调的。㉓ 正如一元人的不法论所指出的那样㉔，脱离了行为人之手的"结果"不得成为命令的对象。因为，"命令"这一概念本身就已经预定了其作用的对象是意思，不能涉及意思发动之后的事实。例如，子弹一旦从枪口发射出去，能够阻止该子弹飞行的"命令"就不复存在。㉕ 必须承认，只要以命令规范论作为前提，将"结果"纳入不法在理论上就是不可能的。

即使采用以一般人为对象的命令规范这种构成，上述批判仍然是妥当的。因为，"以一般人为对象"这一修饰语仅仅是对于不法判断时的能力基准的表述而已，其并未导致判断对象的构造发生变化。在一般人看来，当实施了能够认为足以导致结果发生的行为时，对于以一般人为

㉑ Krauß, a. a. O. (Anm. 3), S. 65.

㉒ 例如，对于二元人的不法论所援用的有关行为的日常评价的两面性问题，可以认为事实上并不存在将这两个方面在一个评价范畴内部加以理解的必然性。"优秀的成果业绩"的评价和"创造出该成果的意思以及人格的高尚"的评价分别属于不同层次的观点：前者对应的是违法评价，后者对应的则是责任评价。这样的理解是完全可能的。据此，日常评价的两面性就可以与客观评价规范论相结合。

㉓ 参见曾根威彦：《二元人的不法论与犯罪结果》，载《研修》第 526 号（1992 年）第 3 页以下。

㉔ 参见本章第二节第一款四（第 186 页以下）。

㉕ Reinhold Zippelius, Erfolgsunrecht oder Handlungsunrecht?, NJW 1957, S. 1707.

对象的命令规范的违反即告终了。㉖

而且，即使回避"命令规范"的概念，而仅称为"行为规范"，也无法将"结果"包摄在内。"行为规范"应当在人们选择行为时发挥指针机能，因此，如果其在实施行为时仍未确定，就是毫无意义的。所以，行为规范的对象终究应当理解为导致结果发生的行为。可以说，行为之后"结果"发生与否溯及既往地影响行为"指针"的变动，这是不允许的。因此，对于行为规范的违反而言，脱离行为人之手的"结果"不得具有任何意义。

总之，只要以命令规范论以及行为规范论作为前提，就只能认为得出一元人的不法论才具有一贯性。

三、不法概念的内部统一性的欠缺

1. 在二元人的不法论内部，也有观点试图从规范论上对"结果"在不法论中的地位加以说明。在这种尝试中，既有主张在命令规范以及行为规范的思考框架内对"结果"的地位进行说明的观点，也有提倡导入与命令规范相并列的其他独立规范的观点。

2. 首先，作为试图在命令规范的框架内对"结果"作出说明的观点，可以例举许乃曼的学说和雅科布斯的学说。

（1）基于有关"结果"发生的"风险评价（Risikoabschätzung）"的观点，许乃曼对"结果"的不法构成机能作出以下说明㉗：一元人的

㉖ 另外，关于以一般人为对象的命令规范这种构成，还存在以下疑问：

第一，该立场因以一般人的能力为前提，放弃了对意思的现实的作用。在这一点上，不得不说其放弃了命令规范论的核心。

第二，首先在违法论中就一般人是否可能的问题进行判断，然后在责任论中就行为人是否可能的问题进行判断，这是没有必要的。对于完全相同的对象，而且是基于同一观点，仅仅因为可能性标准的变化而进行二次判断，其意义何在？本书认为，为了确认命令规范的违反，只需要从最开始就以行为人的能力作为标准即可。

第三，如果认为对于一般人而言非不合理的行为不具有违法性，那么，隐灭证据罪（《刑法》第104条）中的"证据的他人性"等（被视为）实定法上类型化的责任要素就全部可以转化为违法要素。其理由在于，正是因为对于一般人也难以认定期待可能性，所以这些要素才被实定法加以类型化。

㉗ Schünemann, Neue Horizonte der Fahrlässigkeitsdogmatik?, a. a. O. (Anm. 3), S. 174-175. 另外，许乃曼的观点直接以过失犯作为重点。

不法论以"结果"的发生无法为行为人提供动机为由，将其排除在不法之外；但是，从法之现实来看，抑止犯罪行为的动机未必是从抽象的禁止中导出的，一般而言，毋宁应当认为它是由对于发生具体"结果"的风险的忧虑以及对于与此相关的刑罚预告的忧虑导出的。所以，"结果"的发生是能够为行为人提供动机的；而且，在具体实现了法秩序的全知全能的人看来，其事先由因果法则予以程序化，在行为当时就已经是确定的。这样一来，根据许乃曼的观点，"结果"的发生属于规范的内容，从而构成了不法。

上述许乃曼的观点，试图基于规范的动机赋予机能和命令机能将"结果"的发生作为规范的内容。但是，他的论证却难以认为是成功的。应当说，行为人的意识所反映出来的结果发生的风险确实具有抑止行为动机的作用，但是，这种事前"预见的"结果（＝结果发生的可能性）和事后"发生的"结果是完全不同的。于是，为了使事前的结果发生可能性与事后现实发生的结果相对应，许乃曼援用了全知全能者，而这则导致其放弃了"命令"规范的实质。[28] 的确，从全知全能者的视角来看，所有的事前判断与事后判断相一致是理所当然的，因而，作为"禁止"对象的行为和引起法益侵害・危殆化的行为的范围就是完全重合的。但是，这种以全知全能者的认识作为前提的禁止，不能对人的意思发挥现实的作用，不具有作为"禁止"的实质。可以说，许乃曼仅仅是在语言层面上将事后发生的结果（客观评价规范的违反）投射于行为而已。

（2）雅科布斯试图通过将"结果"的发生理解为规范的"条件"，从而说明"结果"作为不法要素的地位。[29] 雅科布斯主张，如果认为规范的目的在于避免法益侵害的结果，那么，行为规范（Verhaltensnormen）就要依赖于现实的结果发生这一条件。因为，避免结果这个行为规范的目的只有在结果发生之后才被现实地阻害；而在未发生结果的场合，根本就不需要通过行为规范来提供避免结果的动机。

但是，作为根据命令规范论（以及行为规范论）对"结果"的说

---

[28] Vgl., Degener, a. a. O. (Anm. 10), S. 372.

[29] Günther Jakobs, Studien zum fahrlässigen Delikt (1972), S. 120ff. 另外，雅科布斯的观点直接以过失犯作为重点。

明，雅科布斯的观点并不成功。因为，他所谓的"规范"和"规范的条件"完全是不同层次的概念。这里的"规范"，其作用在于作为行为规范在事前为行为人提供动机；而"规范的条件"则是指脱离行为人之手的事后的"事态"，不具有为行为人提供动机的机能。雅科布斯不过是使用"条件"一词仅仅在语言层面上将这两个完全异质的观点结合在一起而已。而且，"条件"一词本身似乎也已经表明了二者的异质性。㉚㉛现实的法益侵害·危殆化的发生以违反命令规范为前提的主张是完全正确的，但是，这恰恰是客观评价规范论的观点。

综上所述，许乃曼和雅科布斯基于命令规范以及行为规范的观点对"结果"的发生在不法论中的地位进行说明的尝试，是不成功的；其反而表明客观评价规范论才是不可欠缺的。

3. 其次，作为援用与命令规范相并列的其他独立规范的观点，可以例举加拉斯的学说和野村稔教授的学说。

（1）加拉斯一方面将行为无价值视为不法的核心，另一方面则肯定"结果"具有不法构成机能。他主张将行为人与被害人的对抗关系反映在规范论当中，并将规制行为人的行为的"行为规范"与保障被害人法益的"保障规范（Gewährleistungsnorm）"相对立。㉜ 而且，这两种规范分别与行为无价值和结果无价值相对应。也就是说，一方面，行为规范否定了行为人实施侵害行为的企图；另一方面，保障规范（保护规范）则否定了对于被害人受保障的不可侵害性的侵害。㉝

㉚ 根据不同的视角，也可以认为将结果视为"规范违反的条件"的雅科布斯的说明与将结果视为"处罚条件"的一元人的不法论的说明是类似的。

㉛ 此外，对于未遂犯，雅科布斯认为"结果"是不存在的，因而未遂犯的场合就不违反（为了避免结果的）行为规范（Vgl., Degener, a. a. O. (Anm. 3), S. 373）。但是，本书认为，未遂犯的场合同样存在法益的危殆化这种事态无价值。

㉜ Gallas, a. a. O. (Anm. 3), S. 161-162. 此外，作为对加拉斯的观点的批判性探讨，参见曾根：《二元人的不法论与犯罪结果》前揭注㉓第8-9页。

㉝ 作为援用"保障规范"对"结果"在不法论中的地位加以说明的论著，Wolter, a. a. O. (Anm. 3), S. 24ff.；Ebert/Kühl, a. a. O. (Anm. 3), S. 235. 此外，对沃尔特的观点进行探讨的论著有：内田浩：《尤尔根·沃尔特的刑法观和危险概念》，载《成蹊大学法学政治学研究》第10号（1991）年第65页以下；曾根：《二元人的不法论与犯罪结果》前揭注㉓第9页以下；山中敬一：《刑法中的客观归属理论》（1997年）第418页以下〔初出·《关西大学法学论集》第43卷1·2合并号（1993年）〕。

对于上述加拉斯的观点必须提出的问题是：如何将违反行为规范的行为无价值和违反保障规范的结果无价值统合于同一不法概念呢？因为，无论是对象（行为和结果），还是评价的视角（行为人和被害人），加拉斯所谓的行为规范和保障规范都是异质的。可以说，在不法论中将这种异质的规范相并列的观点暴露出其不法论缺乏内部统一性的问题。此外，加拉斯还将行为规范和保障规范包含在"评价规范"这一上位概念当中。㉞ 但是，他所谓的评价规范——与客观评价规范论不同——是缺乏评价的视角和基准的空洞的"形式"，不能为不法概念提供实质的统一性。

（2）野村稔教授㉟采取的是由对行为的事前判断和对结果的事后判断构成的"作为判断形式的违法二元论"，试图根据刑法规范的动态性质对行为无价值和结果无价值进行规范论上的统合。野村教授认为，在实施行为时，刑法规范具有"行为规范"的机能，禁止那些在一般人看来存在危险的行为；根据这种采用事前判断的"行为规范"，行为本身被判定为无价值，这就是行为的违法性。相反，在结果发生时，刑法规范具有"制裁规范"的机能，"（1）在对该结果在刑法规范上的无价值或者有价值……进行事后的·客观的判断的同时，（2）还一并对行为本身的违法性（行为规范违反性）以及该行为人实施的行为整体的最终违法评价加以确定、宣告"。㊱

上述野村教授的观点中值得注意的是，他着眼于规范的机能在实施行为和制裁犯罪这两种场合会发生变化的事实，试图将以事前判断为基础的行为无价值和以事后判断为基础的结果无价值进行统合。但是，包括未遂犯在内，犯罪论是以已经发生的犯罪作为刑事制裁的前提进行考察的。而作为刑事制裁的前提，即使是关于"行为无价值"，根据制裁

㉞ 此外，将行为不法与结果不法的规范理论性统合求诸评价规范的是：Krümpelmann, a. a. O. (Anm. 3), S. 95ff.

㉟ 野村：《刑法总论》前揭注③第 38 页以下、第 156 页以下、第 345 页以下；野村：《未遂犯研究》前揭注③第 302-303 页注②；野村稔：《刑法规范的动态论——刑法规范的一副素描》，载《研修》第 495 号（1989 年）第 8 页以下。

㊱ 野村：《刑法总论》前揭注③第 40 页。

规范作出的评价仍然是存在问题的。因此，最终必须对行为无价值和结果无价值在制裁规范内部的理论统合问题进行探讨。关于这一点，野村教授指出："制裁规范所确定的违法评价是，当结果未发生时，行为本身的违法性即为最终的违法评价；当结果发生时，包括行为本身的违法性在内的违法性才是最终的违法评价。"㊲ 然而，关于行为无价值，为何要将根据行为规范作出的事前判断纳入制裁规范的判断内容以及如何才能妥当地将根据行为规范作出的事前判断纳入"需要进行事后判断"的制裁规范，这些问题均未得到明确的解答。所以，即使是根据野村教授对规范作出的动态理解，也无法消除行为无价值与结果无价值之间的异质性。㊳

4. 综上所述，二元人的不法论的最大问题在于不法概念缺乏内部统一性。㊴ 无论是评价对象还是评价基准，行为无价值评价和结果无价值评价都是完全异质的。除了都属于否定性价值判断（负面）㊵以外，二者不存在任何共性。将这两种异质的判断同时纳入"不法"概念，不仅会导致不法概念的扩散，对于维持分析性的犯罪论体系而言也是无益的。

第四节　客观评价规范论的正当性

1. 如上所述，从作为前提的命令规范论来看，一元人的不法论确实具有理论上的一贯性；但是，由于将结果排除在不法论之外，从而剥夺了不法的现实性·社会性，这一点则是不妥当的。在将结果定位于不

㊲　野村：《刑法总论》前揭注③第 40 页注①。
㊳　作为对野村教授所主张的违法二元论的评论，参见浅田和茂：《野村稔教授著〈未遂犯研究〉》，载《犯罪与刑罚》第 2 号（1986 年）第 121 页以下（关于规范论，第 144 页以下）；中山研一：《刑事法学的动向》，载《法律时报》第 55 卷第 1 号（1983 年）第 191 页以下。
㊴　Vgl., Degener, a. a. O. (Anm. 10), S. 370.
㊵　在否定性价值判断这一点上，责任判断也是一样的。因此，扩散的不法概念不得主张相对责任概念具有独立性。

法论内部方面，二元人的不法论是妥当的；但是，其不仅缺乏与命令规范论以及行为规范论之间的理论整合性，也无法保持不法概念的内部统一性。于是，要达到既实现与实定法的调和，又坚持不法的社会性格；既保持理论一贯性，又提出统一的视点的目的，就必须对所谓的客观评价规范论①进行再评价。

2. 梅茨格认为，刑法在发挥命令规范机能之前，首先发挥的是评价规范（Bewertungsnorm）机能。② 也就是说，只有在根据客观法秩序的观点评价为不当事态之后，该事态的引起才受到禁止。这种以"基于法律视角对一定的事实以及状态作出的判断"③ 为内容的，就是评价规范。作为对评价规范的违反，不法被定义为"改变法律所肯定的状态或者引起法律所否定的状态。"④ 如果不能提供基准和观点，"评价"就是空洞的。根据梅茨格的观点，该评价基准就是"对人类利益的侵害"⑤。于是，客观的评价规范这种形式就因具备了法益侵害·危殆化的内容，从而得以充实。

---

① 采用客观评价规范论的论著有：Johannes Nagler, Der heutige Stand der Lehre von der Rechtswidrigkeit, in: Festgabe für Karl Binding, Bd. 2（1911），S. 273ff.；Edmund Mezger, Die subjektiven Unrechtselemente, GS 89（1924），207ff.；Franz von Liszt/Eberhard Schmidt, Lehrbuch des deutschen Strafrechts, 26. Aufl.（1932），S. 172ff.；Friedrich Nowakowski, Zur Lehre von der Rechtswidrigkeit, ZStW 63（1950），S. 288；Arthur Kaufmann, Das Unrechtsbewußtsein in der Schuldlehre des Strafrechts（1949），S. 137ff.；佐伯千仞：《主观违法与客观违法》，载佐伯千仞：《刑法中的违法性理论》（1974年）第55页以下〔初出·《法学论丛》第27卷第1号（1932年）〕；佐伯千仞：《违法性的理论》，载佐伯千仞：《刑法中的违法性理论》第29页以下〔初出·日本刑法学会编：《刑事法讲座·第一卷》（1952年）〕；高桥敏雄：《主观违法与客观违法》，载高桥敏雄：《违法性论的诸问题》（1983年）第1页以下；木村龟二：《刑法规范的理论构造（一）》，载《法学》第10卷第11号（1941年）第1页以下；香川达夫：《刑法讲义总论〔第三版〕》（1995年）第155页以下；曾根威彦：《刑法总论〔新版补正版〕》（1996年）第84页以下；泷川幸辰：《改订·犯罪论序说》（1947年）第76页以下；平野龙一：《刑法总论Ⅰ》（1972年）第50页；内藤谦：《刑法讲义总论（中）》（1986年）第305页以下；中山研一：《刑法总论》（1982年）第230页；前田雅英：《可罚的违法性理论研究》（1982年）第274页以下；前田雅英：《刑法讲义总论〔第二版〕》（1994年）第66页以下等。

② Mezger, Die subjektiven Unrechtselemente, a. a. O.（Anm. 1），S. 241. 还可以参见佐伯：《主观违法与客观违法》前揭注①第80页以下。

③ Edmund Mezger, Strafrecht. Ein Lehrbuch, 2. Aufl.（1933），S. 164.

④ Mezger, Die subjektiven Unrechtselemente, a. a. O.（Anm. 1），S. 246.

⑤ Mezger, Die subjektiven Unrechtselemente, a. a. O.（Anm. 1），S. 248.

另一方面，违反命令规范是在作为违反评价规范的不法确定以后的责任论阶段探讨的。如果要保持其实效性，以作用于意思为内容的命令规范与具体的行为人之间的关系往往就会成为问题。这也正是应当在责任论阶段探讨违反命令规范的理由所在。⑥

3. 上述客观评价规范论经常受到的质疑，是评价规范相对于命令规范的理论先行性的问题。具体而言，"在将法规范定立为法规范的阶段，评价确实应当优先于决定。然而，在适用已经定立的法规范的阶段，不就应当认为法的命令·禁止反过来要优先于评价吗？"⑦ 但是，即使是在刑法适用阶段，以事态无价值为对象的评价规范仍然是首先发挥作用的。因为，只有在作为不当事态的法益侵害·危殆化（事态无价值）被确认以后，行为才是真正应当予以禁止的。在没有发生事态无价值的场合，根本不存在禁止该行为的必要，禁止规范的适用也是"多余"的。如果将那些不会导致任何不当事态，因而不违反客观法秩序的行为作为"不法"加以禁止，就违背了法的任务。所以，根据"评价规范"对作为不当事态的法益侵害·危殆化所进行的确认，即使是在刑法适用阶段，也应当优先于对违反命令规范的确认。虽然命令规范论者将"法不强迫不可能的事"作为其论据⑧，但是，倡导不以事态无价值为前提的命令规范将使得其最终归结为"法强迫不必要的事"。可以说，一元人的不法论主张不能犯甚至是迷信犯也实现了全部不法的观点⑨，就充分体现了这一点。

---

⑥ 客观评价规范论并不否定或者轻视刑法作为命令规范的侧面，而仅仅是反对在违法论的阶段对其进行考量。

⑦ 大塚仁：《刑法概说·总论〔改订增补版〕》（1992年）第310页。采纳相同立场的有：日冲宪郎：《违法与责任》，载日本刑法学会编：《刑法讲座·二卷》（1963年）第87页以下；庄子邦雄：《犯罪论的基本思想》（1979年）第123页以下；西原春夫：《刑法总论·上〔改订版〕》（1993年）第207页以下等。

⑧ Armin Kaufmann, Lebendiges und Totes in Bindings Normentheorie (1954), S. 102ff.; Klaus Lüderssen, Die strafrechtsgestaltende Kraft des Beweisrechts, ZStW 85 (1973), S. 292. 增田丰：《现代德国刑法学中的人格不法论的展开I——特别是结果在犯罪构成中体系性地位和机能》，载《明治大学大学院纪要》第12集（1）法学编（1974年）第138页。

⑨ Armin Kaufmann, Zum Stande der Lehre vom personalen Unrecht, in: Festschrift für Hans Welzel zum 70. Geburtstag (1974), S. 403〔作为日文翻译，川端博：《不法论的现代展开——人的不法论对犯罪理论的新构成》，载川端博译：《刑法的基本问题》（1983年）第42页〕。

4. 于是，鉴于规制社会生活的外部方面这一法的任务⑩，就应当支持与法益侵害说相结合的客观评价规范论的立场；而且，刑法的机能也体现了这种立场的正当性。既然刑法的任务是对犯罪这一社会现实中的纷争进行（事后）处理，就必须将社会现实中的犯罪作为对象。⑪ 而作为社会现实的犯罪的第一要义，就在于其导致了作为不当事态的法益侵害·危殆化。因此，（包括危险在内的）"结果"的发生就不仅仅只是"媒介"或者"征表"，而必须将其理解为构成发动刑罚权的根据的"实体"。如前所述，如果忽视了这种作为"实体"的"结果"，就将导致不法论丧失现实性·社会性。⑫

5. 综上所述，违法性判断是根据评价规范对社会外界的不当事态作出的无价值评价，而具体体现法益侵害·危殆化的"结果"的发生，则是作为该事态无价值的内容的不法的核心要素。

对于上述纳入不法构成要素的"结果"以及"事态无价值"，责任主义的要求依然适用；而且，其与行为人的行为之间还必须存在一定的归属关联。也就是说，作为客观的归属关联，要求与行为之间存在相当因果关系；作为主观的归属关联，只有为行为人的故意·过失所包摄的"结果"，才能归属于行为人的行为，进而为行为人的责任和刑罚提供基础。相反，在主张"结果"只是位于不法外部的客观处罚条件的一元人的不法论看来，责任主义的要求并不涉及与"结果"相关的归属关联。这样一来，肯定"结果"具有不法构成机能就不意味着承认一元人的不法论者所指责的"偶然责任"，反而有助于排除偶然责任。

第五节　规范论与客观处罚条件

如上所述，如果采用客观评价规范论，并且从不法的内容中发现法

---

⑩　参见加藤新平：《法哲学概论》（1976年）第319页。

⑪　强调刑罚的事后处理机能与采用目的刑论（预防刑论）不一定就是矛盾的。刑法通过对过去发生的事件进行事后处理，从而实现对将来的犯罪的预防。如果从刑罚中剥夺了事后处理的侧面，就无法将刑罚与"预防拘禁"相区别。

⑫　本章第二节第二款一（第191页以下）。

益侵害·危殆化的事态无价值，那么，破产犯罪中的"破产宣告的确定"（《破产法》第 374 条以下）或者事前受贿罪中的"就任公务员"（《刑法》第 197 条第 2 项）等被视为客观处罚条件的事由就与"结果"一样，都可以理解为构成不法的要素。也就是说，正是由于"破产宣告的确定"以及"就任公务员"，才使得法律应当防止的事态无价值（达到可罚程度的法益侵害·危殆化）得到确认，作为违反评价规范的违法性也因此得到肯定。①

相反，通说观点虽然将"结果"作为不法要素，却不承认"破产宣告的确定"等事由也属于不法要素。但是，"破产宣告的确定"对于作为被害人的债权人具有重要的利害关系，并且在评价作为一种社会纷争的破产犯罪的实体方面具有重要意义；而"就任公务员"则恰恰就是构成事前受贿罪的本质的要因，决定了收受财物等行为的社会意义（对社会外界的影响）。将这些对于社会或者被害人而言具有现实意义的事由从"不法"以及"犯罪"中分离出去，并矮化为政策性要素或者征表行为不法的要素，这种观点忽略了上述事由的社会性·现实性意义，无法对破产犯罪以及事前受贿罪的社会性实体作出正当的评价。于是，在剥夺了"不法"以及"犯罪"的社会性·现实性基础这一点上，主张将该当客观处罚条件的事由排除在"不法"和"犯罪"之外的通说见解与一元人的不法论存在着同样的问题。

通说见解或许认为将作为外部的·事后事由的客观处罚条件与不法相关联，有承认偶然责任之嫌。但是，与将"结果"定位在不法内部一样，将客观处罚条件定位于不法，不仅不会招致偶然责任，反而会起到排除偶然责任的作用。因为，这些事由一旦从不法中分离出去，就不再

---

① 客观评价规范论的立场原本就不仅仅是通过违反评价规范的事态无价值来为刑罚提供基础的。当该事态无价值在主观上归属于作为命令规范的反价值的意思决定时，不法才会与责任相结合，对行为人的处罚也才具备了基础。所谓"不法和责任必须相对应"是指主观的归属要求，但并不意味着不法构成事实与责任构成事实必须是同一的。能够对"违法要素"和"责任要素"加以区别的事实，就证明了这一点。另外，虽然也存在着将归属于主观方面的不法称为广义的"责任"的用法，但是这种广义的"责任"并不是命令规范违反本身，而是指由其导致的事态。在这一点上，其与固有意义上的责任是不同层次的。

受责任主义的任何制约；相反，将其纳入不法要素，——如下一章所述——就要求具备一定的归属关联。

综上所述，客观处罚条件与规范论之间存在密切的关系，这绝对不是偶然的。提到客观处罚条件这一概念的起源，就应当会想到学说史上宾丁的规范论。② 如今，在通说将客观处罚条件置于不法外部的背景当中，仍然可以看到对于处在宾丁所倡导的规范论的延长线上的命令规范论以及作为其具体展开的人的不法论的崇拜。③ 通说见解以该当客观处罚条件的事由是不属于行为人的行为的外部的·偶然的要素为由，将其排除在不法之外。可以说，这个理由与一元人的不法论主张处于行为人行为的外部且依赖于偶然性的"结果"不属于不法的理由是重合的。所以，如果通说见解要贯彻作为其背景的命令规范论，就只能发展为一元人的不法论。然而，如前文所述，由一元人的不法论得出的各种归结都是不妥当的。

这样看来，采用客观评价规范论，将被视为客观处罚条件的事由与"结果"同样定性为不法要素的方向，才是妥当的。因此，在下一章中，本文拟以现行法中被视为客观处罚条件的事由为例，在说明其在不法论内部的具体地位·机能的同时，探讨由其构成的事态无价值以及与行为之间的归属关联，从而尝试将客观处罚条件还原于不法。

---

② 我国最早主张将客观处罚条件还原于不法论的佐伯千仞博士也是客观评价规范论的主要倡导者。可以说，这也象征性地体现了客观处罚条件概念与规范论之间的关联性（关于博士的见解，参见上编第五章第三节〔第 161 页以下〕）。

③ 作为以所谓的客观处罚条件不属于行为规范以及法命令的内容为由，主张应当将其排除在不法之外的观点，参见北野通世：《客观处罚条件论（六）》，载《山形大学纪要（社会科学）》（1996 年）第 1 页以下（特别是第 15-16 页）；北野通世：《客观处罚条件论（七·完）》，载《山形大学纪要（社会科学）》（1997 年）第 41 页以下（特别是第 42 页、第 48 页、第 64-66 页）。

第七章　试论将客观处罚条件还原于犯罪概念

第一节　事前受贿罪中的"就任公务员"

第一款　事前受贿罪的不法构造

1. 如前章所述，犯罪的"结果"被理解为不法的构成要素。这个结论也得到了通说的承认。

为"结果"赋予不法要素的地位，就意味着承认违法评价的事后变动。因为，正如一元人的不法论正确指出的那样，"结果"是在脱离行为人的掌控之后发生的事态，其发生依赖于事后的·外部的事由。在对于事后的·外部的事由具有依赖性这一点上，可以发现普通的结果犯和规定有客观处罚条件的犯罪之间存在共性。如果为结果犯中的"结果"赋予不法构成机能，并承认"结果"发生与否决定着违法评价的事后变动，也就能够为所谓的客观处罚条件赋予不法构成机能，承认由其导致的违法评价的变动。可以说,尤其是从将法应当防止的事态无价值作为违法评价的对象的客观评价规范论的立场来看,违法评价随着"事态"的推移而发生变动是极其自然的。①

然而,即使将违法评价的对象理解为受制于事后变动的事态无价值,但是只要该事态无价值不被归属于行为人的行为,就不得据此为行为人的处罚提供基础。可以认为,在这个意义上,与行为之间存在归属关联是将客观处罚条件还原于不法概念的前提和界限。通说之所以将客观处罚条件作为与行为无关的事由排除在不法概念之外,也许就是考虑到缺少这种归属关联。

下面,本书将通过对普通的结果犯和事前受贿罪进行类比的方法,来说明规定有客观处罚条件的犯罪类型的不法构造,揭示其违法评价的事后变动的过程以及归属关联的存在。

2. 首先,作为普通的结果犯,我们可以设定一个利用列车的通过实施杀人罪的事例:A 为了杀死 B,将 B 绑在铁轨上等待列车通过;正如 A 计划的那样,由此通过的列车将 B 轧死(以下称为"轨道事例")。

在该事例中,B 死亡的结果的发生,依赖于列车通过这一事后的·外部的事由。在此,对于作为杀人罪的构成要件结果的"致人死亡"的发生以及杀人罪既遂的不法内容的实现而言,列车通过这一外部事实属于停止条件。

此时,结果发生的经过如下所示(参见图Ⅰ):首先,A 把 B 绑在轨道上,由此设定了导致"B 死亡"这一结果(=事态无价值)发生的第一个条件。其次,发生导致"B 死亡"的第二个条件是列车到来并通过此地。这两个条件相结合,共同导致了"B 死亡"的结果(=事态无价值)。虽然 B 死亡的结果的发生取决于列车通过这一事后的·外部条件,但 A 仍然要为此承担责任。行为人要对结果承担责任的,不仅限于自己设定了所有导致结果发生的条件的情

---

① 关于违法评价的事后变动,参见铃木茂嗣:《名誉毁损罪中的事实证明》,载中义胜编:《论争刑法》(1976 年)第 315 页以下(特别是第 325—326 页)。

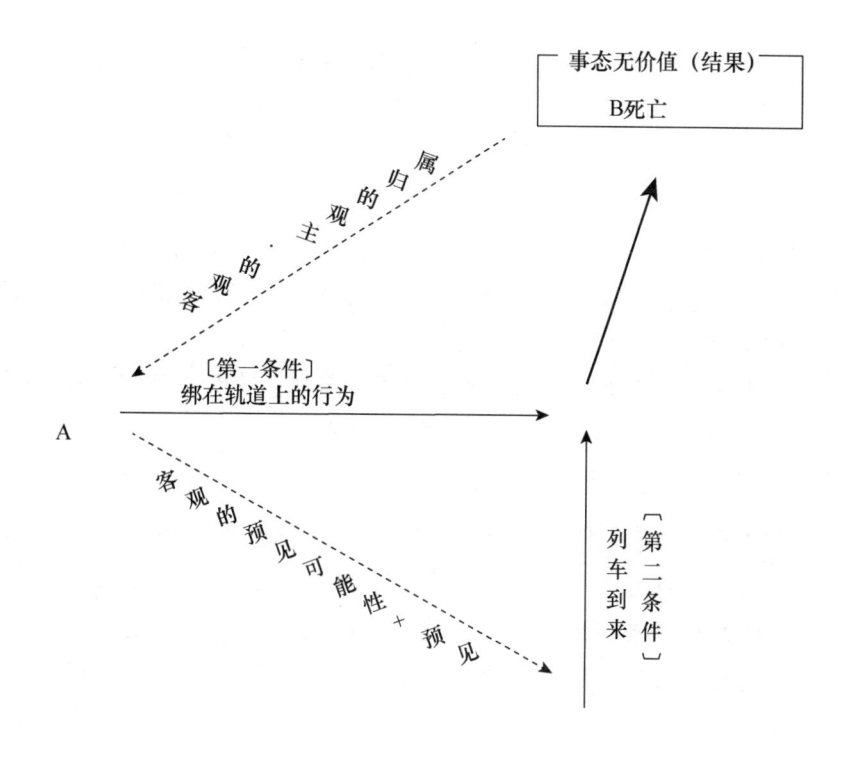

```
                            ┌─事态无价值（结果）─┐
                            │       B死亡        │
                            └───────────────────┘
                                    ↑
            客观的·主观的归属          │
                  ╲                  │
                    ╲                │
                      ╲              │
                  [第一条件]           │
                  绑在轨道上的行为      │
        A  ──────────────────────→   │
            ╲                      ┌─┴─┐
              ╲  客观的预见可能性×预见  │列│第
                ╲                  │车│二
                  ╲                │到│条
                    ╲              │来│件
                      ╲            └───┘
```

图 I · 轨道事例

形，还包括利用既有的或者将来发生的外部事由导致结果发生的情形。

然而，要将 B 死亡的结果（＝事态无价值）归属于 A，作为 A 的处罚根据，就必须具备以下两个前提：第一，为了在客观上将 B 的死亡归属于 A 的行为，需要列车通过这一导致死亡发生所必需的介在事由是根据经验法则在客观上可能预见的，并且是在客观上可能利用的。[②]

[②] 最近，在"结果"的客观归属要件的问题上，除了条件说、客观相当因果关系说、折中相当因果关系说之外，所谓的客观归属论也得到有力的主张（例如，山中敬一：《刑法中的客观归属理论》（1997 年）第 1 页以下等）。除条件说以外，其他所有立场在参照经验法则否定客观上不可预见的"结果"的归属方面，都是相同的。于是，本书也试图以这种将客观的预见可能性作为"结果"的客观归属要件的立场作为前提展开论述（另外，作为"结果"的客观预见可能性的前提，其发生所必要的介在事由的客观预见可能性也成为问题。文中的"列车到来"的客观预见可能性以及后述"就任公务员""破产宣告的确定"的预见可能性，都必须具有作为介在事由的预见可能性）。

当列车通过这一事实在客观上无法预见时，因其介入而导致B死亡的结果与A的行为之间的相当因果关系将会被否定，于是就不得归属于A的行为。第二，为了在主观上将B的死亡归属于A的故意责任，要求A预见到列车通过。对于B死亡的结果而言，列车通过的事实是必不可少的前提。因此，当A未预见到该事实时，其故意责任即被否定。③ 另外，当过失责任的归属成为问题时，就要求对于列车通过的事实具有主观的预见可能性。

3. 被认为含有客观处罚条件的犯罪类型与上述轨道事例具备相同的不法构造。下面，本书以事前受贿罪（《刑法》第197条第2项）为例加以探讨（参见图Ⅱ）。

处罚受贿罪的目的，在于防止发生"公务员被置于不正当利益影响之下"的事态，从而保障"公务的廉洁性以及公正性"④。从这一受贿罪的保护法益来看，事前受贿罪的构造如下：首先，即将成为公务员的人收受财物，由此设定了指向"公务员被置于不正当利益影响之下"的事态无价值的第一个条件。其次，行为人实际"就任公务员"，从而具备了实现该事态无价值的第二个条件。这两个条件相结合，导致了"公务员被置于不正当利益影响之下"的事态无价值，并造成"公务的廉洁性以及公正性"的（可罚程度的）危殆化。作为第二个条件的"就任公务员"确实未必源于行为人自身

---

③ 与此相对，基于主张因果经过不是故意的对象——因果经过的错误不阻却故意——的立场，可以想见将会出现以下反驳：列车的通过不是结果，而仅仅是因果经过中的介在事由，因此，对它的认识·预见是不必要的。但是，对于B死亡这个结果——至少是轧死这一具体形态的结果——的发生而言，列车通过是必不可少的前提。因此，对于B被轧死的预见只有以对列车通过的预见为前提，才能成立。如果没有预见到列车通过，对于B被轧死这一"结果"的预见就会被否定。在这个意义上，即使是主张将因果经过排除在故意对象之外的观点，也必然会承认对于列车通过的预见是必要的。

④ 在受贿罪的保护法益的问题上，存在着纯粹性说、不可收买说和信赖保护说的对立。然而，无论采纳哪个立场作为前提，本书的论述基本上都是妥当的。另外，关于受贿罪的保护法益，参见北野通世：《受贿罪的考察（一）（二·完）》，载《法学杂志》第27卷第2号（1986年）第259页以下、第28卷第3号（1988年）第378页以下。

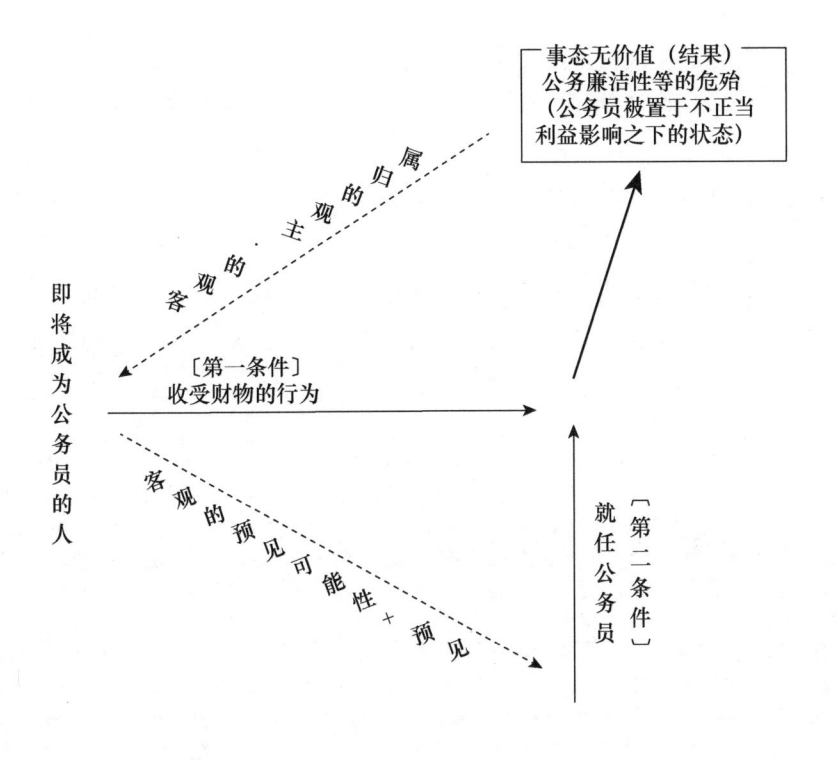

```
                                    ┌─────────────────────┐
                                    │ 事态无价值（结果）   │
                                    │ 公务廉洁性等的危殆   │
                                    │（公务员被置于不正当 │
                                    │ 利益影响之下的状态） │
                                    └─────────────────────┘
                                              ▲
              客观的·主观的归属                │
         ╲ ╲                                   │
即         ╲ ╲                                 │
将          ╲ ╲                                │ ［
成            ╲ ╲                              │ 第
为  〔第一条件〕 ╲ ╲                            │ 二
公  收受财物的行为                              │ 条
务  ──────────────────────────→                │ 件
员                                              │ ］
的    客观的预见可能性 + 预见                   │ 就
人         ╲ ╲                                 │ 任
            ╲ ╲                                │ 公
             ╲ ╲                               │ 务
              ╲ ╲                              │ 员
               ╲ ╲ ↘                           │
```

图 II · 事前受贿罪

的行为⑤，但是只要其在客观上是可能预见的，那么，由收受财物的行为和"就任公务员"的事实发生竞合所导致的"公务员被置于不正当利益影响之下"的事态无价值，就能够在客观上归属于行为人的行为。另外，只要行为人预见到"就任公务员"，就能够将所发生的事态无价值在主观上归属于行为人的故意责任。

综上所述，作为产生"公务员被置于不正当利益影响之下"的事态无价值（＝结果）所必需的第二个条件（介在事由），"就任公务员"为公务的廉洁性以及公正性的危殆化提供了基础。在这个意义上，它也决定了事前受贿罪的不法内容。所以，"就任公务员"就构成了作为可罚

---

⑤ 通说将"就任公务员"排除在不法构成要件之外的理由之一在于，它是官方任命的，而不是由行为人的行为所引起的。然而，在不以行为人的行为为起因这一点上，其与普通受贿罪中的"公务员"身份并不存在差异。

的不法类型的构成要件的要素。⑥

相反，从将"就任公务员"理解为位于不法构成要件外部的客观处罚条件的立场⑦来看，无需出现"就任公务员"的事实，在收受财物的阶段就能够肯定存在达到可罚程度的法益的危殆化，因而事前受贿罪的构成要件也已经完全具备。但是，对于为何要在出现"就任公务员"的事实以后才进行处罚的问题，这种立场无法作出说明。⑧ 一旦脱离有关公务的廉洁性以及公正性的危殆化这种有关违法性的考虑⑨，想要合理

---

⑥ 将"就任公务员"理解为构成要件的论著有：植松正：《刑法概论Ⅱ各论〔再订版〕》（1975年）第75页；大塚仁、河上和雄、佐藤文哉编：《大コンメンタール刑法〔第七卷〕》（1991年）第462-463页〔河上和雄执笔〕；大谷实：《刑法讲义各论〔第四版补订版〕》（1995年）第587页；小野清一郎、中野次雄、植松正、伊达秋熊：《刑法（ポケット注释全书）〔第三版〕》（1980年）第446页〔植松正执笔〕；香川达夫：《刑法讲义各论〔第三版〕》（1996年）第140页；佐伯千仞：《刑法各论〔订正版〕》（1981年）第45页；齐藤信治：《刑法总论〔改订版〕》（1995年）第124页；曾根威彦：《刑法各论〔新版〕》（1995年）第307页；泷川春雄、竹内正：《刑法各论讲义》（1965年）第438页；团藤重光：《刑法纲要各论〔第三版〕》（1990年）第143页；中义胜：《刑法各论》（1975年）第301页；中义胜、吉川经夫、中山研一编：《刑法Ⅰ总论》（1984年）第87-88页〔生田胜义执笔〕；中森喜彦：《刑法各论〔第二版〕》（1996年）第343页；中山研一：《刑法各论》（1984年）第556页；平川宗信：《刑法各论》（1995年）第505页；福田平：《全订·刑法各论〔第三版〕》（1996年）第53页；浅田和茂、齐藤丰治、佐久间修、松宫孝明、山中敬一：《刑法各论》（1995年）第397页〔齐藤丰治执笔〕。此外，在实质上承认"就任公务员"与违法性有关的论著有：熊仓武：《日本刑法·各论〔下卷〕》（1970年）第832页；前田雅英：《刑法各论讲义〔第二版〕》（1995年）第594-595页。

⑦ 将"就任公务员"理解为客观处罚条件的论著有：青柳文雄：《刑法通论Ⅱ各论》（1963年）第60页；大塚仁：《刑法概说各论〔第三版〕》（1996年）第637-638页；川端博：《刑法各论概要〔第二版〕》（1996年）第414页；小野清一郎：《新订·刑法讲义各论〔第13版〕》（1954年）第54页注①；柏木千秋：《刑法各论》（1960）年第155页；江家义男：《刑法讲义各论〔改订发行〕》（1953年）第184页；小暮得雄、内田文昭、阿部纯二、大谷实编：《刑法讲义各论》（1988年）第574页〔神山敏雄执笔〕；西原春夫：《犯罪各论〔第二版〕》（1983年）第419页；藤木英雄：《刑法讲义各论》（1977年）第65页；北野通世：《客观处罚条件论（七·完）》，载《山形大学纪要（社会科学）》第27卷第2号（1997年）第61页注㉟。

⑧ 关于在"就任公务员"之后再进行处罚的实质根据，主张将该事由作为客观处罚条件的论者并未作出说明。但是，由于客观处罚条件说脱离了刑法学中得到传统性承认的违法性和责任的视角，完全以政策性考虑为依据，因此，回避对于该政策性考虑的实质内容的说明是行不通的。

⑨ 然而，如果以完全将法益的侵害·危殆化与不法相分离的一元人的不法论作为前提，那么，虽然也能够对公务廉洁性以及公正性的危殆化这一事态与违法性无关作出说明，但是，正如前章所述，一元人的不法论在剥夺了不法概念的外在性·现实性·社会性这一点上是欠妥当的（参见上编第六章第二节第二款〔第191页以下〕）。

地说明将"就任公务员"作为要件的根据就极其困难。而且，在一般的受贿罪中，如果认为"公务员的地位"为违法性提供了基础，那么，承认事前受贿罪中的"就任公务员"也具备相同的实质才是一贯性的立场。在一般受贿罪和事前受贿罪之间对"公务员"这一契机所具有的实质意义作不同的理解，无论如何都是不合理的。另外，在事前受贿罪中，"就任公务员"的事实对于收受财物等行为的社会影响而言具有决定性的重要意义，这一点是毋庸置疑的。如果将该事实排除在不法之外，事前受贿罪的不法将丧失社会基础。这样看来，通说见解将"就任公务员"理解为客观处罚条件，并将本罪的不法内容固定在行为当时，这不得不说是存在局限性的。

通说见解也许是认为将作为事后事由的"就任公务员"与违法性相关联，有承认"偶然责任"之嫌。但是，对"就任公务员"具有不法构成意义予以肯定的立场主张，只有当"就任公务员"这一介在事由在客观上具有预见可能性，并且为行为人所预见时，才能对由介在事由造成的事态无价值（法益的侵害·危殆化）的归属作出认定。因此，这并不是对偶然责任的承认。这一点在轨道事例中也是一样的，即只有当列车通过这一外部事由在客观上是预见可能的，并且为行为人所预见时，才能将由该介在事由造成的B的死亡归属于A的故意责任。如果将外部的介在事由导致的违法评价的变动（以及相应的责任评价的变动）作为"偶然责任"予以否定，那么，对于结果犯中的"结果"所引起的违法评价的变动以及"结果"的不法构成机能不予以否定，就不具有一贯性。

4. 通说见解一方面承认"结果"发生所引起的违法评价的事后变动，另一方面却拒绝承认事前受贿罪中的"就任公务员"所导致的违法评价的事后变动，其理由是什么呢？事前受贿罪的不法构造与轨道事例中的杀人罪的不法构造之间存在怎样的区别呢？

本书认为，二者的区别在于：第一，杀人罪是侵害犯，而（事前）受贿罪——根据对于保护法益的理解不同[10]——是危险犯；第二，杀人

---

[10] 以公务的公正性作为保护法益的立场将受贿罪视为危险犯；相反，以不可收买性作为保护法益的立场则将其视为侵害犯（参见北野·前揭注④第28卷第3号第403页以下）。

罪是结果犯，而（事前）受贿罪是举动犯。

231　　但是，首先，（事前）受贿罪系危险犯而非侵害犯，这不能成为拒绝承认不法的事后变动的理由。的确，如果将危险犯中的"危险"仅仅理解为行为本身的属性⑪，危险犯的不法在行为当时就已经确定，其事后变动将不会得到承认。然而，将危险理解为行为的属性的观点在以下几个方面存在问题：第一，从现行法的规定来看，作为具体危险犯的放火罪（《刑法》第110条的建筑物等以外的放火等）将"公共危险"的发生作为要件。然而，该"公共危险"显然是脱离了行为人掌控的"事态"，其意味着作为结果的危险。第二，作为抽象危险犯的放火罪（同第108条的现居住建筑物等的放火等）也将"烧毁"规定为放火的结果，并以烧毁所造成的对于不特定多数人的生命·身体·财产的危险作为处罚根据。因此，应当追究的不是行为本身的危险，而是作为结果的危险。⑫⑬第三，如果将第六章中已经确认具有正当性的客观评价规范论作为前提，那么，与侵害犯中的"侵害"结果相同，在行为给外界造成的不当事态的意义上也可以把作为危险犯的处罚根据的"危险"理解为"结果"的一种。⑭⑮于是，如果将"危险"也视为一种"结果"，拒绝承认不法内容会随着其发生而出现事后变动的理由将

---

⑪　参见野村稔：《未遂犯研究》（1984年）第239页以下。

⑫　参见山口厚：《危险犯研究》（1982年）第58页。

⑬　另外，在抽象危险犯中，也应当认为一定危险的发生是必要的（参见冈本胜：《"抽象危殆犯"的问题性》，载《法学》第38卷第2号（1974年）第127页以下）。然而，即使立足于主张危险的发生是法律所拟制的立场，也应当认为放火罪中被拟制的不是实施放火行为的危险性，而是该行为所伴随的烧毁这一结果的危险。否则，放火罪的既遂和未遂在公共危险方面就不存在任何差别，从而无法——从财产毁损以外的角度——对二者的区别作出说明。

⑭　关于主张应当将作为危险犯处罚根据的危险视为一种结果的观点，参见山口·前揭注⑫第56-65页；平野龙一：《刑法总论I》（1972年）第119页。此外，行为本身的危险性应当理解为将结果的危险归属于行为的要件。

⑮　在危险是属于行为的属性还是属于结果的问题中，包含着危险的存在时间问题和危险的判断时间问题。对于行为时存在的危险，可以根据行为后判明的事实作出判断，因此，对二者加以区别是必要的。在事前受贿罪中，与存在时间有关的危险的事后性是问题所在。

不复存在。⑯

对于以上论述，可以预见到的反驳是：就一般论而言，即使危险犯中存在承认不法的事后变动的余地，然而，由于（事前）受贿罪属于举动犯（单纯行为犯），因而，应当仅将行为时的不法作为评价对象。的确，（事前）受贿罪的规定中并不包括客体的有形变动这个意义上的对于狭义"结果"的记述，因而，从规定的形式这一观点来看，也许可以将其称为举动犯而非结果犯。但是，即使未规定构成要件结果（狭义的结果），就直接否定不法的事后变动，仍然是草率的。

正如经常受到的指责那样，在要求法益侵害·危殆化（以及作为其具体表现的事态）的意义上的广义的"结果"方面，举动犯与结果犯之间并不存在区别。⑰ 在受贿罪中，也必须具备"公务廉洁性和公正性的危殆化"（公务员被置于不正当利益影响之下的事态）这种广义的结果。只是在一般受贿罪的场合，这种不当的事态是与收受财物等行为同时发生的，从而可以直接认定存在可罚程度的法益危殆化，于是也就没有必要再把广义的结果作为问题。相反，在事前受贿罪的场合，在实施收受财物等行为的当时，尚难以认定对于公务廉洁性的（可罚程度的）危险已经现实化。即使收受了财物，只要行为人尚未就任公务员，就可以将该不法评价为刑事上不予追究的程度。所以，在事前受贿罪中，可罚程度的法益侵害·危殆化（以及作为其具体表现的事态）不是在收受财物

---

⑯ 将危险理解为一种"结果"、肯定其事后变动，这同时也是与共犯处罚有关的实行从属性以及间接正犯·隔离犯中的到达主义的前提。教唆者·帮助者以及（采取到达主义时的）间接正犯中的利用者等的可罚性，是以正犯者以及被利用者的实行着手所产生的危险的具体化为条件的。然而，对于教唆者·帮助者以及利用者而言，这种实行着手无疑就是脱离其掌控之后发生的事态（参见山口·前揭注⑫第60页）。所以，如果将"危险"仅仅理解为行为的属性，并将加担犯和间接正犯的违法性固定在加担行为时·利用行为时，那么，对于加担者和利用者而言，正犯者以及被利用者的实行就只能理解为客观处罚条件（例如，野村稔在《刑法总论》（1990年）第419页指出，对于帮助犯而言，正犯者的实行着手不过是处罚条件而已）。此外，关于正犯行为对于共犯者的意义，参见高桥则夫：《共犯体系与共犯理论》（1988年）第171页以下〔初出·《共犯中的正犯行为的构造性地位（一）（二）（三）（四）（五·完）》，载《早稻田大学大学院法研论集》第31号（1984年）、第32号（1984年）；《东洋法学》第28卷第1号（1985年）、第30卷第1·2号（1987年）、第31卷第1·2号（1988年）〕。

⑰ 参见平野·前揭注⑭第118-119页；内藤谦：《刑法讲义总论（上）》（1983年）第210页。

等行为时产生的，而是在就任公务员时才产生的。然而，在法律条文中，将"公务的廉洁性以及公正性的（可罚程度的）危殆化"这一无形的结果作为客体的变更以"构成要件结果"的形式进行描述，这在立法技术层面上存在巨大的困难。于是，通过作为法益侵害·危殆化的必要条件的"就任公务员"这一表述来代替构成要件结果的表述，据此把握作为实质结果的"公务的廉洁性以及公正性的（可罚程度的）危殆化"，这就是事前受贿罪的规定形式。[18] 这样一来，在行为的实施与法律应当防止的事态无价值的发生之间存在时间间隔的意义上，就可以认为事前受贿罪在实质上也属于结果犯。[19]

综上所述，无论是理论上还是规定形式上，将"就任公务员"理解为不法构成要件要素都不存在任何障碍。既然如此，通说为何坚持将"就任公务员"解释为位于不法构成要件外部的客观处罚条件呢？其理由似乎也只能从以人的不法观以及命令规范论为背景的、对于不法的事后变动的根深蒂固的抵触感中探求。[20] 这一点也会让人联想到客观处罚条件的概念实际上就源自宾丁的规范论。[21]

第二款　还原于不法构成要件的解释论上的归结

一、行为与"就任公务员"的关系

1. 如上所述，在解释论上，将事前受贿罪中的"就任公务员"作为导致"对于公务廉洁性以及公正性的可罚程度的危险"的事态发生的

---

[18] 生田胜义教授将"就任公务员"等该当客观处罚条件的要素命名为"结果限定条件"（中义胜等编〔生田〕·前揭注⑥第88页）。

[19] 北野通世教授指出："在该当客观处罚条件的事实发生时，构成要件该当行为本身的因果展开就已经终了了。"（北野通世：《客观处罚条件论（六）》，载《山形大学纪要（社会科学）》第27卷第1号（1996年）第7页）但是，根据笔者提倡的应当将可罚程度的法益的侵害·危殆化理解为实质的结果的观点，在"就任公务员"这一介在事由所产生的危险尚未具体化之前，受贿行为的因果展开并没有结束。

[20] 但是，如前所述，这种不法观必然会发展成为将结果犯中的结果也视为客观处罚条件的一元人的不法论（参见上编第六章第二节第二款二〔第210页以下〕）。

[21] 参见上编第一章第三节2（第28页）。

第二个条件（介在事由）还原为不法构成要件要素，会产生若干具体的归结。其中尤为重要的，是有关收受财物等行为与"就任公务员"的关系的以下三个归结（此处建议参见图Ⅱ）。

2. 首先，作为已经发生的事态无价值向行为的客观归属要件，要求将来条件的实现（就任公务员）在行为（收受财物等）时必须是客观上可能预见的。换言之，在收受财物时，将来成为担任与请托相关的职务的公务员就必须具备一定程度的盖然性和可能性。[22] 如果行为时无法在客观上预见到"就任公务员"，因该事由的介入所产生的"公务的廉洁性以及公正性的危殆化"这一结果与行为之间的相当因果关系就将被否定。在轨道事例中，如果列车通过的介在事由是客观上不可能预见的，被害人死亡的结果与将其捆绑在轨道上的行为之间的相当因果关系就会被否定。二者的道理是相同的。[23]

---

[22] 作为要求就任公务员必须具有一定的可能性以及盖然性的论著，例如团藤重光责任编集：《注释刑法（4）》（1965年）第419页（内藤谦执笔）；大塚等编〔河上〕・前揭注⑥第461页；大谷・前揭注⑥第587页等。

另外，判例认为，"仅有参加竞选、成为公务员的内心希望是不够的。对于像本案这样行为人已经决议参选并表明该决议、开始为竞选做准备活动的场合，即使是在提交参选申请以前，自然也应当认为其该当'即将成为公务员的人'……"因而也要求就任公务员必须具有一定的可能性（宇都宫地判平成5年10月6日《判例タイムズ》第843号258页。着重符号系笔者附加）。作为本案的评释，内村嘉寿子：《刑法第197条第2项的"即将成为公务员的人"中包括虽尚未成为市长选举的候选人、但已经表明参选的人事例》，载《研修》第559号（1995年），第35页以下；太田茂：《在成为市长选举的候选人之前决意参选并表明该决意、开始为选举作准备的人该当"即将成为公务员的人"，由此承认此人成立刑法第197条第2项事前受贿罪的事例》，载《警察学论集》第48卷第6号（1995年）第146页以下。

[23] 针对主张将客观处罚条件还原为不法要素的立场，北野通世教授批判道："上述论者要求行为与该当客观处罚条件的事实之间存在因果关系的相当性。但是，事前受贿罪中的成为公务员或者仲裁员的事实以及诈欺破产罪中的破产宣告的确定的事实，都不是由该当构成要件行为引起的因果经过本身的归结。"（北野・前揭注⑲第20页注㉙）。然而，正如本书论述的那样，笔者并未将该当客观处罚条件的事由视为行为结果，而是将其理解为结果发生所必需的介在事由，因而不要求"行为与该当客观处罚条件的事实之间存在因果关系的相当性"。笔者认为，行为与法律预定的事态无价值之间的相当因果关系是问题所在，该当客观处罚条件的事由作为导致事态无价值发生的介在事由，其预见可能性是需要探讨的。就事前受贿罪而言，必要的不是行为与"就任公务员"之间的相当因果关系，而是行为与"公务员处于不正当利益的影响下的状态"（对于公务的公正性等的可罚程度的危殆化）这一事态无价值之间的相当因果关系。在进行判断时，作为导致该事态无价值的介在事由，"就任公务员"的预见可能性是需要考虑的。另外，（相当）因果关系通常是在与构成要件结果之间的关系上被视为问题的。但是，至少这种思考方法在有关法益的侵害・危殆化这种事态无价值（广义的结果）方面是妥当的（参见内田文昭：《刑法概要・上卷》（1995年）第209页）。

关于以将来"就任公务员"在行为时具有可能性作为要件的解释，甚至也得到了部分将"就任公务员"视为客观处罚条件的论者的支持。㉔ 作为对法律条文的文言解释，在"即将成为公务员或者仲裁员"这一要件内部解读就任公务员等的可能性和盖然性，确实可以得出上述归结。但是，在客观处罚条件说的前提下，要求"就任公务员"的可能性的理论意义就成为问题所在。

将"就任公务员"视为客观处罚条件并要求其存在可能性·盖然性的观点，一方面承认"就任公务员"的事实本来就与事前受贿罪有关；另一方面，则试图通过在行为当时对该事实予以提前把握，从而将其纳入行为时的不法中。在伪造通货罪等目的犯的场合，确实是将使用货币这一——本应构成不法的——将来发生的事实予以提前把握，并纳入行为时的不法中的。㉕㉖ 但是，在目的犯中，在行为时对将来的事实予以提前把握，这无非是为了将刑法的介入提前至行为时。相反，在事前受贿罪中，只有在实际"就任公务员"以后，才被作为处罚的对象，因而没有必要特意在行为时对"就任公务员"予以提前把握。如果认为"就任公务员"的可能性——不是结果不法向行为的归属要件——仅仅是为行为不法提供基础的要件，如后文所述，行为时具有就任可能性的职务与实际就任公务员时的职务之间就不必具备同一性。这个结论显然是不妥当的。所以，收受财物等行为时的"就任公务员"的可能性不是行为不法的构成要素，而应当将其作为实际就任公务员时发生的"不当事

㉔ 以客观处罚条件说为前提，同时要求"就任公务员"具有可能性以及盖然性的论著有：小暮等编〔神山〕·前揭注⑦第 574 页；北野·前揭注⑦第 59 页注⑳；北野：《再选后的职务与贿赂罪的成立与否》，载松尾浩、芝原邦尔、西田典之编：《刑法判例百选〔第四版〕》(1997 年) 第 203 页等。

㉕ 众所周知，关于提前的方法，存在着主张以主观目的本身为根据的见解（主观的违法要素肯定论）和主张以作为目的内容的事实的客观可能性为根据的见解（主观的违法要素否定论）的对立。但是，在把将来的事实投射于行为时的不法这一点上，二者是不存在差异的。

㉖ 从一元人的不法论中可以发现在行为时提前把握不法构成事实的最彻底的形态。一元人的不法论是一种在通常的结果犯中的"结果"发生之前就会考虑以行为人对于结果的志向的形式投射于行为时不法的立场。与这种一元人的不法论的"提前"相同的问题，同样也存在于事前受贿罪中的就任公务员的"提前"中。

态"(结果不法)向行为的归属要件。

3. 第二，作为已经发生的事态无价值向行为人的主观归属要件，要求行为人在行为（收受财物等）时实际预见到将来条件的成就（就任与请托相关的职务的公务员）。因为，既然"就任公务员"是构成事前受贿罪预定的事态无价值所必不可少的条件，责任关联就必须涉及"就任公务员"。㉗

关于这一点的疑问是：即使要求责任关联涉及"就任公务员"，那么，只要具有作为主观预见可能性的过失关联不就可以了吗？㉘ 的确，只要具有关于条件成就的预见可能性，就能够满足最低限度的责任关联的要求。所以，就像结果加重犯一样，承认对于基本行为的部分要求故意责任、对于条件的成就只需过失责任亦即预见可能性即可的立法形式，是存在余地的。然而，与结果加重犯不同的是，在事前受贿罪的场合，如果抛开"就任公务员"这一事实，收受财物的基本行为本身不是可罚的，而是法律上中立的。因此，仅有对于基本行为的认识，尚不足以期待反对动机的形成。这样一来，就要求故意责任中也必须包含"就任公务员"的部分。㉙

另外可能存在疑问的是：从主张因果经过不是故意的对象的立场来看㉚，"就任公务员"不是结果本身，而仅仅是结果发生所需的介在事

㉗ 主张应当将"就任公务员"纳入故意对象的论著有：中义胜等编〔生田〕·前揭注⑥第88页；齐藤（信）·前揭注⑥第124页。

㉘ 前田·前揭注⑥第549页指出，对于成为公务员等的预见可能性是必要的；内藤·前揭注⑰第215页中也指出，一般而言，对于该当客观处罚条件的事实至少必须具有过失。另外，平野·前揭注⑭第163页指出，应当对作为纯粹条件的真正处罚条件以及外部的处罚条件和与违法性有关的"不真正处罚条件"加以区别；对于后者——"就任公务员"即包含于此——至少要具有过失。"就任公务员"原本就不是行为的后果，因此，这里所谓的"过失"不是指由于不注意而就任公务员，而是指虽然"就任公务员"是可能预见的，却在没有预见的情况下收受了财物。

㉙ 然而，如果认为即使将"就任公务员"理解为客观处罚条件并排除在故意的预见对象之外，也要求将来"就任公务员"在行为时具有可能性，那么，由于此时必须具有与"就任公务员"的可能性有关的认识，于是就能够得出与要求具有对于"就任公务员"的预见相近的结论。但是，如前文所述，以客观处罚条件说为前提的"提前"这种理论构成是存在问题的。

㉚ 例如，前田·前揭注⑥第381页等。

由，因此，它不是不包含在故意的对象中吗？但是，对于"公务员被置于不正当利益的影响之下"这一事态无价值（＝结果）的形成而言，"就任公务员"的事实是必不可少的前提条件。所以，对于该事态无价值（＝结果）的预见中通常必须包含对于"就任公务员"的预见。换言之，对于"就任公务员"的预见的欠缺将直接导致对于事态无价值（＝结果）的预见的欠缺。[31]

从《刑法》第197条第2项的规定中也可以看出，"即将成为公务员或者仲裁员的人"，是指预见到"就任公务员"的人。而且，如果不以对"就任公务员"的预见为前提，"应当担任的职务""请托""贿赂"等要件就是不可理解的。于是，要求对于"就任公务员"必须具有预见的结论，其妥当性就是毋庸置疑的。但是，正如反复强调的那样，"客观处罚条件"这个概念的最一般的指标，就在于其不包含在故意（或者过失）的对象之中。因此，要求对于"就任公务员"具有预见可能性的结论与将其视为客观处罚条件的前提明显是矛盾的。反过来考虑，之所以认为将"就任公务员"包含在故意的预见对象当中是妥当的，恰恰是因为该事由对于违法性评价而言具有一定的意义。

4. 第三，作为构成事态无价值所需的要件，要求收受财物等行为与"就任公务员"一并造成了"对于公务的廉洁性以及公正性的危殆"。换言之，收受财物等行为中所包含的对于公务的廉洁性以及公正性的潜在危险因"就任公务员"这一事实而具体化·现实化。这种关系是必要的。[32]

因此，首先必须认定的是，收受财物等行为时在客观上预见到的、作为"请托"对象的"应当担任的职务"与实际就任公务员时担任的职务之间，至少在一般职务权限范围上需要具有同一性。在就任一般职务权限不相同的职务·地位的场合，针对作为请托对象的公务的公正性等

---

[31] 另外，关于将不属于行为的实现对象的事实纳入故意对象并不违背故意概念的问题，参见本章第二节第二款二2（第267页以下）。

[32] 参见曾根威彦：《处罚条件》，载阿部纯二、板仓宏、内田文昭、香川达夫、川端博、曾根威彦编：《刑法基本讲座·第二卷·构成要件论》（1994年）第330-331页。

的危险性没有因为"就任公务员"而提高或者具体化。由于不能认定存在这种关系，因而就不具备事前受贿罪的可罚的不法类型。㉝

其次，收受财物等行为的效果必须持续到"就任公务员"之时。在就任公务员时，如果请托者和作为请托对象的公务之间的利害关系已经不存在，那么，由于针对该公务的公正性等的危险性没有因"就任公务员"而具体化·现实化，所以，就应当否定事前受贿罪的成立。具体而言，诸如收受财物以后经过很长时间才就任公务员的情形，或者财物的提供者在收受者成为公务员之前死亡的情形，或者当事人在（基于真实意思）合意解除请托以后返还收受的财物的情形等，收受财物等行为失效，事前受贿罪所要求的事态无价值的成立就应当被否定。

关于要求"职务同一性"以及"行为效果的持续"的解释，无论是根据《刑法》第 197 条第 2 项规定的有关"应当担任的职务"的"请托"的主旨，还是根据贿赂与职务行为之间的对价关系对于贿赂罪而言所具有的本质意义，都能够认为其正当性是毋庸置疑的。但是，根据将"就任公务员"视为位于不法构成要件外部的客观处罚条件的立场，则难以从理论上得出上述要件。因为，该立场所采用的前提是，只要实施了收受财物等行为，就完全具备了事前受贿罪的犯罪性，其违法性即为行为时的危险性。在与法益危殆化的关系方面对"就任公务员"过程中收受财物的效果等予以考虑，就意味着直接将"就任公务员"的时间纳入违法评价的对象，而这与主张在行为时的危险中确定地把握本罪不法的客观处罚条件说是不协调的。

5. 正如以上三个有关行为与"就任公务员"的关系的归结所揭示的那样，将"就任公务员"作为不法构成要件的要素还原于犯罪概念，并不是对偶然责任的肯定；恰恰相反，这在实质上发挥着否定偶然责任的作用。因为，一旦将"就任公务员"视为与不法要件无关的事由从犯

㉝ 事前受贿罪这一规定的起草者也主张必须以"职务的同一性"为要件。参与起草的大竹武七郎司法书记官指出："虽然本条项中只规定了'已经成为公务员或者仲裁员时'，但其中也包含即将成为公务员或者仲裁员的人如愿成为执行受请托的公务的公务员或者仲裁员的情形，而担任其他公务员或者仲裁员的情形则不符合。"（大竹武七郎：《赠受贿罪的规定的改正》，载《法学志林》第 43 卷第 5 号（1941年）第 4 页）

罪的实体中分离出去，其与行为或者行为人的关系就不会成为问题。相反，如果将其作为构成事态无价值的事由定性为不法的构成要素，就要求该事由必须与由其构成的事态无价值之间存在客观的以及主观的归属关联。客观处罚条件与责任主义的调和，无法通过将问题事由排除在不法概念之外的理论操作来实现，而只有要求其与行为以及行为人之间存在归属关联才可能实现。

可以说，这种归属关联的要求是犯罪概念对解释论予以规制的成果。犯罪概念要求必须根据犯罪论中的地位·机能对各个犯罪要素进行解释。对于"就任公务员"这一要素而言，解释论上也负有根据其作为不法构成要件要素的地位或者作为导致事态无价值发生的介在事由的机能进行说明的义务。第一章已经对实质的犯罪概念所具有的解释规制机能的重要性问题作出论述，而"就任公务员"也只有被还原于犯罪概念内部，才能纳入规制的对象。

二、事前受贿罪以及共犯的可罚性

1. 如果要根据与事前受贿罪相对应的赠贿罪（《刑法》第198条）——所谓的事前赠贿罪——进行处罚，是否要求受贿者就任公务员呢？正如团藤重光博士指出的那样[34]，关于这个问题，其结论将会因对于"就任公务员"的法律性质的理解的不同而不同。

将"就任公务员"视为位于犯罪概念外部的客观处罚条件的立场认为，无须等待"就任公务员"，在收受财物时就能够认定事前受贿罪成立；相应地，赠贿罪也在此时成立。而且，与有关事前受贿罪的第197条第2项将"就任公务员"规定为处罚条件不同，有关（事前）赠贿罪的第198条并未规定这样的要件，因而无须等待对方"就任公务员"即可对赠贿行为进行处罚。在多数情况下，赠贿行为和受贿行为处于对向关系，但这并不就意味着对一方的处罚需要以对另一方的处罚为前提，所以，受贿者尚未成为处罚对象的事实不会妨碍对赠贿者的处罚。这样

---

[34] 团藤·前揭注⑥第143页以及第152页。

一来，如果贯彻将"就任公务员"视为处罚条件的观点，那么，对于事前赠贿罪的处罚而言，受贿者"就任公务员"就是不必要的。㉟但是，在受贿行为尚未成为处罚对象的阶段，承认对于当罚性更低的赠贿行为的处罚，这个结论就明显是不妥当的。㊱

相反，如果将"就任公务员"作为不法构成要件要素，就能够得出事前赠贿罪的处罚要求对方"就任公务员"这一具有理论一贯性的结论。根据该立场，在受贿者没有就任公务员的阶段，由于针对公务公正性的可罚程度的危险尚未产生，因此，不仅仅是受贿行为，即使是赠贿行为，也应当否定其实现了可罚的不法类型。

2. 对于事前受贿的共犯的可罚性而言，是否要求受贿者"就任公务员"呢？关于这个问题，上述分析仍然是妥当的。

在将"就任公务员"视为客观处罚条件的立场看来，无须等待"就任公务员"，根据收受财物的行为就可以直接肯定事前受贿罪的构成要件该当性、违法性和有责性。所以，无论是以有关共犯的要素从属性的限制从属形式作为前提，还是以极端从属形式作为前提，可罚的共犯的成立均无须等待"就任公务员"即可得到肯定。但是，在受贿者尚未受到处罚的阶段就对共犯者加以处罚，这个结论是缺乏具体妥当性的。

对此，可以预见到的批判是：财物收受者"就任公务员"的事实具有客观的连带作用㊲，其对于共犯者而言也属于处罚条件。但问题是，"就任公务员"的事由——虽然属于身份的取得这种一身性事由——为

㉟ 作为支持该结论的论著，西村克彦：《关于犯罪构成要件与处罚条件》，载西村克彦：《罪责的构造〔新版〕》（1991年）第237页〔初出·《警察研究》第44卷第2号（1973年）第14页〕。

㊱ 为了回避这个结论，大塚仁教授主张："在与事前受贿罪相对的赠贿罪中，虽然没有明文规定，但是，出于权衡考虑，应当将对方成为公务员·仲裁员作为处罚条件。"（大塚·前揭注⑦第643页注①）但是，根据处罚条件说的立场则难以体现导出这种"无明文规定的处罚条件"的根据。即使对于赠贿者的处罚而言，对方"就任公务员"也是必要的。因为，只有"就任公务员"才能使赠受贿罪的实体（可罚的不法）完全具备。

㊲ 客观处罚条件中的"客观"这个修饰语是在"不是认识的对象"的意义上使用的，而不具有"连带作用"的含义。在这一点上，必须注意"客观"处罚条件与"一身"处罚阻却事由之间并不是对立概念的关系（Vgl., Ernst Beling, Die Lehre vom Verbrechen（1906），S. 57）。

何不是具有个别作用而是具有连带作用呢？其理由最终也许只能求诸"就任公务员"是与法益侵害性（＝不法）相关的事实这一点。

于是，在这个问题上，将"就任公务员"还原为不法构成要件要素的立场的正当性就得到了体现。根据该立场，只要受贿者未"就任公务员"，正犯者的不法构成要件就得不到满足，所以——无论以何种从属形式作为前提——共犯的成立都应当被否定。

三、公诉时效的起算点

在公诉时效的起算点问题上，根据将"就任公务员"还原于犯罪概念的观点也会得出与通说不同的归结。

关于公诉时效的起算点，《刑事诉讼法》第253条第1项规定："时效从犯罪行为终了时开始计算。"关于这里所谓的"犯罪行为"是指实行行为（实行行为时说），还是指包括犯罪结果在内的广义的行为（结果发生时说）的问题，理论上存在严重的分歧。对此，判例采用的是结果发生时说，即"有关公诉时效起算点的刑事诉讼法第253条第1项规定的'犯罪行为'中也包括刑法各条所规定的结果，这种理解是妥当的"[38]。无论是从平复社会上的处罚感情这一实体法观点来看，还是从证据消灭的诉讼法观点来看，都可以认为通说·判例所采用的结果发生时说是妥当的。[39] 所以，本书拟以此为前提展开讨论。

首先，根据将"就任公务员"视为客观处罚条件的立场，仅有收受财物等行为，"犯罪"即告终了，"就任公务员"与"犯罪"是无关的。因此，公诉时效的起算点是收受财物等行为时。但是，由于在"就任公务员"以前尚未产生观念上的刑罚权以及诉讼权，所以，从此时开始计

---

[38] 最决昭和63年2月29日刑集第42卷第2号第314页〔关于本案，参见松宫孝明：《公诉时效的起算点——熊本水俣病事件》，载松尾浩也、井上正仁编：《刑事诉讼法判例百选〔第六版〕》（1992年）第78页以下；田口守一：《水俣病事件与公诉时效》，载《昭和六三年度重要判例解说（ジュリスト临时增刊九三五号）》（1989年）第169页以下；渡边修：《水俣病事件与公诉时效》，载《刑法杂志》第29卷第4号（1989年）第44页以下；土本武司：《公诉时效·迅速裁判》，载《ジュリスト》第908号（1988年）第34页以下；林干人、田宫裕：《水俣病刑事上告审决定》，载《警察研究》62卷5号（1991年）第28页以下等〕。

[39] 参见平野龙一：《刑事诉讼法》（1958年）第154页。

算时效就违背了以权利行使的可能性为前提的时效的本质。⑩ 而且，在"就任公务员"以前就已经经过时效期间、不可能处罚的事态也是问题所在。⑪⑫

相反，根据将"就任公务员"作为不法构成要件要素还原于犯罪概念的立场，也能够得出具有理论一贯性的、将"就任公务员"作为公诉时效起算点的归结。也就是说，只有"就任公务员"之后，才会发生法律应当防止的事态无价值（＝结果），"犯罪行为"在此时完成。

四、诉讼法上的处理（特别是判决形式）

根据将"就任公务员"还原于不法构成要件的立场，由于该事由属于"应当构成犯罪的事实"⑬，因而必须作为诉因在起诉状中予以明示（《刑事诉讼法》第 256 条第 3 项），同时还必须在有罪判决书的理由中予以明示（同第 335 条第 1 项）。另外，"就任公务员"的事实不存在的场合或者未得到证明的场合属于"被告事件不成立犯罪时，或者关于被告事件不存在犯罪证明时"的情形，应当作出无罪判决（同第 336 条）。⑭

相反，在将"就任公务员"视为位于犯罪概念外部的客观处罚条件的立场看来，当缺少"就任公务员"的事实时，应当作出怎样的判决呢？根据该立场，即使缺少"就任公务员"的事实，"犯罪"也已经成立，因而不符合"被告事件不成立"或者"不存在犯罪证明"等无罪判决的要件。但是，由于《刑法》第 244 条第 1 项、第

---

⑩ 可以说，这是由将犯罪概念分离于刑罚权所引起的矛盾。
⑪ 参见大塚等编〔河上〕·前揭注⑥第 462 页。
⑫ 如前所述，当收受财物以后经过很长时间才就任公务员时，将会出现收受财物与职务之间的对价关系消灭、事前受贿罪的成立被否定的情况。但是，这与公诉时效是不同的问题。
⑬ 判例指出："应当构成犯罪的事实，是指该当于刑罚法令各条文中规定的犯罪构成要件的具体事实。"（最判昭和 24 年 2 月 10 日刑集第 3 卷第 2 号第 155 页）
⑭ 参见佐伯千仞：《客观处罚条件》，载佐伯千仞：《刑法中的违法性理论》（1974 年）第 204 页。

犯罪概念和可罚性

257条等条文中对于免除刑罚的判决（同第334条）均作出了个别规定，因而，这种判决形式就不可能出现在未作出相关规定的事前受贿罪中。⑮

总之，就缺少"就任公务员"的事实的场合而言，即使从客观处罚条件说的立场出发，也只能因为不是刑事诉讼法上的"罪"或者"犯罪"而作出无罪判决。但是，在否定成立诉讼法上的"犯罪"的背后，必须具有实体法的根据。

第二节 破产犯罪中的"破产宣告的确定"

第一款 破产犯罪的不法构造

1.《破产法》第374条〔诈欺破产罪〕规定，"不问破产宣告的前后，债务人出于为自己或者他人谋利，或者损害债权人的目的，实施下列行为的，*在破产宣告确定时*以诈欺破产罪判处十年以下有期徒刑"（着重号系笔者附加），并列举了"隐匿、毁弃属于破产财团的财产，或者实施对于债权人不利的处分"等行为。另外，《破产法》第375条〔过怠破产罪〕也规定，"不问破产宣告的前后，债务人实施下列行为的，*在破产宣告确定时*判处五年以下有期徒刑或者三十万日元以下罚金"（着重号系笔者附加），并列举了"因浪费、赌博以及其他射幸行为而导致财产显著减少或者债务负担过重"等行为。

于是，学者们认为，对于财产的隐匿、不利处分以及浪费等行为的

---

⑮ 另外，小野清一郎博士认为，对于不具备处罚条件的情形，最初就应当因不具有可罚性而作出免诉的判决（《刑事诉讼法》第337条）（小野清一郎：《新订·刑法讲义总论》（1948年）第221页）。但是，根据将免诉判决作为纯粹的形式裁判的立场，在进入实体审理的阶段以后才判明不存在作为实体法要件的该当处罚条件的事实时，就不得以免诉这种形式裁判来终结诉讼。而且，处罚条件的不存在并不符合《刑事诉讼法》第337条第1号至第4号所列举的免诉事由——正如小野博士本人承认的那样——其作为对现行法的解释是存在缺陷的。

处罚，以"破产宣告的确定"为条件。①②关于"破产宣告的确定"的法律性质，判例指出："破产宣告确定的事实是诈欺破产罪的处罚条件，而并非与犯罪行为共同构成了本罪。"③ 在理论界，阿部纯二教授主张："破产宣告的确定是基于一定的政策性理由限制破产罪的可罚性的事由，应当理解为客观处罚条件。"④ 这样一来，将"破产宣告的确定"作为（客观）处罚条件、在"犯罪"概念外部进行把握就成为通说⑤·判例的立场。根据该立场，无须等待"破产宣告的确定"，可罚的不法在财产隐匿、浪费等行为时就已经实现，并完全具备了作为破产犯罪的犯罪性。但是，正如以下论述的那样，这种理解作为对于破产犯罪的实体的

---

① 《破产法》第376条〔准债务人诈欺破产罪·过怠破产罪〕以及第378条〔第三人诈欺破产罪〕也将"破产宣告的确定"规定为条件。另外，《会社更生法》第290条〔诈欺更生罪〕以及第291条〔第三人诈欺更生罪〕将"更生程序开始决定的确定"规定为条件，而通说见解则将其理解为客观处罚条件（参见伊藤荣树、小野庆二、荘子邦雄编：《注释特别刑法·第五卷》（1986年）第743页〔龟山继夫执笔〕）。以下论述，对于这些规定也是基本妥当的。

② 另外，关于破产犯罪，针对属于破产财团的财产的隐匿、损坏、投机交易、浪费等行为，德国《刑法》第283条规定，"只有当行为人停止支付，或者针对其财产开始破产程序，或者破产宣告的申请因破产财团不足而被驳回时"，才予以处罚（关于条文的翻译，参见本书第37页注㊲）。德国的通说见解认为，"支付停止（Zahlungseinstellung）""破产程序开始（Konkurseröffnung）"以及"因破产财团不足导致的破产宣告申请的驳回（Abweisung des Eröffnungsantrags mangels Masse）"等的法律性质属于客观处罚条件（Vgl., Karl Lackner, Strafgesetzbuch mit Erläuterungen, 21. Aufl. (1995), § 283 Rdn. 26ff. (S. 1179ff.)）。如果将"支付停止"等视为破产程序中的阶段，它们确实与"破产宣告的确定"不同；但是，在破产犯罪内部的地位·机能方面，它们是存在共通性的。因此，下文拟将德国有关"支付停止"等的学说和我国的学说一并作为探讨的对象。

③ 大判昭和10年3月13日刑集第14卷第223页。作为主旨相同的判例，大判昭和15年11月4日刑集第5卷第5号第35页等。

④ 阿部纯二：《对于破产原因罪说的疑问》，载《法曹时报》第36卷第9号（1984年）第27页。

⑤ 除了阿部·前揭注④以外，采用处罚条件说的论著还有：伊藤等编〔龟山〕·前揭注①第692页；小野清一郎：《新订·刑法讲义总论》（1948年）第219页；齐藤秀夫、铃木洁、麻上正信编：《注解破产法》（1983年）第1181页〔阿部纯二执笔〕；芝原邦尔：《经济刑法研究11·破产犯罪（诈欺破产罪·过怠破产罪）》，载《法律时报》第59卷第2号（1987年）第86页以下；中野贞一郎、道下彻编：《基本法コンメンタール》〔别册法学セミナー九八号〕（1989年）第351页〔内田文昭执笔〕；原田国男：《〈新判例解说〉诈欺破产罪之成否》，载《研修》第354号（1977年）第59页以下；山木户克己：《破产法》（1974年）第305页；北野通世：《客观处罚条件论（七·完）》，载《山形大学纪要（社会科学）》第27卷第2号（1997年）第61页注㉟等。

犯罪概念和可罚性

把握是不充分的,其未能正确说明法律上规定"破产宣告的确定"的趣旨。相反,仅有行为,对于债权回收的危险尚未达到可罚的违法性的程度,所以,由"破产宣告的确定"导致的危险的具体化·现实化被规定为要件。这种理解才符合破产犯罪的实体。

2. 破产犯罪的保护法益是全体债权人的财产利益。也就是说,处罚破产犯罪的目的,在于防止属于破产财团的财产流失而使得债权人(更加)难以回收债权这一事态的发生。⑥ 所以,"因破产财团不足而造成债权回收的危机"的事态,才是破产犯罪的实质性"结果"。债务人隐匿或者浪费属于将来的"破产财团"的财产,是导致"破产财团不足"这一结果的第一条件。然而,在这个阶段还没有发生现实的"破产财团不足",债权回收的危险尚未具体化到可罚的程度。随着"破产宣告的确定"这一第二条件的出现,现实地产生了"破产财团不足"的事态,对于债权回收的危险在此时才达到可罚的程度(参照下页图Ⅲ)。于是,就可以把"破产宣告的确定"视为将行为所产生的危险提高到可罚程度的要素;更准确地说,是作为与行为共同导致"破产财团不足造成债权回收的现实危机"的事态无价值(广义的结果)的介在事由,定位于作为可罚的不法类型的构成要件。

然而,财产隐匿等行为本身已经包含着对于债权人的抽象危险,无须等待"破产宣告的确定"就具有一定的违法性,这一点是不能否定的。但是,在"破产宣告的确定"尚未作出的阶段,这种危险还没有达到可罚的违法性的程度。而且,根据事件不同,虽然也有可能存在行为时就已经产生了针对债权人的重大危险的情况,但是对于立法而言,一定程度的类型化是不可避免的,而出现难以把握的事态也是法律应当预见到的。

3. 根据将"破产宣告的确定"仅作为客观处罚条件在不法构成要件外部加以把握的通说见解,恐怕难以对无须等待"破产宣告的确定"

---

⑥ 关于保护法益,参见齐藤等编〔阿部〕·前揭注⑤第 1171 页。另外,判例指出,诈欺破产罪的保护法益是"破产制度的目的,即确保债务人的全部财产公平且迅速地满足全体债权人"(最决昭和 44 年 10 月 31 日刑集第 23 卷第 10 号第 65 页)。

```
                            ┌─────────────────┐
                            │ 事态无价值（结果）│
                     属      │ 对于债权回收的   │
                   归       │ 可罚程度的危险   │
                 的         │ （破产财团不足） │
               观           └─────────────────┘
             主                      ▲
           ·                         │
         的                          │
       观                            │
     客                              │
              〔第一条件〕             │
  债          财产隐匿等行为           │    〔
  务   ─────────────────────────▶    │    第
  人                                 │    二    破
                                     │    条    产
             客                       │    件    宣
               观                     │    〕    告
                 的                   │         的
                   预                 │         确
                     见               │         定
                       可             │
                         能           │
                           性 × 预见  │
```

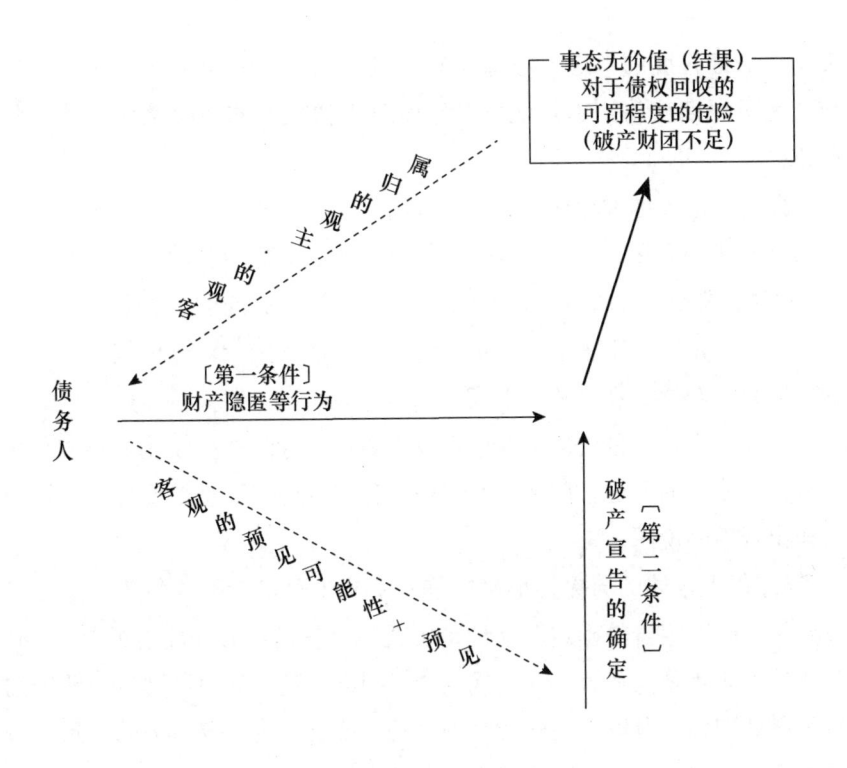

图Ⅲ·破产犯罪

即予以处罚的实质性理由作出说明。

关于将"破产宣告的确定"作为要件的理由，原田国夫检察官基于通说立场作出以下说明："在破产宣告以前对诈欺破产罪进行处罚，有可能导致债务人懈怠避免破产的努力，反而危及债权人的利益。"⑦ 但是，原田检察官的说明与《破产法》第378条规定的第三人诈欺破产罪将"破产宣告的确定"作为要件以及"破产宣告的确定"对于破产犯罪的共犯的处罚而言必不可少的理解是不协调的。也就是说，如果认为为了给债务人提供努力避免破产的机会，需要对处罚加以特别的限制，那么，对于与"避免破产的努力"无关的第三人的处罚加以限制就应当是没有理由的。本书认为，在原田检察官的说明背后隐含着

---

⑦ 原田·前揭注⑤第58页。另外，持相同观点的还有：齐藤等编〔阿部〕·前揭注⑤第1181页；小野·前揭注⑤第219页。

关于违法性程度的考虑，亦即在破产宣告（确定）以前的阶段，避免破产是可以期待的，于是就可以作出对于债权人的危险性尚不迫切的评价。

此外，龟山继夫检察官一方面以将"破产宣告的确定"视为处罚条件的理解作为立场，另一方面则将"破产宣告的确定"的存在意义求诸"作为对于债权人的危险的现实化……为现实的处罚提供理由"⑧。但是，只要不是立足于一元人的不法论，就无法否定"对于债权人的危险的现实化"与违法性有关的事实。

这样一来，一旦脱离了对于债权人财产的危险的具体化·现实化这一有关违法性的考虑，就无法对"破产宣告的确定"这个要件的存在意义作出合理的说明。

4. 以上论述的前提，是存在首先实施了财产隐匿等行为、之后又发生了"破产宣告的确定"这种事实关系。然而，必须注意的是，《破产法》第374条以及第375条规定"不问破产宣告的前后"均对法定的行为科处刑罚。所以，在破产宣告之后实施财产隐匿等行为的情形，也是处罚的对象。而且，这些规定的趣旨中当然也包括在"破产宣告的确定"之后实施隐匿财产等行为的情形。⑨⑩因为，主张立法者是针对由破产宣告到确定之间这一短暂的时间才规定了"不问破产宣告的前后"的

---

⑧ 龟山·前揭注⑤第90—91页〔着重号系笔者附加〕。另外，在立法论上，龟山检察官对于将"破产宣告的确定"规定为要件的做法提出了疑问。

⑨ 参见伊藤等编〔龟山〕·前揭注①第696页；齐藤等编〔阿部〕·前揭注⑤第1179页；原田·前揭注⑤第58页；丸山雅夫：《是否要求破产法三七四条一号规定的行为必须在破产宣告确定之前实施——所谓的客观处罚条件的意义》，载《上智法学》第22卷第1号（1978年）第249页以下（特别是第251页）。

⑩ 相反，下级法院的判例中则存在要求《破产法》第374条第1号规定的行为必须在破产宣告确定之前实施的情形（大阪高判昭和52年5月30日高刑集第30卷第2号第242页）。但是，在以将破产视为害恶、对成为其原因的行为加以处罚的破产原因罪说作为前提这一点上，该判例是不妥当的（参见上编第八章第二节〔第287页以下〕）。另外，该判例也承认，《破产法》第374条第4号规定的更改账簿等行为即使是在"破产宣告的确定"以后实施的，也是可罚的。

观点，是不妥当的。⑪ 在一直以来有关客观处罚条件的讨论中，虽然"破产宣告的确定"发生在行为之后的情形是默认的前提，但是，其未必一定发生在行为之后。

可以说，在时间上先于行为的"破产宣告的确定"与妨害灭火罪（《刑法》第114条）中的"火灾之时"等"行为状况"（构成要件的状况）具有相同的机能。⑫ 此时的"破产宣告的确定"，体现了如果债务人的财产已经确定被冻结、其财产减少，则必然会给债权人造成严重损失的状况。在这种状况下，实施致使财产减少的行为将会给债权人造成特别的危险。所以，如果认为"破产宣告的确定"与"火灾之时"等"行为状况"具有相同机能，将"破产宣告的确定"与"行为状况"一样定位于不法构成要件就不存在障碍。

正如条文中概括性地规定"不问破产宣告的前后"所体现的那样，"破产宣告的确定"出现在行为的前后并没有实质性区别。无论是哪种情形，"破产宣告的确定"都是导致"因破产财团不足而造成债权回收的危机"这一（实质意义的）结果的一个条件，其与财产隐匿等行为相结合共同产生了该结果。只要根据法益侵害·危殆化的观点，那么，某事由是存在于行为之前还是发生在行为之后，这种时间上的差异对于该事由与不法之间的关系而言，就不具有决定性的重要意义。而关键在于，该事由是否具有和行为一起参与法益的侵害·危殆化的性质，以及该事由在客观上是否是可预见、可利用的。如果认为与行为之间的时间关系对于法律性质而言具有决定意义，那么，"破产宣告的确定"的法律性质在行为前后就存在差异，而这种理解

---

⑪ 原田·前揭注⑤第59页。
⑫ 对此，有学者指出，在即使时间上先于行为也不能成为故意的对象这一点上，"破产宣告的确定"与"行为状况"的法律性质是不同的（丸山·前揭注⑨第256－257页）。但是，这种观点并未说明为何"破产宣告的确定"不能成为故意的对象。如果认为由于其属于客观处罚条件而不能成为故意的对象，这种观点就陷入了循环论证。在探讨"破产宣告的确定"能否成为故意的对象之前，必须先确定该事由对于违法性具有怎样的意义。

明显是不合理的。⑬⑭⑮

---

⑬　相反，如果贯彻将违法性理解为行为规范之违反或者（以一般人为对象）命令规范之违反的立场，就应当认为"破产宣告的确定"在行为前后的法律性质是不同的。例如，基于根据是否是法命令以及行为规范的内容对违法要素（构成要件要素）和客观处罚条件加以区别这一前提，北野通世教授指出："刑法第197条第2项事前受贿罪中的'就任公务员或者仲裁员'以及破产法第374条以下诈欺破产罪中的'（诈害行为后的）破产宣告的确定'是行为后发生的事实，是行为人在行为时不具有客观预见可能性（因而行为人在自己行为的因果展开过程中无法对其进行控制）的事实；或者虽然是行为在客观上具有预见可能性，但行为人在自己行为的因果展开过程中对其发生不能完全控制的事实，应当理解为客观处罚条件"，而"诈害行为之前的'破产宣告的确定'在行为时就已经存在，是能够在客观上认定行为人可以认识到其存在的事实，是能够作为行为的因果展开过程的构成要素的事实，应当认为其只能是行为状况，属于违法要素（构成要件要素）"（北野·前揭注⑤第61-62页注㉟）。

上述北野教授的观点——在潜意识上以通说为根据——在促使行为规范和（以一般人为对象的）的命令规范的观点显在化、使其具有理论上的一贯性方面，是非常值得关注的。但是，对于他主张的"破产宣告的确定"在行为前后的法律性质不同的见解，可以指出存在以下几个问题：

首先，要求"破产宣告的确定"的实质性根据在行为前后存在不同，这是难以理解的。一方面，当"破产宣告的确定"出现在行为前时，认为该事由是基于违法性的相关考虑被规定的；另一方面，当"破产宣告的确定"出现在行为后时，则认为该事由是基于其他政策性考虑被规定的。这样的理解是不合理的。所以，在解释论的处理上，必须对行为前的"破产宣告的确定"和行为后的"破产宣告的确定"赋予基本相同的效果。例如，当"破产宣告的确定"出现在行为前时，如果将其视为构成要件要素（违法要素）并要求认识，对于其出现在行为后的场合，就也应当要求具有预见。否则，当破产宣告在行为时已经确定时——即使具有"陷入破产状态的状况"的认识——只要缺少对于"破产宣告的确定"的认识，故意就会被否定；然而，当破产宣告在行为时尚未确定时，即使缺少对于"破产宣告的确定"的预见——只要具有"陷入破产状态的状况"的认识，故意就不会被否定。这样就造成了不均衡。所以，如果认为"破产宣告的确定"的根据和效果在行为前后是统一的，也就应当对其法律性质和体系性地位作统一的理解。因为，"法律性质"和"体系性地位"既反映了该当事由的实质性根据，同时也必然是决定其解释论上的处理以及法律效果的根据。

其次，北野教授主张，"对于当罚性和要罚性的区别，可以理解为是与行为规范中作为刑罚发动的前提事实的犯罪要素和裁判规范中刑罚权发动所需的犯罪要素以外的要件事实的区别相对应的"（北野·前揭注⑤第46页；另外也可以参见第58页注⑰）。在此基础上，北野教授认为，构成要件要素（违法要素）构成了行为规范的内容，而客观处罚条件则仅与裁判规范有关。所以，当"破产宣告的确定"存在于行为前时，其作为构成要件要素（违法要素）为"当罚性"提供了基础；当"破产宣告的确定"出现在行为后时，其作为客观处罚条件仅为"要罚性"提供了基础。但是，根据行为的前后将法条上统一规定的、根据和效果基本相同的"破产宣告的确定"与不同的评价范畴相连结，这显然是不合理的。

最后，"破产宣告的确定"的法律性质在行为前后存在区别的理解，在理论整合性方面也存在问题。北野教授认为，"破产宣告的确定"在行为前是构成要件要素（违法要素）。因而，此时的"破产宣告的确定"为破产犯罪的构成要件该当性（违法性）提供了基础。换言之，在这种情况下，如果不存在"破产宣告的确定"，就不得肯定破产犯罪的构成要件该当性（违法性）以及当罚性。相反，当"破产宣告的确定"出现在行为后时，其仅仅是客观处罚条件而已。因而，此时——即使要求存在"陷入破产状态的状况"——如果不存在"破产宣告的确定"，

上编　关于所谓的客观处罚条件

由此可见，主张"行为状况"与"客观处罚条件"具有不同体系性地位的观点，显然是缺乏理由的。通说或许是基于以命令规范论为背景的行为（时）不法的立场，仅仅将"行为状况"这一行为时的事由定位于不法，而将行为后发生的"客观处罚条件"排除在不法之外。但是，根据着眼于法律应当防止事态无价值的客观评价规范论，则不得不承认二者同样都是不法的构成要素。⑯

破产犯罪的构成要件该当性（违法性）以及当罚性仍然被赋予了基础。但是，这样一来，"破产宣告的确定"对于破产犯罪的构成要件该当性（违法性）而言到底是必要的还是不必要的呢？而且，虽然北野教授将处罚限制事由说的框架作为前提，但是，如果认为当"破产宣告的确定"出现在行为前时，"破产宣告的确定"为破产犯罪的构成要件该当性（违法性）提供了基础，缺少该事由则不得肯定破产犯罪的构成要件该当性（违法性），那么，关于当"破产宣告的确定"出现在行为后时，即使其不存在，也具备破产犯罪的构成要件该当性（违法性），"破产宣告的确定"只是限制处罚而已的说明，就将丧失说服力。

从行为规范和命令规范的立场来看，北野教授的观点是首尾一贯的，其与笔者观点的区别主要是由对于规范论和违法论的前提性理解的不同造成的。然而，根据行为的前后对"破产宣告的确定"的法律性质加以区别这一点，则体现出行为规范论和命令规范论的问题性。

⑭　如果将"破产宣告的确定"出现在行为之前的情形和出现在行为之后的情形之间的关系套用于受贿罪，那么，"就任公务员"先于行为的情形就构成单纯受贿罪，而"就任公务员"发生在行为之后的情形则构成事前受贿罪（虽然单纯受贿罪中规定的是"公务员或者仲裁员……"但是即使规定为"就任公务员或者仲裁员的人"，其含义也不会发生变化）。可以说，如果认为"破产宣告的确定"的实质属性在行为前后不存在区别，就没有理由在单纯受贿罪和事前受贿罪之间对公务员地位的实质属性作不同的理解。

⑮　在意大利，只有当行为先行实施时，"破产程序的开始"才被视为客观处罚条件；而"破产程序的开始"出现在行为之前时，则被视为真正的构成要件要素（Vgl., Klaus Tiedemann, Objektive Strafbarkeitsbedingungen und die Reform des deutschen Konkursstrafrechts, ZRP 1975, S. 131, Fn. 13）。仅仅根据时间关系对同一犯罪类型中的同一事由的法律性质作完全不同的理解，这是非常不合理的。

⑯　对此，北野通世教授批判道："行为状况和行为结果是构成行为的因果展开过程的要素，其作为行为人自己的行为的因果展开要素，是行为人可控制的要素。然而，对于因行为后行为人以外的人的行为的介入而实现的客观处罚条件，也能够认为是行为人可以控制的要素吗？"（北野：《客观处罚条件论（六）》，载《山形大学纪要（社会科学）》第27卷第1号（1996年）第7页）但是，笔者认为，在与行为状况相同的意义上，客观处罚条件也"能够构成因果的展开过程"。对于行为人而言，行为状况是既定的事实，其发生与否都是行为人无法控制的。因此，行为状况"能够构成因果的展开过程"，就意味着在"行为人在因果的展开过程中可以对该事由加以利用"。然而，即使是行为后的事实，只要是可能预见的，就能够在因果的展开过程中加以利用。上一节中所列举的"轨道事例"（第226页）就体现了这种利用可能性。事前受贿罪中的"就任公务员"以及破产犯罪的"破产宣告的确定"，都是指向法益的侵害·危殆化的、因果展开过程中可能利用的事由。另外，北野教授还认为，"在该当客观处罚条件的事实发生时，构成要件该当行为本身的因果展开已经终了"（北野·前揭注⑯第7页）。但是，在主张破产犯罪的结果是"破产财团不足"的笔者看来，在"破产宣告的确定"这一介在事由造成现实的"破产财团不足"之前，——即使"构成要件该当行为本身"（狭义的行为）已经终了——"因果展开"并没有结束。

犯罪概念和可罚性

然而，有观点指出，"破产宣告的确定"不得归属于不法构成要件的一个理由是该事由未必具有由行为人引起的性质。但是，不法构成要件并不仅仅是由必须是行为人引起的要素所构成的。[17] 例如，作为构成要件要素的"行为状况"，在性质上显然就不要求是行为人引起的。另外，行为客体的属性[18]以及行为主体的属性[19]也都不具有由行为人引起的性质。因此，该当客观处罚条件的事由在性质上缺少与实行行为之间的因果性这一点，并不构成将这些事由定位于不法构成要件内部的障碍。[20]

5. 至今为止，作为将破产犯罪中的"破产宣告的确定"与违法性相关联的尝试，学者们提出了许多观点。

（1）第一种尝试，是贝姆曼提出的以破产所产生的债务人的"诚实义务"为根据的观点。贝姆曼主张，应当将德国的（当时的）《破产法》第 239 条以下[21]规定的"支付停止"以及"破产程序开始"还原于不法构成要件。其理由在于，"支付停止以及破产程序开始……通过在经济上给行为人赋予特别的诚实义务，从而为破产行为打上了'不法的烙印（Stempel des Unrechts）'"[22]。

在出现"支付停止"或者"破产程序开始"之后，债务人在财产管

---

[17] Vgl., Günter Bemmann, Zur Frage der objektiven Bedingungen der Strafbarkeit (1957), S. 46-47.

[18] Theodor Rittler, Strafbarkeitsbedingungen, in : Festgabe für Reinhard von Frank zum 70. Geburtstag Bd. 2. (1930), S. 4-5 指出，作为盗窃罪客体的"他人的财物"以及作为杀人罪客体的"人"都不是由行为引起的，但构成要件中也包含这些非由行为引起的事由。

[19] 此外，作为现行法第 374 条前身的旧《商法》第 1050 条以"受到破产宣告的债务人……"的形式，将"破产宣告"规定为行为主体的属性（关于条文，参见本书第 286 页注①）。另一方面，还可以将"破产宣告（的确定）"理解为作为不利处分的对象的财产的属性。这样一来，虽然行为主体的属性、行为客体的属性、行为状况的区别是相对的，但是，在作为法律预定的法益的侵害·危殆化的前提事由这一点上，它们是相同的（原本就区别于为责任提供基础的事由）。

[20] 参见内藤谦：《刑法讲义总论（上）》(1983 年) 第 215 页。

[21] 1976 年以防止经济犯罪为目的的《第一次法律》在进行内容修订的同时，还将其编入刑法第 283 条以下，并一直延续至今。

[22] Bemmann, a. a. O. (Anm. 17), S. 49. 另外，关于贝姆曼的观点，参见上编第四章第二节第六款（第 131 页以下）。

理方面较以前确实负有更重的义务。但是，这种特别的诚实义务只是反映出债权人的债权回收危险已经迫近，如果脱离了法益的侵害·危殆化而纯粹以"诚实义务"作为不法的基础，将有可能会招致不法的伦理化。

而且，根据这种违反特别的诚实义务的观点，即使能够对诈害行为实施于"破产程序开始"——相当于我国的"破产宣告的确定"——之后的情形作出说明，也无法对诈害行为实施于"破产程序开始"之前的行为——这才是破产犯罪的通常形态——作出说明。因为，在这种情况下，债务人在行为当时并不负有特别的诚实义务。主张负有诚实义务之前实施的行为由于发生在其后的"破产程序开始"而溯及既往地成为义务违反行为的观点，其本身就违反了"义务"观念。可以说，违反诚实义务的理论构成着眼于行为（时）不法，其无法正确把握不法的事后变动。

（2）将"破产宣告的确定"与违法性相关联的第二种尝试，是佐伯千仞博士在论文《客观处罚条件》中采用"征表说（Symptomtheorie）"。佐伯博士认为，"一般而言……破产宣告的确定（支付不能的确定）……是行为人实施的行为所具有的特别严重的违法性的征表"[23]。

根据这一说明，违法评价的对象只能是"行为人实施的行为"，而"破产宣告的确定"则成为该行为不法的认识手段以及法定证据。所以，"破产宣告的确定"不是作为违法评价对象的不法本身的构成要素。将某事由理解为不法的征表，完全可以与将该事由作为位于不法概念外部的客观处罚条件的观点并存。例如，一元人的不法论一方面将"结果"排除在不法之外，另一方面又将其视为行为不法的征表。这样一来，就

---

[23] 佐伯千仞：《客观处罚条件》，载佐伯千仞：《刑法中的违法性理论》（1974年）第199页〔初出·《法学论丛》第36卷第2号（1937年）〕。另外，佐伯千仞：《违法性理论》，载佐伯千仞：《刑法中的违法性理论》（1974年）第52页〔初出·日本刑法学会编：《刑事法讲座·第一卷》（1952年）〕中也提出了相同的观点。

此外，采用征表说的论者还有：August Finger, Tatbestandsmerkmale und Bedingungen der Stafbarkeit, GA 50 (1903), S. 32ff., S. 48ff.; August Hegler, Die Merkmale des Verbrechens, ZStW 36 (1915), S. 226; Erich Land, System der äußeren Strafbarkeitsbedingungen. Ein Beitrag zur Lehre vom Tatbestand (1927), S. 56.

不得不认为征表说作为对于将"破产宣告的确定"还原于不法概念的论证是不充分的。㉔

应当认为,"破产宣告的确定"是对于债权人的利益而言具有重要意义的社会实在。而征表说却将"破产宣告的确定"的意义矮化为行为不法的认识手段,忽视了其社会性·现实性意义。㉕ 而且,由于征表说采纳的是行为(时)不法的立场,因而其难以正确地把握"破产宣告的确定"的实体意义。㉖

最后,征表说——与以违反诚实义务为根据的观点相反——对于"破产宣告的确定"在时间上先于诈害行为的情况的说明,是不具有说服力的。在这种情况下,"破产宣告的确定"之时尚未发生财产隐匿等行为,因此,诈害行为的违法性由"破产宣告的确定"征表就是根本无法想象的。㉗㉘

㉔ 里特勒指出:"行为所具有的特殊危险性以及当罚性的征表与违法性本身的构成部分是完全不同的。"(Rittler, a. a. O. (Anm. 18), S. 15) 另外,贝姆曼批判道:"对于支付停止以及破产程序开始等事由是属于构成要件要素还是属于客观处罚条件的问题,'征表说'没有作出任何回答。"(Bemmann, a. a. O. (Anm. 17), S. 49) 香川达夫教授指出,将破产宣告理解为违法性的征表"并不能直接为还原于违法性提供基础"。其理由在于,"破产的确定宣告仅仅是使得违法性被'确定地认识'而已,作为停止条件的破产的确定宣告本身与违法性之间并不存在直接的关联"(香川达夫:《结果加重犯的本质》(1978年) 第19页)。

㉕ 参照针对"结果"的征表机能的批判。(上编第六章第二节第二款二2 (2) 〔第197页〕)。

㉖ 尤其是对于提倡客观评价规范论和法益侵害说的佐伯博士而言,执着于行为(时)不法是没有理由的。

㉗ Vgl., Bemmann, a. a. O. (Anm. 17), S. 49.

㉘ 即使同样是援用"征表"概念的观点,马勒则是以结果不法作为处罚根据的。马勒认为,"立法者禁止通过破产行为给债权人造成危殆化,并为其带来不利益",这里的"债权人的不利益以及危殆化可以视为值得在刑法上予以考虑的破产行为的结果"。而且,"根据这种观点,就可以将支付停止以及破产程序的开始视为破产行为给债权人造成不利益的征表"(Herbert Mahrer, Die Bedingungen der Strafbarkeit (1930), S. 56)。

于是,可以认为根据不利于债权人这一法益侵害性的观点着眼于结果不法体现了基本正确的方向。但是,如果将"支付停止"等时间点的结果不法作为处罚根据,"支付停止"等事由就没有理由仅仅处于"征表"不法的间接地位,而应当直接理解为不法的构成要素。出于"对于支付停止……责任无须涉及,因此,鉴于《刑法》第59条,必须将支付停止从外部的构成要件中排除出去"(S. 55—56) 的考虑,马勒将这些事由仅仅视为不法的"征表"。但是,如后文所述,将这些事由作为故意的对象是完全可能的。在未对该客观处罚条件的事由不能成为故意的对象这一归结进行具体验证的情况下,就将其作为既定的前提,不得不说这是存在问题的。

（3）将"破产宣告的确定"与违法性相关联的第三种尝试，是所谓的破产原因罪说。这种观点的倡导者加藤正治博士将破产犯罪分为破产原因罪和破产程序罪两种类型。其中，"前者是对破产原因，即支付停止、支付不能或者债务超过，换言之，亦即引起破产的行为予以处罚的犯罪。"㉙ 如果贯彻这种观点，"破产宣告的确定"就会被理解为以财产隐匿等行为为原因的"结果"。佐伯千仞博士在其教科书——与在论文《客观处罚条件》中的说明不同——指出："破产宣告的确定……恰恰就是法律所要防止的法益侵害，它提高了行为的可罚的违法性。"㉚ 可以说，这种观点也体现了将"破产宣告的确定"理解为"结果"的方向。㉛

在试图根据法益侵害性的观点将"破产宣告的确定"与结果不法相关联方面，这种破产原因罪说的思考是值得注意的。但是，对于将"破产"或者"破产宣告的确定"视为"法律所要防止的法益侵害"本身的理解，则可以指出其中存在以下问题：

第一，将破产宣告本身视为法益侵害，是以有关破产的惩戒主义为背景的，这不符合现代破产法仅将破产视为清算程序的理解。㉜

第二，如果认为"破产宣告的确定"就是法益侵害、是"结果"，就要求诈害行为与"破产宣告的确定"之间必须存在因果关系。㉝ 但是，如后文详细论述的那样㉞，要求存在这种因果关系是不妥当的。因此，立足于破产原因罪说的加藤博士也认为，行为与破产之间的原因结果关系只是立法理由而已，并不需要现实的因果关系。㉟ 这种观点可以理解为对因果关系的拟制。但是，既然认为破产犯罪的处罚根据在于引

㉙ 加藤正治：《代物清偿与诈欺破产罪、诈欺破产罪中无身份者的共犯关系、通过伪装信托隐匿财产以及抵消破产财团的适法性》，载加藤正治：《破产法研究·第一卷》（1943年）第321—322页。

㉚ 佐伯千仞：《四订·刑法讲义总论》（1981年）第190页。另外，着重号系笔者附加。

㉛ 此外，我国支持破产原因罪说的是，宫野彬：《一、破产法三七四条一号规定的行为是否要求发生在破产宣告确定前二、同法三七八条的行为主体中是否包含破产财产管理人》，载《判例时报》第889号（1987年）第159页以下《《判例评论》第234号第45页以下》。

㉜ 参见芝原·前揭注⑤第87页；原田·前揭注⑤第57—58页。

㉝ 参见阿部·前揭注④第23页。

㉞ 参见上编第八章第三节（第294页以下）。

㉟ 加藤·前揭注㉙第324页。

起破产㊱，就不得不说这种对因果关系的拟制是不允许的。

第三，根据破产原因罪说——与征表说一样——难以对“破产宣告的确定”在时间上先于行为存在的情形作出说明。因为，如果认为“破产宣告的确定”是结果，在这种情况下，就会出现在行为实施之前就已经发生了法律应当防止的结果的矛盾。㊲

于是，将“破产宣告的确定”视为法律应当防止的恶害本身，并理解为诈害行为的“结果”的观点，就是不妥当的。这一点与事前受贿罪中的“就任公务员”本身既非“恶害”、亦非行为的“结果”是一样的。破产犯罪中的“结果”是“破产财团不足”的事态。而“破产宣告的确定”则是导致“破产财团不足”这一结果所必需的前提条件之一，其构成了破产犯罪的不法。㊳㊴

第二款　还原于不法构成要件的解释论上的归结
——特别是关于行为与“破产宣告的确定”之间的关系

将“破产宣告的确定”作为指向“因破产财团不足而造成债权回收

㊱ 另外，将加藤博士的观点的趣旨理解为对存在引起破产的抽象危险的行为予以处罚，也不是不可能的。但是，如果像这样将本罪理解为抽象危险犯，就无法说明要求“破产宣告的确定”的意义所在。

㊲ 参见阿部·前揭注④第 23 页。

㊳ 对于将“破产宣告的确定”定位于不法构成要件的批判，通常是指向将该事由解释为“结果”或者“法益侵害”本身的。例如，北野通世教授以“诈欺破产罪中的破产宣告的确定这一事实不是由构成要件该当行为本身所引起的因果经过的归结”为由，对于将“破产宣告的确定”还原为违法要素的观点的批判（北野·前揭注⑯第 20 页注㉙。着重号系笔者附加），就是针对将“破产宣告的确定”视为“结果”的理解提出的。但是，将“破产宣告的确定”理解为不法构成要件要素，未必就意味着将其视为“结果”。正如“行为状况”的例子所体现的那样，不法构成要件并不仅仅是由行为和“结果”构成的（Vgl.，Bemmann，a. a. O.（Anm. 17），S. 47；Gerhard Haß，Die Entstehungsgeschichte der objektiven Strafbarkeitsbedingung，Eine literärgeschichtliche Darstellung（1969），S. 103）。

㊴ 除了以上列举的之外，将“破产宣告的确定”理解为构成要件要素的论著还有：冈田庄作：《错误论》（1924 年）第 17 页以及第 44 页；泷川幸辰：《改订·犯罪论序说》（1947 年）第 61-62 页；中山研一：《刑法总论》（1982 年）第 245 页；宫野彬：《诈欺破产罪》，载我妻荣编辑代表：《续刑法判例百选》（1971 年）第 174 页以下；曾根威彦：《处罚条件》，载阿部纯二、板仓宏、内田文昭、香川达夫、川端博、曾根威彦编：《刑法基本讲座·第二卷·构成要件论——包括错误·过失》（1994 年）第 333 页注㉒。

的危殆化"的条件之一还原为不法构成要件要素——与事前受贿罪基本相同——在财产隐匿等行为与"破产宣告的确定"的关系方面，会得出以下三个解释论上的归结（也可以参见第 251 页图Ⅲ）：

一、"破产宣告的确定"的客观预见可能性

第一，作为从客观上将已经发生的事态无价值归属于行为的要件，要求"破产宣告的确定"在实施诈害行为时是客观上可能预见的。在行为时不存在将来发生"破产宣告的确定"的可能性的场合，即使后来因不可预测的事态的发生而导致"破产宣告的确定"，也不能将"破产财团不足"的事态无价值归属于行为。另外，就"破产宣告的确定"在时间上先于行为的场合而言，这种客观归属的要件事实上通常是具备的。

只要不存在破产的可能性，如何处分自己的财产就是所有者的自由。所以，有必要根据破产的可能性等对破产犯罪的成立范围加以限定，这一点是毋庸置疑的。于是，将"破产宣告的确定"视为客观处罚条件的立场也要求必须存在破产的可能性。例如，田口守一教授指出："即使只能将破产宣告的确定这一事实理解为处罚条件，至少也应当把破产宣告的可能性作为构成要件的要素。"[40] 另外，阿部纯二教授认为，破产犯罪不是纯粹的抽象危险犯，而应当理解为抽象的＝具体的危险犯。在这个前提下，他主张"在危机状态中实施"是构成破产犯罪不可欠缺的构成要件要素，即"对于宣告前的行为，破产开始的迫近"[41] 是必要的。[42]

可以说，上述见解并不是将行为后的事实提前至行为时，而是试图将其纳入行为不法之中。但是，正如在事前受贿罪的部分论述的那样，现实地导致"破产宣告的确定"虽然被作为要件，但将其投射于行为时

---

[40] 田口守一：《破产法第三七四条第一号的犯罪成立要件》，载《警察研究》第 42 卷第 8 号（1971 年）第 119 页。

[41] 阿部·前揭注④第 25-26 页。

[42] 此外，中野等编〔内田〕·前揭注⑤第 349 页指出："应当将破产的'危险状态'这一契机视为破产犯罪的'违法要素'。"龟山·前揭注⑤第 91 页指出："在破产的情况下，要求在客观上必须存在损害债权人的可能性。"芝原·前揭注⑤第 88-89 页以及北野·前揭注⑤第 59 页注⑳也提出了基本相同的观点。

进行考量是没有意义的。而且，如果仅仅将破产的可能性置于行为（时）不法的领域内加以考虑，就否定了对行为时的危险和"破产宣告的确定"时的危险的关联性进行论述的可能性。㊸ 因此，"破产宣告的确定"的可能性不是行为不法的要件，而应当理解为将结果不法归属于行为的要件。㊹

二、"破产宣告的确定"的认识·预见

1. 第二，作为从主观上将发生的事态无价值归属于行为人责任的要件，要求行为人在实施诈害行为时对于"破产宣告的确定"具有认识·预见。由于"破产宣告的确定"是构成法律类型化的事态无价值必不可少的事实，因此，只要认为破产犯罪是故意犯，就必须将其包含在故意的对象之中。㊺㊻ 也就是说，行为人认识或者预见到"破产宣告的确

㊸ 实际上，这里所列举的各位论者均要求危险的关联性·同一性。但是，正如后文三中所述（第 273 页），这种要求违背了处罚条件说的前提。

㊹ 另外，如果考虑到行为人的经济活动的自由，以下价值判断就完全能够成立：作为客观的归属要件，应当要求存在超过一般程度的可能性的、更高的破产的盖然性以及紧迫性。阿部纯二教授的观点（前揭注㊶）中也包含这样的趣旨。这种对于导致破产的高度的盖然性·紧迫性的要求，也可以从"被允许的危险"理论中得出。然而，即使这样理解，现实的"破产宣告的确定"具有不法构成机能的性质也不会发生改变。因为，即使在行为时就已经存在某种程度较高的危险，但是只要其尚未在"破产宣告的确定"所造成的"破产财团不足"的状态中被具体化·现实化，破产犯罪的不法类型就不会得到满足。

㊺ 主张"破产宣告"或者"破产宣告的确定"属于故意对象的论著有：冈田·前揭注㊴第 17 页以及第 44 页；佐伯千仞：《关于责任》，载佐伯千仞：《刑法改正的总括性批判》（1975 年）第 27 页以下（特别是第 36 页）；西台满：《主观的违法性理论》（1993 年）第 132 页；中义胜·吉川经夫·中山研一编：《刑法Ⅰ总论》（1984 年）第 88 页〔生田胜义执笔〕；西原春夫：《犯罪各论〔第二版〕》（1983 年）第 297-298 页；曾根·前揭注㊴第 333 页注㉒。

另外，前述将"破产的可能性"视为要件的观点也要求必须具有对于"破产的可能性"的认识。例如，龟山·前揭注⑤第 91 页指出："对于破产可能性的预见或者认识是必要的。"田口·前揭注㊵第 119 页也指出："行为人在主观上必须认识到破产宣告的可能性。"

㊻ 丸山雅夫教授一方面承认"客观处罚条件不是完全与行为的违法性无关的，而是从外部为行为的违法性提供基础的事实"（丸山·前揭注⑨第 256 页），另一方面却又将其排除在故意的对象之外。而且，他还认为，如果将客观处罚条件作为故意的对象，"从外部为行为的违法性提供基础的构成要件要素与客观处罚条件之间的实质性区别就会变得模糊不清"（第 257 页）。但是，既然二者都是为违法性提供基础的要素，为何要将该当客观处罚条件的要素排除在故意的对象之外呢？"从外部为违法性提供基础的"客观处罚条件与"从外部为违法性提供基础的"构成要件之间的"实质性区别"是什么呢？

定"并实施诈害行为这一事实为行为人的故意责任提供了基础。㊼

2. 对于将"破产宣告的确定"包含在故意的对象中的观点,可以预见在理论上将会出现以下批判:

首先,可以预见的批判是,"破产宣告的确定"是将来的不确定的事实,因而不能作为故意的内容。㊽ 但是,对于"结果"的故意,通常也是以将来不确定的事实作为其内容的。㊾ 而且,在所谓的"附条件的故意"的场合,将依赖于不确定的外部事实的行为作为故意的内容也是可能的。所以,将来的不确定的事实并不妨碍将其包含在故意的对象之中。㊿

其次,提出"破产宣告的确定"既非行为实现的对象,亦非起因于行为人行为的事由,因而不能成为故意对象的批判,也是可以想见的。㋑ 但是,主张只有由行为引起的实现对象才能成为故意对象的观点,是认为只有由行为引起的实现对象才属于不法(以及构成要件)这一误解在责任论中的反映,或者可以说是混淆了故意与实现意思。如果故意的认识对象仅限于由行为引起的"实现对象",那么,妨害灭火罪(《刑法》第

㊼ 需要说明的是,对"破产宣告的确定"的认识·预见不是单独地为故意责任提供基础的。因为,"破产宣告的确定"本身未必是违法的事实;而且,只有对于"破产宣告的确定"这一外部事实的认识·预见,还不能为非难行为人的意思活动提供基础。实际上,为破产犯罪的故意责任提供基础的,是"在认识或者预见到'破产宣告的确定'的情况下产生的实施诈害行为的意思"。同样,这个归结也可以一般性地适用于有关行为状况、行为客体、行为主体等的认识。

㊽ Vgl., Ernst Blume, Tatbestandskomplemente (1906), S. 39.

㊾ Vgl., Haß, a. a. O. (Anm. 38), S. 47.

㊿ 另外,针对将客观处罚条件作为责任关联的对象的观点,北野通世教授提出批判:关于客观处罚条件,"能够在与其他构成要件要素相同的程度、具体性上断定行为人对其具有的认识预见可能性吗?"(北野·前揭注⑤,第 44 页)的确,相对于将来的事实而言,既存的事实更能具体地为行为人所表象。但问题是,要求认识·预见具有达到足以承认故意的程度的具体性是否是可能的。而且,必须承认,仅就(北野教授视为客观处罚条件的)事前受贿罪中的"就任公务员"以及破产犯罪中的"破产宣告的确定"而言,要求认识·预见达到足以承认故意的程度的具体性完全是可能的(对于"破产宣告的确定"的时间、负债额等的预见不是故意所必需的。对这些要素的认识,即使是关于——北野教授将其视为构成要件要素——行为前的"破产宣告的确定"的故意也不是必要的)。

㋑ 哈斯指出,莱比锡法院不要求与"支付停止"等之间存在因果关联,因而就将得出相关的责任关联不会成为问题的结论。对此,哈斯提出批判:莱比锡法院已经承认行为人的责任关联也应当涉及那些非由行为人引起的事实,所以,上述莱比锡法院的结论就是没有根据的(Haß, a. a. O. (Anm. 38), S. 100; auch vgl., S. 103-104)。

114条）中的“火灾之时”等行为状况、受贿罪中的“公务员”等主体属性以及盗窃罪（同第235条）中的财物的“他人性”等客体属性等等，就必须排除在故意的对象之外。作为形成反对动机的源泉，故意中应当也包括对于行为的法益侵害性具有重要意义的外部事由，而“破产宣告的确定”作为这种事由就应当成为故意的内容。实际上，在预见到“破产宣告的确定”的场合和未预见到的场合，对于实施浪费等财产减少行为的反对动机的形成可能性以及对于实施该行为的非难程度当然是存在区别的。(52)

最后一个可以预见的批判是，对于“破产宣告的确定”，即使表象

(52) 针对将该当客观处罚条件的事实作为违法要素，并要求对此责任关联的观点，北野通世教授提出批判：“就行为人在自己行为的因果展开过程中无法控制其发生的事实追究行为人的责任，已经超出了责任刑法的框架，是对结果责任的承认。”（北野·前揭注⑤第48页）但是，将“破产宣告的确定”以及“就任公务员”理解为构成要件要素（违法要素）并要求责任关联，主要是出于将这些事由作为造成法律应当防止的事态无价值发生的前提事由或者介在事由的考虑，而并不意味着对“导致破产宣告的确定”或者“就任公务员”“追究责任”。这与将妨害灭火罪中的“火灾之时”作为构成要件要素（违法要素）包含在故意的对象之中并不意味着对火灾的发生“追究责任”是一样的道理（北野教授将行为前的“破产宣告的确定”作为行为状况理解为构成要件要素（违法要素）。然而，如果认为作为违法要素并要求责任关联就意味着“对此追究责任”，那么，此时也就意味着对于“破产宣告的确定”“追究行为人的责任”）。

另外，北野教授还批判道：“故意的实体能否由要求行为人对于自己行为的因果展开过程中无法控制的事象的认识而形成吗?”（北野·前揭注⑯第9-10页）但是，在行为人无法控制其发生与否这一点上，行为状况与客观处罚条件是相同的。行为状况的发生与否虽然是不可控制的，但其仍然是故意的对象，这是因为对行为状况的利用能够形成因果事象，因而相关的认识就能够成为反对动机的源泉。而且，如前所述，在形成因果事象且能够加以利用方面，所谓的客观处罚条件与行为状况之间不存在差异。所以，对于该当客观处罚条件的事实的认识·预见也能够成为反对动机的源泉。因此，在与行为状况相同的意义上，可以将该当客观处罚条件的事由作为故意的对象。实际上，预见到“破产宣告的确定”并实施浪费等财产减少行为的场合与未预见到“破产宣告的确定”而实施同样行为的场合之间，责任非难的程度是不同的。

针对要求对于客观处罚条件存在过失的观点，北野教授批判道：“对于行为人在自己行为的因果展开过程中无法控制其发生的事象，应当如何认定注意义务违反，尤其是结果回避义务违反呢?”（北野·前揭注⑯第10页）。既然客观处罚条件不是行为的结果，“结果回避义务违反”当然就不会成为问题。要求过失关联的立场应当将避免因客观处罚条件的介入而产生“不当的事态”的义务作为问题。而且，作为理论前提，应当要求对于客观处罚条件这一导致“不当的事态”发生的必要条件具有预见可能性。由此可以联想到旅馆火灾中的管理·监督者承担的业务上过失致死伤责任。此时，由于不要求“着火”是管理·监督上的不注意所造成的结果——即使是由第三人放火造成的，因而不会追究“着火”的回避义务。应当追究的，是对于旅客没能及时逃生而被“烧死”的回避义务。尽管如此，“着火”的预见可能性对于管理·监督过失而言并非没有意义。不“着火”就不会出现“烧死”的结果，因此，作为肯定对于“烧死”的预见可能性·回避可能性的理论前提，必须首先肯定对于“着火”的预见可能性（至于要求对于着火原因具有多大程度的预见可能性，则是另外的问题）。

是可能的，但相关的意欲·认容的心理状态则是不可想象的㊼，因此，故意中的意思·情绪要素就得不到满足。但是，如果以关于故意的认识说和动机说作为前提，就可以认为只要认识·预见到"破产宣告的确定"、并作出实施财产减少行为的决意，故意的意思要素就能够得到充分满足。另外，即使以认容说为前提，作为"无奈之举"而消极地认容"破产宣告的确定"也是完全可能的。

3. 此外，要求对于"破产宣告的确定"存在认识·预见在刑事政策上过于苛刻，不得对缺少认识·预见的行为人科处刑罚的归结是不妥当的。这种基于实务的观点提出的批判也是可以预见的。㊾

但是，由于要求对于"破产宣告的确定"具有认识·预见而在现实中产生不合理的结果，这是难以想象的。作为破产犯罪的故意，不需要确定地预见到会产生"破产宣告的确定"，只要具有"也许会产生'破产宣告的确定'"这种未必的预见即可。而且，对于作为法律概念的"破产宣告的确定"，也没有必要把握其严格的法律意义，只要具有所谓的"普通人领域中的平行评价"，就能够肯定故意的存在。㊿ 在这个前提下，要求对于"破产宣告的确定"具有认识·预见，就绝不是苛刻的要求。正如佐伯千仞博士指出的那样，在破产犯罪成为问题的场合，行为人当然具有也许会导致"破产宣告的确定"的预见；相反，不存在这种预见的情形才是难以想象的。㊽ 判例也指出，"破产宣告之前实施的破

㊼ Vgl., Theodor Rittler, Besprechung von Bemmanns Zur Frage der objektiven Bedingungen der Strafbarkeit, JZ 1958, S. 189.

北野通世教授也提出批判：将该当客观处罚条件的事实包含在故意的对象中的观点"仅将认识要素作为问题，而排除了意思要素"（北野·前揭注⑤第44页）。另外，北野教授将行为后的"破产宣告的确定"理解为客观处罚条件，而将行为前的"破产宣告的确定"理解为构成要件要素。但是，如果认为对于行为后的"破产宣告的确定"的预见中不含有意思要素，因而不能形成故意的实体，那么，是否也会因为无法对行为前的"破产宣告的确定"产生意欲，所以，该认识中不包含意思要素，从而无法构成故意的内容呢？

㊾ 哈斯认为，莱比锡法院将支付停止等解释为客观处罚条件的真正理由，在于证明关于这些事由的责任关联极为困难这一刑事政策上的考虑（Haß, a. a. O.（Anm. 38），S. 100）。

㊿ 对于将"破产宣告的确定"作为故意的对象的观点，龟山继夫检察官批判道："要求将那些法律程序方面的归结作为故意内容的必要性以及合理性是不存在的。"（伊藤等编〔龟山〕·前揭注①第686页）。然而，即使是要求故意的立场，也不要求必须对法律程序具有严密的认识。

㊽ 佐伯·前揭注㉚第191页。

产法第 375 条各号规定的行为要成为处罚的对象，需要债务人在行为当时对破产宣告的确定具有认识"㊼；诈害破产罪，是指"债务人在预见并认识到可能导致破产宣告的确定的情况下"实施的法律规定的行为。㊽㊾

总之，无论是在理论层面上，还是在现实层面上，将"破产宣告的确定"纳入故意的对象都不存在特别的障碍。㊿

三、"破产宣告的确定"对危险的现实化

第三，作为构成现实的事态无价值的要件，要求财产隐匿等诈害行为与"破产宣告的确定"相结合，从而导致"因破产财团不足而造成债权人回收债权的危机"的事态无价值。换言之，这种由于"破产宣告的确定"这一事由的介入而使得诈害行为中隐含的危险被具体化·现实化的关系是必要的。

于是，首先，财产隐匿等行为中隐含的危险与由"破产宣告的确定"具体化以及现实化的危险必须基本上是同一的。例如，在实施了隐匿财产等行为之后，行为人（＝债务人）的经济状况完全恢复，并对当时的债权人进行了偿还；然而，后来他再次陷入经济危机，最终导致破产宣告的确定。㉖在这种情况下，"破产宣告的确定"这一要件在形式上确实已经具备。但是，第二次危机造成的"破产宣告的确定"使得当初的诈害行为中隐含的危险被具体化·现实化的关系是不能认定的。所以，应当否定将其作为破产犯罪予以处罚。

其次，如果财产隐匿等诈害行为的效果未能一直持续到"破产宣告

㊼ 大判昭和 12 年 11 月 12 日《法律新闻》4235 号第 13 页。
㊽ 最决昭和 44 年 10 月 31 日刑集第 23 卷第 10 号第 1465 页。
㊾《破产法》第 374 条第 1 号将隐匿"属于破产财团的财产"等行为规定为构成要件。由此可知，至少对于"破产宣告"的认识·预见是必不可少的。因为，如果缺少对于"破产宣告"的认识·预见，也就不具有"属于破产财团的财产"的认识。
㊿ 可以说，立法者（以及起草者）的本意至少是要求具有对于"破产"的预见。具体而言，在大正 11 年 3 月 14 日关于现行《破产法》的众议院委员会审议的答辩中，山内确三郎政府委员（司法次官）指出："……诈欺破产罪，是指在即将陷入破产的场合，在对此具有预见的基础上，如果不隐匿财产就会对自己造成不利的情形"（帝国议会委员会议录 33·第 45 次议会〔三〕第 254 页〔着重号系笔者附加〕)。
㉖ Vgl., Harro Otto, Der Zusammenhang zwischen Krise, Bankrotthandlung und Bankrott im Konkursstrafrecht, in：Gedächtnisschrift für Rudolph Bruns (1980), S. 265ff., (insb. S. 282).

的确定"时,"破产宣告的确定"使得针对债权人的危险的具体化·现实化的关系就不能成立。例如,虽然隐匿了应当属于破产财团的财产,但在"破产宣告的确定"之后发现并回收了该财产的情形。此时,财产隐匿行为并未导致"破产财团不足",因而应当否定破产犯罪的成立。

将"破产宣告的确定"视为与不法无关的客观处罚条件的通说见解的支持者,也主张应当要求行为与"破产宣告的确定"之间存在一定的关联性。例如,阿部纯二教授要求行为与"破产宣告的确定"之间必须存在"事实上的牵连关系",并将其具体内容理解为"以遭受不利益的债权人为破产债权人的破产宣告因破产行为而确定"⑫。龟山继夫检察官也认为,"行为时的破产可能性未被消除,进而最终导致破产宣告的确定,亦即行为时的'导致破产的可能性'与应当成为处罚条件的破产宣告之间存在事实上的关联"是必要的。⑬ 田口守一教授则是在排除"作为处分行为对象的财产实际上不属于破产财团的情形"的意义上,主张应当将"客体的同一性"作为要件。⑭⑮

上述解释体现了与笔者要求危险因"破产宣告的确定"而被具体化·现实化的观点基本一致的方向;虽然在具体内容上还有不明确之处,但该结论则可以说是妥当的。然而,要求"事实上的牵连关系"与

---

⑫ 阿部·前揭注④第 27-28 页。齐藤等编〔阿部〕·前揭注⑤第 1182 页也提出了同样的见解。

⑬ 伊藤等编〔龟山〕·前揭注①第 695 页。

⑭ 田口·前揭注㊵第 121 页。

⑮ 立足于处罚条件说的立场要求行为与"破产宣告的确定"之间存在关联性的论著还有:桑田·前揭注⑤第 404 页;原田·前揭注⑤第 59 页。立足于还原于不法论的立场要求这种关联性的论著是:佐伯:《客观处罚条件》前揭注㉓第 208 页。

此外,最决昭和 44 年 10 月 31 日刑集第 23 卷第 10 号 1456 页、大阪高判昭和 52 年 5 月 30 日高刑集第 30 卷第 2 号第 242 页等判例也提到了"事实上的牵连关系"。

立法者(以及起草者)也主张行为与"破产宣告的确定"之间的关联性是必要的。在前述注㊱的现行破产法审议中,三宅正太郎政府委员(司法省参事官)作出以下答辩:

"无论是在破产宣告的多长时间以前,即使债务人在 10 年前实施了与破产宣告基本无关的第 374 条列举的行为,当破产宣告确定时直接对其适用罚则都是明显违背本条趣旨的。……虽然第 374 条的条文没有直接表明不处罚与破产宣告完全无关的行为,但是可以认为这就是第 374 条第 1 项的趣旨所在。也就是说,应当认为在不问破产宣告前后实施的某种行为和该破产宣告之间存在一定的关联。"(帝国议会委员会议录·前揭注㊱第 253 页。着重符号系作者附加。)

将"破产宣告的确定"作为客观处罚条件的前提是无法调和的。因为，所谓的"事实上的牵连关系"，是以"破产宣告的确定"时的法益危殆化与行为之间的关系作为问题的；而在仅根据财产隐匿等行为时的法益危殆化就对本罪的当罚的不法予以肯定的处罚条件说看来，并不存在考虑"破产宣告的确定"时的法益危殆化的余地。⑯

而且，从政策性考虑的内容这一点来看，如果像通说那样主张为了不妨碍"避免破产的努力"，就应当在"破产宣告的确定"之前对处罚加以限制，那么，由于"破产宣告的确定"之后就不需要再考虑"债务人避免破产的努力"，因此，仅限于处罚与行为之间存在事实上的牵连关系的"破产宣告的确定"的情形，就是没有理由的。所以，根据通说采取的政策性考虑这一前提，无论与行为之间是否存在事实上的牵连关系，在"破产宣告的确定"以后再肯定刑罚权的发动才是一贯的立场。

这样看来，只有将"破产宣告的确定"定位于不法构成要件内部，才能为行为与"破产宣告的确定"之间的牵连关系这一要件提供根据。以通说为前提要求这种牵连关系的观点均未能说明其理论根据的事实，也证明了这一点。而且，只有立足于条件的成就使得危险具体化·现实化这一（类型化的）违法评价的立场，才能明确牵连关系的具体内容。

四、通说见解的问题性

以上探讨表明，将"破产宣告的确定"视为客观处罚条件的通说见解的最大问题，在于其试图在诈害行为时对破产犯罪的不法内容作出确定性的把握。这种将不法内容限定并固定在行为时的观点，不仅与将"破产宣告的确定"作为要件加以规定的趣旨不符，而且也无法充分把握破产犯罪的社会性实体。在要求"事实的牵连关系"这一点上，可以认为通说见解也意识到了对不法作固定性理解的局限性。因为，要求"事实上的牵连关系"的观点都是考虑"破产宣告的确定"时对于债权回收的危险，并对该危险与行为之间的关联性进行论证的立场。但是，

---

⑯ 根据通说的前提，主张"处罚条件是完全分离于犯罪行为的存在"（大判大正15年11月4日刑集第5卷第12号第535页（第538页）），才具有一贯性。

对于"破产宣告的确定"时法益侵害的危险性，只能通过为"破产宣告的确定"赋予不法构成机能，才能正确把握，而根据将违法评价的对象限定于行为时的处罚条件说，则难以对这种事后的危险性进行考虑。

第三节 妨害执行公务罪中的"职务行为的适法性"等

1. 作为客观处罚条件的例子，多数学说一致列举的只有前文探讨的事前受贿罪中的"就任公务员"以及破产犯罪中的"破产宣告的确定"。除此之外，还有部分学说指出，妨害执行公务罪（《刑法》第95条）中的"职务行为的适法性"、作为具体危险犯的放火罪·失火罪（同第109条第2项、第110条、第116条第1项·第2项）中的"公共危险"以及饮酒驾驶罪（《道路交通法》第119条第1项第7号之二）中的"体内含有超过政令规定浓度的酒精的状态"等也属于客观处罚条件。下面，本书拟对这些事由的性质进行探讨。

2. 首先，从与行为之间的关系这一观点来看，妨害执行公务罪中的"职务行为的适法性"[①] 是体现行为状况以及行为客体的属性的行为时的事实。所以，将其纳入"行为"事象是不存在障碍的。另外，妨害执行公务罪的保护法益是公务的开展，然而，由于违法的职务行为缺乏保护的必要性，因此，"职务行为的适法性"对于本罪的违法评价而言无疑具有决定性的重要意义。所以，应当将"职务行为的适法性"归属于作为不法类型的构成要件。相反，将"职务行为的适法性"视为客观处罚条件的观点，其意图仅在于将该事由排除在故意的对象之外。但是，至少应当要求对于为"职务行为的适法性"提供基础的事实具有认识[②]，而这个要求并不会产生不妥当的结果。

[①] 将"职务行为的适法性"作为客观处罚条件的是，香川达夫：《刑法讲义·各论〔第三版〕》（1996年）第43页。相反，通说则将"职务行为的适法性"理解为构成要件要素（例如，前田雅英：《刑法各论讲义〔第二版〕》（1995年）第487页等）。此外，将其视为违法要素的是：团藤重光：《刑法纲要·各论〔第三版〕》（1990年）第51页。

[②] 例如，参见曾根威彦：《妨害执行公务罪中的'职务行为的适法性'》，载曾根威彦：《刑法中的重要问题·各论〔补订版〕》（1996年）第317页以下（特别是第326页）。

3. 其次，从与行为之间的关系这一观点来看，作为具体危险犯的放火罪·失火罪中的"公共危险"③是行为所产生的"结果"，将其归属于行为并不存在任何问题。而且，《刑法》第 110 条第 1 项"放火烧毁前两条规定以外之物，由此发生公共危险的人"的规定，也可以证明"公共危险"是行为的"结果"的事实。④ 另外，正如经常受到的指责那样，由于烧毁自己的所有物本身是完全合法的，因而，对于针对自己所有物的放火的违法性而言，"公共危险"具有决定性意义，这是没有质疑余地的。⑤ 于是，"公共危险"也可以理解为作为不法类型的构成要件的要素。

相反，将"公共危险"视为客观处罚条件的观点的意图，在于通过不要求故意包含该事由⑥，从而解决区别"对公共危险的认识"和"对延烧的未必的预见"、进而区别第 109 条第 2 项·第 110 条的既遂成立的情形和第 108 条·第 109 条第 1 项的未遂成立的情形等难题。⑦ 但是，

---

③ 将"公共危险"的发生视为客观处罚条件的是，香川达夫：《放·失火罪与公共危险》，载香川达夫：《刑法解释学的现代课题》（1979 年）第 327 页以下（特别是第 341 页以下）〔初出·《学习院大学法学研究年报》第 13 号（1978 年）〕。相反，通说则将"公共危险"解释为构成要件要素（例如，团藤·前揭注①第 199 页等）。

④ 另外，关于第 110 条第 1 项，有观点根据其规定形式将"公共危险"的发生解释为结果加重犯中的加重结果（东京高判昭和 53 年 3 月 20 日东高时报第 29 卷第 3 号第 46 页等）。这种理解的意图仍然在于将"公共危险"排除在故意责任之外，其实质上与将"公共危险"作为客观处罚条件的观点没有任何区别。

⑤ 参见齐藤诚二：《放火罪与公共危险——具体危险犯与公共危险》，载《Law School》第 30 号（1981 年）第 88 页以下。

⑥ 判例也不要求对于"公共危险"的认识（最近的判例是最判昭和 60 年 3 月 28 日刑集第 39 卷第 2 号第 75 页〔作为本案的解说·评释，高桥省吾：《刑法——○条一项之罪与公共危险发生的认识是否必要》，载最高裁判所调查官室编：《最高裁判所判例解说·刑事篇·昭和六○年度》（1989 年）第 42 页以下〔初出·《法曹时报》第 39 卷第 1 号（1987 年）第 212 页以下〕；中义胜：《刑法——○条一项之罪与公共危险发生的认识是否必要》，载《判例时报》第 1160 号（1985 年）第 234 页《判例评论》第 320 号第 64 页〕；生田胜义：《刑法——○条一项放火罪与公共危险发生的认识是否必要》，载《法学セミナー》第 375 号（1986 年）第 66 页；堀内捷三：《刑法第 110 条第 1 项之罪与公共危险发生的认识是否必要》，载《警察研究》第 61 卷第 5 号（1990 年）第 41 页以下；甲斐克则：《建筑物以外放火罪与公共危险的认识》，载《昭和六○年度重要判例解说》（《别册ジュリスト》第 62 号）（1986 年）第 157 页以下；只木诚：《刑法——○条一项之罪的成立与公共危险发生的认识是否必要》，载《法学新报》第 93 卷第 3·4·5 号（1986 年）第 191 页以下；江口三角：《公共危险的认识》，载松尾浩也·芝原邦而·西田典之编：《刑法判例百选Ⅱ各论〔第四版〕》（1997 年）（《别册ジュリスト》第 143 号）第 152 页以下）。

⑦ 参见香川·前揭注③第 341 页以下。

放火罪中人的·物的损失未必就是通过延烧至108条·第109条第1项规定的物件而造成的。因此,"对公共危险的认识"和"对延烧的未必的预见"在范围上是不同的。⑧ 另外,"对公共危险的认识"和"对延烧的未必的预见"在客体的特定性方面,也存在程度上的差异。⑨ 由此可见,"对公共危险的认识"和"对延烧的未必的预见"的区别并不是不可能的。而且,如前所述,鉴于"公共危险"对于作为具体危险犯的放火罪的违法性具有决定性意义,如果对此不要求存在故意,就必然是违背责任主义的。⑩⑪

4. 最后,从与行为之间的关系这一观点来看,《道路交通法》第119条第1项第7号之二中的"体内含有超过政令规定浓度的酒精的状态"⑫,是"驾驶"这一实行行为时有关行为人身体的状况,应当作为一种"行为状况"定位于行为事象的内部。而且,含有一定量以上的酒

---

⑧ 参见井田良:《最近关于放火罪的论点》,载阿部纯二、板仓宏、内田文昭、香川达夫、川端博、曾根威彦编:《刑法基本讲座·第六卷·各论之诸问题》(1992年)第182页以下(特别是第186页-187页)。

⑨ 参见生田·前揭注⑥第66页。

⑩ 参见最决昭和59年4月12日刑集第38卷第6号第2107页谷口正孝法官的"意见"。

⑪ 可以说,要求对于"公共危险"的认识的立场是学界的通说(参见武田诚:《放火罪的主观要件——包括'危险的认识'》,载《关西大学法学论集》第44卷第3号(1994年)第179页以下以及该论文中列举的文献)。

此外,要求对于"公共危险"的发生具有预见可能性以及过失的论著是,西田典之:《放火罪》,载芝原邦尔、堀内捷三、町野朔、西田典之编:《刑法理论的现代展开·各论》(1996年)第280页以下(特别是第292页)〔初出·《法学セミナー》第479号(1994年)〕。

⑫ 将"含有超过政令规定浓度的酒精的状态"视为客观处罚条件的论著有:柏井康夫:《错误》,载《判例タイムズ》第284号(1973年)第99页;堀笼幸男:《道路交通法一一九条一项七号规定的饮酒驾驶罪的故意》,载最高裁判所调查官室编:《最高裁判所判例解说·刑事篇·昭和五二年度》(1985年)第287页。另外,阿部纯二教授指出,立法者也主张"体内含有超过政令规定浓度的酒精的状态是客观处罚条件"(阿部纯二:《道路交通法一一九条一项七号之二规定的饮酒驾驶罪的故意》,载《判例评论》第231号《判例时报》第880号)(1987年)第155页)。另外,平野龙一、佐佐木史郎、藤永幸治编:《注解特别刑法Ⅰ交通编(1)》(1990年)第867页〔浅野信二郎执笔〕虽然没有使用"客观处罚条件"一词,但仍然认为对于体内含有超过政令规定浓度的酒精的认识是不必要的。

相反,将"含有超过政令规定浓度的酒精的状态"作为构成要件要素的论著有:冈野光雄:《醉酒驾驶·饮酒驾驶的故意》,载《研修》第443号(1985年)第7页以下;植松正:《醉酒驾驶的故意的相关问题》,载《警察研究》第38卷第12号(1967年)第3页以下(然而,作为立法论,植松教授指出:"不将无法期待行为人直接认识的血液浓度的数值等纳入构成要件才是良策。"〔同第10页〕)。另外,伊藤荣树、小野庆二、荘子邦雄编:《注释特别刑法·第六卷/交通法·通信法编Ⅰ》(1982年)第289页〔长井圆执笔〕也认为,将体内的酒精浓度作为客观处罚条件是存在疑问的。

精因构成安全驾驶的障碍而被法律规定为要件,其与法益侵害的危险性并不是无关的。所以,含有一定量酒精的状态是将达到可罚程度的危险驾驶予以类型化的要素,因而属于饮酒驾驶罪的不法构成要件。[13]

相反,将"体内含有超过政令规定浓度的酒精的状态"视为客观处罚条件的观点,是感觉到要求将对于酒精浓度的数值本身的具体认识作为故意内容的困难性,于是主张将该事实排除在构成要件之外的。但是,考虑到本罪中的酒精浓度是类似于采用法律性·专业性概念的构成要件要素,因此,即使没有对于数值本身的认识,但只要具有与该数值相对应的社会意义的认识,亦即对于达到意味着"体内含有超过政令规定浓度的酒精的状态"的程度的饮酒状态的认识,就能够认定存在故意。作为相同的趣旨,长井圆教授对于有关酒精浓度的故意指出,"只要对于构成数量基础的事象存在认识……即可"[14]。所以,即使将"体内含有超过政令规定浓度的酒精的状态"作为构成要件要素,在实务上也不会产生不妥当的结果。

5. 综上所述,妨害执行公务罪中的"职务行为的适法性"以及饮酒驾驶罪中的"体内含有超过政令规定浓度的酒精的状态"是行为时存在的"行为状况",而不是由行为后发生的不确定的事实为处罚"附加条件"的要素。另外,放火罪中的"公共危险"与行为之间存在因果关系,是放火行为的"结果"。[15] 所以,将这些事由归属于行为事象并不存在任何问题,而"客观处罚条件"这个概念的使用,仅仅是为了将它们排除在故意的认识对象之外。但是,应当将这些事由排除在故意的对

---

[13] 参见林干人:《构成要件该当事实的错误与违法性的错误》,载林干人:《刑法的基础理论》(1995年)第61页以下(特别是第71页)〔初出·《警察研究》第63卷第2号、第3号(1992年)〕。

[14] 伊藤等编〔长井〕·前揭注⑫第298页。然而,对于教授的观点,也存在将其趣旨理解为只需具有关于纯粹的事实的认识即可的余地。

[15] 香川达夫教授将作为行为时的状况的妨害执行公务罪中的"职务行为的适法性"和作为行为产生的结果的放火罪中的"公共危险"理解为客观处罚条件。另一方面,他为客观处罚条件赋予了"停止条件"的性格(香川达夫:《结果加重犯的本质》(1978年)第18页),认为其特征在于"与实行行为本身不存在直接关联"(同书第21页);与此同时,他还以结果加重犯中的加重结果与行为之间存在因果关系为由,将其排除在客观处罚条件的范畴之外(同书第20页)。但是,这两种观点是不协调的。

象之外的特殊理由，实际上是不存在的。不仅如此，不具有实质内容的"客观处罚条件"概念不过是不要求认识这一论者所期待的"结论"的另外一种表述而已，它并没有提供相应的"根据"⑯。

---

⑯　除此之外，在与刑法的地域适用范围的关系上，有观点主张将仅处罚国内犯的犯罪中的"犯罪行为在国内实施"视为（客观的）的处罚条件（关于刑法的地域适用范围的法律性质，参见名和铁郎：《国际刑法》，载阿部纯二、板仓宏、内田文昭、香川达夫、川端博、曾根威彦编：《刑法基本讲座·第一卷·基础理论/刑罚论》（1992年）第72页以下；古田佑纪：《国外犯与共犯》，载同书第81页以下）。根据这种将行为地视为处罚条件的立场（处罚条件说），在该当仅处罚国内犯的犯罪的行为在国外实施时，该行为具备构成要件该当性、违法性、责任，已经构成"犯罪"，只是在政策上对处罚加以限制而已。但是，该"政策"的内容则是不明确的。

如果认为该"政策"是基于国际法的观点对我国主权所作出的限制，就不应当像处罚条件说那样主张犯罪成立而仅对处罚加以限制，应当认为其原本就不是我国刑法的评价对象。于是，刑法的适用范围就属于适用哪国刑法的准据法问题，是刑法评价的前提问题，因此，其"与犯罪论以及处罚条件论等实体法理论无关"（古田·前揭第82页）（准据法说）。

相反，如果认为该"政策"是基于国内法观点作出的可罚评价，是对于国内法秩序而言具有的要保护性，就应当将"犯罪行为在国内实施"归入作为可罚的违法类型的构成要件（构成要件要素说）（佐伯千仞：《客观处罚条件》，载佐伯千仞：《刑法中的违法性理论》（1974年）第193页）。虽然由这种构成要件要素说会产生有关行为地的故意的问题，但是，根据诸如对于赌博行为的可罚的违法评价依赖于行为地这一前提，要求存在"在国内实施"的认识是具有一贯性的（然而，将行为地的错误视为禁止的错误也是可能的）。另外，由于有关行为地的认识只需所谓的"同时认识"即可，因此，相关的认定并不存在困难。

关于准据法说和构成要件要素说哪个妥当的问题，本书持保留态度。然而，根据对于政策内容的理解不同，处罚条件说应当归属于其中之一。所以，在刑法的地域适用范围问题上，也没有必要援用"客观处罚条件"的概念。

第八章　判例与客观处罚条件
——破产犯罪中的"破产宣告的确定"的法律性质和解释论上的处理

序　说

本章拟以有关"破产宣告的确定"的判例为素材，对其法律性质和解释论上的归结之间的关联性以及该归结的具体妥当性展开探讨。从反面来看，这一探讨也有助于验证将"破产宣告的确定"还原于不法构成要件时是否会在实务上产生不妥当的归结的问题。①

第一节　"破产宣告的确定"的法律性质

判例一贯将破产犯罪中的"破产宣告的确定"的法律性质理解为

---

① 在引用判例时，本书将固有名词改为假名，将旧体字改为新体字，并在将使用片假名书写的判例改为平假名的基础上补充了浊音符号和标点符号。引文中的着重号以及六角括号中的内容，均系作者附加。

"处罚条件"。首先，关于作为现行《破产法》第 374 条（诈欺破产罪）前身的旧《商法》（明治 23 年法律第 32 号）第 1050 条①，被视为经典判例的大审院明治 43 年 11 月 15 日判决指出："诈欺破产罪中的财产藏匿或者遗漏行为系犯罪行为，破产宣告系处罚条件。而且，处罚条件是完全分离于犯罪行为而存在的要素，并非二者相结合构成了犯罪。"②另外，关于现行《破产法》第 374 条，大审院昭和 10 年 3 月 13 日判决指出："破产宣告确定的事实是诈欺破产罪的处罚条件，而不是与犯罪行为相结合构成本罪的要素"③④。由此可见，判例不仅使用了"处罚条件"的概念，而且，在将其性质理解为"完全分离于犯罪行为而存在的要素""不是构成犯罪的要素"这一点上，也从实质上明确体现了处罚条件说的立场。⑤

第二节　行为与"破产宣告的确定"的时间前后关系 287

1. 《破产法》第 374 条和第 375 条中规定"不问破产宣告的前后"。

---

① 旧《商法》第 1050 条〔诈欺破产罪〕的条文如下：

"受到破产宣告的债务人支付停止或者不问破产宣告的前后负担无履行意思的义务或者负担明知不能履行的义务时，或者出于损害债权人的意思对贷方财产的全部或者部分予以藏匿、转移或者遗漏，或者过度提高借方现额，或者毁灭、藏匿、伪造、编造商业账簿时，处诈欺破产之刑。"

另外，与现行《破产法》第 374 条将"破产宣告的确定"规定为要件不同，旧《商法》第 1050 条在条文规定上仅将"破产宣告"作为要件。但是，即使是旧《商法》，解释上仍然认为破产宣告的确定是必要的（参见大判大正 6 年 4 月 19 日刑录第 23 辑第 401 页〔后出·判例 8〕）。而且，旧《商法》第 1050 条以"受到破产宣告的债务人"的形式规定了一种"身份"，这一点也与现行破产法不同。然而，这些表现形式上的区别并不影响"破产宣告（的确定）"的法律性质。

② 大判明治 43 年 11 月 15 日刑录第 16 辑第 1929 页（第 1933 页）〔后出·判例 6〕。

③ 大判昭和 10 年 3 月 13 日"法律新闻"第 3847 号第 7 页（第 11 页）〔后出·判例 3〕。另外，本判决还刊载于刑集第 14 卷第 4 号第 223 页，本书将引用的部分予以省略。

④ 另外，在下级审判决中，札幌地判昭和 41 年 7 月 20 日下刑集第 8 卷第 7 号第 1021 页（第 1029 页）〔后出·判例 4-4〕指出"处罚条件是基于特别的政策性理由，将与犯罪的成立与否（行为的规范性评价）无关的一定条件与观念上的刑罚权的发生联系在一起的事由"，这是值得关注的。

⑤ 为了与判例中的用语相一致，本章仅以"处罚条件"一词来代指"客观处罚条件"。

据此，即使是破产宣告后实施诈害行为的场合，显然也符合第 374 条和第 375 条的规定。那么，对于在"破产宣告的确定"之后实施诈害行为的情形，应当如何理解呢？关于这个问题，主张"破产宣告的确定"之后实施的行为不符合第 374 条第 1 号的大阪高裁昭和 52 年 5 月 30 日判决①〔判决 1〕是值得关注的。

2. 本案的概要如下：某公司于昭和 41 年 5 月 23 日受到破产宣告，破产宣告于同年 6 月 21 日确定。该公司的破产财产管理人分别于同年 6 月下旬、同年 7 月下旬以及同年 8 月下旬至 9 月上旬对属于破产财团的机械设备、期票、现金等作出不利于债权人的出售或者处分，于是被检察机关以第三人诈欺破产罪（《破产法》第 378 条、第 374 条）提起公诉。

第一审大阪地裁昭和 47 年 3 月 14 日判决②基于以下三个理由判定被告人无罪：(1)"应当认为，《破产法》第 378 条规定的行为主体中不包括破产财产管理人"；(2)"应当认为，构成《破产法》第 378 条（第 374 条）规定的诈欺破产罪的行为必须与该破产宣告及其确定之间存在事实上的牵连关系，因而要求其最晚也应当是破产宣告确定之前的行为"；(3)"应当认为，所谓'不利于债权人的处分'，必须是诸如过分贱卖或者赠与等与'隐匿'或者'毁弃'具有相当程度的、给债权人造成明显财产损失的行为"。

检察机关不服一审判决提出抗诉，而大阪高裁则驳回了抗诉。下面，本书仅就论点 (2) 对大阪高裁的判决理由加以考察。

"……检察官以本案中的各项公诉事实符合《破产法》第 378 条、第 374 条第 1 号为由，提起公诉。然而，应当认为本条本号规定的是破

---

① 高刑集第 30 卷第 2 号第 242 页。作为本案的解说・评释，原田国男：《〈新判例解说〉诈欺破产罪之成否》，载《研修》第 354 号（1977 年）第 53 页以下；宫野彬：《一、是否要求破产法三七四条一号规定的行为在破产宣告确定之前实施二、同法三七八条的行为主体中是否包含破产财产管理人》，载《判例时报》第 889 号（1978 年）第 159 页以下《判例评论》第 234 号第 45 页以下）；丸山雅夫：《是否要求破产法三七四条一号规定的行为在破产宣告确定之前实施——客观处罚条件的意义》，载《上智法学》第 23 卷第 1 号（1978 年）第 249 页以下。

② 《判例时报》第 679 号第 102 页。

产犯罪中的一种被学术界称为破产原因罪的犯罪类型。所谓破产原因罪，本来就是旨在通过对制造破产原因、引起破产的行为加以处罚，从而保护债权人财产利益的犯罪。现行《破产法》将实施（在诈欺破产罪中，还需基于一定目的实施）通常具有制造破产原因、引起破产的性质的行为（使债务人财产减少或者使其债务增加的行为）规定为构成要件，虽然不要求该行为与现实的破产原因之间必须存在具体的因果关系，却将与该行为之间存在事实上的牵连关系的破产宣告的确定规定为处罚条件。鉴于这一点，应当认为《破产法》第374条第1号原则上是以破产宣告前的行为作为处罚对象的；作为例外，当破产宣告后的行为在破产宣告确定前强化了已经实际发生的破产原因时，才将其作为处罚对象。也就是说，本号的主旨在于，对破产宣告确定前实施的具有制造破产原因、引起破产的性质的行为中的与破产宣告的确定之间存在事实上的牵连关系的行为进行处罚。因此，本号规定的行为应当仅限于破产宣告确定前实施的行为。在这一点上与上述趣旨一致的原审判决的立场是正当的，能够予以肯定。"③

3. 诈欺破产罪中的"破产宣告的确定"和诈害行为的时间先后关系问题，涉及诈欺破产罪的罪质。

如果像本判决那样认为《破产法》第374条第1号的诈欺破产罪是"以曾经将破产本身视为恶害的惩戒主义思想为渊源的犯罪"④，是"以处罚制造破产原因、引起破产的行为为目的的破产原因罪"⑤⑥，那么，

---

③ 高刑集第30卷第2号第243-244页。
④ 高刑集第30卷第2号第245页。
⑤ 高刑集第30卷第2号第245页。
⑥ 我国的破产原因罪说是加藤正治博士在对大判昭和10年3月13日判决的评释（加藤正治：《代物清偿与诈欺破产罪、诈欺破产罪中无身份者的共犯关系、通过伪装信托隐匿财产以及抵消破产财团的适法性》，载加藤正治：《破产法研究·第一〇卷》（1943年）第320页以下）中提倡的。从大判昭和10年3月13日的案件事实来看，加藤博士主张破产原因罪说的主要目的，在于将仅侵害债权人之间的公平的债权人偏颇行为从诈欺破产罪中排除出去。但是不得不说，破产原因罪的定性已经超越了偏颇行为的可罚性问题，而涉及其他诸多论点。另外，根据主张诈欺破产罪的趣旨在于通过确保破产财团从而保护债权的通说见解，也能够以债权人的偏颇行为不会导致作为整体的破产财团的减少为由，从而将其排除在诈欺破产罪的处罚对象之外。

作为引起破产的原因，本罪的实行行为当然必须要先于"破产宣告的确定"⑦。但是，对于将本罪视为破产原因罪的理解，学术界一般是持批判态度的。⑧ 这些学说指出，将破产视为恶害、在其中寻求非难契机的观点不符合现行破产法的理念，应当将破产程序理解为确保属于破产财团的财产、实现全体债权人公平受偿的纯粹民事上的清算程序。可以说，这些学说的指摘是妥当的。根据这种对于破产程序的非惩戒性理解，诈欺破产罪的立法趣旨不在于禁止引起破产，而在于通过确保属于破产财团的财产，从而保护全体债权人的利益。从确保属于破产财团的财产这一立法趣旨来看，将"破产宣告的确定"之后的行为排除在外就是没有理由的。⑨ 无论在"破产宣告的确定"的前后，隐匿或者不利处分财产的行为都将导致属于破产财团的财产减少，损害债权人的利益。所以，即使是在"破产宣告的确定"以后实施行为的场合，至少也应当承认其与先行实施行为的场合具有同等的当罚性。

针对上述理解，本判决提出反驳："从确保属于破产财团的财产方面来看，对于破产宣告确定后实施的财产减少行为予以处罚确实也是必要的。然而，既然像前述那样解释同条同号的趣旨〔破产原因罪〕，那

---

⑦ 基于破产原因罪说的立场支持本判决的是，宫野·前揭注①第160页以下。在此，宫野教授以加藤正治博士的分类为依据，对第374条第1号规定的诈欺破产罪是破产原因罪还是破产程序罪的问题展开了探讨。但是，这种二选一的讨论是存在疑问的。一方面，如本书所述，第374条第1号之罪不应理解为破产原因罪；另一方面，仅将本罪视为侵害破产程序的犯罪，在矮化了本罪的实质意义这一点上是不妥当的。在导致破产财团减少、由此使得债权人的债权回收更加困难的意义上，本罪具有超越纯粹侵害程序的实质的法益侵害性。

⑧ 原田·前揭注①第55页以下；丸山·前揭注①第251页以下；芝原邦尔：《经济刑法研究11·破产犯罪（诈欺破产罪·过怠破产罪）》，载《法律时报》第59卷第2号（1987年）第86页以下（特别是第89页）；齐藤秀夫、铃木洁、麻上正信编：《注解破产法》（1983年）第1179页以下〔阿部纯二执笔〕；渡部尚：《破产宣告确定后的行为与诈欺破产罪之成否》，载经营刑事法研究会编：《事例解说·经营刑事法Ⅰ》（1986年）第263页以下（特别是第267页以下）；伊藤荣树、小野庆二、庄子邦雄编：《注释特别刑法·第五卷》（1986年）第697页〔龟山继夫执笔〕等。

另外，对破产原因罪说提出概括性批判的是，阿部纯二：《对于破产原因罪说的疑问》，载《法曹时报》第36卷第9号（1984年）第1页以下。

⑨ 参见齐藤等编〔阿部〕·前揭注⑧第1179页。

么，对于上述行为的处罚就只能根据刑法的规定进行；而且，即使这样理解也不会产生任何不妥。"⑩ 但是，在适用刑法中的背任罪（第247条）时，既无法对出于破产程序中这一事实的特殊性作出充分的评价，也不能断定已经破产的债务人通常就是作为背任罪主体的"为他人处理事务的人"。另外，"破产宣告的确定"以前的行为作为诈欺破产罪将被处以10年以下有期徒刑；而"破产宣告的确定"以后实施同样的行为却被作为背任罪处以5年以下有期徒刑或者50万日元以下的罚金，这显然是不均衡的。⑪

于是，应当和通说一样，认为《破产法》第374条第1号中也包括"破产宣告的确定"先于行为的情形。所以，对于诈欺破产罪而言，"破产宣告的确定"和行为的时间先后关系是不重要的。⑫

《破产法》第374条第1号中是否包括"破产宣告的确定"以后的行为这个问题，与对于"破产宣告的确定"的法律性质的理解存在怎样的关联呢？本案的大阪高裁判决立足于处罚条件说的立场，作出将行为限定在先于"破产宣告的确定"的场合的解释。相反，同样以处罚条件说作为前提的通说见解，则主张也应当包括在"破产宣告的确定"后实施的行为。另外，即使将"破产宣告的确定"定性为构成要件要素，如果将其理解为"结果"，行为在性质上也就必须先于该事由；然而，如果将该事由理解为构成结果发生的前提的一种"状

---

⑩ 高刑集第30卷第2号第246页。
⑪ 此外，原田·前揭注①第59页以下对大阪高裁判决提出批判："从条文来看，既然规定的是'不问破产宣告的前后'，那么，将其趣旨理解为破产宣告仅限于截至其确定的比较短暂的期间内，就是极其不自然的。"
⑫ 另外，将"破产宣告的确定"以后实施的行为排除在诈欺破产罪的处罚对象以外的本判决，仅仅是针对《破产法》第374条第1号作出的，并不适用于其他破产犯罪。关于《破产法》第374条第4号〔法院书记官变更扣押的账簿，或者对其予以隐匿或者毁弃〕，本判决明确承认"破产宣告的确定后"的行为也具有可罚性。具体而言，"正如所论，《破产法》第374条第4号仅以破产宣告后的行为为对象，破产宣告确定后的行为也是适用对象。同号之罪虽然在规定上仍然被作为诈欺破产罪中的一种，但是其实质上并不属于前述破产原因罪，而应当视为破产程序罪的一种。因此，即使同号之罪将破产宣告确定后的行为也作为适用对象，但对于同条第1号之罪则完全不能作同样的理解"（高刑集第30卷第2号第247-248页）。

况"，行为在"破产宣告的确定"以后实施的场合就应当也包括在内。这样一来，"破产宣告的确定"和行为的时间先后关系问题与将"破产宣告的确定"解释为处罚条件还是构成要件要素的争论之间就不存在必然的关联性。⑬

在讨论处罚条件时，某事由发生于行为之后的情形历来被作为默认的前提。通说见解也许是认为该当处罚条件的事由与民法中的"条件"一样都属于"将来不确定的事实"⑭，从而对于由"条件"决定"犯罪"的成立与否抱有抵触感，所以才主张将这些事由放逐于"犯罪"概念外部。但是，正如本节确认的那样，"破产宣告的确定"未必就是"将来不确定的事实"，也有先于行为存在的场合。此时，就不会出现"附条件的犯罪"的问题。于是，只要"破产宣告的确定"和行为的时间先后关系与"破产宣告的确定"的法律性质之间不存在直接的关联性，就不能认为将"破产宣告的确定"视为处罚条件的根据在于其属于"将来不确定的事实"⑮。那么，如果将"破产宣告的确定"视为处罚条件，其理由是什么呢？能够想见的，就只有要求故意涉及"破产宣告的确定"是不妥当的这一实务方面的理由。⑯ 但是，为了排除在故意的对象之外而排除出不法构成要件的论述，完全颠倒了理由和归结。而且，正如第五节探讨的那样，即使是从实务的观点来看，要求对于"破产宣告的确定"具有故意也绝不是过分的要求。

---

⑬ 参见丸山·前揭注①第 255 页以下。

⑭ 参见我妻荣：《新订·民法总则》（1965 年）第 403 页。

⑮ 就事前受贿罪中的"就任公务员"而言，行为后的事实并不是将其解释为客观处罚条件的决定性根据。当"就任公务员"先于行为存在时，构成单纯受贿罪或者受托受贿罪，"公务员的地位"则属于构成要件要素；相反，当行为先于"就任公务员"实施时，属于事前受贿罪的问题，而"就任公务员"则被解释为客观处罚条件。也就是说，"公务员的地位"是构成要件要素还是客观处罚条件这一分歧，仅仅取决于其与行为之间的时间先后关系。但是，如果认为对于破产犯罪中的"破产宣告的确定"的法律性质而言，与行为的时间先后关系并不具有重要性，那么，主张"就任公务员"的法律性质只取决于其与行为之间的时间先后关系的观点也就丧失了根据。

⑯ 参见丸山·前揭注①第 256—257 页。

第三节　行为与"破产宣告的确定"之间的因果关系

1. "破产宣告的确定"是否必须由行为人的诈害行为所引起呢？对于这个问题，最高裁在昭和44年10月31日决定①〔判例2〕中指出，债务人的违法行为与"破产宣告（的确定）"之间无需存在具体的原因结果关系，只要存在事实上的牵连关系即可。

2. 第一审认定的事实如下：

K电机株式会社（以下简称"K电机"）董事长A、其担任律师的弟弟B、会计师兼司法书士兼税务师C在预见到K电机将于昭和34年12月14日停止银行交易，并将受到破产宣告的情况下，仍然出于谋取个人利益、损害一般债权人的目的，实施了以下行为：（1）同年12月22日制作了以朋友S为债权人、以K电机为债务人的债务清偿契约公证书。K电机所有的机械设备基于该公证书被扣押，并于昭和35年1月19日由其他朋友竞拍获得；随后，这些拍卖物品被搬走。公司的财产由此被隐匿。（2）K电机在向交易对方发出已将债权转让给S的通知以后，从昭和34年12月至昭和35年2月，数次以行使债权的形式从交易对方那里领取期票和支票，由此对公司财产作出不利的处分。昭和35年3月15日，K电机受到破产宣告，同年4月7日该宣告确定。

针对第一审②作出的A、B、C均成立诈欺破产罪（《破产法》第374条第1号、第376条）的判决，辩护人以"在实施本条规定的行为时，只有其中与破产宣告之间存在因果关系的行为才应当受到处罚；而

---

① 刑集第23卷第10号第1465页。作为本案的解说·评释，桑田连平：《破产法三七四条一号的成立要件》，载《最高裁判所判例解说·刑事篇·昭和四四年度》（1971年）第400页以下；宫野彬：《诈欺破产罪》，载我妻荣编辑代表：《续刑法判例百选》（1971年）第174页以下；田口守一：《破产法第三七四条第一号之罪的成立要件》，载《警察研究》第42卷第8号（1971年）第113页以下。

② 东京地判昭和41年3月31日（该部分内容参见高刑集第20卷第6号第826页以下的"参照"）。

不存在因果关系的行为虽然是否认权等的对象，却不是本条的处罚对象"③ 为由提出控诉。第二审④否定了上述主张，认为"债务人的以上违法行为与破产宣告之间无需存在若无行为则通常不会导致破产宣告的因果关系"⑤。与此同时，该判决又附带指出："本案中被告人等的行为使得 K 电机的破产宣告提前被确定……他们的行为与 K 电机的破产之间存在因果关系是完全能够予以认定的。"⑥

对此，B 的辩护人提出的上诉理由是，"像原判决那样采取该当《破产法》第 374 条第 1 号的行为即使与破产宣告无关也无所谓的解释，将会出现奇怪的现象，即：如果不存在破产宣告，刑法上的适法行为就会由于事发后偶然发生的破产宣告确定这一事实而溯及既往地成为值得刑事处罚的行为"⑦，"只有当第 1 号所规定的行为与破产宣告存在密切关联，是不得割裂的一系列行为时，才能成为同条规定的违反行为"。在这个意义上，B 的辩护人主张行为与破产宣告之间必须存在因果关系。⑧

最高裁驳回了上诉，作出如下判决：

"债务人预见且认识到会导致破产宣告的确定，却仍然出于《破产法》第 374 条规定的目的，实施了同条第 1 号规定的'隐匿、毁弃属于破产财团的财产或者对其进行不利于债权人的处分'的行为。这侵害了确保债务人的全部财产、公平且迅速满足全体债权人的破产制度的目的。所以，法律以破产宣告的确定为条件，对该行为科处刑罚。由于同号规定的行为一般具有引起破产原因的性质，因而，认为该行为与破产宣告之间只需存在事实上的牵连关系即可、无需存在具体的原因结果关系的理解就是妥当的。

根据原判决，被告人和作为债务人法定代表的原审被告人 A 等进

---

③ 高刑集第 20 卷第 6 号第 820 页。
④ 东京高判昭和 42 年 12 月 28 日高刑集第 20 卷第 6 号第 800 页。
⑤ 高刑集第 20 卷第 6 号第 811-812 页。
⑥ 高刑集第 20 卷第 6 号第 812 页。
⑦ 刑集第 23 卷第 10 号第 1468 页。
⑧ 刑集第 23 卷第 10 号第 1469 页。

行共谋，或者单独认识、预见到债务人的破产宣告即将确定，却仍然出于《破产法》第374条所规定的目的实施同条第1号规定的行为，因而能够认定其行为与破产宣告的确定之间存在因果关系。所以，不得对被告人否定同条之罪的成立。"⑨

3. 由此可见，判例采纳的是不要求诈欺破产行为与"破产宣告的确定"之间存在因果关系的立场；学术界与判例相一致，也支持这一结论。⑩ 是否需要因果关系的问题，与上节讨论的"行为与'破产宣告的确定'的时间前后关系"问题一样，都是在与诈欺破产罪的立法趣旨的关联方面展开讨论的。根据将诈欺破产罪的立法趣旨理解为禁止引起破产这种恶害的破产原因罪说，在理论上，行为与"破产宣告（的确定）"之间必须存在因果关系。⑪ 相反，根据将诈欺破产罪的立法趣旨理解为通过确保属于破产财团的财产来保护全体债权人的利益的通说见解，则不要求二者之间存在因果关系。本判决——虽然使用了"由于同号行为一般具有引起破产原因的性质"这一让人以为是破产原因罪说的表述——基本上采用了与通说见解相同的理解作为前提，以财产隐匿等行为无论是否与破产宣告确定之间存在因果关系，都"侵害了确保债务人的全部财产、公平且迅速满足全体债权人的破产制度的目的"为根据，最终得出了不要求因果关系的结论。

本书认为，上述通说·判例的解释是妥当的。只要实施了隐匿、毁弃属于破产财团的财产或者对其进行不利处分的行为，即使是由该行为引起破产的关系不被承认——无论是否存在隐匿等行为都会导致破产——的场合，被毁弃或者隐匿的那部分属于破产财团的财产出现减损、债权人遭受损失的事实都是一样的。另外，正如上节确认的那样，

---

⑨ 刑集第23卷第10号第1466页。
⑩ 齐藤秀夫、铃木洁、麻上正信编：《注解破产法》（1983年）第1182页〔阿部纯二执笔〕；伊藤荣树、小野庆二、庄子邦雄编：《注释特别刑法·第五卷》（1986年）第694页〔龟山继夫执笔〕；桑田·前揭注①第404页；田口·前揭注①第120页等。
⑪ 然而，破产原因罪说的主要倡导者加藤正治博士认为，行为与破产之间的原因结果关系仅仅是立法理由而已，不必存在现实的因果关系（加藤正治：《代物清偿与诈欺破产罪、诈欺破产罪中无身份者的共犯关系、通过伪装信托隐匿财产以及抵消破产财团的适法性》，载加藤正治：《破产法研究·第一卷》（1943年）第324页）。

犯罪概念和可罚性

破产犯罪中也包括"破产宣告的确定"先于行为而存在的情形。此时,"破产宣告的确定"由行为引起的关系是根本不可想象的。由此可见,行为与"破产宣告的确定"之间的因果关系显然是不必要的。

然而,通说·判例主张行为与"破产宣告的确定"之间不必存在因果关系的观点与其将"破产宣告的确定"的法律性质理解为处罚条件存在怎样的关联性呢?在这一点上,本书认为二者之间并不存在必然的关联性。

在德国的学说中,曾经也有观点主张,因果关系的存在与否是区别构成要件要素和客观处罚条件的决定性标志,与行为可能存在因果关系的要素是构成要件要素,而不可能存在因果关系的要素则属于客观处罚条件。[12] 但是,有学者针对这种观点提出以下批判:构成要件要素中也包括大量诸如作为盗窃罪客体的"他人的动产"以及作为杀人罪客体的"人"等与行为之间不存在因果关系的要素,如果根据因果关系的存在与否对构成要件要素和客观处罚条件加以区别,这些要素就都将成为客观处罚条件。[13] 可以说,主张根据因果关系的存在与否区别构成要件要素和客观处罚条件的观点,在当今德国已经失去了支持者。

"行为状况"这一构成要件要素的存在,也能够证明因果关系的存在不是认定具有构成要件要素的地位所必需的。妨害灭火罪(刑法第114条)中的"火灾之时"等"行为状况"与行为之间虽然不存在因果关系,但对于其属于构成要件要素则是不存在异议的。针对这种观点,可以预见的反驳是:"行为状况"是行为时已经存在的事由,而被视为"处罚条件"的要素则是行为后发生的事由,二者不可相提并论。但是,正如第二节所述,如果认为"破产宣告的确定"先于行为的情形也可能存在,就不能根据与行为之间的时间关系对"行为状况"和"(被视为)客观处罚条件的事由"的区别作出说明。

所以,不要求诈害行为与"破产宣告的确定"之间存在因果关系,

---

[12] Ernst Blume, Tatbestandskomplemente (1906), S. 16.
[13] Theodor Rittler, Strafbarkeitsbedingungen, in: Festgabe für Reinhard von Frank zum 70. Geburtstag, Bd. 2. (1930), S. 4–5.

并不妨碍将"破产宣告的确定"定性为构成要件要素,而且也不能成为将其理解为处罚条件的根据。

另外,本判决虽然不要求"原因结果的关系",却要求行为与破产宣告之间必须存在"事实上的牵连关系"[14][15]。这一点也得到了通说见解的支持。[16] 但是,正如第七章所述,要求牵连关系与处罚条件说这一前提是不协调的。[17] 根据处罚条件说,仅有诈害行为,破产犯罪就已经终了,只是在"破产宣告的确定"之前政策性地对处罚加以限制而已。因此,无论是否与行为存在牵连关系,只要出现"破产宣告的确定",处罚的障碍就被清除。这样理解才具有一贯性。基于将破产犯罪的不法固定于诈害行为时的处罚条件说的立场探寻要求行为与"破产宣告的确定"之间存在关联性的根据,是非常困难的。之所以要求行为与"破产宣告的确定"之间存在牵连关系,无非是因为必须存在行为所产生的危险使得"破产宣告的确定"被具体化·现实化的关系。[18] 因此,只有承认"破产宣告的确定"具有不法构成的意义,才能说明要求"事实上的牵连关系"的根据。

第四节 "破产宣告的确定"之前的恢复原状

1. 在"破产宣告的确定"之前通过回收诈害行为造成的财产损失从而恢复原状的场合,是否应当认定该行为具有作为破产犯罪的可罚性

---

[14] 然而,本决定并未言及该"事实上的牵连关系"的具体内容,而且也未对"事实上的牵连关系"的存在作出具体认定。

[15] 将本案的上诉趣旨——并非文字上的"因果关系"——解释为要求某种牵连关系,是存在余地的。

[16] 齐藤等编〔阿部〕·前揭注⑩第 1181 页以下;伊藤等编〔龟山〕·前揭注⑩第 695 页;田口·前揭注①第 121 页等。

[17] 上编第七章第二节第二款三(第 273 页以下)。

[18] Vgl., Harro Otto, Der Zusammenhang zwischen Krise, Bankrotthandlung und Bankrott im Konkursstrafrecht, in: Gedächtnisschrift für Rudolph Bruns (1980), S. 265ff. (insb. S. 281–282).

呢？关于这个问题，昭和 10 年 3 月 13 日大审院判决①〔判例 3〕是值得关注的。

2. 本案的事实关系大致如下：

M 银行于昭和 4 年 10 月 3 日停止支付，昭和 6 年 9 月 29 日受到破产宣告，昭和 7 年 2 月 26 日破产宣告确定。昭和 4 年 10 月 8 日和同年 11 月 5 日，M 银行董事长 Y 和该银行书记 K 等经过共谋，先后两次以 M 银行为委托人、以 K 为受托人、以个人资格的 Y 及另外一人为受益人，根据虚假的信托契约伪装将 M 银行所有的动产、不动产以及债权等转让给 K，由此对本应属于 M 银行的破产财团的财产予以隐匿。

原审在对以上事实上作出认定的基础上，判定 Y 等成立诈欺破产罪。Y 等不服该判决，提出上诉。上诉趣旨如下：

"《破产法》第 374 条之罪是因破产宣告的确定而成立的犯罪，这一点是毫无争议的。然而，前示信托行为均系昭和 9 年 9 月 29 日破产宣告之后的同年 10 月 11 日在破产财产管理人的指导下、基于当事人之间的合意解除的，而信托财产则完全属于破产财团，这些事实已经得到本案记录中各关系人的供述记载的证明。前述破产宣告是于昭和 7 年 2 月 26 日确定的。既然如此，上述信托行为是在破产宣告确定之日的昭和 7 年 2 月 26 日以前实施的，就应当认为不适用破产法的罚则。关于这一点的判断，原审存在疏漏，含糊地适用了《破产法》第 374 条第 1 号，属于审理不尽、理由不备且法律适用有误的违法判决。"②

对此，大审院作出以下判决，驳回上诉：

"破产宣告确定这一事实是诈欺破产罪的处罚条件，而不是与犯罪行为相结合共同构成本罪的要素。所以，即使如其所述，信托行为在本

---

① 《法律新闻》第 3847 号第 7 页。另外，刑集第 14 卷第 4 号第 223 页也刊载了本判决，本书省略了讨论部分。

作为本判决的评释，加藤正治：《代物清偿与诈欺破产罪、诈欺破产罪中无身份者的共犯关系、通过伪装信托隐匿财产以及抵消破产财团的适法性》，载加藤正治：《破产法研究·第一〇卷》（1943 年）第 320 页以下；泷川幸辰：《破产者的代物清偿——对于大审院判决的疑问——》，载《民商法杂志》第 2 卷第 6 号（1935 年）第 891 页以下（然而，这些评释均不涉及本书引用的部分）。

② 《法律新闻》第 3847 号第 11 页。

案破产宣告确定之前就已经被解除，但是在根据该信托契约实施诈欺破产行为的场合，犯罪的成立与否也不会受到任何影响。由于其主旨不符合处罚条件和犯罪行为二者分离存在的法理，因而是没有根据的。"③

3. 本判决在极具特征地对处罚条件说的本质作出说明这一点上，是值得关注的。也就是说，处罚条件说在本质上是一种主张在诈害行为时确定地对破产犯罪的违法性以及犯罪性加以把握的观点。根据这种观点，完全不存在考虑行为后的事态发展的余地。因此，即使在诈害行为实施后至"破产宣告的确定"之间根据合意解除了诈害行为，对于诈欺破产罪的处罚而言也不构成障碍。在处罚条件说的立场看来，本判决的这一结论是具有一贯性的。一般而言，根据处罚条件说的立场，即使在"破产宣告的确定"之前恢复原状，也不会对破产犯罪的可罚性产生任何影响。④

但是，这个结论的妥当性是存在疑问的。通说也承认，诈欺破产罪的立法趣旨在于通过确保属于破产财团的财产，从而保护债权人的利益。于是，当"破产宣告的确定"之前回收损失的财产、恢复原状时，破产财团终究没有因诈害行为而遭受损失，因而也就没有必要认定具有诈欺破产罪的可罚性。

所以，将诈欺破产罪的违法性固定在诈害行为时是不妥当的。相比较而言，将"破产宣告的确定"时是否存在现实化的危险作为问题，才是必要的。也就是说，在"破产宣告的确定"之前恢复原状的场合，诈害行为的危险性并未在"破产宣告的确定"时的破产财团中被现实化，因而不具备诈欺破产罪的可罚的不法类型，这样理解才是妥当的。然而，采取这种解释必须以承认"破产宣告的确定"具有不法构成机能作为前提。

---

③ 《法律新闻》第 3847 号第 11 页。

④ 然而，在本案的具体事实关系方面，合意解除伪装的信托契约是否实现现实的财产恢复是不明确的（信托契约是否属于财产隐匿，信托契约是否是伪装的，以及伪装与否对于是否属于隐匿是否存在影响，这些问题在本案中都存在争议）。另外，本案的特殊性在于合意解除发生在破产宣告至其确定之间。

第五节 "破产宣告的确定"的可能性以及对于"破产宣告的确定"的认识·预见

1. 本节探讨的是诈害行为时是否必须存在导致"破产宣告的确定"的可能性（以及客观的预见可能性），以及行为人是否必须预见或者认识到"破产宣告的确定"的问题。

本来，对于作为客观的·外部事实的"破产宣告的确定"的可能性问题和作为主观的·心理事实的"破产宣告的确定"的认识·预见问题，应当在理论上加以严格区别。然而，由于二者在具体案件中经常是相关联的，因而，方便起见，本书在同一节中进行讨论。

2. （1）关于"破产宣告的确定"的可能性，将"导致破产宣告的盖然性"作为问题的是冈山地裁昭和49年2月8日判决①〔判例4-1〕。

根据本判决的认定，F于昭和39年9月10日受到破产宣告，之后该破产宣告确定；经过共谋，被告人接受F的转让，于同年6月18日深夜至19日清晨取走了服装等在库商品，由此将应当属于破产财团的财产予以隐匿。关于该受让行为的时间是否是《破产法》第374条所规定的"破产宣告之前"的问题，本判决作出以下说明：

"……F于6月15日提出拒付支票、陷入支付不能的状态；6月18日放弃改变这种状态的努力并决意逃离冈山；6月19日出逃。由此，F在事实上直接陷入破产状态，而且必将导致支付停止、破产申请等情况的发生。"

"于是，在被告人从F那里取走服装的6月18日深夜到6月19日清晨，虽然F实际上尚未支付停止或者受到破产宣告，但是，根据F实施的直接与产生破产原因相关的上述行为，可以认定其当时已经处于受到破产宣告的盖然性较高、极其危险的状态。因此，认为本案中的服

---

① 刑裁月报第6卷第2号第145页。

装转移时间该当《破产法》第 374 条规定的'破产宣告之前'是妥当的。"②

然而，由于服装的转让不属于"不利处分"，图利加害的目的也不能认定，因此，被告人被判定无罪。

(2) 关于对"破产宣告的确定"的认识·预见，明确要求具有必要性的昭和 12 年 11 月 12 日大审院判决③〔判例 4-2〕是值得关注的。

辩护人的上诉趣旨如下：

"《破产法》第 374 条第 4 号、第 376 条之罪要求债务人的法定代理人对于债务人的破产宣告的确定必须具有认识·预见。因为，第 375 条规定'不问破产宣告确定的前后，债务人实施下列行为之一的，当该宣告确定时云云'；而且，根据其对于破产宣告后的行为和破产宣告前的行为进行同样处理的趣旨可知，关于破产宣告确定前的行为，只有预见到该破产宣告的场合，才能认定构成犯罪。否则，对于在破产宣告后实施不正当记录等情节较重的人和完全无法预见到破产宣告确定而实施情节较轻行为的人作出完全相同的处理，将导致二者之间丧失均衡，法律是不允许出现这种不正当现象的。"④

对于以上上诉趣旨，大审院作出如下判决：

"正如所论，破产宣告前实施的《破产法》第 375 条各号规定的行为要成为处罚的对象，应当要求债务人在行为当时预先认识到破产宣告。"⑤

然而，在本案中，"能够推知被告人在预见到债务人可能受到破产宣告的情况下实施判决认定的犯罪行为的事实"⑥。因此，上诉被驳回。

---

② 刑裁月报第 6 卷第 2 号第 157-158 页。
③ 《法律新闻》第 4235 号第 13 页（与第六节〔判例 5〕系同一判决）。另外，刑集第 16 卷第 19 号第 1450 页也刊载了本判决，本书的引文部分被省略。作为本判决的评释，加藤正治：《破产法第三百七十五条的数个行为和连续犯以及债务人对破产的认识》，载加藤正治：《破产法研究·第一〇卷》（1943 年）第 336 页以下（在要求认识·预见这一点上，他赞成判旨）。
④ 《法律新闻》第 4235 号第 17 页。
⑤ 《法律新闻》第 4235 号第 17 页。
⑥ 《法律新闻》第 4235 号第 17 页。

（3）要求对于"破产宣告的确定"具有认识・预见的立场在〔判例2〕引用的昭和44年10月31日最高裁决定⑦〔判例4-3〕中得到延续。

仅就相关内容而言，本决定指出，"债务人在预见或者认识到可能导致破产宣告的确定的情况下，仍然出于《破产法》第374条规定的目的，实施了同条第1号规定的'隐匿、毁弃属于破产财团的财产或者对其进行不利处分'的行为，这侵害了确保债务人的全部财产、公平且迅速满足全体债权人的破产制度的目的，因此，法律将破产宣告的确定作为处罚条件，对其科处刑罚"，进而以"被告人……在认识预见到可能导致破产宣告的确定的情况下，仍然出于《破产法》第374条规定的目的实施同条第1项规定的行为"⑧为由，判定诈欺破产罪成立。⑨

（4）同时论及"破产宣告的确定"的可能性和对于"破产宣告的确定"的认识・预见这两个问题的下级审判决，是札幌地裁昭和41年7月20日判决⑩〔判例4-4〕。本判决主张必须存在破产宣告的可能性以及对于该可能性的认识，但是对于"破产宣告的确定"的预见则不是必要的。

本案的事实关系如下：

M食品株式会社于昭和36年12月末陷入濒临破产的状态，次年1月4日与开户银行解除即时交易契约，并提出拒绝支付支票。于是，M

---

⑦ 刑集第23卷第10号第1465页。作为本案的解说・评释，桑田连平：《破产法三七四条一号的成立要件》，载《最高裁判所判例解说・刑事篇・昭和四四年度》（1971年）第400页以下；宫野彬：《诈欺破产罪》，载我妻荣编辑代表：《续刑法判例百选》（1971年）第174页以下；田口守一：《破产法第三七四条第一号之罪的成立要件》，载《警察研究》第42卷第8号（1971年）第113页以下。

⑧ 刑集第23卷第10号第1466页。

⑨ 关于破产宣告的预见，作为本决定的原判决的东京高判昭和42年12月28日（高刑集第20卷第6号第800页（第806页））作出以下事实认定：

"很明显，如果像原审判示中第一的部分指出的那样，对陷入破产状态的会社财产进行隐匿或者不利处分，该会社就将进一步深陷困境，也必然会受到破产宣告。仅从这一事实来看，具有会计师・税务师・司法书士等头衔且精通会社经理等事务的被告人C提出的未能预见到K电机受到破产宣告的主张，就是完全不能承认的。"

⑩ 下刑集第8卷第7号第1021页。

于同年 7 月 23 日受到破产宣告，该决定因其未提出不服申诉而确定。同年 1 月 6 日，M 食品株式会社的代表董事长 Y 等认识到存在成为破产原因的事实，却仍然出于为特定债权人谋利的目的实施了超出债务额的代物清偿行为。

对于辩护人提出的"关于破产宣告前的含义，至少要求存在破产宣告的申请"的主张，本判决作出以下回应：

"《破产法》第 375 条（同法第 374 条亦同）的立法趣旨在于，基于一定的要件，对破产宣告前实施的减少财产、增加债务、隐瞒财产状况等引起破产原因的行为进行处罚，以此来保护债权人的利益。因而，无论是否存在破产宣告的申请，只要是债务人在濒临破产的危险财产状态下实施的行为，就应当理解为该当同条规定的行为。"⑪

另外，辩护人还主张："（1）关于《破产法》第 375 条将'破产宣告……确定'规定为处罚条件的趣旨，应当理解为将来债务人会受到宣告破产这一具体状况，并且要求行为人认识到该状况；（2）在实质上，上述处罚条件也必须处于行为人的认识范围之内。"对此，本判决指出：

"但是，同条第 3 号之罪以存在作为破产原因的事实以及相关的认识为要件，因而其论旨前段（1）仅在此限之内是合理的；在本案中，判决已经明确承认了上述要件。然而，就其论旨后段（2）进行考察，由于处罚条件是根据特别的政策性理由将与犯罪的成立与否（行为的规范性评价）无关的一定条件和观念上的刑罚权的发生相关联的事由，因此，应当认为是否认识到处罚条件都不会对关于行为人反规范的人格态度的价值判断——非难可能性——产生任何影响。"⑫

3. 首先，受到破产宣告的可能性·盖然性在〔判例 4-1〕和〔判例 4-4〕⑬ 中被认为是必要的。在不具有破产可能性的状态下处分财产是所有者的自由，因此，将"破产宣告（的确定）"的可能性作为要件

---

⑪ 下刑集第 8 卷第 7 号第 1029 页。
⑫ 下刑集第 8 卷第 7 号第 1029 页。
⑬ 也可以认为〔判例 4-4〕是仅限于规定有"虽然明知作为破产原因的事实"的《破产法》第 375 条第 3 号的判决。

是理所当然的。然而，关于该"破产宣告（的确定）"的可能性的含义，会由于将"破产宣告的确定"的法律性质理解为处罚条件还是构成要件要素而出现不同。也就是说，根据处罚条件说的立场，这种可能性仅具有为行为不法提供基础的含义；而根据构成要件要素说，其具有将以"破产宣告的确定"为基础的结果不法归属于行为的含义。⑭

其次，关于对"破产宣告的确定"的认识·预见，尤其值得关注的是大审院〔判例4-2〕以及最高裁〔判例4-3〕要求存在这一认识·预见的立场。对于故意而言，（客观）处罚条件不是必要的认识·预见的对象，这在学说上是不存在异议的。⑮ 不能成为故意的对象这一点，被认为是（客观）处罚条件的最重要的特征。因此，如果以将"破产宣告的确定"解释为处罚条件的观点作为前提，就可以认为札幌地裁判决〔判例4-4〕具有一贯性。如果"破产宣告的确定"是与对于行为的违法评价无关的事由，要求对此具有故意就是不合理的。反言之，要求对于"破产宣告的确定"具有认识·预见，无疑就意味着承认"破产宣告的确定"对于行为的违法评价而言是重要的。大审院和最高裁之所以采取要求对于"破产宣告的确定"具有认识·预见的态度，不正是因为难以认为"破产宣告的确定"与违法评价无关吗？

而且，大审院和最高裁将"破产宣告的确定"包含在故意的对象之中的立场还说明，要求对于"破产宣告的确定"具有故意——因而将"破产宣告的确定"定位于不法构成要件——绝不是不现实的。很难想象大审院和最高裁会无视实务中的现实情况而提出过分苛刻的要求。⑯⑰所以，在关于（客观）处罚条件是否要求具有故意关联这一最受关注的问题上，大审院以及最高裁的判例均得出了与将其还原于不法构成要件

---

⑭ 参见上编第七章第二节第二款一（第265页以下）。
⑮ 例如，参见团藤重光：《刑法纲要总论〔第三版〕》（1990年）第515页等。
⑯ 另外，只需未必的预见即可；而且，只需是"一般人领域中的平行评价"即可（参见上编第七章第二节第二款二（第267页））。
⑰ 否定对于"破产宣告的确定"的认识·预见的必要性的札幌地裁判决〔判例4-4〕也对"明知当时存在成为破产原因的事实"（下刑集第8卷第7号第1022页）作出了认定。因此，本案属于不存在特殊困难即可对"破产宣告的确定"的预见作出认定的案件。

的立场相同的结论，这是极具深意的。

第六节 "破产宣告的确定"与罪数

1. 在罪数问题上，将不正记载等一系列行为统括于一个"破产宣告的确定"之下作为一罪处理的昭和 12 年 11 月 12 日大审院判决①〔判例5〕是值得关注的。

2. 对于作为银行负责人的被告人，原判决认定了其在商业账簿中进行不正记载等 8 项符合《破产法》第 375 条的犯罪事实，并作为属于科刑上的一罪的连续犯（刑法第 55 条旧规定）处断。对此，辩护人基于以下理由提出上诉：

"本案认定的各个行为是统括于昭和 7 年 8 月 27 日受到岐阜区裁判所宣告、同年 10 月 13 日破产宣告确定这一处罚条件的包括的一罪，而不应当作为连续犯适用刑法第 55 条。因此，原判决将其作为连续犯适用刑法第 55 条是违法的，应当予以撤销。"②

大审院针对该上诉作出如下回应：

"对于包括在一定的处罚条件之下构成一罪的数个行为，即使连续实施，也不构成连续犯，因而不能适用刑法第 55 条。所以，应当将《破产法》第 375 条的趣旨解释为，不问破产宣告的前后，当债务人预见或者认识到该宣告并实施本条规定的全部行为或者部分行为时，这些行为将全部包括在破产宣告的确定这一处罚条件之下，作为一罪予以处罚。即使连续实施本条各号规定的各个行为，也不应当作为连续犯进行

---

① 刑集第 16 卷第 19 号第 1450 页（与〔判例 4-2〕系同一判例）。作为本判决的评释，加藤正治：《破产法第三百七十五条的数个行为和连续犯以及债务人对破产的认识》，载加藤正治：《破产法研究·第一〇卷》（1943 年）第 336 页以下。

另外，东京高判昭和 42 年 12 月 28 日高刑集第 20 卷第 6 号第 800 页也指出，"……各破产法违反之罪是在预见到同一破产宣告的情况下实施犯罪行为的，因此，应当包括于破产宣告确定这一处罚条件之下，作为一罪处断"（第 818 页）。

② 刑集第 16 卷第 19 号第 1469 页。

处断。"③

然而,"无论是作为包括的一罪进行处断,还是作为连续的一罪进行处断,在刑罚量定等方面并不存在优劣之分。前文指出的原判决中存在的违法显然不会对判决产生影响。"④ 于是,上诉被驳回。

3. 将一个"破产宣告的确定"下实施的一系列违法行为包括于一罪之中的本判决,虽然结论是妥当的,却与将"破产宣告的确定"作为处罚条件的前提相矛盾。根据处罚条件说的前提,就各个违反行为而言,犯罪在行为时就已经终了,法益侵害的危险性也应当在各个行为时进行独立的评价。因此,认为各违法行为均分别构成犯罪才是一贯的。然而,即使犯罪行为均独自成立,但根据时间·场所的接近性、方法的类似性、意思的继续性等各行为之间的密切关联性,仍然存在肯定包括的一罪的余地。⑤ 但是,如果认为包括于一罪的根据在于这种密切的关联性,那么,对于这一点的认定就是必要的。而且,根据处罚条件说的前提,将各违法行为包括于"作为处罚条件的破产宣告的确定之下"也是非常困难的。因为,被认为是"完全分离于犯罪行为而存在"⑥ 的"破产宣告的确定"不能成为包括各违反行为的根据。

相反,根据将"破产宣告的确定"理解为不法构成要件要素的立场,才能够得出在"破产宣告的确定"的基础上将各违反行为包括于一罪的具有理论一贯性的结论。根据该立场,由"破产宣告(的确定)"构成的对破产财团的侵害被视为"结果",因而,在一个"破产宣告的确定"之前实施的一系列违法行为(以及"破产宣告的确定"后至破产程序终了前实施的一系列违法行为)作为指向同一结果的一系列攻击行为,构成了包括的一罪(或者单纯一罪)。

---

③ 刑集第 16 卷第 19 号第 1469-1470 页。
④ 刑集第 16 卷第 19 号第 1470 页。
⑤ 《改正刑法准备草案》第 71 条对包括的一罪作出如下定义:
"即使是触犯同一罪名的数个行为,根据时间和场所的接近、方法的类似、机会的同一、意思的继续以及其他各行为之间的紧密关系,如果将其整体评价为一个行为是相当的,就应当将其包括地作为一个犯罪处断。"
⑥ 大判明治 43 年 11 月 15 日刑录第 16 辑第 1929 页(第 1933 页)。

上编　关于所谓的客观处罚条件

第七节　公诉时效的起算点

1. 诈害行为在时间上先于"破产宣告的确定"时的公诉时效应当从诈害行为时起算，还是应当从"破产宣告的确定"时起算呢？对于这一点作出判断的，是明治 43 年 11 月 15 日大审院判决①〔判决 6〕。

2. 本案的事实关系如下：

明治 34 年 5 月，被告人在遗漏 T 株式会社的财产的基础上，又在该会社的账簿上进行虚假记录。后来，T 株式会社于明治 42 年 1 月受到破产宣告。原审从明治 34 年 5 月开始计算公诉时效，其结果是以公诉时效在明治 42 年 3 月起诉当时已经经过为由，作出免诉的决定。检察官和自诉的原告代理人提出上诉，而大审院则对上诉予以驳回。

首先，检察官的上诉趣旨是，"〔关于诉讼时效的起算点，当时的〕《刑事诉讼法》第 10 条②中所谓的'犯罪之时'，明显是指实体法规中针对各种犯罪所要求的各犯罪的构成要素或者处罚条件完成的时间，而不仅仅是指被告行为的完成。"③ 对此，大审院作出如下判示：

"对于要求处罚条件的犯罪，在处罚条件具备之前，国家的刑罚请求权不会发生，不得对该行为予以处罚。然而，一旦该条件具备，其效力则溯及行为当时，刑罚请求权与行为当时即发生、存在的场合具有相同的效力。因此，即使是要求处罚条件的犯罪，当该条件具备时，该犯罪的公诉时效（自诉时效亦同）应当从犯罪行为终了之日开始计算，而不是从处罚条件出现之日起算。"④

其次，自诉原告代理人的上诉趣旨是，"如果在实质上将诈欺破产罪分为藏匿遗漏行为和破产宣告，时效就必须从破产宣告之日起算。因

---

① 刑录第 16 辑第 1929 页。
② 《明治 23 年法律第 96 号》。条文如下：
"公诉、私诉的时效从犯罪之日起算其期间。但是，继续犯罪的从其最终日起算。"
③ 刑录第 16 辑第 1931 页。
④ 刑录第 16 辑第 1932 页。

为，破产罪是因破产宣告而成立的；在其宣告之前，破产罪不成立。所以，公诉时效在犯罪尚未成立时就已经开始是不合理的。"⑤

关于这一点，大审院作出如下判示：

"诈欺破产罪中的财产隐匿以及遗漏等行为是犯罪行为，破产的宣告是处罚条件。处罚条件和犯罪行为是完全分离而存在的，并非二者相结合构成了犯罪。因此，其论旨的前提是没有理由的。"⑥

3. 综上所述，对于"破产宣告（的确定）"出现在诈害行为之后的情形，判例认为诈害行为的时间是公诉时效的起算点。可以说，这是由将"破产宣告的确定"的法律性质理解为处罚条件、并与犯罪相分离的观点得出的具有理论一贯性的结论。⑦ 但是，这个结论与以权利行使的可能性为前提的时效的本质是不协调的，也缺少具体的妥当性。对此，本案的检察官在上诉趣旨中也指出："公诉时效是一种为时间的经过赋予导致刑罚请求权消灭的效果的制度，任何人对此均不存在异议。因此，如果像判决那样理解公诉时效的起算点，那么，在刑罚上要求出现被告行为以外的事实，例如本案这样的附条件犯罪的场合，就必然会陷入在处罚所需的条件具备之前，亦即在刑罚请求权发生之前，公诉时效就已经开始计算，刑罚请求权随着时间的经过而消灭的矛盾。"⑧

于是，有观点在将"破产宣告的确定"理解为"处罚条件"的前提下，主张"由于刑罚权只有在处罚条件成就之后才发生，因此，当破产宣告在行为终了后确定时，就应当将确定之时作为公诉时效的起算点。"⑨ 但是，这种观点难以与处罚条件说的前提相调和。《刑事诉讼法》第253条第1项规定"时效自犯罪行为终了之时起开始进行"，将

---

⑤ 刑录第16辑第1933页。

⑥ 刑录第16辑第1933页。

⑦ 相反，当"破产宣告的确定"在时间上先于诈害行为时，处罚条件说和构成要件要素说均将诈害行为的时间作为公诉时效的起算点。

⑧ 刑录第16辑第1931—1933页。

⑨ 伊藤荣树、小野庆二、莊子邦雄编：《注释特别刑法·第五卷》（1986年）第694页〔龟山继夫执笔〕。

时效的起算点与"犯罪"相结合。⑩ 所以，将不构成"犯罪"事实的"处罚条件"作为起算点就违背了法律条文。根据处罚条件说，既然"犯罪"在诈害行为时完成且终了，就难以将其他时间作为公诉时效的起算点。

这样一来，要将"破产宣告的确定"的时间作为公诉时效的起算点——在以关于公诉时效起算点的结果发生时说⑪作为前提⑫的同时——就必须将"破产宣告的确定"还原于犯罪概念。据此，"破产宣告的确定"就与《刑事诉讼法》第253条第1项的"犯罪行为"结合起来，而且也消除了将"破产宣告的确定"的时间作为公诉时效起算点的障碍。⑬⑭

第八节 "破产宣告的确定"之前的刑罚变更

315

1. 《刑法》第6条规定："犯罪后的法律变更刑罚时，适用较轻的刑罚。"于是，破产犯罪中将会出现问题：当法律在诈害行为后至"破产宣告的确定"前变更刑罚时，应当将其视为犯罪前的刑罚变更而适用新法，还是应当将其视为犯罪后的刑罚变更而对新旧法律进行比较、适用较轻的刑罚呢？对这个问题作出论述的，是大正15年11月4日大审

316

---

⑩ 本案当时的《刑事诉讼法》（即明治刑诉）第10条（参见前揭注②）中也规定，公诉时效应当从"犯罪之日"开始计算。

⑪ 这是判例·通说所采纳的立场。作为判例，最决昭和63年2月29日刑集第42卷第2号第314页（第319页）；作为学说，平野龙一：《刑事诉讼法》（1958年）第154页等。

⑫ 相反，在关于公诉时效起算点方面采用实行行为时说的场合，无论是以将"破产宣告的确定"视为处罚条件的立场作为前提，还是以将其视为构成要件要素的立场作为前提，诈害行为的时间都将成为起算点。例如，佐伯千仞博士在提倡有关"破产宣告的确定"的构成要件要素说的同时，还将有关公诉时效起算点的实行行为时说作为前提。因此，他认为公诉时效从诈害行为之时开始进行（佐伯千仞：《客观处罚条件》，载佐伯千仞：《刑法中的违法性理论》（1974年）第203页〔初出·《法学论丛》第36卷第2号（1937年）〕）。

⑬ 参见上编第七章第一节第二款三（第246页以下）。

⑭ 另外，当诈害行为之后经过较长时间才出现"破产宣告的确定"时，由于无法认定该诈害行为损害了因"破产宣告的确定"而形成的破产财团的关系，因而，也可能出现破产犯罪不成立的情形（参见上编第七章第二节第二款三（第273页以下））。但是，这与公诉时效是完全不同的问题。

院判决①〔判例 7〕。大审院将这种情形视为"犯罪后的刑罚变更",要求对新旧法律的刑罚进行比较。

2. 本案的事实关系如下:

被告人作为 N 株式会社的代表社员,因于大正 11 年 5 月至同年 11 月实施射幸行为而导致该会社的财产减少;而且,他还在同年 8 月下旬销毁了该会社的部分商业账簿,并作出虚假不正的记载。另一方面,N 株式会社于大正 11 年 11 月 25 日停止支付,并于大正 12 年 7 月 12 日受到破产宣告。其间,大正 12 年 1 月 1 日实施的现行《破产法》取代旧《商法》破产篇。②

原审适用的是作为新法的《破产法》的规定。对此,辩护人提出上诉。上诉趣旨是,基于"破产宣告不是犯罪构成要件,而是处罚条件"③ 的前提,"虽然处罚条件是在现行破产法实施以后才具备的,但犯罪行为却是在其施行以前实施终了的。也就是说,本案属于犯罪行为实施于旧法时期而应当在新法下受到裁判的情形"④。因此,应当对新旧法律规定的刑罚的轻重进行比较,适用较轻的规定。

大审院采纳了该上诉趣旨,基于以下理由对原判决予以撤销:

"……债务人的破产宣告确定的事实是上述犯罪的处罚条件,这种理解是妥当的(参见明治 43 年 1 月 15 日宣告当院判例)。因此,在决定对犯罪如何适用法律时,应当以构成犯罪的行为实行终了当时实施的法律为标准,而不得以破产宣告确定当时实施的法律为标准。这无疑是符合《刑事诉讼法》第 284 条第 1 项的规定的。所以,既然构成犯罪的行为是在旧《商法》实施过程中实行终了的,即使对于债务人的破产宣告是在《破产法》实施以后确定的,对该犯罪适用的法律仍然应当是旧《商法》的规定以及《明治 23 年法律第 101 号》的罚则,而不是《破产

---

① 刑集第 5 卷第 535 页。
② 《明治 23 年法律第 32 号商法》第 1051 条〔过怠破产罪〕、第 1052 条〔业务担当社员、董事长、清算人等的诈欺破产罪及过怠破产罪〕以及同年《法律第 101 号》的罚则〔2 个月以上 4 年以下的重禁锢〕因大正 12 年 1 月 1 日实施的《破产法》第 384 条被废止,而本法第 375 条〔过怠破产罪〕、第 376 条〔第三人诈欺破产罪及过怠破产罪〕中则规定了新的罚则〔5 年以下惩役或者 5000 日元以下的罚金〕。
③ 刑集第 5 卷第 538 页。
④ 刑集第 5 卷第 538—539 页。

法》的规定。因此，这种情况属于犯罪后法律对法定刑的变更，应当根据《刑法》第6条的规定，对新旧法律进行比较，依据轻者处断。"⑤

3. 作为将"破产宣告的确定"的法律性质理解为处罚条件所得出的结论，本判决作出了应当适用《刑法》第6条的解释。这个结论虽然是妥当的，但是，即使不以将"破产宣告的确定"视为处罚条件的理解作为前提，也能得出相同的结论。关于《刑法》第6条的通说观点认为，从《刑法》第6条的立法趣旨即尊重刑罚法规的警告机能来看，应当以作为意思发动的狭义行为的时间为标准判断"犯罪"的前后；就结果犯而言，也应当以实行行为的时间，而不是以"结果"发生的时间为标准。⑥ 只要采用这种理解作为前提，则无论是将"破产宣告的确定"理解为处罚条件还是构成要件要素，《刑法》第6条规定的犯罪的前后就都是以作为实行行为的诈害行为的时间为标准来决定的。因此，即使是将"破产宣告的确定"还原为构成要件要素的立场，也会认为本案这样的在诈害行为后至"破产宣告的确定"前发生刑罚变更的情形属于《刑法》第6条规定的"犯罪后"的刑罚变更，从而需要对新旧法律的刑罚进行比较。

于是，判例主张适用《刑法》第6条并要求对新旧法律进行比较的结论就是妥当的。但是，这一结论与将"破产宣告的确定"理解为"处罚条件"之间并不存在必然联系。

第九节 "破产宣告的确定"在诉讼法上的处理

318

1. 关于诉讼法上对"破产宣告的确定"的处理问题，主张旧《商法》第1050条诈欺破产罪中的"破产宣告的确定"属于"应当构成犯罪的事实"的大正6年4月19日大审院判决①〔判例8〕是值得关注的。

---

⑤ 刑集第5卷第539-540页。
⑥ 例如，团藤重光：《刑法纲要总论〔第三版〕》（1990年）第76页。
① 刑录第23辑第401页。作为本判决的评释，牧野英一：《对于破产宣告的证据说明》，载牧野英一：《刑法研究·第二卷》（1929年）第403页〔初出·《法学协会杂志》第36卷第2号（1918年）〕。

犯罪概念和可罚性

2. 本案的上诉趣旨是，原判决在理由部分仅就"破产宣告"的存在作出"能够根据破产事件的记录对其予以认定"的记载，却并未说明记录的位置和内容，在这一点上存在理由不备的问题。

大审院接受了这一主张，作出如下判示：

"有罪破产中的被告人受到破产宣告并确定的事实是破产罪的处罚条件，属于刑事诉讼法中所谓的应当构成犯罪的事实，必须明示对其作出认定的证据理由。因此，作为认定上述事实的理由，原判决仅仅如其所论那样作出简单的说明，对于破产事件的记录中有怎样的记载，则完全没有说明其内容，不得不认为它是缺少明示证据的违法判决。"②

3. 这样一来，判例通过将"破产宣告的确定"包含在"应当构成犯罪的事实"中，从而要求明示相关的证据理由。在现行《刑事诉讼法》的前提下，根据第335条第1项的规定，应当在有罪判决的理由部分明示"破产宣告的确定"的事实。此外，根据包含在"应当构成犯罪的事实"的判决内容，还可以得出以下归结：应当在起诉状中明示诉因（《刑事诉讼法》第256条）；检方负有举证责任；要求严格的证明；该事实未得到立证时，应当作出无罪判决（同第336条）等。这些诉讼法上的处理都是妥当的，应当予以支持。

但是，将"破产宣告的确定"包含于"应当构成犯罪的事实"的解释与将其理解为处罚条件的前提是不相容的。"完全分离于犯罪行为而存在"③ 的处罚条件为何属于"应当构成犯罪的事实"呢？至少可以认为，如果以"应当构成犯罪的事实是指该当刑罚法令中各条规定的犯罪的构成要件的具体事实"这一判例④的理解作为前提，那么，将本质特征为不属于构成要件的处罚条件包含在"应当构成犯罪的事实"中就是极为困难的。据此对本判决提出批判的，是小野清一郎博士。小野博士认为，"'应当构成犯罪的事实'是该当构成要件的事实；构成要件中只包括作为处罚对象的行为事实，而不包括所谓的狭义的处罚条件这种外

---

② 刑录第23辑第403页。
③ 大判明治43年11月15日刑录第16辑第1929页（第1933页）。
④ 最判昭和24年2月10日刑集第3卷第2号第155页（第156页）。

部事实"⑤,应当将"破产宣告的确定"排除在要求证据说明的事项以及严格证明的对象之外。⑥ 如果以将"破产宣告的确定"视为处罚条件、排除在构成要件之外的立场作为前提,像小野博士那样主张将其从"应当构成犯罪的事实"中排除出去的观点就具有一贯性。⑦⑧

---

⑤ 小野清一郎:《构成要件概念的诉讼法意义》,载小野清一郎:《犯罪构成要件的理论》(1953年)第454页〔初出·牧野教授还历祝贺《刑事论集》(1938年)〕。

⑥ 小野清一郎:《犯罪构成要件的理论》,载小野清一郎:《犯罪构成要件的理论》(1953年)第175页。

⑦ 另外,如果像小野博士那样认为处罚条件不属于"应当构成犯罪的事实",在缺少处罚条件的场合以"被告事件不成立犯罪"为由作出无罪判决就存在困难。于是,小野博士主张,对于缺少处罚条件的场合应当作出免诉决定(小野清一郎:《新订刑法讲义总论》(1948年)第221页)。但是,这种处理方式至少作为现行法的解释是不妥当的(参见上编第七章第一节第二款四注㊺(第248页))。

⑧ 此外,作为有关"破产宣告的确定"在诉讼法上的处理问题,"破产宣告的确定"之前提起公诉的效力也存在问题。

关于这个问题,明治30年11月18日大审院判决(《法曹记事》第73号第773页)是值得关注的。

本案中,关于旧《商法》第1050条诈欺破产罪,在"破产宣告的确定"尚未出现的阶段就已经提起公诉,之后才出现"破产宣告的确定"。于是,关于该公诉的效力问题就发生争议。辩护人主张(辩护书):"本案诈欺破产的公诉是在明治28年9月21日提起的,当时破产决定尚未确定,这是原判决认定的事实。如果诈欺破产罪要求存在已经确定的破产决定,在其确定之前就不构成犯罪。检方的起诉应当是追诉已经发生的犯罪行为,而不应当是预先对尚未构成犯罪的行为进行追诉。所以,应当驳回犯罪成立之前提起的公诉;原审法院对其予以采纳并作出有罪判决,是不法的裁判。"大审院对于上述主张进行了反驳,作出如下判决:"当检察机关认定受到破产宣告的人实施了诈欺行为而提起诈欺破产的公诉时,即使是在破产宣告确定以前,也不能认为该起诉无效。在本案中,破产宣告确定发生在预审调查阶段,法院当然应当基于起诉作出本案判决。所以,原审法院未驳回公诉而作出本案判决并不是违法的。"(第774-775页)

另外,对于"破产宣告的确定"之前以其他罪名提起公诉的案件,大正2年6月2日大审院判决(《法律新闻》第873号第28页)指出:"虽然是在作为诈欺破产的前提要件的破产宣告确定前以其他罪名提起的公诉,但是作为起诉内容的事实仍然构成诈欺破产罪;而且,既然后来发生了破产宣告决定确定的事实,就应当认为诈欺破产罪的起诉当然包含在先前的起诉之中。所以,原审法院作出的认定被告人存在诈欺破产行为的审理判决是妥当的,完全不能认为是对于未受请求的事件作出的违法裁判。"

以上均为根据明治刑事(《明治23年法律第75号》)作出的判决。由于案情不详,因而无法就结论的妥当与否作出评价。但是,可以认为所有判决均采纳了将"破产宣告的确定"作为纯粹的处罚条件的立场。因为,根据处罚条件说的立场,仅有诈害行为即可构成诈欺破产罪,于是,在起诉时诈欺破产罪就已经成立;而且,在就诈害行为以其他罪名提起的公诉中,完全包含了诈欺破产罪的构成事实。相反,根据将"破产宣告的确定"理解为"犯罪"成立要件的立场,正如大判明治30年11月18日辩护书中所指出的那样,"破产宣告的确定"之前的起诉是犯罪成立之前的起诉;而且,仅就诈害行为以其他罪名提起的公诉中并不包含作为诈欺破产罪的构成事实的"破产宣告的确定"。对于这些场合,直接承认作为诈欺破产罪的起诉的效力是困难的。

犯罪概念和可罚性

第十节 小 括

综上所述，对于本章探讨的有关"破产宣告的确定"的判例的具体解释，根据与处罚条件说这一前提之间的关联性以及结论的妥当性的观点，可以作出以下总结：

（1）在不要求行为与"破产宣告的确定"之间存在因果关系〔判例2〕、要求具有"破产宣告（的确定）"的可能性（客观的预见可能性）〔判例4-1〕〔判例4-4〕、要求法定刑在行为之后到"破产宣告的确定"之前发生变更时必须对新旧法定刑进行比较〔判例7〕等方面，判例的结论都是妥当的。但是，这些结论与将"破产宣告的确定"作为处罚条件的前提之间没有必然联系，根据将其解释为构成要件要素的立场也能够得出相同的结论。

（2）相反，要求对于"破产宣告的确定"具有认识·预见〔判例4-2〕〔判例4-3〕这一点，与将"破产宣告的确定"作为处罚条件的前提存在明显的矛盾；只有采取还原于不法构成要件的立场，才能得出具有理论一贯性的结论。另外，在要求行为与"破产宣告的确定"之间存在事实上的牵连关系〔判例2〕、将一系列违反行为包括于"破产宣告的确定"作为一罪处理〔判例5〕以及作为诉讼法上的"应当构成犯罪的事实"处理〔判例8〕等方面，也难以与处罚条件说的前提相调和。

（3）最后，在即使是"破产宣告的确定"之前恢复原状也不影响作为破产犯罪的可罚性〔判例3〕以及公诉时效的起算点是诈害行为的时间、与"破产宣告的确定"的时间无关〔判例6〕等方面，虽然在处罚条件说的前提看来具有一贯性，但是这些结论本身缺乏妥当性。而且，将"破产宣告的确定"之后的行为排除在《破产法》第374条第1号之外的判决〔判例1〕也是不妥当的，这一结论与"破产宣告的确定"的法律性格之间没有必然联系。

总之，判例并未将处罚条件说的立场贯彻到每个解释论上的结论当中；而且，在贯彻该立场的场合，也经常得出缺乏妥当性的结论。相反，根据将"破产宣告的确定"作为构成要件要素还原于犯罪概念的立场，则无论是哪个论点，都能够在保持理论整合性的同时得出妥当的结论。

下编　关于所谓的一身
　　　处罚阻却事由

第一章 "犯罪"概念与一身处罚阻却事由

第一节 通说见解的问题性

1. 我国的通说见解认为,"一身处罚阻却事由"① 是一个独立的范畴,其特征表现为不损害行为的犯罪性,而仅仅是对该行为人的处罚予

---

① 我国以(一身)处罚阻却事由为主题的论文有:竹田直平:《犯罪概念中的违法要素和责任要素——所谓的一身刑罚阻却事由的本质》,载《法与经济》第3卷第6号(1935年)第46页以下;竹田直平:《违法阻却及责任阻却与共犯及间接正犯——以判处教唆犯人的妻子(亲属)湮灭证据者无罪的大审院判决为机缘》,载《法律时报》第7卷第6号(1935年)第31页;竹田直平:《犯罪概念要素和人的处罚阻却事由——答木村教授》,载《法律时报》第7卷第9号(1935年)第33页以下;木村龟二:《人的处罚阻却事由和无责任能力与期待不可能性——关于竹田助教授对拙文的批评》,载《法律时报》第7卷第7号(1935年)第35页以下;佐伯千仞:《一身刑罚阻却原因》,载佐伯千仞:《刑法中的期待可能性的思想〔增补版〕》(1985年)第399页以下〔初出·《法学论丛》第34卷第3号(1936年)〕;西村克彦:《关于所谓的处罚阻却事由——从日德刑法的比较出发》,载西村克彦:《无罪的界限〔新版〕》(1991年)第341页以下〔初出·《警察研究》第84卷第8号、第9号、第10号(1977年)〕;西村克彦:《一身处罚阻却事由和消极的身份》,载西村克彦:《日本国刑法的前途〔增补版〕》(1989年)第175页以下〔初出·《ジュリスト》第769号(1982年)〕;中山研一:《一身刑罚阻却事由》,载《Law School》第38号(1981年)第66页以下;板仓宏:《超法规的处罚阻却事由》,载《团藤重光博士古稀祝贺论文集·第二卷》(1984年)第294页以下;板仓宏:《处罚条件、处罚阻却事由、处罚消灭事由——超法规的处罚阻却事由》,载藤木英雄、板仓宏编:《刑法的争点〔新版〕》(1987年)第155页以下。

以否定。例如，大塚仁教授指出："犯罪虽然成立，但有时也会出现由于一定事由的存在而妨害刑罚权发生的情况。这种事由，称为处罚阻却事由（Strafausschließungsgründe）。它通常是行为人的一定身份关系，因而也被称为人的处罚阻却事由（一身处罚阻却事由）（persönliche Strafausschließungsgründe）。……人的处罚阻却事由也是基于行为人的一定身份关系对可罚性的范围加以限定的要素，因此，其与犯罪成立要件之间没有关系。在与构成要件性故意以及违法性无关这一点上，其与处罚条件是相同的。"② 作为一身处罚阻却事由的事例，一般列举的是亲属相盗例（《刑法》第244条第1项）以及盗品等相关犯罪的亲属特例（《刑法》第257条）。③

2. 德国的支配性观点也采纳了基本相同的理解。④ 在申克和施雷德的注释书中，伦克纳作出如下论述："处罚阻却事由应当区别于正当化事由和免责事由，它所记述的是使违法且有责的行为丧失可罚性的事

---

② 大塚仁：《刑法概说·总论〔改订增补版〕》（1992年）第452页。采取同样立场的还有：小野清一郎：《新订·刑法讲义总论〔第五版〕》（1951年）第217页以下；团藤重光：《刑法纲要总论〔第三版〕》（1990年）第514—515页；川端博：《刑法总论讲义》（1995年）第646页；野村稔：《刑法总论》（1990年）第86—87页等。

③ 也有个别观点将隐灭证据罪以及藏匿犯人罪的亲属特例（《刑法》第105条）归入一身处罚阻却事由的类别当中（青柳文雄：《刑法通论Ⅱ各论》（1963年）第109页等）。但是，由于"刑罚的免除"具有任意性，因而明确地为该特例赋予"一身处罚阻却事由"的性格的观点则并不多见。

此外，还有观点主张将两院议员在议院外对议院内的演说、讨论或者表决不承担责任（《宪法》第51条）以及外交官基于国际法而享有的不可侵犯的特权，纳入"一身处罚阻却事由"之中（小野·前揭注②第219页）。但是，就一般理解而言，两院议员的特权以及外交官的特权至少首先——应当与处罚阻却事由相区别——属于诉讼条件。

最后，有观点认为，对于违反当时的《公共企业体等劳动关系法》第17条第1项的争议行为的单纯参与者，名古屋中邮事件最高裁判决（最判昭和52年5月4日刑集第31卷第3号第182页）承认了"超法规的处罚阻却事由"（参见板仓：《超法规的处罚阻却事由》前揭注①第294页；香城敏麿：《一公共企业体等劳动关系法一七条一项与宪法二八条……》，载《法曹时报》第32卷第6号（1980年）第98页以下（特别是第194页以下）。平野龙一：《违反公劳法一七条一项的争议行为与邮政法七九条一项（名古屋中邮事件）》，载平野龙一：《犯罪论的诸问题（上）总论》（1981年）第48页以下〔初出·《警察研究》第49卷第5号（1978年）〕）。

④ 关于德国详细的学说状况，Vgl., René Bloy, Die dogmatische Bedeutung der Ftrafausschließungs- und Strafaufhebungsgründe (1976), S. 16ff., S. 215ff.

态。在这一点上,处罚阻却事由与客观处罚条件是相对的,其中一部分在实体上属于客观处罚条件的反面。"⑤ "从内容上看,处罚阻却事由中包括各种各样复杂的事态。……结合当罚性与要罚性的区别而言,在有些场合,虽然存在有责因而当罚的行为,但是要罚性却基于刑事政策上的理由被否定。然而,在另外一些场合,处罚阻却事由则成为刑法外的利益的导入口。此时,将会出现强迫已经完全具备的要罚性向其他国家利益作出让步的结果。"⑥ 这种处罚阻却事由中包括一身处罚阻却事由和物的处罚阻却事由,前者"与行为当时存在的、一定的一身属性或者状态相关联,因而属于仅对满足该要件的人产生有利作用的情形"⑦。

关于一身处罚阻却事由的范围问题,德国的学说并未达成一致,但多数学者列举的事例包括:不处罚议会中发言·表决的议员(德国《基本法》第46条第1项、德国《刑法》第36条⑧);不处罚近亲相奸罪中的未成年当事人(德国《刑法》第173条第3项⑨);不处罚包庇罪中的"参与包庇之罪"的人(同第257条第3项⑩);不处罚妨害处罚罪

---

⑤ Adolf Schönke/Horst Schröder/Theodor Lenckner, Strafgesetzbuch Kommentar, 25. Aufl. (1997), Vorbem. §32ff. Rdn. 127 (S. 523). 另外,本书省略了原文中用括号标注的文献以及各处参照部分的指示(下同)。

⑥ Schönke/Schröder/Lenckner, a. a. O. (Anm. 5), Vorbem. §32ff. Rdn. 128 (S. 523).

⑦ Schönke/Schröder/Lenckner, a. a. O. (Anm. 5), Vorbem. §32ff. Rdn. 131 (S. 524).

⑧ 条文的翻译参考了法务大臣司法法制调查部编〔宫泽浩一译〕:《德国刑法典》(1982年)。为了保持表述的统一,此处会作出适当的变更(注⑨-注⑪亦同)。条文如下:

德国刑法第36条:联邦议院、联邦大会或者州立法机关的成员,任何时候都不得因在其团体或者其委员会之一中作出的表决或者言论,而在团体之外被追究责任。诋毁性侮辱言论不适用本规定。

⑨ 条文如下:

德国《刑法》第173条第1项:与有血缘关系的直系卑亲属性交的,处三年以下自由刑或者罚金。

第2项:与有血缘关系的直系尊亲属性交的,处二年以下自由刑或者罚金。即使亲属关系被解除,仍然适用本规定。有血缘关系的兄弟姐妹性交的,处相同的刑罚。

第3项:卑亲属和兄弟姐妹在行为时不满十八周岁的,不依本规定处罚。

⑩ 条文如下:

德国《刑法》第257条第1项:出于确保实施违法行为的人因其行为所取得的利益的目的向其提供帮助的,处五年以下自由刑或者罚金。

(第2项略)

第3项:因参与被包庇之罪而具有可罚性的人,不以包庇罪论处。但是,教唆其他未参与被包庇之罪的人进行包庇的,不适用此规定。

中的"妨害针对自己的处罚·处分"的人（同第258条第5项）；不处罚妨害处罚罪中的"为亲属而实施的人"（同第258条第6项）⑪。⑫⑬⑭

3. 如上所述，（一身）处罚阻却事由和（客观）处罚条件处于表里关系，被称为"消极的处罚条件"⑮。因此，可以认为针对（客观）处罚条件的质疑基本上也适合于（一身）处罚阻却事由。⑯ 首先，就与"犯罪"概念的关系而言，在否定处罚而肯定犯罪成立这一点上，一身处罚阻却事由与"犯罪是被科处刑罚的行为"的命题相矛盾。其次，

---

⑪ 条文如下：

德国《刑法》第258条第1项：有意地或者明知地进行妨害，致使他人因违法行为依法应受的刑罚或者措施（第11条第1款第8号）的全部或者部分不被追究的，处五年以下自由刑或者罚金。

（第2项至第4项略）

第5项：意图通过其行为同时全部或者部分使得对其本人所判处的刑罚或措施，或者刑罚或措施的执行无法进行的，不以妨害处罚罪论处。

第6项：为亲属实施本条规定的行为的，不处罚。

⑫ 另外，1974年以前，根据德国《刑法》第247条第2项〔旧规定〕，夫妇间或者尊亲属的盗窃不处罚。该特例被认为是一身处罚阻却事由的典型事例。但是，经过1974年的修订，包括配偶以及尊亲属实施盗窃的情形在内的亲属间的盗窃被规定为亲告罪（关于德国亲属相盗例的立法变迁，参见石堂淳：《亲属相盗例的谱系和根据》，载《法学》第50卷第4号（1986年）第132页以下）。

《刑法》第247条旧规定的条文如下（在翻译过程中参考了石堂·前揭第132页的译文）。

第1项：盗窃或者侵占亲属、监护人、教育者，或者与自己存在师徒关系的师父，或者与自己处于家庭生活共同体内的雇主的少量财物的，无告诉则不受追究。告诉可以撤销。

第2项：尊亲属对卑亲属或者夫妇一方对另一方实施盗窃或者横领的，不予处罚。

第3项：以上规定不适用于不具有上述人际关系的共犯以及庇护者。

⑬ 此外，对于接到希特勒杀害精神病患者的命令的医生为了尽可能多地挽救患者的生命，在将多数患者从杀害名单中删除之后提交该名单，消极地服从杀害命令的情形，战后德国的英国占领地区最高裁判所（Deutshe oberste Gerichtshof für die britische Zone）1949年3月5日判决（MDR 1949, S. 370）以及1949年7月23日判决（NJW 1950, S. 151）均承认存在该当一身处罚阻却事由的可能性（作为有关上述判决的日文介绍和研究，佐伯千仞：《良心与刑事裁判》，载佐伯千仞：《法曹与人权感觉》（1970年）第263页以下〔初出·恒藤博士古稀纪念论文集《法解释以及法哲学的诸问题》（1962年）〕）。可以认为，这实际上是将关于他人生命的紧急避险或者义务冲突理解为一身处罚阻却事由（支持这种判例解释的是，Karl Peters, Zur Leher von den Persönlichen Strafausschließungsgründen, JR 1949, S. 496ff.）。

⑭ 物的处罚阻却事由的事例包括："关于议会的真实报道"的不处罚（德国《刑法》第37条）以及名誉毁损罪中的"真实性的证明"的不处罚（同第186条）等。

⑮ 参见莊子邦雄：《刑法总论〔第三版〕》（1996年）第408页。

⑯ 关于客观处罚条件的问题性，参见上编第一章第一节（第15页以下）。

"犯罪"概念所具有的说明·正当化机能、指导·规制机能以及批判·形成机能可能因为在"犯罪"概念外部设置了决定可罚性的范畴而受到阻害。另外,就"一身处罚阻却事由"这一概念本身而言,可以指出其问题在于:此概念极具概括性,是无所限定的,而且还缺少统一的指导原理。[17] 下面,本书专门就缺少统一的指导原理的问题性进行简要论述。[18]

4. 指导原理的缺失首先体现在"处罚阻却事由"这一用语方面。例如,"违法性阻却事由"一词,是指"处罚因违法性被否定而受到否定";"责任阻却事由"一词,是指"处罚因责任被否定而受到否定"。相反,"处罚阻却事由"这一用语中则不包括任何说明理由和根据的词语。如果坚持对其作出与"违法性阻却事由"以及"责任阻却事由"相平行的解释,"处罚阻却事由"就意味着"处罚因处罚被否定而受到否定"。所以,"处罚阻却事由"不过是仅仅揭示结论的"空虚的形式(Leerformel)"[19] 而已。

必须承认,作为概念,"处罚阻却事由"是不具有实质内容的。因为,对于"处罚阻却事由",并不存在任何实质的概念规定。不仅如此,很多论者都主张,为"处罚阻却事由"这一概念提供特征的一般性指标是不存在的。例如,默拉赫和齐普夫在其教科书中指出,处罚阻却事由"在内容上无法包摄于一个公分母之中",其中包括"种类极其繁杂的事态"。[20] 此外,希尔施也认为,"与责任阻却事由相比较,处罚阻却事由无法从体系理论上的一般原理中导出,而只能从法律中导出"[21],因此,他放弃了"处罚阻却事由"的实质性定义。

---

[17] Vgl., Bloy, a. a. O. (Anm. 4), S. 212, S. 215ff.

[18] 这一点是一身处罚阻却事由和物的处罚阻却事由的共通性问题,因此,此处未拘泥于"一身"的限定,而是作为"处罚阻却事由"的一般性问题来处理的。

[19] Vgl., Winrich Langer, Das Sonderverbrechen. Eine dogmatische Untersuchung zum allgemeinen Teil des Strafrechts (1972), S. 455.

[20] Reinhart Maurach/Heinz Zipf, Strafrecht Allgemeiner Teil Tb. 1., 8. Aufl. (1992), §356 Rdn. 32 (S. 478).

[21] Hans Joachim Hirsch, Strafgesetzbuch, Leipziger Kommentar, 10. Aufl. (1985), Vorbem. §32 Rdn. 213.

犯罪概念和可罚性

虽然多数学说都承认"处罚阻却事由"的概念，但并不是出于对这一"未作任何指称的集合性范畴（die nichtssagende Sammelkategorie）[22]"抱有期待而作出积极的评价，而仅仅是将其作为所谓的"救济概念（Hilfsbegriff）"[23]或者"痛苦不堪的范畴（Verlegenheitskategorie）"[24]，消极地认可其存在而已。但是，概念越是无内容就越容易使用。由于"处罚阻却事由"概念在内涵上是无内容的、在外延上是无限定的，因此，将实定法中的一定事由包含在这个概念之中，就不存在任何困难。而且，将某事由包含在"处罚阻却事由"概念之中，不仅能够回避对于该事由的实质性根据的究明，也能够就该事由在解释论上得出自己所希望的归结。在这个意义上，可以说"处罚阻却事由"这一概念是具有诱惑力的。[25]

但是，如果满足于将实定法中的一定事由定位在"处罚阻却事由"这种"空虚的形式"中，并懈怠究明该事由的实质属性即根据，那么，这无疑就是"理论的使命所不允许的回避"[26]。本来，即使是以正当防卫为典型代表的违法性阻却事由以及责任阻却事由，如果追溯其成立，则或者是自然而然得到承认的，或者是根据当时的政策性要求制定的，但未必就是经由一定的指导原理自觉演绎而形成的。在这个意义上，凡

---

[22] Vgl., Wilfried Bottke, Strafrechtswissenschaftliche Methodik und Systematik bei der Lehre vom strafbefreienden und strafmildernden Täterverhalten (1979), S. 607. 此外，波特克还将处罚阻却事由评价为"破陋的避难所（ein dürftiger Fluchtort）""概念的灵堂（ein begriffliches Kolumbarium）""价值论洞察的墓场（eine Begräbnisstätte axiologischer Einsichten）"。

[23] Edmund Mezger, Subjektismus und Objektismus in der strafgerichtlichen Rechtsprechung des Reichsgerichts, in: Festgabe der juristischen Fakultäten zum 50. järigen Bestehen des Reichsgerichts, Bd. 5 (1929), S. 13ff. (S. 27).

[24] Bernd Schünemann, Einführung in das strafrechtliche Systemdenken, in: ders. (hrsg.), Grundfragen des modernen Strafrechtssystems (1984), S. 1ff. (S. 13)〔作为日文翻译，松生光正译：《关于刑法上的体系性思考的序论》，载中山研一、浅田和茂监译：《现代刑法体系的基本问题》（1990 年）第 1 页以下（第 13 页）〕。

[25] 关于这一点，贝伦斯曼将"处罚阻却事由"比喻成扑克牌中的"大王"，并作出以下论述："有时会出现尚未对体系上处于优先地位的犯罪要件的阶段进行充分注意的探讨，就性急地打出处罚阻却事由这张'大王'的情形"（Klaus Bernsmann, Entschuldigung durch Notstand. Studien zu § 35 StGB (1989), S. 381)。

[26] Langer, a. a. O. (Anm. 19), S. 417.

是对处罚予以否定的事由就都可以称为"处罚阻却事由"。刑法理论在自觉性指导原理的基础上,对这种处于非自觉状态的纯粹的"处罚阻却事由"加以整序,分析得出了"违法性阻却事由"和"责任阻却事由"[27]。违法性和责任等实质性指导原理在指明各种(广义的)处罚阻却事由的存在理由和解释基准的同时,也为后来的立法提供了指针。[28] 于是,根据犯罪概念的实质性、分析性构成,刑法理论选择了排除纯粹的处罚阻却事由的方向。然而,根据通说见解,不属于"犯罪"概念的实质性构成要素的纯粹的处罚阻却事由仍然保留至今。但是,鉴于究明刑法要件背后的实质性指导原理、为解释和立法提供指针的刑法理论的使命,是不允许仅仅满足于将这种残余的"处罚阻却事由"定位在"未作任何指称的集合概念"中的,而应当深入探究将其还原于传统上具有一定具体内容的违法性阻却事由或者责任阻却事由的方法途径。

然而,作为赋予"处罚阻却事由"概念具体内容的方法,除了将其还原为违法阻却事由或者责任阻却事由的选项之外,也许还存在新设一个导入了其他积极且实质的指导原理的范畴,从而将"处罚阻却事由"包含于该范畴之中的选项。例如,施米德霍伊泽[29]将处罚阻却事由定位于"当罚性(strafwürdigkeit)"范畴;而板仓宏教授[30]以及耶赛克、魏根特的教科书[31]则将处罚阻却事由统括于"要罚性(strafbedürfnis)"

---

[27] 参见汉斯·约阿希姆·希尔施、吉田敏雄(监译)、丹羽正夫(译):《犯罪论体系中的违法阻却和责任阻却》,载《北海学园大学法学研究》第 28 卷第 1 号(1992 年)第 153 页以下。另外,关于违法性和责任的分化的历史研究,内田文昭:《近代德国刑法中的"违法"和"责任"——立法与学说的素描(一)(二·完)》,载《警察研究》第 64 卷第 4 号(1993 年)第 3 页以下;第 5 号(1993 年)第 10 页以下等。

[28] 鉴于刑法理论的任务,与有关否定处罚的事由一样,对于积极地为处罚提供基础的事由也必须进行实质的、分析性的把握,从而揭示其实质根据和解释基准。根据这个要求,就应当将构成要件实质性地理解为不法类型及责任类型(关于这一点,参见上编第三章第三节三〔第 74 页以下〕)。

[29] Eberhard Schmidhäuser, Strafrecht, Allgemeiner Teil, Lehrbuch, 2. Aufl. (1975), S. 487ff.

[30] 板仓宏:《当罚性(实质的可罚性)与要罚性》,载《平野龙一先生古稀祝贺论文集·上卷》(1990 年)第 116 页以下。

[31] Hans-Heinrich Jescheck/Thomas Weigend, Lehrbuch des Strafrechts, Allgemeiner Teil, 5. Aufl. (1996), S. 352.

的观点。这些学说就可以被评价为探究新的指导原理的尝试。但是，"当罚性"和"要罚性"——与"处罚阻却事由"概念一样——是极为概括的、无限定的概念，因而很难说其作为为"处罚阻却事由"赋予具体内容的指导原理是有效的。在这一点上，主张将处罚阻却事由定位于"当罚性"或者"要罚性"的观点，仍然未能消除"处罚阻却事由"概念的问题性，其在实质上与通说见解之间并不存在区别。

5. 综上所述，无论是定位于"犯罪"外部，还是理解为"当罚性"或者"要罚性"的要素，"处罚阻却事由"这一概念都缺少实质的概念规定，不具有学术分析方面的有用性；在实务上也无法期待其对实定法的解释进行指导、规制。另外，"处罚阻却事由"这个"垃圾站（Rumpelkammer）"㉜的存在，将会导致刑法理论中违法论和责任论的比重降低，进而招致犯罪概念的形骸化。㉝

第二节　"一身处罚阻却事由"概念的存在理由

1. 虽然存在上述问题性，但"一身处罚阻却事由"仍然得到承认。其理由是什么呢？难道承认"一身处罚阻却事由"概念具有必然性吗？

在第二次世界大战之前，佐伯千仞博士基于批判"一身处罚阻却事由"概念的立场，对这个概念的成立理由作出以下分析。

"理由之一在于，包含在其中的身份难以还原到行为的违法性或者行为人的责任以及其他任何犯罪的实质要件当中。换言之，它是一个当时的违法论·责任论·犯罪类型论均无法消化的体系性异物。理由之二

㉜ Schünemann, a. a. O. (Anm. 24), S. 27.
㉝ 全遁名古屋中邮最高裁判决（最判昭和52年5月4日刑集第31卷第3号第182页）判定违反《公共企业体等劳动关系法》的争议行为的单纯参与者应当"超法规的处罚阻却事由"，对其不予处罚。本判决的标志性意义在于，采用"超法规的处罚阻却事由"的理论来取代否定可罚的违法性理论的态度。

在于，共犯从属犯说将这一法律范畴作为弥补自身缺陷所不可缺少的穷极之策。然而，违法论·责任论的变迁不仅促进了共犯本质观的发展，还影响着一身刑罚阻却原因这一概念，因而必须对其存在理由重新进行探讨。"①

本节拟以佐伯博士的分析为线索，就"一身处罚阻却事由"概念是否具有合理的存在理由展开讨论。

2. 首先考察的，是一身处罚阻却事由作为"犯罪论体系上的异物"的要因。

所谓的一身处罚阻却事由，曾经在与心理责任概念的关系上属于"异物"。也就是说，该当一身处罚阻却事由的要素是行为人的身份关系，其与故意·过失等心理事实不同，因此，如果以心理责任概念作为前提，将其定位于责任论内部就相当困难。但是，在规范责任论已经得到确立的今天，只要能够影响适法行为的期待可能性，即使是外部的、客观的事由，也可能成为责任的要素。该当一身处罚阻却事由的要素不是行为人的心理状态的事实，已经不再是将其理解为责任要素的障碍了。然而，在将一身处罚阻却事由理解为为期待可能性提供基础的外部事由时，有必要考虑与其相关的错误问题。② 如后文详细论述的那样③，对有关这些事由的存在产生误认的行为人予以免责的归结，从刑事政策上看并不是不妥当的，甚至应当认为其符合一般的法感情。而部分支持"一身处罚阻却事由"概念的论者④——甚至不惜违背

---

① 佐伯千仞：《一身刑罚阻却原因》，载佐伯千仞：《刑法中的期待可能性的思想〔增补版〕》（1985年）第421页〔初出·《法学论丛》第34卷第3号（1936年）〕。

② 关于德国有关一身处罚阻却事由的错误的问题状况，Vgl., Markus Klimsch, Die dogmatische Behandlung des Irrtums über Entschuldigungsgründe unter Berücksichtigung der Strafausschließungs-und Strafaufhebungsgründe (1993), S. 173ff.。

③ 上编第三章第四节第一款（第401页以下）以及第四章第二节第一款（第426页以下）。

④ 例如，一方面将亲属相盗例解释为一身处罚阻却事由，另一方面又在有利于行为人的方向上考虑相关的错误的论著有：冈野光雄：《亲属相盗例与错误·共犯》，载冈野光雄：《刑法各论二五讲》（1995年）第113页；川端博：《刑法各论概要〔第二版〕》（1996年）第178页；内田文昭：《刑法各论〔第三版〕》（1996年）第267页等。

其前提——也承认应当对错误的情形予以免责的事实，就证明了这一点。⑤

另外，即使以规范责任论作为前提，在无法完全否定他行为可能性和责任这一点上，也可以认为将该当一身处罚阻却事由的要素还原为"犯罪"的成立要件是困难的。但是，在可罚的责任的观念已经得到广泛承认的今天，即使该当一身处罚阻却事由的要素不能完全阻却责任，但只要能够认为其阻却了可罚的责任，就可以将其还原为犯罪成立要件。⑥⑦

3. 其次探讨的，是克服共犯从属性的缺陷的要因。

极端从属形式曾被普遍采用，要承认成立可罚的共犯，就必须具备包括正犯者具有有责性在内的所有"犯罪"成立要件。就该当一身处罚阻却事由的要素而言，即使是正犯者因此而不可罚的情形，则无论是从法律规定上还是从该要素的性质上，都必须承认共犯者的可罚性。这些要素被理解为肯定"犯罪"成立而仅对"处罚"予以否定的事由；在归宿方面，其与违法性阻却事由和责任阻却事由等所谓的犯罪阻却事由不同，有必要为其提供一个具有"一身性"效果的特别范畴。于是，"一身处罚阻却事由"就发挥着作为说明共犯的可罚性的"救济概念"的机能。⑧

---

⑤ "客观处罚条件"概念通常是基于将一定事由排除在故意对象之外的意图而使用的；然而，在使用"一身处罚阻却事由"概念的场合，则看不到将其排除于故意对象的积极意图。这一点也体现在"一身处罚阻却事由"没有被附加"客观"这一修饰词上。另外，"一身"的修饰词和"客观"的修饰词不是不能并存的。前者体现了在共犯论中具有一身性作用的事实；而后者则体现了在错误论中与故意的成立无关的事实。

⑥ 关于盗品等相关犯罪的亲属特例（《刑法》第257条），通说见解认为其根据在于期待可能性的观点。但是，将其理解为一身处罚阻却事由，就说明将可罚性的考虑包含在责任阶段是不充分的。

⑦ 针对将一身处罚阻却事由还原于责任的尝试，通常的批判是，认为责任会因为这些事由而完全丧失的观点是不妥当的。但是，这种批判是建立在误解之上的。试图还原的观点并非主张责任的完全否定，其仅仅是认为可罚的责任被否定而已。

⑧ 正如佐伯博士指出的那样，德国莱比锡法院甚至对某种禁止的错误以及刑事责任年龄都使用"一身处罚阻却事由"来加以说明，这明确体现了"一身处罚阻却事由"作为救济概念的侧面（参见佐伯·前揭注①第402页）。另外，关于"一身处罚阻却事由"概念与共犯从属性的关系问题，参见佐伯千仞：《共犯的从属性与期待可能性理论》，载佐伯千仞：《刑法中的期待可能性的思想〔增补版〕》（1985年）第490页以下（特别是第502页）〔初出·《法学论丛》第43卷第5号（1940年）〕；西田典之：《共犯与身份》（1982年）第41页以下。

现在，限制从属形式成为通说。如果以限制从属形式作为前提，对于欠缺责任的违法行为也可能成立可罚的共犯，而责任阻却事由也就具有了"一身性"效果。所以，可以认为"一身处罚阻却事由"作为说明共犯的可罚性的"救济概念"的使命已经终结。

4. 综上所述，以当前的学说状况为前提，"一身处罚阻却事由"概念的存在根据与佐伯博士提出问题当时情形相比变得更加薄弱了。在佐伯博士提倡的规范责任论、可罚的责任论以及限制从属形式已经确立的今天，实在难以发现应当继续坚持将"一身处罚阻却事由"作为独立于犯罪概念的存在的必然性。⑨

第三节　一身处罚阻却事由还原于"犯罪"概念的可能性

1. 如上所述，"一身处罚阻却事由"的概念中存在种种问题，而且未能找到扎实的存在理由，所以就有必要对将其还原为犯罪概念的构成要素的可能性加以探究。自 20 世纪 20 至 30 年代起，绍尔①、康特洛维茨②、佐伯千仞博士③就开始了这种向犯罪概念还原的尝试。④

---

⑨ 另外，客观处罚条件通常是发生在行为之后的外部事由，因此，这些事由是否属于"行为"才成为问题（参见上编第二章〔第43页以下〕；然而，以一身处罚阻却事由与"行为"的关系为由将其与"犯罪"相分离的论述是不能成立的。在一身处罚阻却事由方面成为问题的行为时，行为人的"身份"能够成为犯罪概念的构成要素，这一点由身份犯的存在即可证明。

① Wilhelm Sauer, Grundlagen des Strafrechts nebst Umriß einer Rechts- und Sozialphilosophie (1921), S. 625ff.

② Hermann Kantrowicz, Tat und Schuld (1933), S. 252ff.

④ 佐伯千仞：《刑法中的期待可能性的思想（一）（二）》，载《法学论丛》第 28 卷 (1932 年) 第 2 号第 197 页以下、第 3 号第 363 页以下；佐伯千仞：《一身刑罚阻却原因》，载佐伯千仞：《刑法中的期待可能性的思想〔增补版〕》(1985 年) 第 399 页以下〔初出·《法学论丛》第 34 卷第 3 号 (1936 年)〕。
除此之外，佐伯博士关于一身处罚阻却事由的重要文献还有：佐伯千仞：《共犯规定的发展——从德国的预备草案到我国的刑法草案》，载佐伯千仞：《共犯理论的源流》(1987 年) 第 1 页以下〔初出：《法学论丛》第 31 卷第 2 号 (1934 年)〕；佐伯千仞：《犯人的亲属是否成立

2. 康特洛维茨主张："一身处罚阻却事由是将责任降低至当罚性的下限以下的程度、由此导致不予处罚的明显的责任减少事由。"⑤该观点是以其提倡的"二元的犯罪概念"为背景的。根据这种二元的犯罪概念，犯罪是由"行为的可罚性"和"行为人的可罚性"构成的；构成要件该当性为"行为的可罚性"提供了基础，责任为"行为人的可罚性"提供了基础。⑥康特洛维茨着眼于一身处罚阻却事由和行为人的可罚性的关系，将其定位于责任领域，并将其理解为导致由归责能力、归责可能性（故意或者过失）以及期待可能性提供基础的责任明显减少的事由。

上述康特洛维茨将一身处罚阻却事由还原于责任论的尝试，在试图对犯罪概念进行理论整序方面是值得关注的。但是，他对于一身处罚阻

证据湮灭罪》，载佐伯千仞：《共犯理论的源流》第 171 页〔初出·《教唆、怂恿犯人的亲属湮灭证据者的责任》，载《法学论丛》第 32 卷第 5 号（1935 年）〕；佐伯千仞：《共犯与身份——该问题的历史概观》，载佐伯千仞：《共犯理论的源流》第 121 页以下〔初出·《法学论丛》第 33 卷第 2 号、第 3 号（1935 年）〕；佐伯千仞：《消极的身份与共犯》，载佐伯千仞：《共犯理论的源流》第 207 页以下〔初出·《法律时报》第 14 卷第 10 号（1942 年）〕；佐伯千仞：《共犯的从属性与期待可能性理论》，载佐伯千仞：《刑法中的期待可能性的思想〔增补版〕》（1985 年）第 490 页以下〔初出·《法学论丛》第 43 卷第 5 号（1940 年）〕〔另外，本文还收录于佐伯千仞：《共犯理论的源流》第 179 页以下〕；佐伯千仞：《良心与刑事裁判》，载佐伯千仞：《法曹与人权感觉》（1970 年）第 263 页以下〔初出·恒藤博士古稀纪念论文集《法解释以及法哲学的诸问题》（1962 年）〕；佐伯千仞：《四订·刑法讲义〔总论〕》（1981 年）第 284 页以下。

④ 在德国，兰格也明确提出了将该当一身处罚阻却事由的事实还原于不法论的方向（Winrich Langer, Das Sonderverbrechen. Eine dogmatische Untersuchung zum allgemeinen Teil des Strafrechts (1972), S. 417ff., S. 455）。此外，雅科布斯一方面将议会发言的不处罚（德国《刑法》第 36 条）等作为"与作用相关的条件"，理解为构成要件该当性阻却事由；另一方面，则主张应当将妨害处罚罪中的亲属关系（同第 258 条第 6 项）等理解为类型性的责任阻却事由（Günther Jakobs, Strafrecht Allgemeiner Teil, 2. Aufl. (1991), §10 Rdn. 15ff., (S. 343ff.)）。

在我国，支持将一身处罚阻却事由还原于犯罪概念的方向的论著有：竹田直平：《犯罪概念中的违法要素与责任要素——所谓的一身处罚阻却的本质》，载《法与经济》第 3 卷第 6 号（1935 年）第 46 页以下；泷川幸辰：《改订犯罪论序说》（1947 年）第 146 页以及第 164 页；中山研一：《一身刑罚阻却事由》，载《Law School》第 38 号（1981 年）第 66 页以下等。

⑤ Kantrowicz, a. a. O. (Anm. 1), S. 255.
⑥ Kantrowicz, a. a. O. (Anm. 1), S. 23.

却事由的法律性质的实质性说明仍然是不充分的。康特洛维茨认为，将一身处罚阻却事由定位在责任论领域的根据，是行为和行为人这一范畴论的分类。⑦ 然而，一身处罚阻却事由是与"行为人"相关的事由，这不过是这些事由具有一身性作用这一"结论"的另外一种表述而已。要将一身处罚阻却事由在实质上还原于责任论，就必须参考责任概念的实质内容，具体说明每个该当一身处罚阻却事由的要素使行为人的责任减少的理由。此外，由一身处罚阻却事由造成的责任减少不仅会导致刑罚的减轻，还会产生不处罚的效果的根据，也未得到说明。作为不处罚的根据，仅有责任减少是不够的，还必须在目的论上说明其所谓的"当罚性的下限"。康特洛维茨所依据的主要是形式的-范畴论的考察方法，对此还需要以实质的-目的论的考察方法加以补充。

3. 在我国，针对将"一身处罚阻却事由"作为独立于"犯罪"概念的通说，佐伯千仞博士在1932年发表的论文《刑法中的期待可能性的思想》中提出以下批判：

"此处成为问题的狭义的刑罚阻却原因，被理解为虽然具有违法、责任、构成要件以及其他犯罪的要件，却由于外部的、偶然的理由（政治上的事由、人情自然）而不予科处刑罚的情形。但是，只要政治上的事由或者人情自然也具有刑法上的意义，就必须在刑法学上予以还原。而且，要保证这种还原是真正的、实质性的刑法学的还原……就必须还原为违法性、责任性的问题。作为刑法学者，至少要进行这种还原的尝试，否则就是懈怠。"⑧

基于上述问题意识，佐伯博士在1936年发表的论文《一身刑罚阻却原因》⑨ 中，在对德国的学说加以详细探讨的基础上，对该当一身处罚阻却事由的要素的法律性质进行了具体的考察，并得出以下结论：两

---

⑦ 根据主张应当从行为人对于具体犯罪行为的主观态度中寻求责任的基础的观点，将责任理解为行为人的可罚性的主张至少在表现形式的问题上是欠妥当的。然而，在当时的情况下，与通说采用极端从属形式不同，要主张责任要素应当具有一身性作用，就必须说明责任要素——不是行为——是与行为人的可罚性相关的。

⑧ 佐伯：《刑法中的期待可能性的思想（一）》前揭注③第212页。

⑨ 佐伯：《一身刑罚阻却原因》前揭注③第399页以下。

院议员在议会中的演说、讨论和表决之所以不受处罚（《宪法》第51条），是因为其作为法令行为或者正当业务行为（《刑法》第35条）在原则上阻却了违法性。但是，当发言等不正当时，由于不能将其视为适法的，因而此时的议员身份应当认为仅仅是一种诉讼障碍。⑩ 另外，就亲属相盗（同第244条）而言，违法性的程度由于一种共同体观念的存在而降低，从而使得可罚的违法类型没有得到满足。⑪ 与此相对，亲属藏匿犯人或者消灭证据（证据隐灭）而免除刑罚的场合（同第105条）以及亲属间的赃物行为（收受盗品等）（同第257条），则属于以不存在期待可能性为理由的责任阻却事由。⑫

佐伯博士提倡还原一身处罚阻却事由的犯罪论上的前提条件，是以期待可能性思想为背景的规范责任论、可罚的责任理论以及对于共犯的要素从属性的缓和。也就是说，佐伯博士通过采用规范责任论和可罚的责任论为"一身处罚阻却事由"提供了归宿；同时还通过缓和共犯从属性确保了解释论上的归结的整合性。在这些前提条件已经得到广泛认可的今天，佐伯博士提倡将"一身刑罚阻却事由"还原于犯罪概念的主张就更加具有说服力。

然而，关于共犯的要素从属性，佐伯博士采取的不是限制从属形式，而是一种更为缓和的从属形式。据此，他承认（可罚的）违法性也具有一身性效果，并主张对于不满足可罚的违法类型的行为也应当肯定共犯的成立。⑬ 而且，以这种对从属性的缓和为前提，佐伯博士还试图将亲属相盗例还原于违法论。但是，至少在有关违法性的实质的法益侵害说看来，能否承认违法性的一身性作用，以及将亲属相盗例还原于违法论能否与博士采纳为前提的违法观相调和，对于这些都有必要展开深入的探讨。

而且，在与责任论的关系上，例如亲属间的盗品受让等情形，责任因亲属关系的减少为何不限于刑罚的减轻，甚至会产生不处罚（免除刑

---

⑩ 佐伯：《一身刑罚阻却原因》前揭注③第441页。
⑪ 佐伯：《一身刑罚阻却原因》前揭注③第439页。
⑫ 佐伯：《一身刑罚阻却原因》前揭注③第443-444页。
⑬ 佐伯：《共犯的从属性与期待可能性理论》前揭注③第510页。

罚）的效果，这也是必须探究的问题。就从亲属那里受让盗品而言，相对于从非亲属那里受让盗品，此时的他行为可能性的程度确实更低。但是，如果是其他犯罪中的他行为可能性相同程度地减少的情形，则通常不至于不处罚。对于说明亲属间特例的不处罚（免除刑罚）这一效果而言，至少仅凭事实上的他行为可能性的程度，仍然是缺少决定性依据的。所以，在尝试将一身处罚阻却事由还原于责任论时，必须关注责任论中的目的论契机[14]，探究为可罚的责任设定下限的基准。

4. 鉴于以上课题，本书拟在下一章对一身处罚阻却事由在机能论、目的论的犯罪概念中的地位加以探讨，然后在第三章至第五章中以历来被视为一身处罚阻却事由的亲属相盗例（《刑法》第244条第1项）、盗品等相关犯罪的亲属特例（同第257条）以及关于藏匿犯人罪和隐灭证据罪的亲属特例（同第105条）为例，具体探讨将一身处罚阻却事由还原于犯罪概念的可能性。除此之外，还有一些被部分学说理解为属于（一身）处罚阻却事由的要素，这里只作简单的考察。

（1）首先，外交官基于国际法享有的不可侵害的特权是纯粹的诉讼条件，与行为的可罚性无关。因为，不可侵害的特权只是暂时性的，追诉可能性会因外交官身份的丧失而恢复。所以，不存在将外交官的不可侵害的特权解释为属于实体法上的可罚性要件的"一身处罚阻却事由"的余地。

（2）两院议员在议会中的演说等相关特权（《宪法》第51条）是直接阻止提起公诉的事由，是诉讼条件的一种表现形态。然而，由于其效果即使是在失去议员地位之后也一直持续，因此，探究这一诉讼条件背后的实体法上的根据就是必要的。一般而言，议员免受处罚的特权是具有一身性作用的事由。但是，如果认为这种免受处罚的特权具有一身性效果，就会产生不妥当的结论，即发表演说的议员被免除处罚，而提案该演说的秘书等则要作为共犯受到处罚。所以，正如雅科布斯指出的那

---

[14] 佐伯博士指出："可罚的责任不是一般的规范性责任是否达到应受处罚的程度这一简单的程度·量的问题，其中还包含一个新的目的评价。"（佐伯：《一身刑罚阻却原因》前揭注③第435页）继续深入探究该"目的评价"的具体内容和基准，是我们所面临的课题。

样⑮，应当认为这种免受处罚的特权对于缺少该身份的加担者也具有连带作用。⑯然而，为何这种对议员的演说等不予处罚的特权具有永久性效果，并且及于缺少该身份的参与者呢？本书认为，其理由在于，从一般性·类型性的观点来看，议会中的演说等对于保护优越利益而言是有用的行为，或者至少不能认为是达到应当用刑罚加以阻止的程度的违法行为。于是，就可以将议员享有的演说等免受处罚的特权解释为可罚的违法性阻却事由。⑰对于上述理解，可以预见到将会出现来自以下两个方面的抵抗：第一个是对于将划一的、类型化的基准纳入违法（阻却）论的抵抗。但是，正如《母体保护法》第14条关于妊娠终止的容许规定所表明的那样，虽然存在程度差异，但仍然可以认为实定法上规定的所有违法性阻却事由均具有类型化的性格。⑱而且，如果反对违法阻却论具有高度的类型性、划一性，还可以考虑将议员免受处罚的特权解释为构成要件该当性阻却事由这一选项。⑲第二个是对于违法性阻却事由中不仅包括完全正当化的情形，还包括缺乏可罚的违法性的情形的抵抗。但是，正如紧急避险（《刑法》第36条）中也包括构成民法上的不法行为的情形所体现的那样，违法性阻却事由中未必只包括对行为予以全面正当化的情形，还应当包括仅否定可罚的违法性的情形。如果认为构成要件本来就是——不仅仅是违法性——那些为可罚程度的违法性提供基础

---

⑮ Jakobs, a. a. O. (Anm. 4), §10 Rdn. 16, (S. 343-344).

⑯ 当然，发表演说的必须是议员本人。然而，由身份犯的例子可知，从这种"要件上的一身性"并不能直接得出"效果上的一身性"。另外，关于"要件上的一身性"与"效果上的一身性"的区别，参见西村克彦：《关于所谓的处罚阻却事由（一）——从日德的比较开始》，载《警察研究》第48卷第8号（1977年）第5页。

⑰ 将议员不受处罚的特权解释为违法性阻却事由的有：宫本英修：《刑法大纲·总论》（1932年）第124-125页；竹田直平：《违法阻却及责任阻却与共犯及间接正犯——以判处教唆犯人的妻子（亲属）湮灭证据者无罪的大审院判决为机缘》，载《法律时报》第7卷第6号（1935年）第33页；吉川经夫：《三订·刑法总论〔补订版〕》（1996年）第331页注①等。

⑱ 如果反对赋予违法性阻却事由以及责任阻却事由类型化性格，那么，违法性阻却事由和责任阻却事由就只能依据违法性或者责任的实质本身加以规定。于是，就会出现诸如"对保护优越利益作出贡献的人不处罚"或者"不具有非难可能性的人不处罚"等规定。但是，不难想象，这些规定是难以有效发挥机能的。

⑲ 将议员发言等的不处罚解释为构成要件该当性阻却事由的是，Jakobs, a. a. O. (Anm. 4), §10 Rdn. 16, (S. 343-344)。

下编　关于所谓的一身处罚阻却事由

的事态的类型化，就应当承认违法性阻却事由也是阻却可罚的违法性的事态的类型化。因为，提供基础的对象与阻却的对象必须具有同一性。

（3）有观点认为，鉴于表现自由的价值，有关名誉毁损罪中真实性的证明的《刑法》第230条之2承认公布有关公共事实的真相的利益在类型上优越于有关个人名誉（虚名）的利益，从而将其规定为违法性阻却事由。[20]既然将本规定作为违法性阻却事由还原为"犯罪"概念的构成要素，那么，根据"无罪推定原则"，由检察机关承担有关真实性的举证责任才具有一贯性。关于这一点，例如，应当将第230条之2中"存在系属真实的证明时"的表述理解为规定的不是实质的举证责任，而仅仅是提出证据的责任[21]；或者至少应当考虑将被告人所承担的证明责任仅限于"优越的证据"的程度，在证明方法方面则只要求"自由证明"即可，据此来减轻其负担。总之，与其将"真实性"解释为处罚阻却事由，从而掩盖使被告人承担举证责任的问题性，莫不如将其解释为违法性阻却事由，使转移举证责任的问题性显在化，这样也有益于唤起立法论的批判。[22][23][24]

---

[20]　将"真实性的证明"解释为处罚阻却事由的有：中野次雄：《名誉毁损罪中的违法阻却事由与处罚阻却事由》，载中野次雄：《刑事法与裁判的诸问题》（1987年）第66页以下〔初出·《警察研究》第51卷第5号（1980年）〕；内田文昭：《刑法各论〔第三版〕》（1996年）第217页等。然而，这里所谓的"处罚阻却事由"是指效果也及于共犯的"物的处罚阻却事由"，而不是"一身处罚阻却事由"。

[21]　参见青柳文雄：《名誉毁损罪中的事实证明》，载《Law School》第36号（1981年）第18页以下（特别是第25页）。

[22]　如果将"真实性"作为处罚阻却事由排除在犯罪概念之外，缓和举证责任的解释论上的方法以及对于第230条之2的立法论上的批判就将丧失基础。因为，只要将"真实性"解释为处罚阻却事由，那么，即使是关于公共事实，则不论情况是否属实，都完全具备名誉毁损罪的当罚性不法。关于这一点，参见上编第四章第一节第三款（第101页）。

[23]　众所周知，关于将第230条之2与违法性相结合所产生的责任关联的问题，有观点要求对于"可能证明的程度的真实性"具有故意，也有观点要求对于真实性具有过失。然而，即使将真实性本身作为故意的认识对象，但是由于只要具有"也许不是真实的"这一认识就可以承认未必的故意，因此，并不会产生任何不妥。

[24]　所谓的刑罚消灭事由不是决定行为的可罚性的要素，因此，其与犯罪概念并不存在直接的关联性。例如，公诉时效（刑事诉讼法第250条以下）属于诉讼条件，刑罚的时效（刑法第31条以下）属于刑罚执行的要件，二者都不是行为的可罚性的要件。相反，中止犯（同第43条但书）——有时被理解为刑罚消灭事由——是与行为事象直接相关的问题，可以解释为责任减少事由。

第二章　机能论的-目的论的犯罪概念与一身处罚阻却事由

序　说

在犯罪论外部考察一身处罚阻却事由的通说见解，是以主张支配犯罪论的"理论学（Dogmatik）"和一身处罚阻却事由背后的"政策学（Politik）"具有不同性质的观点作为前提的。然而，关于理论学与政策学的关系，最近德国出现了新的学说①，即根据以刑法的合理化·去伦理化为目标的立场，试图将（刑事）政策性考虑导入犯罪论内部的尝试。在将（刑事）政策性考虑导入犯罪论的方法中，既有主张为了将（刑事）政策性考虑导入犯罪论内部而设立新的评价阶段的观点，也有主张基于（刑事）政策性观点对违法性和责任等传统的评价阶段

---

① 参见阿部纯二：《最近德国的责任论的倾向》，载《刑法杂志》第 24 卷第 1 号（1980 年）第 91 页以下；大山弘：《关于责任和预防的考察》，载《关西法学》第 31 卷第 5 号（1982 年）第 66 页以下；堀内捷三：《责任论的课题》，载芝原邦而、堀内捷三、町野朔、西田典之编：《刑法总论的现代展开——总论Ⅰ》（1988 年）第 172 页以下〔初出·《法学セミナー》第 391 号、第 392 号、第 393 号（1987 年）〕等。

进行重构的观点。例如,主张在犯罪论的最终阶段设置"当罚性(Strafwürdigkeit)"的评价阶段,在此对包括刑事政策上的处罚必要性在内的处罚相当性进行判断的施米德霍伊泽的观点②,就属于前者;而承认基于"要罚性(Strafbedürftigkeit)"对不法进行实质性修正的布洛伊的观点③,以及主张导入由刑事政策性考虑作补充的"答责性(Verantwortlichkeit)"取代传统的"责任"概念的罗克辛的观点④,则属于后者。

本章拟通过考察以(刑事)政策性观点为基础的犯罪概念的重构对于有关一身处罚阻却事由的讨论所产生的影响,从而获得重新审视犯罪概念与一身处罚阻却事由的关系的线索。⑤

---

② Eberhard Schmidhäuser, Zur Systematik der Verbrechenslehre. Ein Grundthema Radbruchs aus der Sicht der neueren Strafrechtssystematik, in : Gedächtnisschrift für Gustav Radbruch (1968), S. 268ff. 〔作为介绍,中义胜、中垣克彦:《施米德霍伊泽〈犯罪论的体系〉——根据新刑法理论看拉德布鲁夫的主旨》,载《关西大学法学论集》第 20 卷第 6 号(1971 年)第 116 页以下〕;ders., Strafrecht Allgemeiner Teil, Lehrbuch, 2. Aufl. (1975), S. 27ff., S. 482ff., S. 487ff。

③ René Bloy, Die dogmatische Bedeutung der Strafausschließungs- und Strafaufhebungsgründe (1976)〔作为书评,Karl Heinz Gössel, Besprechung, GA 1977, S. 349f.〕。

④ Claus Roxin, Kriminalpolitik und Strafrechtssystem (1970)〔作为日文翻译,齐藤诚二:《克劳斯·罗克辛著〈刑事政策与刑法体系〉(一)》,载《成蹊法学》第 3 号(1972 年)第 135 页以下;作为介绍,中义胜、山中敬一:《克劳斯·罗克辛著〈刑事政策与刑法体系〉》,载《关西大学法学论集》第 21 卷第 6 号(1972 年)第 81 页以下〕;ders.,„ Schuld "und„ Verantwortlichkeit " als strafrechtliche Systemkategorien, in: Festschrift für Heinrich Henkel zum 70. Geburtstag (1974), S. 171ff.〔作为日文翻译,高桥则夫译:《作为刑法上的体系范畴的"责任"与"答责性"》,载宫泽浩一监译:《刑法中的责任和预防》(1984 年)第 71 页以下〕;ders., Zur jüngsten Diskussion über Schuld, Prävention und Verantwortlichkeit, in : Festschrift für Paul Bockelmann zum 70. Geburtstag (1979), S. 279ff.〔作为日文翻译,中空寿雅:《最近关于刑法中的责任、预防、答责性的争论》,载宫泽浩一监译:《刑法中的责任和预防》第 179 页以下〕。对罗克辛提倡的"答责性"概念进行探讨的论著有:中川祐夫:《责任与可罚的评价》,载平场安治博士还历祝贺《现代刑事法学(上)》(1977 年)第 25 页以下;浅田和茂:《责任与答责性》,载平场安治博士还历祝贺《现代刑事法学(上)》第 272 页以下〔浅田和茂:《刑事责任能力研究——以限定责任能力论为中心〔上卷〕》(1983 年)第 13 页以下再次收录〕;铃木晃:《关于责任的预防性再构成的考察——罗克辛的"答责性"论及其批判》,载《中京大学大学院生法学研究论集》第 2 号(1981 年)第 46 页以下等。

⑤ 由于本章探讨的学说中也包括将"物的处罚阻却事由"以及"一身处罚消灭事由"作为对象的观点,因此,本章的介绍和探讨也涉及这些观点。

犯罪概念和可罚性

第一节　施米德霍伊泽的观点
——"当罚性"与一身处罚阻却事由

1. 以构建"目的论的犯罪论体系"为目标①的施米德霍伊泽将"当罚性（Strafwürdigkeit）"概念作为其体系的基础。

施米德霍伊泽认为，所谓的"当罚性"，是指因行为而应当对行为人进行处罚的判断（绝对的当罚性）以及某行为与其他行为相比较应当在何种程度上进行处罚的判断（相对的当罚性）②，其中还包括对刑事政策上的处罚必要性的判断。③ 在"当罚性"概念中，包含着从行为事象本身到存在于行为事象外部的要因等种类极其繁杂的现象。④ 其中，行为事象内部为"当罚性"提供基础的，首先是不法和责任，除此之外还存在附加的"当罚性"标志。因此，"当罚性"中既包括不法和责任，也包括超出其范围的无价值判断。⑤ 所以，施米德霍伊泽认为有必要在确认违法性和责任之后进行最终的当罚性判断，从而承认"当罚性"具有体系上的独立地位。⑥

以上述理解为前提，施米德霍伊泽将由一身处罚阻却事由、物的处罚阻却事由、一身刑罚消灭事由构成的"犯行阻却事由

---

①　Vgl., Eberhard Schmidhäuser, Zur Systematik der Verbrechenslehre. Ein Grundthema Radbruchs aus der Sicht der neueren Strafrechtssystematik, in: Gedächtnisschrift für Gustav Radbruch (1968), S. 268ff. 〔作为介绍，中义胜、中垣克彦：《施米德霍伊泽〈犯罪论的体系〉——根据新刑法理论看拉德布鲁夫的主旨》，载《关西大学法学论集》第 20 卷第 6 号（1971 年）第 116 页以下〕；ders., Strafrecht Allgemeiner Teil, Lehrbuch, 2. Aufl. (1975), S. 140-141 (6/2, 3, 4).

②　Schmidhäuser, Strafrecht Allgemeiner Teil, a. a. O. (Anm. 1), S. 28 (2/14).

③　Schmidhäuser, Strafrecht Allgemeiner Teil, a. a. O. (Anm. 1), S. 29 (2/14).

④　Schmidhäuser, Strafrecht Allgemeiner Teil, a. a. O. (Anm. 1), S. 28 (2/14).

⑤　Schmidhäuser, Strafrecht Allgemeiner Teil, a. a. O. (Anm. 1), S. 30 (2/15).
另外，作为行为事象外部的"当罚性"要素，施米德霍伊泽还列举了亲告罪中的告诉和公诉时效。

⑥　Schmidhäuser, Zur Systematik der Verbrechenslehre, a. a. O. (Anm. 1), S. 280.

（Straftatausschließungsgründe）"定位在"当罚性"的阶段。也就是说，这些"犯行阻却事由"是"法律所记述的行为事象的要素，是虽然存在该当构成要件的不法以及该当构成要件的责任，却导致行为丧失当罚性，基于法律规定阻却犯罪行为的事实"⑦，是"在当罚性判断这一最终阶段阻却犯行"的事实。⑧

2. 上述施米德霍伊泽的观点积极地肯定了犯罪论中的"当罚性"概念的意义，试图通过导入作为独立的评价阶段的"当罚性"，将一身处罚阻却事由定位在犯罪论体系内部。这一点是值得关注的。

但是，在施米德霍伊泽的观点中，"当罚性"概念被赋予了两种无法并存的地位。具体而言，他一方面在作为包括不法和责任在内的犯罪论整体的基础的意义上使用"当罚性"概念，另一方面又在作为犯罪论最后一个评价阶段的意义上使用"当罚性"概念。对此，正如布洛伊指责的那样⑨，一个概念同时代表了"整体"及其"一部分"，这在理论上是矛盾的。

正是由于"当罚性"概念具有双重地位，所以才难以发现作为最终评价阶段的"当罚性"所具有的区别于其他犯罪的要素的积极意义。在包含不法和责任的整体性判断的"当罚性"概念中，并不存在将作为最终评价阶段的"当罚性"区别于不法以及责任的指标。⑩ 因此，作为最终评价阶段的"当罚性"只能被赋予从作为整体的"当罚性"中排除不法和责任的消极特征。⑪ 这种不含有积极指标的"当罚性"，必将发展

---

⑦ Schmidhäuser, Strafrecht Allgemeiner Teil, a. a. O. (Anm. 1), S. 487 (13/1).

⑧ Schmidhäuser, Strafrecht Allgemeiner Teil, a. a. O. (Anm. 1), S. 488 (13/2).

⑨ René Bloy, Die dogmatische Bedeutung der Strafausschließungs-und Strafaufhebungsgründe (1976), S. 233.

⑩ 施米德霍伊泽认为，"犯行阻却事由"与违法性阻却事由以及免责事由只能根据"各个法规的价值关系的-目的论的解释"加以区别（Schmidhäuser, Strafrecht Allgemeiner Teil, a. a. O. (Anm. 1), S. 488 (13/3)）。但是，只要"当罚性"概念中不含有这种价值关系的-目的论的基准，就可以认为将其作为一个评价阶段导入是没有意义的。

⑪ Vgl., Frank Altpeter, Strafwürdigkeit und Straftatsystem (1990), S. 206；Claus Roxin, Strafrecht Allgemeiner Teil, Bd. 1, 2. Aufl. (1994), S. 877 (23/36)；Klaus Volk, Entkriminalisierung durch Strafwürdigkeitskriterien jenseits des Deliktsaufbau, ZStW 97 (1987), S. 879ff.

成为包括所有关于处罚是否适当的考虑在内的概括性的、无限定的范畴。⑫ 在这一点上，不得不认为施米德霍伊泽提倡的"当罚性"概念与"处罚阻却事由"概念一样，都难以有效地发挥作为学术上的分析工具或者实定法上的解释基准的机能。

于是，可以认为试图将一身处罚阻却事由作为"当罚性"的要素定位于犯罪论的施米德霍伊泽的观点，仅仅是赋予了"一身处罚阻却事由"其他名称而已，并没有说明这些事由的实质属性，而且也未能消除"一身处罚阻却事由"概念中缺少积极的指导原理的缺陷。

第二节　布洛伊的观点
——根据"要罚性"对不法的质的修正与一身处罚阻却事由

1. 本节拟探讨的是，基于以贯彻刑法理论中的目的思考为目标的立场，主张将处罚阻却事由以及刑罚消灭事由中的若干主要内容定位于不法论阶段的布洛伊的观点。

2. （1）在 1976 年发表的单行论文《处罚阻却事由和刑罚消灭事由在解释论上的意义》中，布洛伊根据机能性观点对历来被视为处罚阻却事由或者刑罚消灭事由的各种事由进行了详细分析。① 通过分析，他得出了这些事由不是以统一的观点为基础的结论，并将其分为以下五种类型。②

1）联邦议会议员的不受逮捕特权（德国《基本法》第 46 条第 2 项）仅具有刑事诉讼法意义，而不具有实体法意义。

2）不告发计划之罪的犯罪中通过告发以外的方式防止犯罪实施或者犯罪结果发生时的不处罚（德国《刑法》第 139 条第 4 项），是不法

---

⑫ 施米德霍伊泽提倡的"当罚性"概念的射程甚至包括行为事象外部的事由。这也说明，"当罚性"概念的外延是完全没有限定的。

① René Bloy, Die dogmatische Bedeutung der Strafausschließungs- und Strafaufhebungsgründe (1976), S. 32ff.〔作为书评，Karl Heinz Gössel, Besprechung, GA 1977, S. 349f.〕

② Bloy, a. a. O. (Anm. 1), S. 212-213.

阻却事由。当该事由存在时，为不法提供基础的义务违反性以及反社会性就会被否定。

3）亲属相盗例（德国《刑法》第247条第2项旧规定）、中止犯（同第24条）、时效、亲告罪中的告诉〔的欠缺〕（附一定条件）等，是以"不法的质的修正（qualitative Unrechtsmodifizierung）"为基础的。在这些场合，行为的不法内容虽然不会减少或者被阻却，但是从刑罚目的的观点来看，在被实现的不法的性质与刑罚权的发动不相符这一点上，可以认为在不法层面上具有特殊性。

4）近亲相奸罪中的未成年人不处罚（德国《刑法》第173条第3项）、妨害处罚罪中的亲属不处罚（同第258条第6项）、不告发计划之罪的犯罪中的亲属不处罚（同第139条第3项）等，是以责任观点为基础的。

5）外交官特权（《裁判所构成法》第18条）、议员在议院内的表决·发言不处罚（德国《基本法》第46条第1项）、议员在公诉提起·刑罚执行方面的特权（同第46条第3项、第4项）、掠取诱拐罪中的行为人与被害人之间存在婚姻关系（德国《刑法》第238条第2项）、恩赦等，是以刑法外的利益衡量（außerstrafrechtliche Interessenabwägung）为基础的，是位于不法和责任外部的实体法上的处罚阻却事由。

以上分类中具有特别意义的是3）"不法的质的修正"这一范畴。因为，该范畴中包含了属于典型的一身处罚阻却事由的亲属相盗例，同时还显著地体现了犯罪论与刑事政策的关系。下面，本书拟以"不法的质的修正"这一范畴为重点，对布洛伊的相关论述进行探讨。

（2）布洛伊认为，犯罪概念和刑罚概念之间是法律要件和法律效果的关系，因而要求以刑罚目的为指导原理构建一种刑事政策性的犯罪概念。但是，要满足这个要求，仅凭在不法判断和责任判断之后附加刑事政策性判断的方法是不充分的。而只有有意识地在不法和责任的层面上对刑事政策性要因加以把握，才能使注重刑事政策的犯罪概念发挥功效。[3] 所

---

[3] Bloy, a. a. O. (Anm. 1), S. 239-242.

以，只要所谓的处罚阻却事由以及刑罚消灭事由以刑事政策性观点作为基础，就不应当在不法和责任的外部加以考虑。"只要以注重刑事政策的犯罪概念作为基础，那么，为了使纳入这些处罚阻却事由成为可能，在不法和责任的外部构建一种特别的犯罪要素的做法就不仅是不必要的，而且是与体系论不相符的。"④

其次，布洛伊通过"要罚性（Strafbedürftigkeit）"概念，对应当导入不法和责任的刑事政策性要因的内容进行了说明。他认为，与以评价契机为中心的"当罚性"不同，"要罚性"的重点在于目的契机，其意味着国家刑罚介入的必要性。⑤ "要罚性"被否定的情形包括：a. 无价值未被实现的场合；b. 处罚前已经达到刑罚目的的场合；c. 预计处罚不能达到刑罚目的的场合。中止犯属于 b，而亲属相盗例则属于 c。⑥

另外，布洛伊还认为，不法这一犯罪要素必须同时包含评价契机和目的契机。因为，不法这一犯罪要素不仅要有助于把握违反社会伦理价值的态度，其作为刑罚的前提，还应当有益于对刑法效果的正当化。于是，不法概念中的目的契机的意义就体现为，"将能够通过科处刑法制裁而获得预期结果的不法范围予以具体化"⑦。对此，布洛伊预见到可能会出现批判，即如果在不法阶段考虑要罚性，就会丧失与不法和责任的区别。于是，他提出以下区别基准："在不法阶段导致要罚性被否定（亦即影响不法中的目的契机）的，是从态度在社会领域中的作用来看，不适合运用刑罚加以应对的场合；在责任阶段导致要罚性被否定（亦即影响责任中的目的契机）的，是行为人实施不法行为的决意在通过刑法措施防止这种价值错误不具有合目的性的形式上被提供动机的场合。"⑧

（3）基于上述"要罚性"的考虑，布洛伊将德国《刑法》第247条第2项旧规定中的亲属相盗例作为"不法的质的修正"的事例之一，并

---

④ Bloy, a. a. O. (Anm. 1), S. 242.
⑤ Bloy, a. a. O. (Anm. 1), S. 243.
⑥ Bloy, a. a. O. (Anm. 1), S. 244-246.
⑦ Bloy, a. a. O. (Anm. 1), S. 246-247.
⑧ Bloy, a. a. O. (Anm. 1), S. 250.

作出如下说明：由于亲属相盗的犯罪行为是在家庭内部实施的，因此，与其认定为刑法上的犯罪，毋宁应当认为这是对相关亲属之间的家庭共同体的扰乱。此时，犯罪行为所产生的影响的重点不在于对法共同体的动摇，而在于对家庭生活共同体的动摇。然而，国家刑罚的手段虽然对于恢复法律和平是有效的，但对于恢复家庭和睦则是无效的。因此，从性质上看，亲属相盗例的不法与通过刑罚追求目的的实现是不相应的。所以，亲属相盗例属于要罚性因不法的质的特殊性（缺乏对刑罚的适应性）而在不法阶段被否定的情形。⑨

3. 上述布洛伊的构想，是试图通过自觉地将"要罚性"这一目的论的观点导入不法和责任的阶段，从而将一身处罚阻却事由还原于犯罪论的尝试，尤其是在有关犯罪概念的构成方法论上，具有重要的启发意义。但是，也可以指出其中存在以下问题。

首先，布洛伊提出的"不法的质的修正"并不是从不法概念的实质内容中导出的。正如"不法的质的修正"一词所体现的那样，不法的实质和要罚性被认为具有完全不同的性质。然而，无论是理解为法益侵害，还是理解为社会伦理规范的违反，在没有明示与不法概念的实质内容之间的关联性的情况下，就将"要罚性"编入不法阶段，不得不说这损害了不法论的内部统一性。因此，布洛伊的观点给人一种仅仅是将纯粹的"要罚性"嫁接到不法阶段而已的印象。

其次，布洛伊完全没有论及将处罚阻却事由定位于不法阶段所带来的对解释论的波及效果。⑩一旦将处罚阻却事由定位于不法阶段，就会产生错误的处理等解释论上的问题，尤其是将一身处罚阻却事由还原于不法论，可能会产生是否违反共犯的限制从属形式以及是否会招致不法概念的主观化⑪等疑问。布洛伊试图通过将"要罚性"分离于不法本身，并作为对不法的"质的修正"，从而回避上述解释问题。但是，这

---

⑨ Bloy, a. a. O. (Anm. 1), S. 107.
⑩ Vgl., Gössel, a. a. O. (Anm. 1), S. 350.
⑪ 参见板仓宏：《超法规的处罚阻却事由》，载《团藤重光博士古稀祝贺论文集·第二卷》（1984 年）第 316 页。

样一来，将处罚阻却事由定位于不法阶段的实质意义是什么呢？

最后，布洛伊也未对责任阶段的"要罚性"的意义进行具体的探讨。他将类型 4）理解为仅仅是责任的量的减少，而并未援用"要罚性"对"责任的质的修正"作出说明。但是，对于属于这种类型的事由，能否在目的论的考虑之外提出具有说服力的根据，是存在疑问的。

另外，以刑法外的利益衡量为基础的类型 5）也存在疑问。关于这个问题，拟在下一节对罗克辛的观点的探讨中加以论述。

第三节　罗克辛的观点
——"答责性"与一身处罚阻却事由

1. 众所周知，罗克辛主张根据刑事政策的合目的性考虑对"责任"这一体系范畴进行补充，并提倡将这种把刑罚目的引入视野的体系性范畴称为"答责性（Verantwortlichkeit）"。

2. （1）罗克辛认为，责任阻却事由和免责事由是以刑事政策上的预防必要性的观点为基础的。例如，德国《刑法》第 35 条规定的免责性紧急避险的根据，就在于在极端异常的状况下，特殊预防和一般预防的必要性因不存在反复可能性和模仿可能性而被否定。即使警察等具有一定职务的人与一般人处于同样的状况之下，也不能因紧急避险而免责，但是这种对具有一定职务的人和一般人在处理上的区别对待是无法根据他行为可能性来说明的，只有预防必要性方面的差异才能为此提供根据。另外，规定防卫过当的德国《刑法》第 33 条只承认对错乱、恐惧、惊愕等虚弱性情动的场合予以免责，而对于激怒、激愤等强壮性情动的场合则不予承认，这同样不是以他行为可能性的差异为基础，而是以预防必要性的差异为基础的。于是，罗克辛认为，责任阻却事由以及免责事由等情形，未必是在他行为可能性的意义上完全否定"责任"的事由，而应当理解为因缺少一般预防和特殊预防的必要性而否定"答责性"的事由。①

(2) 在这种有关"责任阻却事由"和"免责事由"的理解的前提下，罗克辛将被视为"处罚阻却事由"的情形分为两种类型。

属于第一种类型的有，德国《刑法》第 173 条第 3 项〔近亲相奸罪中的未成年人不处罚〕、第 258 条第 6 项〔妨害处罚罪中的亲属不处罚〕以及中止未遂。对于这些情形，虽然可以承认存在他行为可能性，但是立法者以刑罚对于预防而言不适当或者不必要为由放弃了处罚。从特殊预防的观点来看，以近亲相奸罪对未成年人进行处罚是弊远大于利的；为庇护亲属而实施的处罚妨害行为，是与免责性紧急避险极为类似的情形；在中止未遂的场合，由于未造成法益侵害且行为人自发地恢复了合法性，因此，从特殊预防和一般预防的角度看，均不存在充分的制裁理由。②

属于第二种类型的，是以区别于刑事政策性考虑的刑法外的利益衡量为基础的一系列事由。例如，德国《刑法》第 36 条规定的议员不处罚，就意味着议员的发言自由以及立法机关的机能等国法上的利益优先于刑法上的利益；敌对外国的犯罪中的外交关系的存在以及互惠主义的保护〔德国《刑法》第 104 条 a〕，是以外交政策为基础的；而亲属相盗例〔同第 247 条第 2 项旧规定〕，则是以相关的家庭政策为理由的。③

(3) 罗克辛认为，没有必要将第一种类型解释为"处罚阻却事由"。根据他的观点，这些属于阻却"答责性"的事由，只能是"免责事由"。

---

① Claus Roxin, „ Schuld " und „ Verantwortlichkeit " als strafrechtliche Systemkategorien, in：Festschrift für Heinrich Henkel zum 70. Geburtstag (1974), S. 171ff.〔作为日文翻译，高桥则夫译：《作为刑法上的体系范畴的"责任"与"答责性"》，载宫泽浩一监译：《刑法中的责任和预防》（1984 年）第 71 页以下〕；ders., Zur jüngsten Diskussion über Schuld, Prävention und Verantwortlichkeit, in：Festschrift für Paul Bockelmann zum 70. Geburtstag (1979), S. 279ff.〔作为日文翻译，中空寿雅：《最近关于刑法中的责任、预防、答责性的争论》，载宫泽浩一监译：《刑法中的责任和预防》第 179 页以下〕；ders., Rechtfertigungs- und Entschuldigungsgründe in Abgrenzung von sonstigen Strafausschließungsgründen, JuS 1988, S. 426-427.

② Roxin, Rechtfertigungs-und Entschuldigungsgründe, a. a. O. (Anm. 1), S. 432.

③ Roxin, Rechtfertigungs- und Entschuldigungsgründe, a. a. O. (Anm. 1), S. 432.

犯罪概念和可罚性

《刑法》第 173 条第 3 项、第 258 条第 6 项以及中止未遂虽然都具备一定程度的责任，但是，结合刑罚目的的考虑，这些情形是因为没有必要处罚才不被处罚的，其与免责性紧急避险以及防卫过当具有共同的性质。所以，在法律效果上，应当将这些情形与免责事由同样对待，肯定第三人参与的可罚性，并承认对错误类推适用《刑法》第 35 条第 2 项〔关于免责性紧急避险状况的错误〕的规定。④

于是，罗克辛主张，只有作为第二种类型的基于刑法外的利益衡量的事由才属于"处罚阻却事由"。这种类型具有不同于正当化事由和免责事由的法律效果是妥当的。也就是说，由于这些事由与刑法上的重要视角无关，因而不必考虑相关的错误。另外，就第三人参与的情形而言，不能直接认定其是可罚的，只有在导出正犯者不可罚的利益衡量具有妥当性时，才应当不予处罚。例如，对于在议会中发表演说毁损他人名誉的议员的代笔人，必须赋予其与议员相同的处罚阻却的效果。因为，如果对其加以处罚，就会间接侵害离开代笔人则无法发表演说的议员的发言自由。⑤⑥

2.（1）在上述罗克辛的观点中，首先应予关注的，是他主张通过将刑事政策性观点导入"责任"阶段，从而将属于第二种类型的处罚阻却事由还原于"责任阶段"。然而，妨害处罚罪中的亲属关系等与责任以及期待可能性相关联，这在很早以前就已经被明确指出，并不是什么特别的新观点。但是，根据排除目的论的观点、仅由他行为可能性来论证"责任"的立场，是难以对亲属关系的存在虽然没有完全排除他行为可能性，却能产生不可罚的效果作出具有说服力的说明的。因此，在将一身处罚阻却事由定位于责任论时，罗克辛提倡的"答责性"概念体现出来的对可罚的责任的下限予以

---

④ Roxin, Rechtfertigungs- und Entschuldigungsgründe, a. a. O.（Anm. 1），S. 432-433.

⑤ Roxin, Rechtfertigungs- und Entschuldigungsgründe, a. a. O.（Anm. 1），S. 433.

⑥ 另外，罗克辛在其教科书《刑法总论》中也提出了基本相同的主张（Claus Roxin, Strafrecht Allgemeiner Teil, Bd. 1, 2. Aufl.（1994），S. 866ff.（23/1ff.）。关于第一种类型，参见 S. 871f.（23/16ff.）；关于第二种类型，参见 S. 872ff.（23/21ff.））。

具体化所需要的目的论契机⑦是值得参考的。我国的通说见解之所以在主张有关盗品等的犯罪的亲属特例（《刑法》第257条）是以期待可能性思想为基础的同时，又将其理解为"一身处罚阻却事由"，就是因为对于可罚的责任的界限设定的考察不够充分。

但是，关于罗克辛提倡的"答责性"概念，（狭义的）责任和预防目的在其内部的关系尚不明确，这一点仍然存在进一步探讨的余地。⑧可以说，从实质上将目的论契机纳入责任阶段的努力是否成功，关键就在于解明"答责性"的内部构造。因为，仅在形式上将（狭义的）责任和预防目的相并列，无非是将纯粹的"要罚性"嫁接到责任阶段而已，并没有在体系上将预防目的纳入责任阶段。

（2）另外，罗克辛将属于第二种类型的处罚阻却事由作为以分离于"刑事政策"的"刑法外的利益衡量"以及"一般性法政策"⑨为基础的情形，从实质上将其排除在犯罪概念之外。在这一点上，以构建目的论的犯罪概念为目标的罗克辛的立场是不彻底的。既然要构建目的论的犯罪概念，就不能仅仅满足于刑法（刑事政策）和刑法外（一般性法政策）这种范畴论的区分，而应当像佐伯千仞博士所指出的那样，"只要政治上的事由或者人情自然具有刑法上的意义，就必须在刑法学上进行还原"⑩。

能否对"刑事政策"和"刑法外的政策"（一般性法政策）加以区别，原本就是存在疑问的。⑪无论基于何种理由，立法者放弃处罚的决定中已经包含了该对象不适合使用刑法（刑罚）加以应对的判断。⑫因

---

⑦ 参见中川祐夫：《责任与可罚的评价》，载平场安治博士还历祝贺《现代刑事法学（上）》（1977年）第25页以下；浅田和茂：《责任与答责性》，载平场安治博士还历祝贺《现代刑事法学（上）》第272页以下。

⑧ 参见大山弘：《关于责任和预防的考察》，载《关西法学》第31卷第5号（1982年）第104页以下。

⑨ Vgl., Claus Roxin, Kriminalpolitik und Strafrechtssystem (1970), S. 36.

⑩ 佐伯千仞：《刑法中的期待可能性的思想（一）》，载《法学论丛》第28卷第2号（1932年）第212页。

⑪ Vgl., Klaus Volk, Entkriminalisierung durch Strafwürdigkeitskriterien jenseits des Deliktsaufbau, ZStW 97 (1987), S. 892.

⑫ Vgl., Frank Altpeter, Strafwürdigkeit und Straftatsystem (1990), S. 231.

此，被认为是基于"刑法外的利益衡量"或者"一般性法政策"的理由而放弃处罚的情形，也不可能与重视刑罚（以及刑事司法）的作用的刑法性考虑以及刑事政策性考虑无关。另一方面，"刑事政策"并不意味着最大限度的犯罪预防，而是指在考虑到刑罚（包括刑事司法程序）所带来的各种弊害的基础上的最佳的犯罪预防。[13] 因此，可以认为与达成预防目的相对立的各种国家利益的考虑已经包含在"刑事政策"概念当中。[14] 在这个意义上，将与处罚目的相对立的（刑法外的）利益排除在"刑事政策"的领域之外，就是不妥当的。[15]

第四节　小　括

1. 综上所述，通过本章对德国学说的考察可以发现，对刑罚目的予以考虑的目的论以及机能论的犯罪概念的实质化方向，对于一身处罚阻却事由的理解也能产生一定影响。在此，仅就犯罪概念与目的论的考察之间的关系进行简单的总结。

2. 首先，作为与"刑罚"这种法律效果相对应的法律要件，"犯罪"概念必须在科处刑罚这一目的上构建。而且，在绝对的报应刑论已经被淘汰的今天，"刑罚"也承担着一定的现实目的，特别是犯罪预防的目的。所以，"犯罪"概念必须将应当依靠刑罚达到的目的，特别是预防目的纳入视野。于是，"犯罪"概念就在双重意义上包含着目的论的契机。

---

[13] 如果认为刑事政策以最大限度的犯罪预防为目的，那么，例如对于所有犯罪均判处终身监禁就是"刑事政策上妥当"的。

[14] 虽然罗克辛主张对近亲相奸罪中的未成年人进行处罚在"刑事政策上"是不妥当的，但是，这个观点中不仅包含"预防再犯"这一狭义的"刑事政策性"利益，还存在未成年人的"健康成长"这一福祉性、教育性考虑等"刑法外的政策"。这样看来，罗克辛的观点也未能贯彻"刑法"（刑事政策）与"刑法外"（一般性法政策）的区分。

[15] 如前所述，布洛伊也要求对刑事政策（要罚性）与刑法外的政策加以区分。然而，在将亲属相盗例作为有关刑事政策（要罚性）的事由，从实质上将其还原于犯罪论这一点上，他与罗克辛是不同的。

作为将目的论的契机导入"犯罪"概念的框架，首先可以想到的是，设立区别于不法和责任、以导入目的论的要因为目标的"当罚性"或者"要罚性"等独立的评价阶段的方法。但是，由于这种纯粹的"当罚性"和"要罚性"属于概括的、无限定的一般条项，因而几乎无法作为学术分析工具发挥法解释的指针的机能。设立这样的范畴将有可能导致不法和责任的形骸化。① 所以，尽可能地将重视刑罚这种法律效果的目的论考虑纳入不法以及责任等各个阶段的内部，才是合理的。然而，即使采用这种方法，如果仅仅是在语言层面将目的论的要因嫁接于不法论或者责任论，也与第一种方法不存在任何区别。所以，对于目的论的要因在不法论或者责任论中的地位、机能加以说明，就成为重要的课题。

3. 在尝试将一身处罚阻却事由还原于"犯罪"概念内部时，对"犯罪"概念进行目的论考虑是非常重要的。关于一身处罚阻却事由，一直以来讨论的都是由这种"一身"的性质所产生的与责任之间的关联性问题。但是，该当一身处罚阻却事由的情形未必能够完全排除他行为可能性，其最多不过是否定可罚的责任而已。因此，就需要对可罚的责任的下限进行探讨。然而，一旦脱离了目的论的考虑，划定可罚的责任的下限就是极其困难的。

---

① 参见序章第三节（第8页以下）。

第三章　亲属相盗例

第一节　问题所在

《刑法》第244条第1项规定，配偶、直系亲属或者共同居住的亲属之间犯盗窃罪、不动产侵夺罪的，免除刑罚。① 关于该亲属相盗例中的免除刑罚事由的法律性质，存在主张将其视为（一身）处罚阻却事由的通说见解与试图将其还原于犯罪论的见解的对立。②

需要注意的是，关于亲属相盗例的法律性质的讨论中包含两个不同的问题。第一，在存在亲属相盗例的免除刑罚事由的场合能否认定"犯罪"成立？这种有关"犯罪"成立与否的讨论，可以称为"形式的法律性质论"。形式的法律性质论的论点，主要是第244条第1项和第2项之间在处理上的不均衡问题。第二，应当如何理解对亲属相盗予以宽大

---

① 在以刑法的口语化为目标的《改正部分刑法之法律》（平成7年法律第91号）实施以前，相当于现行法第1项的免除刑罚的规定被设置在第1项前段，相当于现行法第2项的亲告罪的规定则被置于第1项后段，相当于现行法第3项的共犯处理的规定被置于第2项。在本书中，对于改正以前的判例·学说——除直接引用的场合以外——将结合改正后的条项加以解读、介绍。

② 关于244条第2项规定的亲告罪，学界一致将其理解为有关诉讼条件的规定。因此，本书拟将第2项排除在直接讨论的对象之外。

处理的实质性根据？这种有关免除刑罚的实质性根据的讨论，可以称为"实质的法律性质论"。实质的法律性质论的论点，主要是对于亲属关系的错误的处理问题。

在形式的法律性质的文脉和实质的法律性质的文脉中，作为通说的"处罚阻却事由说"所主张的内容存在一定差异。首先，在形式的法律性质论中，处罚阻却事由说主张，在刑罚因亲属相盗例而免除的场合，"犯罪"也是成立的。此时，处罚阻却事由说即意味着犯罪成立说（以及有罪说），与犯罪不成立说（无罪说）相对立。这一文脉中的处罚阻却事由说可以称为"形式意义上的处罚阻却事由说"。相反，在实质的法律性质论中，处罚阻却事由说主张，免除刑罚的实质性根据在于"法不入家庭"这一无法还原于违法和责任的政策性理由。这里的处罚阻却事由说与"政策说"同义，与法律说——其内部又可以分为违法阻却·减少说和责任阻却·减少说——相对立。这一文脉中的处罚阻却事由说可以称为"实质意义上的处罚阻却事由说"。

一直以来，形式的法律性质论与实质的法律性质论之间被认为存在一定的对应关系。也就是说，主张免除刑罚的实质性根据在于"政策"的论者同时也肯定"犯罪"的成立（政策说＝犯罪成立说）；而主张免除刑罚的实质性根据在于违法性或者责任的论者则否定"犯罪"的成立（法律说＝犯罪不成立说）。但是，在今天看来，上述二者的对应关系并不是绝对的。一方面，有观点基于在违法性或者责任中寻求免除刑罚的实质性根据的立场，主张亲属相盗例的情形并未达到"阻却"违法性或者责任的程度，仅仅是导致其"减少"而已，因而对"犯罪"的成立予以肯定。③另一方面，也有观点在主张免除刑罚的实质性根据在于政策性理由的同时，提倡作为"犯罪"的成立要件——继构成要件该当性、违法性、有责性之后——设立一个"可罚性"阶段，从而为否定该当亲

---

③ 例如，曾根威彦：《刑法各论〔新版〕》（1995年）第122页以下；曾根威彦：《亲属间的财产犯》，载曾根威彦：《刑法的重要问题·各论〔补订版〕》（1996年）第246-249页；堀内捷三：《亲属相盗》，载藤木英雄、板仓宏编：《刑法的争点〔新版〕》（1987年）第260页等。

属相盗例的情形成立"犯罪"开辟了途径。④所以，将亲属相盗例的法律性质分为形式的法律性质论和实质的法律性质论展开讨论才是妥当的。下面，本书拟首先从体系上和解释学上都更具有重要意义的实质的法律性质论着手展开讨论。⑤

第二节　实质的法律性质——免除刑罚的实质性根据

第一款　处罚阻却事由说（政策说）

1. 通说和判例认为，对于亲属相盗例免除刑罚的实质性根据在于违法性以及责任以外的其他"政策性考虑"（政策说/实质意义上的处罚阻却事由说）。该立场主张的作为免除刑罚根据的"政策"的内容，是"法不入家庭"的思想。例如，大塚仁教授指出："关于亲属间的盗窃以及不动产侵夺，这些特例是基于'法不入家庭'的思想而被承认的。因为，对于亲属间触犯这些财产犯罪的情形，较之于国家予以积极干涉，委由亲属内部处理更能适当地维持亲属间的秩序。"①②此外，

---

④ 指明这个方向的是，庄子邦雄：《刑法的基础理论》（1966年）第59页以下。

⑤ 关于亲属相盗例的立法史·学说史，石堂淳：《亲属相盗例的系谱和根据》，载《法学》第50卷第4号（1986年）第113页以下进行了详细的研究。关于比较法，陈石堂·前揭论文以外，参见青柳文雄：《刑法通论Ⅱ各论》（1963年）第468页以下；大塚仁、河上和雄、佐藤文哉编：《大コンメンタール刑法·第九卷》（1988年）第412页以下〔滨邦久执笔〕；八木国之：《亲属关系与犯罪》，载日本刑法学会编：《刑法讲座·第六卷·财产犯之诸问题》（1964年）第174页；川口浩一：《亲属相盗例的人的适用范围》，载《奈良法学会杂志》第9卷第3·4号（1997年）第171页注①等。

① 大塚仁：《刑法概说·各论〔第三版〕》（1996年）第208页。

此外，采用处罚阻却事由说（政策说）的论著还有：阿部纯二：《盗窃罪（7）——亲属相盗》，载福田平、大塚仁编：《演习·刑法各论》（1972年）第297页；西本晃章：《亲属关系与犯罪》，载中山研一、西原春夫、藤木英雄、宫泽浩一编：《现代刑法讲座·第四卷·刑法各论之诸问题》（1982年）第405页以下；中谷瑾子、齐藤隆：《亲属间的财产犯罪》，载西原春夫、宫泽浩一、阿部纯二、板仓宏、大谷实、芝原邦尔编：《判例刑法研究·第六卷·针对个人法益的犯罪Ⅱ（财产犯）》（1983年）第184页以下；小松进：《亲属相盗例的根据》，载西原春夫、藤木英雄、森下忠编：《刑法学5〈各论的重要问题〉》（1978年）第56页以下；

判例也认为,《刑法》第244条是"基于限制国家权力干涉亲属间的内部秩序这一政策性立场而作出的规定"③。

2. 然而,"法不入家庭"的格言——和"处罚阻却事由"的概念一样——所表述的只是"结论"而已,仅以其作为"根据"是不充分的。在这一点上,处罚阻却事由说存在陷入某种循环论证的倾向。因此,有必要进一步对"法不入家庭"这一思想所承担的法制度性机能进行探

---

① 日高义博:《亲属间的财产犯·问题提起与自说的展开》,载植松正、曾根威彦、川端博、日高义博:《现代刑法论争Ⅱ》(1985年)第231页;木村龟二:《刑法各论》(1957年)第116页;江家义男:《刑法各论〔第三版〕》(1957年)第292页;马屋原成男:《刑法各论》(1973年)第109页;植松正:《再订·刑法概论Ⅱ各论》(1975年)第380页以下;小野清一郎、中野次雄、植松正、伊达秋雄:《刑法(ポケット注释全书)〔第三版〕》(1980年)第554页〔伊达秋雄执笔〕;吉川经夫:《刑法各论》(1982年)第144页;平出禾:《刑法各论》(1985年)第190页;团藤重光:《刑法纲要各论〔第三版〕》(1990年)第581页;福田平:《全订·刑法各论〔第三版〕》(1996年)第234-235页;冈野光雄:《刑法要说各论〔全订版〕》(1997年)第106-107页;冈野光雄:《亲属相盗例与错误·共犯》,载冈野光雄:《刑法各论二五讲》(1995年)第106页以下;坂本武志:《刑法各论》(1990年)第83页;香川达夫:《刑法讲义各论〔第三版〕》(1996年)第507页(然而,这里使用的是"免除刑罚事由"一词);川端博:《刑法各论概要〔第二版〕》(1996年)第176页;大谷实:《刑法讲义各论〔第四版补订版〕》(1995年)第207页以下;佐久间修:《刑法讲义〔各论〕》(1990年)第115页;齐藤信宰:《刑法讲义各论〔第二版〕》(1997年)第178页以下;辻本义男:《刑法学概要各论》(1990年)第78页;西原春夫:《犯罪各论〔补订准备版〕》(1991年)第239页以下;三枝有:《亲属相盗例中的亲属关系》,载《中京法学》第92号(1995年)第143页以下(特别是第144-146页)。

② 原则上采用处罚阻却事由说,同时还承认存在违法减少或者责任减少的论著有:长岛敦:《亲属相盗例与错误(之三)》,载《研修》第194号(1964年)第66页以下;大原邦英:《刑罚免除序说(三)》,载《法学》52卷3号(1988年)第40页以下(特别是第56页);柏木千秋:《刑法各论〔再订〕》(1965年)第440页;青柳文雄:《刑法通论Ⅱ各论》(1963年)第468页;藤木英雄:《刑法讲义各论》(1976年)第286页;内田文昭:《刑法各论〔第三版〕》(1996年)第266页以下;木村光江:《亲属相盗例的人的适用范围》,载《东京都立大学法学会杂志》第36卷第1号(1995年)第275页(特别是第277页);小暮得雄、内田文昭、阿部纯二、板仓宏、大谷实编:《刑法讲义各论》(1988年)第182页〔前田雅英执笔〕;前田雅英:《刑法各论讲义〔第二版〕》(1995年)第211页以下;青木纪博:《亲属相盗例的适用——以最高裁平成6年7月19日决定为契机》,载《产大法学》第30卷第1号(1996年)第1页以下(特别是第14页以下)。

③ 大阪高判昭和38年12月24日高刑集第16卷第9号第841页(第843页)(关于本案,参见爱知正晴:《日本人实施的以外国人为被害人的盗窃与刑法二四四条一项》,载石堂功卓编:《现代刑事判例研究·第一卷》(1991年)第221页以下。此外,明确采用政策说的判例是,大判昭和8年7月8日刑集第12卷第1200页。

究。关于这种制度性机能，可以想见的是：a. 维持·强化"家"制度的机能④和 b. 维持每个家庭和睦的机能。首先，a. 维持·强化"家"制度的机能，旨在作为限制国家刑罚权介入家庭内部事件的反射效果，赋予家庭（以及家长）裁定·处分的权限，提高其权威。但是，在以封建主义的"家庭"观念作为前提这一点上，该机能显然与现行宪法奉行的个人主义是不相容的。而且，判例和学说中也没有明确提出这种维持·强化家制度的机能。与此相对，b. 维持每个家庭和睦的机能，则是考虑到国家介入家庭内部事件可能会破坏家庭和睦，为了避免造成破坏而对国家刑罚权在家庭内部的发动加以限制。这一机能经常为判例和学说所援用。例如，大审院判例指出："设置本条的理由，在于针对家属或者一定亲属之间发生的一定犯罪，维持家庭内部或者亲属间的和睦。"⑤ 在理论界，泉二新熊博士认为，亲属相盗例的趣旨在于"避免因处刑而产生扰乱亲密的亲属或者家庭关系的危险或者不必要的追诉"⑥。中野次雄教授也指出："对亲属相盗的情形免除刑罚（《刑法》第 244 条第 1 项前段）……是因为考虑到对此科处刑罚反而有可能破坏家庭关系。"⑦ 可以说，这种维持各个家庭和睦的根据避免了其具有封建性的批判。但是，即使援用维持家庭和睦的观点，以下对于"法不入家庭"这一根据的批判也是妥当的：

3. 第一，正如平野龙一博士指出的那样⑧，该根据与现行法不问家属的意思、一概免除刑罚的趣旨不协调。如果要避免破坏家庭和睦，则只需规定亲告罪的法律效果即可，而没有必要连家属希望予以处罚的情形都免除刑罚。

第二，判例和通说的结论是对于亲属关系在犯罪行为之后被解除的

---

④ 参见熊仓武：《日本刑法各论（上）》（1970 年）第 438 页以下。
⑤ 大判昭和 8 年 7 月 8 日刑集 12 卷第 1200 页（第 1204 页）。
⑥ 泉二新熊：《日本刑法论〔各论〕下卷（第四二版）》（1931 年）第 698 页。
⑦ 中野次雄：《刑法总论概要〔第三版〕》（1988 年）第 223 页。江家·前揭注①第 292 页也提出了相同的观点。另外，石堂淳：《亲属相盗例的系谱和根据》，载《法学》第 50 卷第 4 号（1986 年）第 141 页指出，我国的处罚阻却事由说与德国的平和维持说具有近似性。
⑧ 平野龙一：《刑法各论之诸问题 10》，载《法学セミナー》第 213 号（1973 年）第 53 页。

情形也适用亲属相盗例⑨，而该根据无法对此作出说明。在亲属关系解除以后，就没有必要再考虑维持家庭和睦。如果是担心刑罚介入家庭所产生的弊害，就应当认为以科处刑罚时（或者是判决宣告时）的亲属关系为基准才具有一贯性，而不能以犯罪行为时的亲属关系作为基准。

第三，该根据无法对亲属间的特例仅限定于部分财产犯的情况作出说明。如果以"法不入家庭"为根据，只要加害人与被害人处于同一家庭内部，就可以认为不存在将暴行罪等排除在免除刑罚的对象之外的理由。⑩

第四，该根据与作为其前提的形式的法律性质论不符。大多数采用实质意义上的处罚阻却事由说（政策说）的论者同时也赞成形式意义上的处罚阻却事由说（关于免除刑罚的有罪说）。然而，这种立场认为，国家是通过免除刑罚的有罪判决对家庭内部的犯罪行为作出规范性评价的。这恰恰就意味着"法进入家庭"。⑪

4. 如前所述，"处罚阻却事由"这一概念本身——与"违法性阻却事由"和"责任阻却事由"不同——并不包含否定处罚的实质性根据。因此，对于处罚阻却事由说而言，必须说明政策性考虑的具体内容。而且，既然处罚阻却事由说以脱离刑法理论所承认的违法性和责任的纯粹的"政策论"作为依据，就必须讨论该政策的妥当性以及实效性。但是，仅从现状来看，处罚阻却事由说的论者并未对这些问题给予关注。

这样看来，大多数处罚阻却事由说（政策说）的论者并没有积极地将"法不入家庭"的政策性考虑的内容作为其观点的根据，而是考虑到

---

⑨ 参见团藤重光编：《注释刑法（6）》（1966年）第146页以下〔高田卓尔执笔〕；大塚·前揭注①第208页等。另外，承认亲属相盗例适用于亲属关系在犯罪行为后消灭的场合的判例是，大判大正13年12月24日刑集第3卷第904页——关于当时的第244条第1项后段（现在的第2项）的亲告罪规定的判例。

相反，小野清一郎博士则主张应当否定亲属相盗例适用于亲属关系在犯罪行为后解除的场合（小野清一郎：《刑法讲义（全）》（1938年，第9刷）第562页注①）。从"法不入家庭"的思想来看，小野博士的观点更具有理论一贯性，但是没有其他论者采用这种观点。

⑩ 平野·前揭注⑧第53页。

⑪ 然而，正如第三节讨论的那样，有罪说的论者并不承认免除刑罚作为"有罪"判决具有实质性意义。据此，或许就可以认为这一批判丧失了重要性（参见第394页以下）。

373　无法将"免除刑罚"的效果还原于犯罪论，才消极地提出了政策说。⑫但是，"免除刑罚"的效果并非必然与政策性考虑相关联。正如第一节所述，在"免除刑罚"属于有罪判决的前提下，将亲属相盗例的根据求诸违法性或者责任的减少的观点是存在的。另外，关于防卫过当（第36条第2项）中（任意的）免除刑罚的根据，通常认为是违法性或者责任的减少，或者二者共同减少，而不是根据分离于犯罪实质的政策性考虑来加以说明的。⑬因此，本特例的"免除刑罚"的效果是不能采用实质意义上的处罚阻却事由说（＝政策说）作为根据的。

375　第二款　违法阻却·减少说

1. 这种立场根据法益侵害因亲属之间存在的共同体关系或者共同所有关系而具有轻微性的观点，对亲属相盗例的免除刑罚根据进行了说明。例如，佐伯千仭博士基于"只要政治上的事由或者人情自然也具有刑法上的意义，就必须在刑法学上予以还原；而且，要保证这种还原是真正的实质性的刑法学还原，就必须将其还原于违法性、责任"⑭的立场，主张亲属相盗例的免除刑罚根据在于"父母之物即为子女之物的共同体观念是存在的，其违法性尚未达到作为盗窃予以处罚的程度"⑮。

---

⑫　例如，参见木村·前揭注②第277页；冈野：《刑法要说各论〔全订版〕》前揭注①第106页等。

⑬　例如，以违法减少作为根据的观点是，町野朔：《假想防卫·防卫过当》，载《警察研究》第50卷第9号（1979年）第52页；以责任减少作为根据的观点是，平野龙一：《刑法总论Ⅰ》（1975年）第244页以下；以违法减少和责任减少这两方面作为根据的观点是，团藤重光：《刑法纲要总论〔第三版〕》（1990年）第241页；曾根威彦：《防卫过当与假想防卫》，载曾根威彦：《刑法的重要问题·总论〔补订版〕》（1996年）第68-69页等。

⑭　佐伯千仭：《一身刑罚阻却原因》，载佐伯千仭：《刑法中的期待可能性的思想〔增补版〕》（1985年）第408页〔初出·《法律论丛》第34卷第3号（1936年）第8页〕。

⑮　佐伯·前揭注⑭第439页。另外，佐伯千仭：《共犯的从属性与期待可能性》，载佐伯千仭：《刑法中的期待可能性的思想〔增补版〕》（1985年）第507页指出，亲属相盗"被排除在盗窃罪的可罚的违法类型之外"。因此，与违法阻却·减少说相比，也许将其称为构成要件（可罚的违法类型）该当性排除事由说才更为合适。但是，在论述免除刑罚事由的实质性根据时，构成要件该当性排除事由与违法阻却·减少事由之间的区别并不重要，因此，本书将佐伯博士的观点也包含在"违法阻却·减少说"中进行探讨。

而平野龙一博士则着眼于亲属间的所有、占有关系，指出："财产是属于家属共有且共同利用的；占有的情形也基本相同。因此，其侵害的违法性也比较小。应当认为刑罚被免除的理由就在于'违法性的减少'。"[16][17]

这些观点在以将处罚阻却事由还原为"犯罪"概念的要素为目标的方面，是值得关注的。但是，也可以指出其中存在以下问题。

2. 第一，援用共同体观念以及共同所有关系是存在问题的。也就是说，将亲属间的财产归属于共同体或者作为亲属间的共有物的观点是以曾经的"家产"[18]观念为前提的，这与当今奉行的个人财产的理念不符。的确，与"家产"相类似的特殊共同所有的观念在一定范围内仍有残余的事实是不能否定的。但是，对于将其作为法律关系予以承认，则是存在抵触的。另外，如果着眼于以脱离"家产"观念的个人主义作为立足点的共同所有关系，就无法与肯定共有者中的某人盗窃普通共有物的可罚性的现实相协调。[19]既然肯定盗窃普通共有物具有可罚性，那么，为了得出亲属间的盗窃阻却可罚的违法性的结论，就不得不以亲属

---

[16] 平野·前揭注⑧第53页。此外，平野龙一：《刑法概说》（1977年）第207页也提出了相同的观点。

[17] 此外，采用违法阻却·减少说的立场的论著还有：竹田直平：《违法阻却及责任阻却与共犯及间接正犯——以判定教唆罪犯的妻子（亲属）消灭证据的人无罪的大审院判决为机缘》，载《法律时报》第7卷第6号（1935年）第33页；竹田直平：《犯罪概念中的违法要素和责任要素——所谓的一身刑罚阻却事由的本质》，载《法与经济》第3卷第6号（1935年）第66页；森下忠：《基本演习讲座·亲属相盗例》，载《法学セミナー》第46号（1960年）第51页以下；草野豹一郎：《一身刑罚阻却原因与刑法第二四四条》，载草野豹一郎：《刑事判例研究·第三卷》（1937年）第159页以下；堀内捷三：《亲属相盗》，载藤木英雄、板仓宏主编：《刑法の争点〔新版〕》（1987年）第260页（然而，在堀内捷三：《责任主义的现代展开》，载《警察研究》第61卷第10号（1990年）第20页中，堀内教授提出了将包含亲属相盗例在内的一身刑罚阻却事由定位于责任阶段的可能性）；中义胜：《刑法各论》（1975年）第148页；中山研一：《刑法各论》（1984年）第234页；黑木忍：《刑法各论》（1989年）第80页；中森喜彦：《刑法各论〔第二版〕》（1996年）第125页等。

[18] 在有关亲属相盗例的根据方面援用"家产"观念的是，青柳·前揭注②第468页。但是，青柳博士是在对违法减少以及责任减少进行考量的基础上，根据"法不入家庭"的政策性立场将其理解为阻却处罚的规定。

[19] 参见石堂·前揭注⑦第129页。另外，承认共同占有者的犯罪行为成立盗窃罪的判例是，最判昭和25年6月6日刑集第4卷第6号第928页。

关系中特有的、超越纯粹共有的财产关系作为根据。

3. 第二，该立场与第 244 条第 3 项规定的免除刑罚具有一身性的效果不协调。[20] 因为，如果在共犯的要素从属性方面以通说所采取的限制从属形式为前提，违法性就应当在共犯者之间产生连带作用；而根据违法阻却·减少说，将得出与这种违法的连带性相反的归结。

针对上述问题，违法阻却·减少说的论者试图通过否定（可罚的）违法的连带性来进行回应。具体而言，佐伯博士主张对共犯的从属性作出较限制从属形式更进一步的缓和，对于参与缺少可罚的违法性的单纯违法行为的情形也能够承认成立可罚的共犯。[21] 平野博士则主张通过承认一身的违法要素、肯定违法性具有人的相对性，从而对违法的连带性加以限制。[22]

但是，这种违法的人的相对化能否与——两位博士采纳的前提——有关违法性的实质的法益侵害说相调和，是存在疑问的。泷川幸辰博士曾经对以法益侵害性的观点为根据的违法阻却·减少说提出以下批判："……行为的违法性是客观确定的。被害人在其遭受的财产损害的限度内蒙受相应的损失。即使在侵害后发现犯人是其亲属，损失也不会减少。……在这个意义上，应当认为亲属相盗中的行为的违法性与盗窃他人财物的行为的违法性之间是不存在差异的。"[23] 如果结合共同正犯的案件来考虑，上述基于法益侵害性的观点提出的疑问就会变得更加明显。在被害人的亲属伙同非亲属共通窃取一定财物的场合，法益侵害的事实是单一的，亲属和非亲属对于该单一的法益侵害的参与是同等的，因此，主张对于亲属承认法益侵害性减少，而对于非亲属则不承认法益侵害性减少的观点就是不妥当的。

---

[20] 参见内田·前揭注②第 268 页。

[21] 佐伯：《共犯的从属性与期待可能性》前揭注⑮第 490 页以下（特别是第 510 页）。

[22] 平野龙一：《刑法总论Ⅱ》（1975 年）第 366 页。另外，参见中山研一：《消极的身份与共犯》，载中山研一：《刑法的争论问题/刑事法研究·第四卷》（1991 年）第 222 页以下（特别是第 238-239 页）〔初出·井上还历《刑事法之诸相（上）》（1981 年）〕。

[23] 泷川幸辰：《亲属相盗例的适用范围》，载《民商法杂志》第 4 卷第 1 号（1936 年）第 227-228 页。

而且，消费共同体的观点也不能为违法的人的相对化提供基础。根据消费共同体的观点，例如在亲属实施盗窃、非亲属提供帮助的场合，由于非亲属仅仅是对亲属使用财产的行为提供援助而已，因而其违法性应当减少；相反，在非亲属实施盗窃、亲属提供帮助的场合，由于不存在亲属使用财产的行为，因而对于提供帮助的亲属而言，也就不存在违法性减少的理由。

另外，作为一般论，根据与违法性的实质有关的规范违反说和人的不法论的立场，虽然承认违法性具有人的相对性不存在特别的障碍，却难以对亲属相盗例中的亲属关系的存在为何会导致违法性减少的问题作出说明。[24] 因为，根据义务违反性的观点，在破坏亲属间的特别信赖关系这一点上，可以认为亲属实施的犯罪行为体现出了较非亲属实施的犯罪行为更为严重的行为无价值。[25]

所以，不得不承认根据违法阻却·减少说难以说明第244条第3项规定的免除刑罚所具有的一身性效果。

4. 第三，违法阻却·减少说的立场也无法对毁弃·隐匿罪和抢劫罪被排除在亲属相盗例的适用范围之外作出合理的说明。毁弃·隐匿罪与盗窃罪等取得型犯罪在保护法益方面并不存在差异，因此，既然对于亲属相盗的情形能够承认法益侵害性减少到否定处罚的程度，也就应当对毁弃·隐匿的情形承认存在同样的法益侵害性的减少。另外，就亲属间的抢劫而言，否定其在财产侵害方面具有可罚的违法性，肯定其仅具有作为暴行罪·胁迫罪的可罚性，这才是根据违法阻却·减少说得出的具有一贯性的结论。

5. 第四，如果否定亲属相盗的情形具有（可罚的）违法性，由亲

---

[24] 采用违法阻却说草野豹一郎博士指出："在有些场合，行为的违法性的观念必须理解为对人的或者相对的。"（草野·前揭注⑰第172页）森下忠教授指出："此时，共犯者的行为因参与了尚未达到可罚的违法程度的正犯行为，因而具备作为共犯的可罚的违法性。"（森下·前揭注⑰第54页）但是，这些仅仅是主张能够对违法性予以相对化的一般论，其并未说明亲属相盗例的场合出现相对化的具体理由。

[25] Vgl., René Bloy, Die dogmatische Bedeutung der Strafausschließungs-und Strafaufhebungsgründe (1976), S. 102.

属相盗获取的财物就不具有赃物性〔盗品性〕。㉖ 这个结论显然是不妥当的。然而，违法阻却·减少说并非主张完全否定违法性，而是承认此时残存着尚未达到可罚程度的违法性。因此，如果对于通过缺乏可罚的违法性的单纯违法行为取得的财物也承认具有赃物性，就能够肯定亲属相盗所取得的财物同样具有赃物性。但是，承认由单纯（不可罚的）违法行为取得的财物也具有赃物性的观点，在导致赃物概念丧失限定性以及盗品等相关的犯罪的成立范围不明确的方面，是不妥当的。

第三款　二元说以及复合说

1. 八木国之教授主张，应当根据亲属关系的实态对亲属相盗例进行二元性的把握，即将其分为可罚的违法性阻却事由和人的处罚阻却事由（二元说）。具体而言，八木教授认为，在以属于消费共同体的财物为对象的场合，亲属相盗例是"作为刑法上能够得到宥恕的犯罪不成立的可罚的违法性阻却事由"㉗；相反，在以不属于消费共同体的财物为对象的场合，"犯罪成立，其属于本来意义上的免除刑罚"㉘。消费共同体关系能够在较配偶关系更为广泛的范围得到承认㉙，而处于分居状态的直系亲属被认定为消费共同体的范围则相对变窄㉚；（共同居住的）其他亲属在原则上属于人的处罚阻却事由。㉛

在意识到家族制度的变迁，"试图通过还原于犯罪成立与否的本质论从而获得妥当且具有说服力的理解"㉜ 的方面，这种观点是值得关注

㉖ 关于亲属相盗例与赃物概念的关系问题，参见中山研一：《亲属间的行为》，载我妻荣编辑代表：《刑法判例百选》（1964年）第240页以下。

㉗ 八木国之：《亲属关系与犯罪》，载日本刑法学会编：《刑法讲座·第六卷·财产犯之诸问题》（1964年）第178-179页。

㉘ 八木·前揭注㉗第179页。

㉙ 八木·前揭注㉗第178-179页。

㉚ 八木·前揭注㉗第179-180页。

㉛ 八木·前揭注㉗第180页。另外，青木纪博教授也主张将亲属相盗区分为以下三种情形：(1) 可罚的违法性以及责任被阻却的情形（此种情形与第244条无关，应判定为无罪）；(2) 能够认定违法性以及责任减少的情形；(3) 不能认定违法性以及责任减少的情形（青木·前揭注②第17-18页）。

㉜ 八木·前揭注㉗第180页。

的。但是,正如八木教授本人所承认的那样,这种二元性理解具有一定程度的技巧性。亲属关系存在远近之分,财物对于消费共同体的归属形态具有多样性,这些事实是不可否认的。但是,是否属于消费共同体的范围,是无法明确加以区别的。㉝ 应当说,亲属关系的远近、财物对于消费共同体的归属的强弱都属于程度问题,具有连续性。因此,对是否属于消费共同体进行个别认定是极为困难的。这种不明确的区别将导致解释论上对错误等问题作出完全不同的处理,而这显然是不妥当的。另外,对于二元说,前述针对处罚阻却事由说以及违法阻却·减少说的批判也是妥当的。

2. 石堂淳教授主张,对于亲属相盗例的免除刑罚的根据,应当认为是由违法性减少而导致的可罚性降低以及"家庭共同体的保护必要性"的政策性理由这二者复合而成的(复合说)。具体而言,石堂教授认为,亲属相盗例的根据在于以下两个方面,即:"家庭共同体内部的盗窃的侵害性小于对他人财产的侵害性,其违法性与通常的盗窃相比有所减少"㉞的考虑,以及"考虑到父母子女以及夫妻的关系,对处罚加以限制,保留将来恢复家庭和睦的可能性,从长远上委由当事人内部解决,才具有妥当性"㉟的考虑。所以,第244条第1项规定的免除刑罚,是"基于政策性考虑的人的处罚阻却事由;但是,在实质上,违法性的减少也是免除刑罚的根据所在"㊱。

在意识到处罚阻却事由说的问题性,并试图基于"实体关系的政策性考虑"㊲说明亲属相盗例的根据方面,这种复合说的观点是值得关注的。但是,"家庭共同体的保护"这一政策性考虑与违法性减少之间的相互关系,则是不明确的。㊳ 应当说,只有在明确二者的关系以后,才

㉝ 参见冈野:《亲属相盗例与错误·共犯》前揭注①第112页。
㉞ 石堂·前揭注⑦第141-142页。
㉟ 石堂·前揭注⑦第142页。
㊱ 石堂·前揭注⑦第142页。
㊲ 石堂·前揭注⑦第142页。
㊳ 参见中山研一:《刑事法学的变动·石堂淳〈亲属相盗例的系谱和根据〉》,载《法律时报》第60卷第9号(1988年)第115页以下(特别是第116页)。

能提出解释论上处理问题的指针。关于错误的处理，石堂教授以违法性减少为由，根据《刑法》第 38 条第 2 项承认了第 244 条的适用。㊴ 然而，如若如此，为何仅凭违法性减少无法对亲属相盗例作出说明呢？如果真正意识到政策说的问题性，就应当更进一步地探索还原于犯罪论的可能性。因为，政策说的问题性不会因为将其与违法性减少的观点相并列而完全消除。另外，对于复合说，前述针对处罚阻却事由说以及违法阻却·减少说的批判也是妥当的。

第四款　责任阻却·减少说

1. 这种立场基于亲属间的盗窃中针对行为动机的反对动机比较微弱、难以期待行为人不实施犯罪行为的理由，将责任的阻却或者减少作为亲属相盗例的根据。其代表性论者泷川幸辰博士指出："对于亲属相盗，免除刑罚以及告诉之后才以犯罪论的理由，毋宁应当求诸相关的期待可能性的欠缺或者减少。与窃取他人的财物相比较，窃取亲属的财物更为容易，因而也较为常见。虽然我们可以期待人们不去盗窃他人的财物，但是在同等程度上期待他不去盗窃亲属的财物则存在困难。"㊵㊶

2. 可以说，责任阻却·减少说是与现行法中亲属相盗例的规定最具整合性的观点。因为，将亲属相盗例的根据求诸责任——在当今受到

㊴　石堂·前揭注⑦第 144 页。
㊵　泷川·前揭注㉓第 228 页。
㊶　此外，采用该立场的论著还有：尾后贯荘太郎：《盗窃罪及强盗罪》，载日本刑法学会编：《刑事法讲座·第四卷（刑法Ⅳ）》（1952 年）第 858 页；泷川春雄：《亲属相盗例》，载平野龙一编：《刑法判例百选Ⅱ各论》（1978 年）第 148 页；泷川春雄：《亲属相盗例》，载平野龙一等编：《判例演习刑法各论》（1961 年）第 211 页以下；福田平：《盗窃罪》，载日本刑法学会编：《刑法演习（各论）》（1955 年）第 88 页以下（后来，福田教授改为采用处罚阻却事由说。参见福田平：《全订·刑法各论〔第三版〕》（1996 年）第 234 页）；泷川春雄、竹内正：《刑法各论讲义》（1965 年）第 170 页；宫内裕：《新订·刑法各论讲义》（1962 年）第 100 页；曾根威彦：《刑法各论〔新版〕》（1995 年）第 121 页以下；曾根威彦：《亲属关系与财产犯》，载曾根威彦：《刑法的重要问题·各论〔补订版〕》（1996 年）第 247 页以下；野村稔：《刑法总论》（1990 年）第 309 页；西田典之：《刑法各论Ⅰ》（1996 年）第 145 页；松泽智：《亲属相盗例的现代意义》，载《司法研修所创立二十周年纪念论文集第三卷（刑事篇）》（1967 年）第 152 页以下。另外，以违法减少和责任减少这两方面作为根据的是，荻原滋：《亲属相盗例》，载冈野光雄：《刑法演习Ⅱ〔各论〕》（1987 年）第 107 页以下。

广泛支持的限制从属形式的基础上——既与第244条第3项规定的免除刑罚的一身性效果相调和,同时又通过对行为人的动机形成过程的关注,从而能够准确地说明将亲属相盗例的适用及准用的对象限定为具有利欲犯性格的取得型犯罪㊷的理由。关于责任阻却・减少说是否存在积极根据的问题,将在下一款中展开论述。在此,本书拟对责任阻却・减少说受到的批判进行探讨。

3. 首先,八木国之教授提出批判:"……如果认为期待不可能性是超法规的责任阻却事由,本规定就可以理解为示例规定。但是,一般而言,期待不盗窃近亲属的财物并不是不可能的,因此,这种理解是不合理的。于是,主张前段的亲属相盗是法定的期待不可能的情形的观点,不过是一种拟制而已,其与期待不可能性论本来的主旨不符。"㊸ 此外,大原邦英教授批判道:"只要在不'存在在异常的行为环境中实际发挥自发性自我决定能力的余地'的场合对作为责任阻却事由的'期待不可能性'予以肯定,那么,对于相盗行为,通常就不能否定其具有'期待可能性'。"㊹㊺。

这些针对责任阻却・减少说的批判的要点可以归纳为以下两点:第一,由于责任判断(期待可能性判断)是非类型化的实质性判断,因而其与对亲属间的盗窃予以一般性・类型化处理的亲属相盗例是不相容

㊷ 亲属相盗例不得准用于财产罪中具有粗暴犯罪性格的毁弃隐匿罪以及虽属占有型犯罪、但作为刑事学类型又属于凶恶犯罪的强盗罪。

㊸ 八木・前揭注㉗第177页。

㊹ 大原・前揭注②第55—56页。

㊺ 此外,大塚仁教授批判道:"亲属间的财产犯罪确实比非亲属间的财产犯罪的期待可能性程度低,但是,一般性地认为责任因完全不具有期待可能性而被阻却,则是不妥当的。"(大塚仁:《刑法各论・上卷》(1968年)第351页。着重符号系作者附加)木村龟二教授指出:"责任因不存在期待可能性而被阻却,是指在行为的外部事情方面不存在适法行为的期待可能性的情形,而不是指行为人的身份关系仅仅是亲属的情形。所以,这意味着没有正确理解期待可能性的理论,是一种误解。"(木村龟二:《全订・新刑法读本》(1968年)第89页)作为对违法阻却说和责任阻却说的共同批判,西本晃章教授指出:"犯罪不成立说将其作为违法阻却事由・责任阻却事由进行类型化的把握,这是存在问题的。"(西本・前揭注①第407页)冈野光雄教授指出:"虽然不能否定亲属间的盗窃在个别场合存在缺乏可罚的违法性或者期待可能性的情形,但是,一概认为其在所有场合均不具有违法性或者责任,是存在疑问的。"(冈野:《刑法要说各论〔全订版〕》前揭注①第106—107页)

的。第二，在亲属间的盗窃中，期待可能性（以及责任）尚未被完全否定。

4. 下面首先就第一点进行探讨。责任非难（以及期待可能性）本身确实具有实质的、非类型化的性格。而且，对于结合具体情况对作为超法规的责任阻却事由的期待不可能性进行实质性判断，也不存在异议。但是，正如现实中基本不承认以期待不可能性为理由的超法规的责任阻却事由所体现的那样，在实际审判过程中进行纯粹的责任判断并不容易。[46] 因此，根据需要，立法者在实定法上对能够认为一般性·类型化地影响责任的一定事由作出规定。既然这种法定化的责任事由在法律上以要件的形式被具体化，那么，即使存在程度上的差异，也要服从类型化的判断。[47] 这种法律上类型化的对象包括以下两种情形：心神丧失·心神耗弱（《刑法》第39条）、刑事责任年龄（同第41条）等与行为人的能力有关的事由，以及隐灭证据罪中证据的他人性（同第104条）、盗窃犯罪中出于恐惧·惊愕·兴奋或者狼狈而实施的杀伤（《盗犯等防止法》第1条第2项）等与期待可能性有关的事由。另外，法律上的类型化方法包括：作为积极地为责任提供基础的事由加以规定的场合（《刑法》第104条）和作为否定责任的事由加以规定的场合（同第39条、第41条，《盗犯等防止法》第1条第2项）。关于类型化的程度，大体可以分为：进行包括规范性要素在内的实质性判断的余地较大的"开放的类型"（《刑法》第39条、《盗犯等防止法》第1条第2项）和由明确的记述性要素确定轮廓的"封闭的类型"（《刑法》第41条、第104条）。虽然这些场合都具有类型化判断的性格，但是，尤其是在"封闭的类型"中，进行实质性解释的余地是不存在的，其判断是形式的·划一的。例如，在行为人不满14周岁的场合或者行为人隐灭与自己有关的刑事案件的证据的场合，犯罪不成立的结论是在不涉及个别具

---

[46] 超法规的责任阻却事由难以发挥机能的原因，与其说是不存在作为根据的法条，莫不如认为在于具体要件没有被类型化。

[47] "期待可能性"主要是在与超法规的责任阻却事由的关系上被展开的观念，因此，通常强调的是其非类型化的性格。但是，"期待可能性"的观念也具有作为实定法规定的根据以及指导理念的机能，这一点是不能被忽视的。

体的责任判断、直接由形式判断得出的。㊽ 但是，这并不意味着刑事责任能力以及证据的他人性的根据在于责任领域的事实受到否定。㊾ 如果认为类型化·形式化的判断与根据责任观点进行的把握不相容，就只能将刑事责任年龄理解为与责任论相分离的处罚阻却事由。㊿ 这样一来，采取形式的·划一的规定形式与以责任考虑作为根据是可以并存的。因此，亲属相盗例对亲属间的一定行为作统一处理、其中甚至还包括能够个别具体地肯定责任的场合，这对于在责任领域内寻求亲属相盗例的根据和指导理念而言并不构成障碍。○51○52

㊽ 另外，关于罪刑法定主义的规制也涉及责任阻却事由的问题，Vgl., Claus Roxin, Kriminalpolitik und Strafrechtssystem, 2. Aufl. (1973), S. 39.

㊾ 刑事责任年龄中除了辨认能力和控制能力之外，还需要考虑青春期特有的精神状态以及少年人格的可塑性，但其并不会因此而丧失作为责任要素的资格。

㊿ 参见竹田：《违法阻却及责任阻却与共犯及间接正犯》前揭注⑰第33页。木村龟二博士基于期待可能性是法律上推定的、不要求法官进行价值判断为由，主张当时的刑法第105条〔规定亲属实施的犯人隐匿·证据湮灭"不处罚"〕不是责任阻却事由，而应当理解为人的处罚阻却事由。（木村：《刑法第一○五条与教唆以及间接正犯——以判例为中心》，载《法学志林》第37卷第4号（1935年）第49页以下）对此，竹田博士提出以下批判："如果按照木村教授的观点，第41条中的不满14周岁者和第39条中的心神丧失者就都被绝对化地推定为不可能期待避免违法行为的情形，因此，不能将其归属于责任，而应当视为第四位的要素，即一身处罚阻却事由。"关于木村博士对这一批判的反驳，参见木村龟二：《人的处罚阻却事由与责任能力与期待不可能性》，载《法律时报》第7卷第7号（1935年）第35页以下。

○51 八木教授指出，对期待可能性予以法定化的做法与"期待可能性的宗旨不符"（八木·前揭注㉗第177页）。但是，如若如此，隐灭证据罪中的"证据的他人性"这一要件的法定化就同样与"期待可能性的宗旨不符"。另外，石堂淳教授指出，"如果认为期待可能性理论本来只能在极其有限的场合发挥机能"，就不能断定亲属间的盗窃类型性地缺少期待可能性（石堂·前揭注⑦第129页）。然而，作为超法规的责任阻却事由的期待可能性是极为限定的，这未必就意味着应当对作为实定法的根据以及指导理念的期待可能性进行限定性的理解。

○52 隐灭证据罪中的"证据的他人性"作为积极地为处罚提供基础的要素，被规定在（作为责任类型的）构成要件当中；相反，亲属相盗例则是在否定处罚的方向上被规定的。然而，这种规定形式的差异并不会导致相关要素的实质性根据出现不同。而且，无论是积极要件还是消极要件，在均可能具有类型化性格的方面是不存在区别的。

另外，有观点认为，与构成要件具有类型化性格不同，责任阻却事由在某些情况下具有非类型化性格。这样的定性是不能赞同的。即使以该观点作为前提，将亲属相盗例理解为被消极规定的责任构成要件或者排除（责任）构成要件该当性的事由，也都是可行的。总之，亲属相盗例的类型化性格不会成为将责任视为其根据以及指导理念的障碍。

5. 然而，在刑法中被予以类型化的，是可罚的责任，亦即具备与刑罚这种严厉制裁相适应的质和量的责任。例如，在隐灭与自己的刑事案件有关的证据的场合，未必“不存在能够实际发挥自发性自我决定能力的余地”。尽管如此，隐灭与自己有关的证据之所以被排除在作为责任类型的构成要件之外，是因为从类型上看，“担心自己的罪行暴露”这一行为动机的性质被认为是不值得使用刑罚加以非难的。另外，关于刑事责任年龄，除辨别能力和控制能力之外，还考虑到少年期特有的精神状态以及少年人格的可塑性，所以才设定了不满14周岁这一较高的年龄。这里考虑的不仅仅是最低限度的辨别能力和控制能力，还包括精神状态的性质以及人格特质，从而否定了可罚的责任。在这个意义上，可以说刑事责任年龄规定了可罚的责任能力。

386 于是，只要承认可罚的责任的观念，对于责任阻却·减少说的第二个批判就丧失了说服力。因为，亲属相盗即使没有完全排除他行为可能性以及责任，但仍然可以认为其阻却了可罚的责任，从而为免除刑罚提供了基础。

然而，即使承认责任在亲属相盗的场合有所减少，但为何会产生超过减轻刑罚、阻却可罚的责任的效果这一疑问却依然存在。对于该疑问，仅仅依据作为事实的他行为可能性在量上的减少来回答是不充分的。在普通的犯罪中，这种程度的他行为可能性在量上的减少通常是不足以否定可罚的责任的。因此，对于亲属相盗例，就有必要基于目的论的观点(53)对动机形成的质的特殊性予以关注。在下一款中，本书拟以这种根据目的论对可罚的责任作出界限设定的课题为重点，对亲属相盗例的根据展开具体探讨。

389

第五款　还原于责任论的试论

1. 综上所述，在探究亲属相盗例的根据时，对行为人的动机形

---

(53) “可罚的责任”概念的倡导者佐伯千仞博士也强调目的论评价在可罚的责任判断中的必要性（佐伯·前揭注⑭第435页）。

成予以关注的观点揭示了基本正确的方向。下面,拟对评价动机形成时被视为基轴的"期待可能性"的观念进行考察。

"期待可能性"的观念,正如该用语所体现的那样,其中包含着期待方(国家·社会)和被期待方(行为人)。[54] 而且,"根据行为所侵害的法益的种类、行为人的身份以及其他各种行为的附随事由的不同,国家的要求·期待中存在从最宽大到最严厉的各个阶段"[55]。那么,这种国家方面的期待程度是由什么因素决定的呢?根据当今的一般性理解,刑法的机能在于国家为防止犯罪而科处刑罚。因此,在期待可能性的判断中,决定国家的期待程度的根本因素在于通过刑罚(以及刑法)预防某种犯罪的必要性。[56] 期待可能性的思想和可罚的责任概念,是以国家的期待这种观点为媒介联系在一起的。[57] 然而,刑罚(以及刑法)对犯罪的预防是通过作用于规范意识达成的。所以,犯罪行为越能够反映行为人反价值的规范意识,预防的必要性就越高;相反,在无法将实施犯罪行为视为反价值的规范意识的结果的场合,预防的必要性就会降低。[58]

---

[54] 参见佐伯千仭:《期待可能性的标准》,载佐伯千仭:《刑法中的期待可能性的思想〔增补版〕》(1985年)第295页以下(特别是第332页)〔初出·《法学论丛》第45卷第2号(1941年)〕。

[55] 佐伯·前揭注[54]第340页。

[56] 参见林美月子:《情动行为与责任能力》(1991年)第171页〔初出·《神奈川法学》第18卷第2号(1982年)、第3号(1983年)、第19卷第1号(1983年)〕。

[57] 在期待可能性与可罚的责任的关系问题上富有启发意义的论著有:林(美)·前揭注[56]第170-175页;大山弘:《关于期待可能性的构造——基于"可罚的责任"的观点的考察》,载《犯罪与刑罚》第2号(1986年)第17页以下;米田泰邦:《犯罪与可罚评价》(1983年)第96页以下〔初出·《可罚的责任与期待可能性》,载《Law School》第51号(1982年)〕。另外,大山教授在论文中指出,应当将期待可能性的判断区分为作为一般规范性评价的期待可能性和作为可罚性评价的期待可能性,进行二元判断。

[58] 参见平野龙一:《意思自由与刑事责任》,载平野龙一:《刑法的基础》(1966年)第3页以下(特别是第29页)〔初出·尾高朝雄教授追悼论文集《自由的法理》(1963年)〕;平野龙一:《人格责任与行为责任》,载平野龙一:《刑法的基础》第31页以下(特别是第38页)〔初出·日本刑法学会编《刑法讲座·第三卷》(1963年)〕;林干人:《意思自由与规范的防卫》,载林干人:《刑法的基础理论》(1995年)第1页以下(特别是第14页以下)〔初出·《上智法学》第39卷第1号(1995年)第27页以下〕(但是,他主张的不是依靠"刑罚"进行预防,而是通过"规范"进行预防)。

2. 如果以上述有关可罚的责任与期待可能性的理解为前提，对亲属相盗例中行为人的动机形成予以关注，就可以指出其具有以下特殊性：在亲属间的取得行为中，亲属关系特有的——以某种"宠爱"为背景的——诱惑性因素参与了行为人的动机形成。可以认为，这种亲属关系中特有的诱惑性因素不仅能够使事实上的反对动机的形成可能性降低，还能在以下方面降低一般预防和特殊预防的必要性：首先，与一般的犯罪行为相比，大多数由亲属间特有的诱因提供动机的犯罪行为都是偶发的，其中不存在相当于一般犯罪行为那种程度的反价值的规范意识。也就是说，就亲属间的领得罪而言，犯罪行为的"人格相当性"[59]较小，没有明确体现出普通犯罪行为那样的"法敌对性"[60]。因此，在亲属相盗中，特殊预防的必要性相对较低。[61][62]而且，作为社会心理的反映，基于亲属关系中特有的诱因而实施的犯罪行为不会给人留下像普通犯罪行为那样的对法秩序的妥当性造成威胁的印象。因此，即使不将其作为处罚的对象，由此导致一般人的规范意识降低的可能性也比较小。在这个意义上，一般预防的必要性也有所降低。于是，在亲属间的取得行为中——除了事实上的反对动机的形成可能性减小以外——期待可能性判断中的国家的期待因预防必要性的降低而后退，所以，可罚的责任被否定。在这个意义上，就可以将亲属相盗例这一免除刑罚事由（《刑法》第244条第1项）理解为可罚

---

[59] 平野：《意思自由与刑事责任》前揭注[58]第28—29页。
[60] 参见川端博：《刑法总论讲义》（1995年）第383页。
[61] 关于亲属相盗中的责任减少与特别预防的关系问题，野村稔教授指出："在由于外部事由的特殊减少了期待可能性而实施违法行为（例如，因为是父亲的财物而盗窃）的场合，原本就只是在行为人的规范意识的觉醒度方面存在一定问题；而对于如果不存在外部事由的特殊性就不会实施违法行为这一点，基本上是能够期待的。所以，在这种场合，只需施加责任非难，就能够通过其规范意识的觉醒而达到特殊预防的效果，因而也就没有必要为了特殊预防再对其科处作为责任非难的实现形式的刑罚。"（野村·前揭注[41]第309页注②）
[62] 处罚的必要性，尤其是特别预防的必要性在个别的具体案件中无疑是存在差异的。然而，对于在立法上考虑预防的必要性，并在此限度内进行类型化把握的做法予以否定，则是没有理由的。

的责任阻却事由。[63][64]

3. 如今，在重视责任与预防的调和的基础上，试图根据刑罚的目的的观点对责任概念予以实质化的倾向日益明显。[65] 为了与这种责任概念的实质化的要求相适应，仅着眼于他行为可能性这一量的方面是不充分的[66]，还必须对动机形成要因的性质这一质的方面予以关注。根据刑罚目的的观点对动机形成的质的考察已经渗透到量刑论的领域当中；而且，在解释论的领域中，也具有重要意义。例如，罗克辛就是在刑罚目的的考虑中寻求防卫过当的免责根据的。他认为，德国《刑法》第 33 条第 2 项规定的防卫过当只有在狼狈、恐惧、惊愕等虚弱性情动的场合才能免责，而在愤怒、激愤等强壮性情动的场合则不能免责。然而，

---

[63] 通过将亲属相盗例还原于责任，从而基于刑法理论的立场揭示了其实质性根据，但是这并不意味着全面肯定现行法中所有的亲属相盗例。应当说，在根据理论学的立场揭示出作为现行法的前提的实质性根据之后，再据此对有关社会现状的一定认识以及论者的价值判断进行考察，这样一来，立法论上的批判性契机反而会变得明确。然而，立法论的探讨已经超出了本书的能力范围。

另外，在立法论上探讨以亲属相盗例为代表的亲属间的特例的论文是，佐伯千仞：《刑法改正与亲属关系》，载佐伯千仞：《刑法改正的统括性批判》（1975 年）第 85 页以下〔初出·《自由与正义》第 11 卷第 7 号（1960 年）〕。

[64] 《刑法》第 244 条第 2 项关于亲告罪的规定是直接规定诉讼条件的条文，而不得将其还原为实体法上的“犯罪”成立要件。然而，在对处理亲告罪的前提条件和告诉的有无本身进行区别考察的场合，前提条件——存在一定的亲属关系——被理解为在第 244 条第 1 项的延长线上的责任减少。由过失伤害罪的例子可以说明，责任的轻微性可以成为处理亲告罪的根据。故意伤害罪（《刑法》第 204 条）、业务上过失致伤罪·重过失伤害罪（同第 211 条）都是非亲告罪，然而，在违法性（至少是法益侵害性）上与这些犯罪不存在差异的过失伤害罪（同第 209 条）之所以被规定为亲告罪，其理由只能求诸责任的轻微性。

[65] 关于责任论的最新动向，参见堀内捷三：《责任论的课题》，载芝原邦尔、堀内捷三、町野朔、西田典之编：《刑法理论的现代展开·总论Ⅰ》（1988 年）第 171 页以下〔初出·《法学セミナー》第 391 号、第 392 号、第 393 号（1987 年）〕。

[66] 正如经常受到的指责的那样，现实的、存在论上的他行为可能性原本就是不可能证明的，其程度也是难以认识的。即使存在现实的、存在论上的他行为可能性，那种所谓的“不确定性”也不能为非难提供基础，更无法发挥预防的作用。所以，刑法中成为问题的他行为可能性只是一种“如果条件发生变化，就应该会实施其他行为”的假设（参见平野：《意思自由与刑事责任》前揭注[58]第 24 页以下）。在具有假设性格的方面，他行为可能性与不能犯论中结果发生的可能性是不存在区别的。

犯罪概念和可罚性

391 这些场合的免责根据不是他行为可能性在量上的程度，而是动机的性质所造成的预防必要性的不同。也就是说，在强壮性情动的场合，预防的必要性因存在危险攻击的意思而被肯定；相反，在虚弱性情动的场合，预防必要性则因既不存在那种危险性、也不存在模仿可能性而被否定。⑰ 在我国，在解释有关《盗犯等防止法》第 1 条第 2 项规定的出于"恐惧、惊愕、兴奋或者狼狈"而实施的盗犯中的杀伤⑱，以及对于应当判定为《刑法》第 36 条第 2 项规定的防卫过当和《刑法》第 37 条第 1 项规定的避险过当而"免除刑罚"的场合进行类型化时⑲，也可以参考上述关于德国刑法中的防卫过当的解释。在基于刑罚目的的观点对动机形成要因的性质予以关注的方面，可以认为本书对于亲属相盗例的试论与以罗克辛为代表的最近的实质责任论具有共同的基础。

对于将预防性考虑导入责任领域的观点，也许存在这是否会导致对责任主义的否定的担心。但是，笔者作为前提采用的预防性考虑是作用于规范意识的，而并不意味着对于缺乏规范的感应可能性（在此意义上的他行为可能性）的情形也予以处罚，因此不会与责任主义相抵触。

另外可以想见的疑问是：预防必要性是从责任概念外部附加的个别的观点，其在严格意义上不是不属于责任论吗？但是，这里的预防性考虑所关注的是，在期待可能性判断的框架内，规范意识的觉醒的必要性因行为人的动机形成要因的性质不同而存在差异这一事实。因此，仍然

---

⑰ Claus Roxin, Schuld und Verantwortlichkeit als strafrechtliche Systemkategorien, in：Festschrift für Heinrich Henkel zum 70. Geburtstag (1974), S. 189-190〔作为日文翻译，高桥则夫译：《作为刑法中的体系范畴的"责任"与"答责性"》，载宫泽浩一监译：《刑法中的责任和预防》(1984 年) 第 71 页以下〕。

⑱ 参见林（美）·前揭注㊌第 166 页以下。

⑲ 大原邦英教授对防卫过当·避险过当免除刑罚的判例进行了详细的分析（参见大原邦英：《刑罚免除序说（一）》，载《法学》第 51 卷第 1 号（1987 年）第 96 页以下；《刑罚免除序说（二）》，载《法学》第 51 卷第 3 号（1987 年）第 56 页以下）。但是，在这些判例中，与他行为可能性的程度相比，动机的性质才是重点所在。

可以认为它是责任概念中内在的观点。⑦

第三节 形式的法律性质论——"犯罪"的成立与否

第一款 判例·学说的状况

在上一节中，本书主张应当将亲属相盗例的免除刑罚的实质性根据求诸期待可能性的观点，从而将其理解为可罚的责任阻却事由。然而，也有观点同样是将期待可能性的观点作为免除刑罚的根据，但不是将亲属相盗例视为（可罚的）责任阻却事由，而是作为尚未达到那种程度的责任减少事由。① 这种观点的理由是，免除刑罚是有罪判决，必须以"犯罪"的成立为前提。下面，本节拟对在该当于亲属相盗例的免除刑罚事由（《刑法》第244条第1项）的场合是否应当肯定"犯罪"成立的问题展开讨论。

关于这一点，通说以免除刑罚被规定为有罪判决的一种为根据，认为该当亲属相盗例的免除刑罚事由的场合成立"犯罪"（犯罪成立说/形式意义上的处罚阻却事由说）。② 而且，判例也认为，"刑法第244条不过是关于同条所规定的人之间实施盗窃罪及其未遂罪对

---

⑦ 最近，川口浩一教授采用由刑罚目的导出责任内容的机能性责任概念，并根据将刑罚目的理解为犯罪的事后处理的立场提出以下观点：亲属间的财产犯应当在家庭内部处理，不需要通过刑罚进行事后处理。在这个意义上，亲属相盗例属于责任阻却事由（川口浩一：《亲属相盗例的人的适用范围》，载《奈良法学会杂志》第9卷第3·4号（1997年）第181-182页）。川口教授的上述观点基于刑罚目的的立场为处罚阻却事由说这一政策性考虑赋予了体系理论上的地位，其作为以犯罪概念的目的合理的实质化为目标的方向之一，是值得关注的。但是，这种观点能否避免对于政策说的批判（参见本章第二节第一款3〔第371页以下〕），在"责任论"中考察与行为人的意思形成无关的观点是否妥当，以及此时的"责任"与传统意义上的"责任"处于何种关系等，都是存在疑问的。

① 曾根威彦：《亲属间的财产犯》，载曾根威彦：《刑法的重要问题·各论〔补订版〕》（1996年）第246-249页。

② 例如，团藤重光：《刑法纲要各论〔第三版〕》（1990年）第581页。

犯人的处罚所设定的特例而已,其并未否定犯罪的成立,因而通过上述盗窃罪取得的财物仍然具有赃物性"③,从而明确采用了犯罪成立说。

与此相对,犯罪不成立说(无罪说)一直以来也得到有力的主张。例如,宫本英修博士指出:"免除刑罚与因阻却可罚类型而不予处罚具有相同含义。所以,此时,亲属或者家属的行为本来就不构成犯罪,仅仅是单纯的违法行为而已。……虽然刑事诉讼法将此种场合的免除判决规定为有罪判决的一种,但是,在理论上则不应当存在对于不应处罚的行为的有罪判决。"④ 另外,关于一般的"免除刑罚",中武靖夫律师主张:"免除事由大多是缺少适法行为的期待可能性的状态,可以作为阻却责任的事由或者因减少行为的违法性而阻却可罚性的事由加以把握。多数免除刑罚的情形都是实质上无罪的情形。"⑤ 作为对通说犯罪成立说(处罚阻却事由说)的进一步批判,犯罪不成立说指出其对于第244条第1项和第2项的处理存在不均衡。也就是说,根据犯罪成立说,在配偶、直系亲属等关系密切的场合,依据第244条第1项通常会作出"免除刑罚"这种形式的有罪判决;相反,在亲属关系更加疏远的场合,依据第244条第2项规定,只要没有提出告诉,

---

③ 最判昭和25年12月12日刑集第4卷第12号第2543页(第2545页)(作为本判例的解说·评释,定塚修:《未成年人听取书的采证与经验法则——刑法二四四条与赃物》,载刑事判例研究会编:《刑事判例评释集一二卷》(1954年)第251页以下;中山研一:《亲属间的行为》,载我妻荣编辑代表:《刑法判例百选》(1964年)第240页以下)。此外,采用犯罪成立说的判例有:大判大正5年7月13日刑录第22辑1267页;大判大正9年2月4日刑录第26辑第23页;东京高判昭和24年10月28日高等裁判所刑事判决特报第5号第56页;最判昭和24年11月26日最高裁判所裁判集刑事第14卷第819号;大阪高判昭和28年6月30日高等裁判所刑事判决特报第28号第51页。明确使用"处罚阻却原因"的用语的判例是,朝鲜高等法院判决昭和14年7月3日评论第29卷诸法第34页。

④ 宫本英修:《刑法大纲》(1935年)第346—347页。此外,采用犯罪不成立说的是,松泽智:《关于刑罚免除的试论——以亲属相盗例为中心》,载《司法研修所报》第29号(1962年)第147页以下。

⑤ 平场安治、高田卓尔、中武靖夫、铃木茂嗣:《注解刑事诉讼法·中卷〔全订新版〕》(1982年)第834—835页〔中武靖夫执笔〕。中武律师还指出:"仅限于刑罚的免除与自首或者坦白有关的场合,才会出现犯罪成立、刑罚因政策而免除的情况。因此,只有这些场合才会作出有罪判决。"此外,主张"免除刑罚"通常与无罪不存在区别的还有,中野次雄:《刑法总论概要〔第三版〕》(1992年)第221页。

就不得予以追诉,免除一切刑事处分,这反而是一种更为有利的结果。⑥

第二款 探 讨

1. 的确,如果认为刑事诉讼法在规定形式上将"免除刑罚"作为有罪判决的一种(刑事诉讼法第334条),就不能否定作为通说的处罚阻却事由说(犯罪成立说)是符合立法形式的理解。但必须注意的是,这里的免除刑罚实际上完全不具有有罪判决的机能,而且即使是犯罪成立说的论者也不要求其发挥有罪判决的机能。

2. 有罪判决的首要机能在于命令执行刑罚。但是,"免除刑罚"判决却不会产生应当执行的刑罚以及其他不利的处分,因而不存在命令机能的问题。

3. 有罪判决的第二个机能在于通过认定犯罪事实、对其作出规范性评价,从而表明国家的无价值判断的宣言机能。⑦ 但是,这种宣言机能并不是亲属相盗例的免除刑罚所追求的。在实务中,对于存在免除刑罚事由的场合,应当根据《事件事务规程》第70条第2项第17号作出不起诉的处理。⑧⑨在学说中,作为处罚阻却事由说

---

⑥ 牧野英一:《刑法各论・下卷》(1965年)第631页以下。

⑦ Vgl., Heinz Wagner, Die selbständige Bedeutung des Schuldspruchs im Strafrecht, insbesondere beim Absehen von Strafe gemäß §16 StGB, GA 1972, S. 32ff.

⑧ 昭和62年12月25日附法务省总训第1060号法务大臣训令(昭和63年4月1日施行)。关于本规程,参见传法谷弘:《事件事务入门(2)》,载《研修》第470号(1987年)第94页;安西温:《公诉权的运用》,载熊谷弘、佐佐木史朗、松尾浩也、田宫裕编:《公判法大系Ⅰ・第一编/公诉》(1974年)第33页;平田友三:《基本判例解说・刑法(42)亲属相盗例》,载《研修》第369号(1979年)第87页(第二、第三中列举文献是关于昭和62年以前的规程的——未发生任何实质性变更)等。

⑨ 旧《刑事诉讼法》(即《大正刑事诉讼法》、大正11年法律第75号)规定,"当法令规定免除刑罚时",在预审阶段就应当作出免诉决定(旧《刑事诉讼法》第314条第5号)。所以,对于经过预审的案件,至少只要是涉及必要的免除事由的,现实中就没有作出"免除刑罚"判决的情况。由此可见,即使是在旧刑事诉讼法中,国家的无价值判断的宣告也遭到放弃。

（犯罪成立说）的代表性论者之一的小野清一郎博士认为，在存在处罚阻却事由的场合，"由于自始就不是可罚的"，因此，不应当判定免除刑罚，而"应当以欠缺公诉权为由作出'免诉'的决定"[⑩]。另外，藤木英雄博士主张，在存在亲属关系的场合，"由于国家的刑罚权被放弃，因而应当准用《刑事诉讼法》第339条第1项第2号'起诉书中记载的事实虽属真实，但其中不包括任何应当构成犯罪的事实时'的规定，以决定的方式驳回公诉"[⑪]。

由以上实务界和理论界的处理可知，该当免除刑罚的场合完全不追求通过刑事司法程序宣告无价值判断的机能，反而明确体现了其有意回避这种宣告无价值判断的态度。小野博士提出的"自始就不是可罚的""欠缺公诉权"的指摘以及实务中一律按不起诉处理的现实，都说明公诉事实原本就被排除在国家通过刑事司法程序进行无价值判断的对象之外。可以说，将这种被确定排除在通过刑事司法程序进行无价值判断的对象之外的行为视为"犯罪"，不仅缺乏实益，而且也是一种无用的标签。

这样一来，"免除刑罚"就不具有命令机能和宣言机能，其在机能上与无罪完全不存在差异。可以说，前文提到的藤木博士的指摘就明确体现了将该当免除刑罚的场合视为"不构成犯罪"的观念。正如中野次雄教授指出的那样，"犯罪是被科处刑罚的行为。因此，该场合〔免除刑罚的场合〕在实质上不构成犯罪，其本质与'不罚'之间

---

⑩ 小野清一郎：《新订·刑法讲义总论》（1948年）第221页。另外，植松正：《再订·刑法概论Ⅱ各论》（1975年）第381页也指出，关于亲属相盗例的免除刑罚的规定，"应当认为其预定了检察官不予起诉的情形。此时，毋宁应当理解为检察官不具有公诉权"。

⑪ 藤木英雄：《刑法讲义各论》（1976年）第288页。另外，大谷实教授也认为，"此时，即使提起公诉，也不具有实质意义。在近亲属间的场合，国家放弃了刑罚权。应当准用刑事诉讼法第339条第1项第2号，作出驳回公诉的决定"（大谷实：《刑法讲义各论〔第四版补订版〕》（1995年）第211页）；"对免除刑罚的场合予以起诉，是公诉权的滥用"（同书第212页）。但是，所谓的通常不允许起诉的"犯罪"这一说法是存在概念矛盾的。

不存在差异"⑫⑬⑭⑮。

4. 立法者导入与"无罪"相区别的"免除刑罚"这种判决形式的理由是不明确的。对此，中武律师指出，"免除刑罚"的存在理由在于，"适法行为的期待可能性理论在体系上构建完成是最近的事，而在此之前，免除刑罚事由中包括所谓的一身处罚阻却事由在内的所有政策性要素"⑯。另外，宫本英修博士以当时处于通说地位的极端从属性说为前提，就亲属相盗例指出，"刑法未规定对其不予处罚，是起草者基于共犯从属犯说的立场担心与此相关的共犯不成立的结果"⑰，他主张在说明共犯的可罚性方面寻求导入"免除刑罚"的根据。⑱ 如果承认这些指摘正确，那么，作为有罪判决的"免除刑罚"

---

⑫ 中野·前揭注⑤第221页〔六角括号内的部分系作者附加〕。此外，莊子邦雄：《刑法的基础理论》（1971年）第76页以下也主张，该当"免除刑罚"的场合不成立"犯罪"。森下忠：《刑法总论》（1993年）第289页指出，应当将该当免除刑罚事由的场合区分为责任阻却（消灭）的情形和成立犯罪却在政策上予以免除的情形，对于前者应当作出无罪判决。基本上采用处罚阻却事由说的木村龟二博士也认为"免除刑罚"判决不具有有罪的意义。他主张："法律上使用的'免除其刑罚'、'可以免除其刑罚'、'不追究责任'等用语，其含义并不是虽有罪但免除刑罚或者可以免除刑罚或者不追究责任，而应当理解为阻止或者能够阻止刑罚请求权本身的发生，所以不予处罚或者可以不予处罚。"（木村龟二：《刑法总论入门·犯罪论2》，载《法学セミナー》第50号（1960年）第15页）

⑬ 松泽·前揭注④第147页以下指出，如果认为刑事诉讼法上的诉讼物是检察官对于被告人的刑罚权，就应当对不存在刑罚权的"免除刑罚"的场合作无罪判决。

⑭ 虽然《刑事诉讼法》第314条第1项规定在被告人处于心神丧失的状态时，应当中止公判程序；但是，本条但书规定，"在明显应当作出无罪、免诉、免除刑罚或者驳回公诉的裁判的场合，不必等待被告人到场即可直接作出裁判"。可以说，这也是"免除刑罚"不具有有罪判决的实质的体现之一。

⑮ 笔者认为，在该当免除刑罚的场合放弃无价值判断的宣告、将其作为事实上的无罪处理的背后，存在一定的合理性考虑，即国家通过刑事司法机关作出的无价值判断仅仅应当作为现实的刑罚或者至少是附加保留的刑罚（执行犹豫的场合）的前提。对缺少刑罚这一背景的无价值判断进行宣告，将会产生不当扩大刑事司法机关的守备范围、使纯粹的价值判断轻易得到认定的疑虑。

另外，承认不具有任何效果的、完全是"宣言性"的有罪判决，在与"司法"概念的关系上也存在问题。

⑯ 平场等编·前揭注⑤第834-835页〔中武〕。

⑰ 宫本·前揭注④第266页。

⑱ 以前，德国的判例为了在极端从属形式的前提下为加担者的可罚性提供基础，甚至将刑事未成年人以及禁止的错误都解释为（一身）处罚阻却事由。参见佐伯千仞：《一身处罚阻却事由》，载佐伯千仞：《刑法中的期待可能性的思想〔增补版〕》（1985年）第420页以下〔初出·《法学论丛》第34卷第3号（1936年）〕。

的存在理由就将伴随着期待可能性理论以及限制从属形式的渗透而消失。

总之，立法者对于由规定将亲属相盗例"免除刑罚"所产生的刑事诉讼法上的效果是否持有明确的意识，是存在疑问的。[19] 而且，刑事诉讼法在规定"免除刑罚"这种判决形式时是否慎重考虑过对于实体刑法的波及效果，也是存在疑问的。因此，在考察亲属相盗例的法律性质时，着眼于实务和学说中"免除刑罚"被实际赋予的机能，是具有一定合理性的。

所以，鉴于免除刑罚判决在机能上与无罪相同、该当亲属相盗例的场合被视为"不构成犯罪"的现实，应当认为亲属相盗例不是单纯的责任减少事由，而是可罚的责任阻却事由。[20]

第四节　还原于责任论的解释论上的归结

以上论述说明，应当将亲属相盗例的根据求诸期待可能性的观点，并将其法律性质理解为可罚的责任阻却事由。于是，本节拟在与判例·通说的归结进行对比的同时，揭示将亲属相盗例还原于责任论所带来的解释论上的归结。

第一款　亲属关系的错误

第一项　积极的错误

一、判例·学说的检讨

作为根据亲属相盗例的（实质）法律性质得出的归结，首先讨论的

---

[19] 现行刑法施行当时的《刑事诉讼法》（即明治《刑事诉讼法》〔明治23年法律第96号〕）中没有作为有罪判决的"免除刑罚"的规定。

[20] 然而，从通说也承认应当在实质上将该场合的免除刑罚作为"不构成犯罪"来处理这一点来看，可以说"犯罪"成立与否的对立只是名义上的，不具有争论的实际意义。

下编　关于所谓的一身处罚阻却事由

是关于亲属关系的错误的处理问题。①②在亲属关系的错误中，存在着将非亲属的财物误认为亲属的财物的积极错误和将亲属的财物误认为非亲属的财物的消极错误这两种情况。下面先从积极错误开始探讨。

首先，处罚阻却事由说（政策说）认为，没有必要对错误加以考虑，既然客观上不是亲属的财物，就应当作为普通的盗窃罪进行处罚。③然而，最近又出现以下两种有力的见解：一种是一方面立足于处罚阻却事由说，另一方面则根据具体妥当性的观点，主张当误认存在相当的理由时，应当承认准用第244条的见解④；另一种是主张应当结合第38条第2项的趣旨，作为免除刑罚的特例处理的见解。⑤但是，如果认为亲属关系的存在与犯罪的成立无关，也不影响对行为的规范性评价，那么，为何必须考虑相关的错误问题呢？之所以不考虑错误就会感到缺乏"具体妥当性"，无非是因为亲属关系的存在关系到对于行为犯罪性的实质评价。⑥

其次，违法阻却·减少说认为，对亲属关系的误认属于违法阻却·减少事由的错误，如果以将其视为事实错误的立场作为前提，故意就被

---

①　另外，亲属关系的错误问题在具体适用中必须以第二款讨论的亲属关系的对象问题作为前提。但是，为了避免论点先行和讨论的复杂化，在此，本书重点讨论的是将非亲属所有、占有的财物误认为亲属所有、占有的财物的情形以及相反的情形。

②　关于判例·学说的详细状况，参见长岛敦：《亲属相盗例与错误（一）（二）（三）》，载《研修》第192号（1964年）第65页以下、第193号（1964年）第69页以下、第194号（1964年）第61页以下；中谷瑾子、齐藤隆：《亲属间的财产犯罪》，载西原春夫、宫泽浩一、阿部纯二、板仓宏、大谷实、芝原邦尔编：《判例刑法研究·第六卷·针对个人法益的犯罪Ⅱ（财产犯）》（1983年）第173页以下（特别是第199页以下）。

③　例如，大谷实：《刑法讲义各论〔第四版补订版〕》（1995年）第211页。然而，大谷教授承认将亲属关系的错误作为情状予以考虑。

④　冈野光雄：《亲属相盗例与错误·共犯》，载冈野光雄：《刑法各论二五讲》（1995年）第113页。

⑤　川端博：《刑法各论概要〔第二版〕》（1996年）第178页；内田文昭：《刑法各论〔第三版〕》（1996年）第267页。不论误认是否具有相当性，均承认准用第244条的论著有：阿部纯二：《盗窃罪（7）——亲属相盗》，载福田平、大塚仁编：《演习·刑法各论》（1983年）第346页以下（特别是第348页）；藤木英雄：《刑法讲义各论》（1976年）第287页；前田雅英：《刑法各论讲义〔第二版〕》（1995年）第211-212页。

⑥　参见中山研一：《一身处罚阻却事由》，载《Law School》第38号（1981年）第66页以下（特别是第69-70页）。

阻却⑦；如果以将其视为违法性错误的严格责任说作为前提，责任就只有在错误是不得已发生的场合才能被阻却。

最后，责任阻却·减少说认为，对亲属关系的误认是关于期待可能性的事实错误，当该误认不可避免时，就将在整体上丧失期待可能性。⑧

判例的立场是不固定的，既存在认为亲属关系不属于应当构成犯罪的事实，因而相关的错误不妨碍盗窃罪故意的成立的判例⑨；也存在主张应当根据第 38 条第 2 项对误认为亲属的财物的情形准用亲属相盗进行处断的判例。⑩

二、责任阻却事由说的归结

本书的立场，是主张将亲属相盗例的根据求诸期待可能性的减少或者欠缺，从而将其法律性质理解为（可罚的）责任阻却事由。据此，亲属关系的错误就应当作为责任阻却事由的错误（有关期待可能性的事实错误）加以处理。⑪

然而，如前所述，关于导致期待可能性丧失的事实的误认，一般的

---

⑦ 中森喜彦：《刑法各论〔第二版〕》(1996 年) 第 126 页。

⑧ 福田平：《盗窃罪》，载日本刑法学会编：《刑法演习〔各论〕》(1959 年) 第 91 页（后来，福田平教授改为采用一身处罚阻却事由说（福田平：《全订·刑法各论〔第三版〕》(1996 年) 第 234—235 页)）；泷川春雄·竹内正：《刑法各论讲义》(1965 年) 第 172 页。

⑨ 大阪高判昭和 28 年 11 月 18 日高刑集第 6 卷第 11 号 1603 页（但是，当时的第 244 条第 1 项后段〔现在第 2 项〕是关于亲告罪的规定）。

⑩ 福冈高判昭和 25 年 10 月 17 日高刑集第 3 卷第 3 号 487 页；广岛高冈山支判昭和 28 年 2 月 17 日高等裁判所刑事判决特报第 31 号第 67 页。

⑪ 有关责任阻却事由的错误以及期待可能性的错误的论著有：佐伯千仞：《关于期待可能性的错误》，载佐伯千仞：《刑法中的期待可能性的思想〔增补版〕》(1985 年) 第 453 页以下〔初出·《法学论丛》第 43 卷第 1 号 (1940 年)〕；大塚仁：《期待可能性理论》，载大塚仁：《刑法论集（1）——犯罪论与解释学》(1976 年) 第 253 页〔初出·木村龟二编：《刑法学入门》(1957 年)〕；中山研一：《责任阻却事由的错误（期待可能性的错误）》，载《Law School》第 8 号 (1979 年) 第 25 页以下；石堂淳：《责任阻却事由的错误——以期待可能性的错误为中心》，载阿部纯二、板仓宏、内田文昭、香川达夫、川端博、曾根威彦编：《刑法基本讲座·第三卷·违法论/责任论》(1994 年) 第 317 页以下；齐藤信宰：《刑法中的错误论研究》(1989 年) 第 223 页以下；大山弘：《关于期待可能性的构造——基于"可罚的责任"的观点之考察》，载《犯罪与刑罚》第 2 号 (1986 年) 第 40 页以下。

理解是，只有在该误认无法避免的场合，才能在整体上阻却期待可能性。⑫ 但是，这种理解是存在疑问的。

仅就实定法上类型化的责任事由而言，可以认为对"作为整体"的期待可能性的考察忽视了类型化的趣旨。类型化的责任事由中存在问题的，不是"作为整体的"期待可能性，而是成为行为诱因的"类型化"的心理状态。实定法的类型化对象只能是实施行为时的一定的心理状态，而不包括形成该心理状态的过程。隐灭证据罪（《刑法》第104条）中证据的"他人性"即为适例。众所周知，肯定隐灭证据罪仅在有关"他人的刑事案件"的场合才能成立——隐灭证据罪的成立在有关"自己的刑事案件"的场合被否定——的根据，就在于隐灭与"自己"有关的证据是合乎情理的，期待可能性比较微弱。⑬ 然而，此时的期待可能性减弱的根据是，"在认识到是与自己有关证据的情况下将其隐灭"是人之常情，至于"是与自己有关的证据这一认识（以及误认）的形成"是否符合常理，则不是问题所在。因此，对于错误的处理而言，行为人现实的意识内容是非常重要的。例如，在将与他人的刑事案件有关的证据误认为与自己的案件有关的证据而隐灭的场合，即使该错误是轻率的、可能避免的，但是，既然欠缺"证据的他人性"的认识，就应当否定隐灭证据罪的成立。对于这个结论，通说大概也不会持有异议。⑭

---

⑫ 例如，团藤重光：《刑法纲要总论〔第三版〕》（1990年）第331页。

⑬ 例如，参见小松进：《伪证以及证凭湮灭》，载中山研一、西原春夫、藤木英雄、宫泽浩一编：《现代刑法讲座・第四卷・刑法各论之诸问题》（1982年）第53页。对此，齐藤诚二：《犯人教唆隐蔽犯人》，载齐藤诚二：《特别讲义・刑法》（1991年）第302页以自我隐蔽未包含在规范的保护目的之中为由，主张在不法构成要件的层面上对其不可罚性作出说明。此外，前田・前揭注⑤第514页指出，考虑到作为刑事司法的参与者这一地位，因而应当政策性地排除处罚。

⑭ 主张至少在有关被实定法类型化的责任要素的错误方面，应当不问其避免可能性、直接否定故意责任的论著有：平野龙一：《刑法总论Ⅰ》（1972年）第167页；中森喜彦：《期待可能性》，载阿部纯二、板仓宏、内田文昭、香川达夫、川端博、曾根威彦编：《刑法基本讲座・第三卷・违法论/责任论》（1994年）第289页注㉛。

另外，可以想见的疑问是：不是不能将被规定为构成要件要素的"证据的他人性"与亲属相盗例并列对待吗？但是，根据是属于积极要件还是消极要件对错误的处理这一实质问题进行区别对待，这是没有理由的。而且，如前所述，将亲属相盗例理解为消极规定的构成要件仍然是存在余地的。

关于期待可能性的判断，一般认为只要外部事实在行为人的主观反映中出现问题，行为人在行为时的现实的意识内容就具有决定性意义。的确，如果错误是可能回避的，就可以认为由错误引起的行为是可能避免的。只要将作为事实的他行为可能性视为问题，并承认在行为过程中的任何时间都存在一定的避免可能性，就可以认为行为本身是可能避免的。但是，期待可能性并不意味着纯粹事实上的"一定的"他行为可能性，而必须理解为——对于预防目的也具有重要意义的——为责任非难提供基础的实体。刑法的目的，在于对行为的实施进行非难，通过作用于将要实施行为的行为人的规范意识，从而达成预防目的。⑮⑯因此，在原则上，必须将行为实施时行为人的心理事实（认识内容）作为既定的期待可能性判断的基础。所谓的规范责任论，以期待可能性的观点为依据，从而开辟了将责任非难的对象追溯至行为实施以前的阶段的路径。然而，这种责任判断的溯及将导致责任非难的实体基础的丧失，反而存在损害责任所具有的——真正意义上的——"规范"意义的危险。

于是，只要承认行为实施时的现实的心理事实对于期待可能性判断是重要的，那么，即使是关于亲属相盗例，在将非亲属的财物误认为亲属的财物的场合，也应当不问错误的回避可能性，而直接适用本特例。因为，误认存在亲属关系的行为人的心理状态与亲属关系现实存在时的心理状态是完全相同的。⑰的确，当该错误可能回避时，"作为整体的"期待可能性也许是能够肯定的，但是，在亲属相盗例中成为问题的期待可能性不是形成存在亲属关系这一认识的过程中的期待可能性，而是由该认识导致犯罪行为的过程中的期待可能性。如果使他行为可能性的判断溯及形成亲属关系的认识（以及误认）的过程，则不仅违背了作为亲

---

⑮　参见平野龙一：《刑法总论Ⅱ》（1975年）第277页；大山·前揭注⑪第43页。

⑯　关于为期待可能性提供基础的事实的误认，指明不问其避免可能性、直接否定故意责任的方向的论著有：佐伯·前揭注⑪第456页；内藤谦：《刑法讲义总论（中）》（1986年）第441页；中野次雄：《刑法总论概要〔第三版〕》（1992年）第213页；曾根威彦：《刑法总论〔新版补正版〕》（1996年）第202页。

⑰　参见曾根威彦：《亲属间的财产犯》，载曾根威彦：《刑法的重要问题·各论〔补订版〕》（1996年）第250页。

属相盗例对责任的阻却·减少予以类型化的趣旨，还将造成责任非难对象的不当扩大。

第二项 消极的错误

一、学说检讨

下面讨论有关将亲属的财物误认为非亲属的财物这一消极错误。

首先，处罚阻却事由说认为，既然客观上是亲属的财物，就应当肯定亲属相盗例的适用。[18] 其次，违法阻却·减少说认为，由于能够承认法益侵害性因客观上存在亲属关系而减少·阻却，因此，一般可以肯定本特例的适用。[19] 然而，主张阻却违法性必须以主观的正当化要素为要件的立场则认为，在缺少亲属关系的认识的场合应当否定本特例的适用。[20] 最后，责任阻却·减少说中存在以下两种方向：其一，主张只要未认识到亲属关系，就不存在责任减少的理由，从而否定适用本特例的方向[21]；其二，将本特例理解为关于责任阻却·减少的"不允许反证的推定"，从而肯定适用本特例的方向。[22]

二、责任阻却事由说的归结

在将客观上属于亲属的财物误认为非亲属的财物的场合，就行为人"窃取非亲属的财物"的意识内容来看，可以说在实质上确实不存在减少责任（期待可能性）的理由。但是，根据罪刑法定主义的要求，在不利于被告人的方向上脱离法律的规定是不允许的。既然客观上属于亲属的财物的场合符合第244条第1项的规定，就应当根据罪刑法定主义的要求承认免除刑罚。而有关责任阻却·减少的"不允许反证的推定"这一构成，则可以理解为借用诉讼法概念的表现。

---

[18] 冈野·前揭注④第113页。
[19] 中山研一：《刑法各论的基本问题》（1981年）第126页。
[20] 参见阿部·前揭注⑤第347页。
[21] 野村稔：《刑法总论》（1990年）第309页注②。
[22] 参见佐伯·前揭注⑪第484页。然而，如前所述，佐伯博士本人并未将亲属相盗例理解为责任阻却事由，而是将其视为（可罚的）违法阻却事由。

这种对消极错误的处理对于责任阻却·减少说而言确实是一个难题。㉓ 但是，指导理念与法律处理之间的差异并不是采用责任阻却·减少说处理亲属相盗例时特有的问题，关于隐灭证据罪（《刑法》第 104 条），通说仍然面临着这个问题。就隐灭证据罪而言，在行为人将关涉自己的证据误认为关涉他人的证据而隐灭的场合，虽然从其认识内容上看并不存在应当认定责任（期待可能性）减少的理由，但是，由于其在客观上没有隐灭"有关他人的刑事案件的证据"，因此，作为对实定法的解释，就不得不否定隐灭证据罪的成立。虽然人们都期待指导理念与法律处理（解释论上的归结）之间具有整合性，强调必须将二者之间的差异控制在必要的最小限度内，但是也无法完全否定在立法技术上可能会产生这种差异。在出现差异时，指导理念必须让位于罪刑法定主义的要求。㉔

这样一来，亲属关系的消极错误的场合所产生的指导理念与法律处理的差异——通说已经认可——就与在"证据的他人性"的问题上产生的差异一样，都是可以容忍的。

第二款　亲属关系的对象

一、判例·学说的检讨

关于亲属相盗例的适用要求与什么人之间存在亲属关系的问题㉕，有以下三种立场：（1）要求与所有人之间存在亲属关系的立场；（2）要求与占有人之间存在亲属关系的立场；（3）要求与所有人和占有人双方都存在亲属关系的立场。㉖

㉓　参见冈野·前揭注④第 114 页。
㉔　另外，大山·前揭注⑪第 44 页以区别规范评价和可罚性评价为前提，主张在发生消极错误的场合，即使能够肯定以规范评价为依据的期待可能性，也应当以缺乏刑罚的预防必要性为由，否定以可罚性评价为依据的期待可能性。
㉕　关于判例·学说的详细情况，参见中谷、齐藤·前揭注②第 173 页以下（特别是第 188 页以下）；园部典化：《新判例解说·关于亲属相盗例的适用范围》，载《研修》第 551 号（1994 年）第 25 页以下。
㉖　此外，主张只需与所有人或者占有人的任何一方存在亲属关系即可的，是平野龙一：《刑法各论之诸问题》，载《法学セミナー》第 213 号（1973 年）第 53 页。

下编　关于所谓的一身处罚阻却事由

最高裁[27]曾经认为，"刑法第244条关于亲属相盗的规定，是针对作为盗窃罪的直接被害人的占有人和犯人之间的关系作出的……而不是就所有权人和犯人之间的关系作出的规定"。这体现了（2）说的方向。但是，在本案中，行为人甚至与占有人之间都不存在亲属关系，于是也就没有必要论及其与所有人之间的关系，所以还不能完全排除（3）说的立场。在后来的下级审判例中，既有采纳（2）说立场的判例[28]，也有采纳（3）说立场的判例。[29]在这种状况下，最近出现了明确采纳（3）说的最高裁判例，即最高裁平成6年7月19日决定。[30]关于窃取亲属保管的

---

[27] 最判昭和24年5月21日刑集第3卷第6号第858页。作为本判决的评释，泷川春雄：《亲属相盗》，载我妻荣编辑代表：《刑法判例百选》（1964年）第206页；泷川春雄：《亲属相盗》，载我妻荣编辑代表：《刑法判例百选〔新版〕》（1970年）第234页；泷川春雄：《亲属相盗》，载平野龙一编：《刑法判例百选Ⅱ各论》（1978年）第148页；平田友三：《基本事例解说·亲属相盗例》，载《研修》第369号（1979年）第87页；尾后贯茌太郎：《刑法第二四四条的法意》，载《神奈川法学》第2卷第2号（1966年）第131页以下。

[28] 仙台高判昭和25年2月7日高等裁判所刑事判决特报第3号第88页；东京高判昭和38年1月24日高刑集第16卷第1号第16页（作为本判决的评释，户田弘：《刑法二四四条一项与财物的所有人》，载《判例タイムズ》第163号（1964年）第68页以下；时武英男：《窃取非同居亲属占有的赃物的行为与亲属相盗例》，载《法与政治》第15卷第1号（1964年）第101页以下）。

[29] 札幌高判昭和28年9月15日高刑集第6卷第8号第1088页；名古屋高金泽支判昭和28年12月3日高刑集第6卷第13号第1854页；札幌高判昭和36年12月25日高刑集第14卷第10号第681页（作为本判决的评释，森下忠：《亲属相盗的场合要求犯人与何人之间存在亲属关系》，载《冈山大学法经学会杂志》第12卷第1号（1962年）第101页以下；户田·前揭注[28]第68页以下；太田寿男：《关于盗窃罪的判例的检讨——根据最近的判例》，载《警察学论集》第16卷第3号（1963年）第108页；前田宏：《适用刑法二四四条（亲属相盗例）的场合》，载《研修》第168号（1962年）第69页以下；广岛高松江支判昭和41年5月31日判时第485号第71页。

[30] 刑集第48卷第5号第190页。关于本案，参见藤田升三：《亲属相盗例的人的适用范围》，载《警察公论》第49卷第12号（1994年）第50页以下；井田良：《盗窃犯人窃取所有人以外的人占有的财物的场合的亲属相盗例（刑法二四四条一项）的适用要件》，载《法学教室》第173号（1995年）第134页以下；盐见淳：《亲属相盗例适用中所要求的亲属关系的人的范围》，载《判例セレクト'94·法学教室》第174号别册附录（1995年）第37页；今崎幸彦：《最新判例·盗窃犯人窃取所有人以外的人占有的财物的场合的刑法二四四条一项的适用与该项中的亲属关系》，载《ジュリスト》第1067号（1995年）第119页以下；今崎幸彦：《盗窃犯人窃取所有人以外的人占有的财物的场合的刑法二四四条一项的适用与该项中的亲属关系》，载《法曹时报》第48卷第12号（1996年）第223页以下；日高义博：《刑法二四四条一项中的亲属关系》，载《平成六年度重要判例解说（ジュリスト临时增刊号1068号）》（1995年）第145页以下；木村光江：《亲属相盗例的人的适用范围》，载《东京都立大学法学会杂志》第36卷第1号（1995年）第275页以下；高桥直也：《盗窃犯人窃取所有人以外的人占有的财物的场合的刑法二四四条一项的适用与该项中的亲属关系》，载《判例时报》第1543号（1995年）第249页以下（《判例评论》第442号第55页以下）；町野朔：《所谓亲属相盗例中的亲属关系》，载《ジュリスト》第1092号（1996年）第129页以下；三枝有：《亲属

非亲属所有的现金的案件，最高裁判定："当盗窃犯窃取所有人以外的他人占有的财物时，要适用《刑法》第 244 条第 1 项，就应当认为同条第 1 项所规定的亲属关系不仅仅存在于盗窃犯与财物占有人之间，其与所有人之间也必须存在亲属关系。"

虽然通说也采纳（3）说的立场，但是其理由则是由以下两种不同的观点提供的：第一，由关于亲属相盗例的实质法律性质的处罚阻却事由说（政策说）提供的理由。也就是说，根据"法不入家庭"的观点，只有当所有关系人均处于同一家庭时，才能作为家庭内部事件排除国家的介入。因此，亲属相盗例的适用仅限于行为人与所有人和占有人双方均存在亲属关系的情形。[31]第二，由盗窃罪的保护法益的观点提供的理由。也就是说，盗窃罪的保护法益是所有权（本权）和占有。据此，亲属相盗例的适用要求必须与双方主体之间均存在亲属关系。[32]与此相对，（1）说和（2）说则都是在盗窃罪的保护法益的观点中探寻理由的。具体而言，要求与所有权人之间存在亲属关系的（1）说立场[33]，是由关于盗窃罪的保护法益的本权说得出的归结；而要求与占有人之间存在亲属关系的（2）说立场[34]，则是由占有说得出的归结。

相盗例中的亲属关系》，载《中京法学》第 92 号（1995 年）第 143 页以下（特别是第 150-154 页）；青木纪博：《亲属相盗例的适用——以最高裁平成 6 年 7 月 19 日决定为契机》，载《产大法学》第 30 卷第 1 号（1996 年）第 1 页以下（特别是第 12 页以下）；原口伸夫：《盗窃犯人窃取所有人以外的人占有的财物的场合的刑法二四四条一项的适用与该项中的亲属关系》，载《法学新报》第 102 卷第 9 号（1996 年）第 251 页以下；川口浩一：《亲属相盗例的人的适用范围》，载《奈良法学会杂志》第 9 卷第 3・4 号（1997 年）第 171 页以下；川口浩一：《亲属相盗》，载松尾浩也、芝原邦尔、西田典之编：《刑法判例百选Ⅱ〔第四版〕》（1997 年）第 66 页以下。另外，关于作为本案二审判决的福冈高判平成 6 年 2 月 3 日判时 1493 号第 144 页，参见中山研一：《关于适用刑法二四四条一项要求盗窃犯人与财物的占有人以及所有人双方均存在本条规定的亲属关系、该条项不得适用于盗窃犯人与财物的占有人之间存在亲属关系的场合的事例》，载《判例时报》第 1506 号（1994 年）第 231 页以下《判例评论》第 430 号第 69 页以下）；园部・前揭注㉕第 25 页以下。

[31] 例如，西原春夫：《犯罪各论〔第二版〕》（1983 年）第 220 页；团藤・前揭注⑫第 581 页；中谷、齐藤・前揭注②第 199 页；大谷・前揭注③第 210 页。

[32] 八木国之：《亲属关系与犯罪》，载日本刑法学会编：《刑法讲座・第六卷・财产犯之诸问题》（1964 年）第 182 页。

[33] 泷川幸辰：《刑法各论》（1952 年）第 113 页。

[34] 中义胜：《刑法各论》（1975 年）第 148 页。

但是，盗窃罪的保护法益问题与亲属关系的对象问题在理论上存在关联可能性的情形，仅限于在亲属相盗的根据方面采用违法阻却·减少说的场合；在其他立场看来，保护法益与亲属关系的对象之间并不存在直接的关联性。㉟ 而且，在本权说和占有说相对立的意义上的保护法益论，其问题在于是否要求被害人的占有必须基于正当的权限，而不是当所有人和占有人不是同一人时将谁作为保护对象的问题，因此——即使采纳违法阻却·减少说——其无法决定亲属关系的对象。

二、责任阻却事由说的归结

根据本书将本特例视为可罚的责任阻却事由的立场，首先，与占有人之间的亲属关系是必不可少的。因为，只有在财物处于亲属的占有之下的场合，以亲属关系为基础的特别的诱惑性要因才能得到承认。根据期待可能性的观点，行为的直接对象即占有人是谁，具有第一位的重要性。同理，就欺诈罪、恐吓罪而言，首先要求行为人与被欺诈者、被恐吓者之间存在亲属关系；在横领罪中，行为人与委托人之间的亲属关系也是必要的。

其次，除了占有人以外，是否还要求行为人与所有人之间存在亲属关系，也是问题所在。对此也能够予以肯定。因盗窃而遭受损害的实质的、最终的归属者即所有人是谁，会对行为人的规范心理产生重大影响。即使是处于亲属占有状态下的财物，如果行为人明知那是向非亲属借来的，在实施盗窃行为时，通常都会产生相当程度的心理抵抗。因此，就窃取非亲属所有的财物而言，没有必要承认类型化的责任的减少（可罚的责任的阻却）。另外，就欺诈罪、恐吓罪以及横领罪而言，基于同样的理由，也要求行为人与所有人之间必须存在亲属关系。㊱

㉟ 参见长岛·前揭注②第192号第67页以下。

㊱ 大判昭和6年11月17日刑集第10卷第604页指出，关于横领罪，即使是基于亲属的委托而占有的场合，如果是非亲属的所有物，也不得适用亲属相盗例。另外，关于欺诈罪、恐吓罪、横领罪中的亲属关系的对象问题，参见西本晃：《亲属关系与犯罪》，载中山研一、藤木英雄、西原春夫、宫泽浩一编：《现代刑法讲座·第四卷·刑法各论之诸问题》（1982年）第411页；八木·前揭注㉜第189页。

于是，根据将亲属相盗例视为可罚的责任阻却事由的立场——结论与通说・判例相同——行为人与所有人和占有人双方均存在亲属关系就成为适用本特例的要件。

第三款　事实婚姻关系的适用

1. 判例否定了对事实婚姻关系适用亲属相盗例。㊲

该判例的态度在以下三个方面与将亲属相盗例视为处罚阻却事由的立场相关联：

第一，"处罚阻却事由"这一概念是形式化的，其中不含有需要进行实质解释的内容。因此，处罚阻却事由说只能根据民法的规定从形式上论定"亲属"的范围，而对于不具有法律依据的事实婚姻关系则不能承认亲属相盗例的适用。于是，可以认为"处罚阻却事由"这一概念在某些情况下——即使是在有利于被告人的方向上——具有消除实质解释的可能性的机能。

第二，处罚阻却事由说认为，即使是亲属相盗例的场合，也具备完全的犯罪性，本来就是值得处罚的。基于这个前提，在决定亲属的范围时就不会产生向着有利于被告人的方向进行解释的设想。如果原本连法律上正式的夫妻之间盗窃也值得处罚，那么，对于承认处于事实婚姻关系的夫妻之间的盗窃具有可罚性就不会产生丝毫抵触。在这一点上，"处罚阻却事由"的概念具有阻止有利于被告人的解释的效果。

第三，处罚阻却事由说依据的是"法不入家庭"这一政策性考虑的内容。如果认为亲属相盗例是基于"法不入家庭"的国家政策而作出的规定，就只有国家认可的"家庭"承认其适用才是当然的结论。

2. 相反，违法阻却・减少说以及责任阻却・减少说则不仅限于民法规定的"形式"，还有可能对家庭关系的实态这一"实质"问题加以考虑。而且，根据（可罚的）责任阻却事由说，对于在实态上与法律上的夫妻不

㊲ 东京高判昭和26年10月5日高等裁判所判决特报第24号第114页；大阪高判昭和28年6月30日高等裁判所判决特报第28号第51页。

存在任何差异的事实婚姻关系，也能够承认其与法律上的夫妻具有相同的亲属间特有的诱惑性要因，因而可以肯定亲属相盗例的适用或者准用。㊳

当然，即使考虑家庭关系的"实质"，也不允许以不具有亲属关系的实质为由，将法律上属于"亲属"的人排除在亲属相盗例的对象之外。㊴ 可以说，这是基于罪刑法定主义的制约，是对于所有犯罪成立要件均具有妥当性的实质解释的界限。

第四款　共犯的处理以及取得物的赃物性〔盗品性〕

1.《刑法》第 244 条第 3 项明确规定，亲属相盗例仅一身性地适用于存在亲属关系的人，而不得适用于不存在亲属关系的共犯者。该规定被责任阻却·减少说理解为提示当然的事实的注意性规定。因为，如果以与共犯的要素从属性有关的限制从属形式作为前提，责任要素（以及责任阻却事由）就只能一身性地作用于具备该要件的人。

第 3 项规定的一身性效果经常被处罚阻却事由说作为根据之一加以援用。㊵ 但是，只要以限制从属形式为前提，责任要素就都具有一身性作用。因此，具有一身性效果并不是一身处罚阻却事由所固有的特征。如前所述，虽然一身处罚阻却事由的概念具有作为救济概念的侧面，即历史上曾被用于在极端从属形式的前提下导出共犯者的可罚性㊶，但是，在极端从属形式已经被抛弃的今天，它已经丧失了（独占性地）保证一身性法律效果的机能。可以说，只要立足于限制从属形式，肯定对

㊳　持相同结论的有：石堂淳：《亲属相盗例的系谱和根据》，载《法学》第 52 卷第 3 号（1986 年）第 142 页；大谷·前揭注③第 209 页；中森·前揭注⑦第 127 页；前田·前揭注⑤第 211 页。

㊴　但是，在虽然提交结婚申请，却是作为骗取财物的手段，完全不具有结婚意思的场合，婚姻是无效的，因而不适用本特例（参见东京高判昭和 49 年 6 月 27 日高刑集第 27 卷第 3 号 291 页〔关于本案，参见内田文昭：《针对妻子的诈欺罪不适用亲属相盗例（刑罚免除）的场合是否存在》，载《时之法令》第 920 号（1976 年）第 18 页以下；中谷瑾子·吉田健司：《否定对于户籍簿上登记为丈夫的被告人针对作为妻子的女性的诈欺罪适用刑法二五一条、二四四条的事例》，载《法学研究》第 49 卷第 3 号（1976 年）第 119 页以下〕）。

㊵　例如，前田·前揭注⑤第 211 页。

㊶　参见下编第一章第二节 3（第 336-337 页）。

共犯者的处罚就不需要以正犯者成立"犯罪"为前提。

2. 这个结论同样适合于能否认定由亲属相盗取得的财物具有赃物性〔盗品性〕的问题。如上所述，判例之所以在亲属相盗例的法律性质问题上采用犯罪成立说（处罚阻却事由说），就是为了认定取得物的赃物性。例如，最高裁昭和 25 年 12 月 12 日判决指出："刑法第 244 条只是就同条规定的人之间实施的盗窃罪及其未遂罪而对犯人的处罚设置的特例，其并未否认犯罪的成立。所以，由前述盗窃罪取得的财物仍然具有作为赃物的性质。"[42]

但是，要承认取得物的赃物性不一定必须采用处罚阻却事由说，并肯定本犯者成立"犯罪"。根据判例·通说对赃物概念的理解，所谓"赃物"，只需是通过该当财产犯的构成要件的违法行为取得的财物即可，即使是"犯罪"因本犯者的责任被"阻却"而不成立的场合，也能够肯定取得物具有赃物性。[43] 所以，对于认定取得物的赃物性而言，即使根据将亲属相盗例理解为（可罚的）责任阻却事由的立场，也不存在障碍。[44]

3. 综上所述，无论是肯定共犯者的可罚性，还是肯定取得物的赃物性，都不是由正犯者以及本犯者成立"犯罪"产生的效果，而仅仅是由（该当构成要件的）违法行为产生的效果。于是，在基于法律效果（解释论上的归结）为处罚阻却事由说提供的根据中，可以发现"犯罪"成立的法律效果与违法行为的法律效果相混淆的情况。但是，鉴于分析性体系的意义，必须明确地对这两种效果加以区别。这不禁让人联想到，（一身）处罚阻却事由的概念是违法性与责任尚未分化的时代的遗物。当然，本书主张的（可罚的）责任阻却事由说承认亲属相盗具有（该当构成要件的）违法性，在这一点上与处罚阻却事由说并不存在区别。

---

[42] 最判昭和 25 年 12 月 12 日刑集第 4 卷第 12 号第 2543 页（第 2545 页）。关于本案，参见中山研一：《亲属间的行为》，载我妻荣编辑代表：《刑法判例百选》（1964 年）第 240 页；定塚修：《未成年人听取书的采证与经验法则——刑法二四四条与赃物》，载刑事判例研究会编：《刑事判例评释集一二卷》（1954 年）第 251 页以下。另外，通过以刑法的口语化为目标的《改正部分刑法之法律》（平成 7 年法律第 91 号），"赃物"这一用语从法律规定中消失；然而，在本款中，由于涉及改正以前的判例·学说，因而继续使用了该用语。

[43] 参见团藤·前揭注⑫第 663 页；大判大正 3 年 12 月 7 日刑录第 20 辑第 2382 页。

[44] 相反，根据违法阻却·减少说肯定取得物的赃物性则是困难的。

第四章　盗品等相关犯罪中的亲属特例

第一节　法律性质——"犯罪"成立与否和免除刑罚的实质根据

第一款　判例·学说的检讨

1. 《刑法》第 257 条第 1 项规定，配偶、直系亲属、同居亲属及其配偶之间实施盗品等相关犯罪时，应当免除刑罚；而本条第 2 项则明确规定，本特例不适用于亲属以外的共犯者。与亲属相盗例一样，关于本特例的法律性质，也能够区分为"犯罪"成立与否的问题（形式的法律性质论）和免除刑罚的实质根据的问题（实质的法律性质论）。①

2. 在形式的法律性质（"犯罪"成立与否）的问题上，与亲属相盗例的场合相同，通说·判例也采用了犯罪成立说＝处罚阻却事由说。但是，关于实质的法律性质（免除刑罚的根据），问题状况则与亲属相盗例的场合存在较大差异。因为，对于盗品等相关犯罪的亲属特例，通说·判例并未将免除刑罚的实质根据求诸纯粹的"政策"，而是提出了

---

① 参见下编第三章第一节（第 367 页以下）。

420 "期待可能性的降低"这一属于责任论领域的要因。②③例如，大塚仁教授在庇护本犯者以及助长本犯者的利益的方面探寻本特例的根据，并将其法律性质理解为"以亲属间的情谊使得适法行为的期待可能性降低为基础的人的处罚阻却事由"④。

但是，上述通说见解中的"期待可能性（责任）的降低"这一要因与"处罚阻却事由"的性格之间的关系是不明确的。作为对于这种关系的理解，存在以下两种可能性：

第一种可能性，是在实质的法律性质层面上，将"责任减少"的理由与"政策性"理由的竞合作为免除刑罚的实质根据的理解。然而，如果采用这种理解，就必须指明"政策性理由"的内容。但是，目前尚不存在对该理由作出说明的学说。

第二种可能性，是以责任的降低为根据、赋予其处罚阻却的"效果"的理解。根据这种理解，本特例在形式的法律形式上属于"处罚阻却事由"，在实质的法律性质上则属于"责任减少事由"。在采用这种理

---

② 福田平：《全订·刑法各论〔第三版〕》（1996年）第302页；大塚仁：《刑法概说·各论〔第三版〕》（1996年）第343页；大谷实：《刑法讲义·各论〔第四版补订版〕》（1995年）第321页；冈野光雄：《赃物罪与亲属间的特例》，载冈野光雄：《刑法各论·二五讲》（1995年）第233页；中谷瑾子、齐藤隆：《亲属间的财产犯罪》，载西原春夫、宫泽浩一、阿部纯二、板仓宏、大谷实、芝原邦尔编：《判例刑法研究·第六卷·针对个人法益的犯罪Ⅱ（财产犯）》（1983年）第173页以下（特别是第203页）；大原邦英：《刑罚免除序说（三）》，载《法学》第52卷第3号（1988年）第72页等。相反，内田文昭：《刑法各论〔第三版〕》（1996年）第391页指出，"可以认为，第257条特意忽略了违法性·责任的强弱，其重视的仅仅是'人的关系'，表现出一种宽容的态度"，从而否定了责任的减少。但是，关于以人的关系为理由的宽容为何与责任论无关的问题，是不明确的。

在判例中，大阪高判昭和26年1月17日高刑集第4卷第1号第15页将盗窃罪的亲属特例的趣旨理解为，"由于在人情上也存在合理的一面，因而，如果无视这种情义而予以处罚，则多少有些残酷。所以，免除其刑罚才是适当的"；最判昭和23年5月6日刑集第2卷第5号第473页也将本特例的根据求诸"科处刑罚在情谊上过于苛酷"这一点。

③ 另外，立法者也基本赞成该立场，指出本特例的立法理由在于，"其情状中存在颇为值得宽恕的因素，因此，作为对犯罪人隐匿以及证据湮灭的特别处理而免除其刑罚"（仓富勇三郎、平沼骑一郎、花井卓藏监修·高桥治俊、小谷二郎合编：《刑法沿革总览》（1923年）第2215页）。

④ 大塚·前揭注②第343页。然而，在大塚仁：《期待可能性论》，载大塚仁：《刑法论集（1）——犯罪论与解释学》（1976年）第252页，将本特例与第105条一同作为"以期待可能性不存在为基础的责任阻却事由"（着重符号系作者附加）。

解的场合，通说见解仅仅是为了与"免除刑罚"的判决形式相整合，才使用"处罚阻却事由"概念的。然而，这个概念的用法是存在问题的。其一，"处罚阻却事由"的概念未必与"免除刑罚"的判决形式相关联。⑤ 例如，关于防卫过当（《刑法》第 36 条第 2 项）或者避险过当（同第 37 条第 1 项但书）中规定的免除刑罚，我国一般没有使用"处罚阻却事由"的概念，而是用违法减少事由或者责任减少事由来说明的。另外，就名誉毁损罪中的真实性的证明（同第 230 条之 2）而言，虽然其效果不是免除刑罚，而是"不予处罚"，但通常是作为"处罚阻却事由"来说明的。⑥ 其二，一直以来，"处罚阻却事由"的概念都被用于指称与犯罪的实质无关的政策性规定。因此，为具备"责任减少事由"的实质的情形赋予"处罚阻却事由"的名称，不仅容易招致误解，还可能会掩盖其作为"责任减少事由"的实质。例如，如后文所述，关于亲属关系的错误问题，原本应当采取与"责任减少事由"的实质相适应的处理，而"处罚阻却事由"概念的使用却有可能产生否定错误的效果。

3. 也有部分学者提出与上述通说见解不同的如字面含义的"政策说"。这种观点强调的是盗品等相关犯罪所具有的财产犯的侧面，主张该亲属特例的实质根据与亲属相盗例一样都是"法不入家庭"的观念。⑦ 例如，小野清一郎博士将本特例的法律性质理解为，"与有关亲属相盗的第 244 条出于同一精神的狭义的处罚阻却缘由"⑧，要求行为人与本犯中的被害人之间存在亲属关系。而且，针对在本犯者的心情方面寻求免除刑罚根据的通说见解，小野博士提出批判：由于"赃物罪〔盗品参与罪〕的本质属于一种财产犯罪，基本上是为了自己的利益而

---

⑤ 在"处罚阻却事由（Strafausschließungsgründe）"概念的起源国德国，这个概念通常也不是与免除刑罚（Absehen von Strafe）的判决相关联的，而毋宁是与无罪（Straffrei oder Straflos）判决有关。关于这一点，参见西村克彦：《关于所谓的处罚阻却事由（一）——基于日德刑法的比较》，载《警察研究》第 48 卷第 8 号（1977 年）第 3 页以下。

⑥ 关于名誉毁损罪中的真实性的证明的法律性质，参见野村稔：《未遂犯研究》（1984 年）第 168 页〔初出·《名誉毁损罪中的事实的证明——违法阻却事由与责任阻却事由并存说》，载《早稻田法学》第 53 卷第 1·2 合并号（1978 年）第 105 页以下〕等。

⑦ 小野清一郎：《新订·刑法讲义各论》（1949 年）第 284 页；植松正：《再订·刑法概论Ⅱ各论》（1975 年）第 470 页；香川达夫：《刑法讲义各论〔第三版〕》（1996 年）第 593 页。

⑧ 小野·前揭注⑦第 284 页。

犯罪概念和可罚性

实施的"，因而，"不能将其与通常是将为亲属而实施规定为要件的第105条等同视之"⑨。可以说，不仅在法律形式层面上，在法律性质层面上也应当将这种政策说称为"处罚阻却事由"说。

但是，正如经常受到的指责那样，与其他财产犯不同，盗品等相关犯罪不是准用有关亲属相盗例的第244条，而是对其设置了其他规定，将这一点理解为要求与被害人之间存在亲属关系的理由是困难的。⑩ 而且，在盗品等相关犯罪的场合，即使行为人与被害人是亲属，但由于存在本犯者这一第三人的介入，因而不能将其作为家庭内部的事件。⑪ 另外，正如在有关亲属相盗例的部分已经阐明的那样，"法不入家庭"的政策本身原本就不是充分的根据。⑫

4. 相对于上述处罚阻却事由说，也有观点主张将本特例的免除刑罚理解为犯罪不成立的情形。以免除刑罚的根据为标准，可以将这种犯罪不成立说区分为可罚的违法性阻却事由说和责任阻却事由说。采用可罚的违法性阻却事由说的井上正治博士主张，本特例的根据是"亲属相互间的利益分享或者帮助行为的违法性并未达到可罚的程度"⑬。采用责任阻却事由说的泷川幸辰博士则主张，"一般而言，对于拒绝亲属提出的处置赃物〔盗品〕的请求是无法期待的"。所以，接受亲属的盗品被认为是"缺乏责任的行为"⑭。

---

⑨ 小野・前揭注⑦第284页。
⑩ 例如，参见团藤重光：《刑法纲要各论〔第三版〕》（1990年）第669页。
⑪ 例如，参见平野龙一：《刑法概说》（1977年）第218页。
⑫ 参见下编第三章第二节第一款（第370页以下）。
⑬ 井上正治：《刑法学（各则）》（1963年）第171页。
⑭ 泷川幸辰：《赃物罪中犯人相互间的亲属关系与刑罚免除》，载泷川幸辰：《刑事法判决批评・第一卷》（1937年）第114-115页〔初出・《法与经济》第1卷第5号（1934年）第111页以下〕。
作为采用责任阻却事由说的论著，泷川幸辰：《刑法各论》（1951年）第149页；宫内裕：《新订・刑法各论讲义》（1962年）第148页；佐伯千仞：《刑法各论〔订正版〕》（1981年）第172页；伊达秋雄：《刑法二五七条一项的适用》，载刑事判例研究会编：《刑事判例评释集・第八卷・昭和二三年度（上）》（1950年）第289页以下（特别是第293页）等。
藤木英雄：《刑法讲义・各论》（1976年）第365页将本特例理解为"一种责任（以及违法）阻却或者减轻事由"。曾根威彦：《亲属间的财产犯》，载曾根威彦：《刑法的重要问题・各论〔补订版〕》（1996年）第254页指出，与本犯者之间存在亲属关系时，责任减少；与被害人之间存在亲属关系时，违法性和责任均减少。另外，曾根教授反对使用处罚阻却事由的概念，他认为违法性以及责任没有被阻却，只是有所减少而已，因而肯定"犯罪"的成立。

在将与"利益分享"的心情无价值无关的要因置于违法论中予以考虑这一点上，可罚的违法性阻却事由说是存在疑问的。由于"利益分享"以及"对本犯者的援助"等要因虽然与法益侵害性无关，却与行为人的动机形成之间存在密切关联，因而属于应当在责任论中处理的问题。

第二款　责任论的还原

1. 应当如何理解本特例的法律性质呢？

首先，关于"犯罪"成立与否的形式的法律性质问题，应当将本特例的免除刑罚理解为"犯罪"不成立的情形。因为，正如在亲属相盗例的部分论述的那样[15]，在我国，无论是学说上还是实务上，都不承认"免除刑罚"具有有罪判决的机能。然而，从犯罪成立说也不承认本特例的免除刑罚具有任何犯罪成立所产生的效果来看，可以说关于"犯罪"成立与否的对立是缺少解释论上的实益的讨论。

2. 其次，关于实质的法律性质问题，应当认为免除刑罚的根据在于期待可能性的类型性减少·欠缺。也就是说，从某种程度上讲，确保亲属的利益或者分享亲属获得的利益是无可厚非的，于是，事实上的反对动机的形成可能性就会降低。而且，由这种亲属之间的特殊感情提供动机的行为与通常的犯罪行为相比，其反价值的规范意识的色彩较为淡薄，预防的必要性也有所降低，因而就否定了作为刑法判断的期待可能性。这样一来，可以认为本特例规定的是可罚的责任阻却事由。

针对将本特例的根据求诸期待可能性观点的立场，也许会出现其在将盗品罪理解为庇护罪这一点上不具有妥当性的批判。[16] 然而，（可罚的）责任阻却说并不是将"庇护本犯者"作为处罚的根据，而仅仅是在阻却期待可能性的方向上对庇护的心情加以考虑，因而不违反盗品罪作为财产犯的本质。而且，作为期待可能性减弱的根据，（可罚的）责任

---

[15]　参见下编第三章第三节第二款（第396页以下）。
[16]　小野·前揭注⑦第284页。

阻却说考虑的不只是援助亲属的"利他的"心情，还包括分享亲属获得的利益的"利己的"心情。因此，其强调的不仅仅是庇护的心情。

3. 如前所述，通说见解一方面将本特例的实质根据求诸期待可能性的观点，另一方面则将其法律性质理解为一身处罚阻却事由。但是，既然在责任领域寻求本特例的实质根据，那么，援用"一身处罚阻却事由"这一存在疑义的概念不仅没有任何帮助，反而会掩盖其实质。⑰ 鉴于刑法理论的任务在于说明实定法上的要件的根据和解释基准，本书认为，应当结合盗品等相关罪的亲属特例的实际，将其理解为可罚的责任阻却事由。⑱

第二节　解释论上的诸问题

作为由盗品等相关犯罪的亲属特例的法律性质导出的解释论上的问题，本节拟对亲属关系的错误以及亲属关系的对象进行讨论。但是，这里的主要目的不在于指明作为通说的处罚阻却事由说的归结与（可罚的）责任阻却事由说的归结的区别。可以说，二者的归结基本上是一致的。因为，通说见解一方面在免除刑罚的形式意义（形式的法律性质）上将其理解为一身处罚阻却事由；另一方面，在免除刑罚的实质根据（实质的法律性质）上则求诸责任的减少。所以，对"处罚阻却事由"概念所具有的解释论上的意义进行批判性检讨，才是下文的主要目的。

第一款　亲属关系的错误

1. 作为亲属关系的错误，包括现实中不存在亲属关系而误认为存

---

⑰　参见中山研一：《一身处罚阻却事由》，载《Law School》第38号（1981年）第66页以下（特别是第70页注②）。

⑱　即使是在形式的法律性质论上肯定"犯罪"成立的立场，也应当将本特例解释为"责任减少事由"，而完全没有必要将其称为"一身处罚阻却事由"（参见曾根·前揭注⑭第253页）。

在亲属关系的积极错误和客观上存在亲属关系而误认为不存在的消极错误。

2. 首先，关于积极错误，即使在本特例的法律性质方面以通说的理解——以期待可能性的减少为根据的处罚阻却事由说——作为前提，也不能忽视行为人的错误。因为，从期待可能性（责任）的观点来看，行为人的认识具有重要的意义。关于这一点，采用处罚阻却事由说的冈野光雄教授也认为，"即使采用人的处罚阻却事由说，在将其实质性根据求诸违法性或者期待可能性的立场看来，也不能认为错误与犯罪的成立与否无关"，因此，"作为违法性的错误或者期待可能性的错误处理是可能的"①。在此，主张没有必要将行为人的主观视为问题的处罚阻却事由说的解释学特性被放弃。既然作为违法性的错误或者期待可能性的错误处理，那么，使用作为刑法解释学概念的"处罚阻却事由"一词，不仅没有任何实益，反而会招致误解。②

另外，如果一方面将期待可能性（责任）的减少作为亲属特例的实质根据，另一方面又以免除刑罚的形式意义是处罚阻却事由为理由，否定本特例在错误场合的适用（以及准用）③。就会沦为一种过于形式化的讨论。在承认本特例的趣旨在于责任减少的同时——仅以"处罚阻却事由"这一"用词"作为依据——却又在不利于行为人的方向上无视其实质，这不仅违背了法律的趣旨，还与责任主义相抵触。在此，甚至可以认为"处罚阻却事由"这一概念对于刑法解释学而言是有害的。④

相反，根据（可罚的）责任阻却事由说的立场，本特例中的亲属关系的积极错误被作为责任阻却事由的错误（有关期待可能性的事实错

---

① 冈野光雄：《赃物罪与亲属间的特例》，载冈野光雄：《刑法各论·二五讲》（1995年）第234页。

② 关于本特例，藤木英雄博士指出："如果将其实体理解为对于亲属间的特殊情谊的考虑，那么，难道不应当认为其作为一种责任（以及违法）阻却或者减少事由会对故意产生影响吗？"（藤木英雄：《刑法讲义各论》（1977年）第365页）然而，这里并没有使用"处罚阻却事由"的概念。

③ 大谷实：《刑法讲义各论〔第四版补订版〕》（1995年）第322页。

④ 另外，根据作为纯粹"政策说"的处罚阻却事由说（小野清一郎：《新订·刑法讲义各论》（1949年）第284页等），行为人的错误当然会被无视。

误），从而得到了符合实际的处理。关于责任阻却事由的积极错误，一般而言，只有在错误无法回避时才阻却责任。然而，正如在有关亲属相盗例的讨论中阐明的那样，无论错误是否存在回避可能性，都应当承认刑罚的免除。⑤

3. 其次，在现实中存在亲属关系而误认为不存在的消极错误的场合，处罚阻却事由说自不待言，（可罚的）责任阻却事由说也承认应当根据本特例对刑罚予以免除。从误认盗品提供者是非亲属的事实来看，在实质上确实不存在责任减少的理由。但是，既然客观上能够套用第257条的规定，就必须根据罪刑法定主义的要求承认刑罚的免除。⑥ 在这一点上，虽然免除刑罚的根据与法律处理（解释论上的归结）之间存在差异，但是，即使采用通说见解，这种差异也同样会发生。因为，通说见解虽然将本特例的根据求诸期待可能性（责任）减少，但是对于不知亲属关系的场合——尽管从实质上看不存在期待可能性减少的理由——也承认本特例的适用。

通说见解之所以对本特例使用"处罚阻却事由"的概念，或许是为了使有关消极错误的归结得到正当化。但是，这种正当化是不具有说服力的。其一，如果以"处罚阻却事由"为根据，从而得出在消极错误的场合不必考虑行为人的认识这一结论，那么，在积极错误的场合就也应当得出无视行为人的认识的归结。然而，如前所述，这种归结是不妥当的。其二，通说关于本特例使用"处罚阻却事由"的概念，仅具有形式上的意义，即实现与免除刑罚的判决形式的整合性，其原本就不具备解决错误的处理这一实质问题的能力。

可以说，消极错误中的"根据"与"归结"之间的差异不是关于本特例采用责任阻却事由说所固有的问题，而是罪刑法定主义所支配的刑

---

⑤ 参见下编第三章第四节第一款第一项二（第403页以下）。

⑥ 参见佐伯千仞：《关于期待可能性的错误》，载佐伯千仞：《刑法中的期待可能性的思想〔增补版〕》（1985年）第484页以下〔初出・《法学论丛》第43卷第1号（1940年）〕。相反，伊达秋雄教授则基于责任阻却事由说的立场，提倡实质性考虑优先，主张不知道亲属关系的场合不适用本特例（伊达秋雄：《刑法二五七条一项的适用》，载刑事判例研究会编：《刑事判例评释集・第八卷・昭和23年度（上）》（1950年）第294页）。

法中的实质解释的界限这个一般性问题。

第二款　亲属关系的对象

一、判例·学说的检讨

1. 本特例的适用，要求与什么人之间存在亲属关系呢？关于这个问题，存在以下三种观点：（1）要求与本犯者之间存在亲属关系的观点；（2）要求与被害人之间存在亲属关系的观点；（3）要求只需与本犯者或者被害人中的任何一方存在亲属关系即可的观点。

2. 作为由将本特例的实质性根据求诸期待可能性的观点所得出的归结，判例⑦·通说⑧要求与本犯者之间存在亲属关系。作为这种立场内部的对立，关于从盗品罪的犯人那里受让盗品的顺次盗品犯，在对于与第一盗品犯人之间存在亲属关系的第二盗品犯人是否适用本特例的问题上存在争论。在学说上，主张第一盗品犯人也属于"本犯者"，因而

---

⑦ 大判大正3年1月21日刑录第20辑第41页；大判昭和8年3月24日刑集第12卷第4号第305页（作为本案的评释，泷川幸辰：《赃物罪的犯人相互间的亲属关系与刑罚免除》，载泷川幸辰：《刑事法判决批评·第一卷》（1937年）〔初出·《法与经济》第1卷第5号（1934年）第111页以下〕；草野豹一郎：《刑法第二百五十七条第一项的法意》，载《法学新报》第44卷第9号（1934年）第155页以下）；最决昭和38年11月8日刑集第17卷第11号第2357页（作为本案的评释·解说，中山研一：《亲属间赃物罪的成立范围》，载《法学论丛》第77卷第1号（1965年）第103页；石田穰一：《刑法第二五七条第一项的法意》，载最高裁判所调查官室编：《最高裁判所判例解说·刑事篇·昭和三八年度》（1964年）第161页以下；井上正治、真锅毅：《刑法第二五七条第一项的法意》，载井上正治编：《判例研究刑事法〔上卷〕》（1965年）第241页以下〔初出·《法律のひろば》第18卷第2号（1965年）第45页以下〕；安乐城宜子：《刑法第二五七条第一项的法意》，载《警察研究》第36卷第7号（1965年）第107页以下）。

另外，关于判例的状况，参见齐藤丰治：《赃物罪》，载西原春夫、宫泽浩一、阿部纯二、板仓宏、大谷实、芝原邦尔编：《判例刑法研究·第六卷·针对个人法益的犯罪Ⅱ（财产犯）》（1983年）第396页以下。

⑧ 例如，团藤重光：《刑法纲要各论〔第三版〕》（1990年）第669页；八木国之：《亲属关系与犯罪》，载日本刑法学会编：《刑法讲座·第六卷·财产犯之诸问题》；平野龙一：《赃物罪的考察》，载平野龙一：《刑法的基础》（1960年）第218页〔初出·小野清一郎博士还历纪念《刑事法的理论与现实（1）刑法》（1951年）〕。

承认该场合也适用本特例的观点⑨是较为有力的。但是，对于盗品犯人相互间存在亲属关系的场合，判例则反对适用本特例。⑩

这里应当注意的是，在讨论亲属关系的对象时，通说完全没有使用"处罚阻却事由"的概念，而是基于"期待可能性"这一实质性观点导出结论的。在该论点上，也不得不承认"处罚阻却事由"的概念是缺乏解释学上的实益的。

3. 相反，根据将"法不入家庭"的思想为根据的"政策说"的立场，则要求与被害人之间存在亲属关系。⑪但是，如前所述，"法不入家庭"的思想是存在问题的⑫，而该思想对于盗品罪也未必是妥当的。⑬

另外，根据主张盗品罪的保护法益是追求权的观点，也可以得出相同的结论。也就是说，被害人亲属实施的盗品收受等行为并不构成被害人行使追求权的障碍，反而会使盗品的回收变得容易，因而可以承认违法性的减少。⑭但是，这种说明与第257条第2项规定的免除刑罚的一身性效果是不协调的。因为，追求权的侵害这一要因在共犯者之间应当具有连带作用。关于这一点，只需考虑非亲属帮助被害人的亲属实施盗品罪的场合即可明确。此时，如果以作为盗品罪的正犯的亲属没有侵害追求权这一理解为前提，那么，未其提供帮助的非亲属也就同样没有参与追求权的侵害。然而，根据第257条第2项的规定，非亲属的帮助者

---

⑨ 中山・前揭注⑦第107页；中山：《刑法各论》（1984年）第353页；泷川・前揭注⑦第111页；中森喜彦：《刑法各论〔第二版〕》（1996年）第182页。

⑩ 最决昭和38年11月8日刑集第17卷第11号第2357页；大判昭和8年3月24日刑集第12卷第4号第305页。作为否定在赃物犯人相互间适用本特例的学说，植松正：《再订·刑法概论Ⅱ各论》（1975年）第470页；大塚仁：《刑法概说·各论〔第三版〕》（1996年）第342-343；香川达夫：《刑法讲义各论〔第三版〕》（1996年）第592页；西原春夫：《犯罪各论〔第二版〕》（1983年）第237页；西田典之：《刑法各论Ⅰ》（1996年）第243页；浅田和茂、齐藤丰治、佐久间修、松宫孝明、山中敬一：《刑法各论》（1995年）第234页〔佐久间修执笔〕；藤木英雄・前揭注②第364页；大谷・前揭注③第322页。另外，否定在盗品犯相互间适用本特例的观点的理由，在于盗品罪具有助长本犯的性格和事后从犯的性格。但是，如果强调这一点，那么，对于顺次盗品犯罪的盗品参与罪的成立本身不就应当予以否定吗？

⑪ 小野・前揭注④第284页；植松・前揭注⑩第470页；香川・前揭注⑩第592页。

⑫ 下编第三章第二节第一款（第370页以下）。

⑬ 本章第一节第一款3（第421页）。

⑭ 参见内田文昭：《刑法各论〔第三版〕》（1996年）第390-391页。

则是被排除在免除刑罚的对象之外的。对于上述亲属与非亲属在处理上的区别,是无法根据追求权的侵害加以说明的,而必须在其他要因中寻找根据。

总之,针对将与被害人之间的亲属关系视为问题的(2)的立场,可以认为指出被害人与盗品犯人之间存在亲属关系是偶发的事态、欠缺社会学上的类型性的批判⑮是妥当的。

4. 主张只需与本犯者或者被害人中的任何一方存在亲属关系即可的(3)的立场⑯,对上述两种观点均有所考虑。也就是说,在与本犯者之间存在亲属关系的场合,期待可能性的减少因庇护的心情而得到肯定;在与被害人之间存在亲属关系的场合,处罚因政策性理由而被阻却,或者因追求权侵害的微弱性而肯定违法性的减少。但是,在与被害人的关系方面,前述针对(2)的立场的批判依然是妥当的。

二、责任阻却事由说的归结

根据本书所采纳的将本特例的实质性根据求诸类型性的期待可能性的减少·欠缺的立场,首先,就盗品罪的通常形态而言,要求与本犯者之间存在亲属关系。其次,在顺次盗品犯中,对于与第一盗品犯人之间存在亲属关系的第二盗品犯人也同样能够类型性地承认期待可能性的减少,因而应当肯定本特例的适用。相反,对于与本犯者之间存在亲属关系,却与第一盗品犯人之间不存在亲属关系的第二盗品犯人,则不应当承认本特例的适用。因为,此时第二盗品犯人与作为其亲属的本犯者之

---

⑮ 参见团藤·前揭注⑧第669页。
⑯ 佐伯千仞:《刑法各论〔订正版〕》(1981年)第172页;中山:《刑法各论》前揭注⑨第353页;高桥则夫:《赃物罪——赃物的意义·亲属间的特例》,载冈野光雄编:《刑法演习Ⅱ各论》(1978年)第199-200页;曾根威彦:《刑法各论〔新版〕》(1995年)第179页以下(另外,曾根威彦:《亲属间的财产犯》,载曾根威彦:《刑法各论的重要问题·各论〔补订版〕》(1996年)第254-255页,在与被害人的关系方面还援用了与违法性减少相并列的责任减少的观点)。

另外,《刑法改正草案》第360条基本上立足于该立场,在第1项中对于与本犯之间存在亲属关系的场合作出了任意免除刑罚的规定;在第2项中规定与被害人之间存在亲属关系的场合准用亲属相盗例。

间未发生直接接触，无法肯定类型性的期待可能性的减少。而且，基于相同的理由，当本犯是以共同正犯的方式实施的场合，即使共同正犯者中的一人与盗品犯人是亲属，只要该亲属未参与盗品的处分，就不应当适用本特例。⑰ 于是，根据类型性的期待可能性减少这一观点，与"盗品提供者"之间存在亲属关系才是适用本特例的充分必要条件。可以认为，这种理解是最忠实于第 257 条"配偶之间或者直系亲属、共同居住的亲属……之间犯前条罪的人"的表述的解释。

---

⑰ 最判昭和 23 年 5 月 6 日刑集第 2 卷第 5 号第 473 页也采纳了该立场（作为该判例的评释，伊达·前揭注⑥第 289 页以下；平野龙一：《刑法第二五七条第一项的法意》，载《刑事判例研究》（东京大学判例研究会）第 2 卷第 3 号（1949 年）第 49 页）。相反，对于本犯是以共同正犯的方式实施、而盗品犯人的亲属和非亲属均参与了盗品的处分的场合，则应当承认本特例的适用（参见大阪高判昭和 26 年 1 月 17 日高刑集第 4 卷第 1 号第 15 页；福冈高判昭和 26 年 10 月 11 日高刑集第 4 卷第 10 号第 1275 页）。

第五章　关于藏匿犯人罪以及隐灭证据罪的亲属特例

1. 关于藏匿犯人罪（第 103 条）以及隐灭证据罪（第 104 条），《刑法》第 105 条规定，当犯人或者逃逸者的亲属为了犯人或者逃逸者的利益而实施时，可以免除其刑罚。①

---

① 另外，在 1947 年修订（法律第 124 号）之前，亲属实施的犯人藏匿·凭证湮灭等行为被规定为"不罚"。在这个旧规定下，本特例的法律性格问题是在与共犯者的可罚性的关系上进行讨论的。

在教唆亲属实施证据隐灭行为的第三人的可罚性成为问题的案件中，判例将该亲属特例的趣旨解释为"在刑事政策上与犯人本人湮灭关于自己的犯罪证据相同，属于不具备证据湮灭罪的特别构成要件，应当置于可罚行为外的情形"，因此，教唆者不过是参与了不满足构成要件的行为而已，从而对其罪责予以否定（大判昭和 9 年 11 月 26 日刑集第 13 卷第 1598 页。赞成该判例的是，小野清一郎：《构成要件的诉讼法意义》，载小野清一郎：《犯罪构成要件的理论》（1953 年）第 434-435 页〔初出·牧野教授还历祝贺《刑事论集》（1938 年）〕。针对这种构成要件该当性阻却事由说，责任阻却事由说认为——以极端从属形式为前提——应当否定教唆犯的成立，而承认间接正犯的成立（竹田直平：《违法阻却及责任阻却与共犯及间接正犯——以判处教唆犯人妻子（亲属）湮灭证据者无罪的大审院判决为机缘》，载《法律时报》第 7 卷第 6 号（1935 年）第 31 页以下）。最后，针对以上犯罪不成立说，将该亲属特例理解为处罚阻却事由的立场则肯定亲属实施的凭证湮灭行为也成立犯罪，因而应当对实施教唆的第三人肯定教唆犯的成立（木村龟二：《刑法一〇五条与教唆及间接正犯——以判例为中心》，载《法学志林》第 37 卷第 4 号（1935 年）第 32 页以下；草野豹一郎：《对犯人的亲属实施凭证湮灭的教唆》，载《法学新报》第 45 卷第 1 号（1935 年）第 155 页以下）。

2. 关于该规定的法律性质，有时被解释为任意的一身处罚阻却事由。② 也就是说，本规定"以期待可能性的思想为基础，就亲属之间的行为，着眼于不实施此类行为的期待可能性有所减弱的方面，以责任的减少为理由，将其规定为任意的一身处罚阻却事由（人的处罚阻却事由）"③。此时，免除刑罚的实质根据不在于犯罪论外部的政策性考虑，而只能求诸期待可能性的减弱这一有关责任的考虑。从具体的解释论来看，例如，对于犯人的亲属教唆非亲属隐灭证据的场合是否适用本特例的问题④，就完全是基于期待可能性这个实质性观点展开讨论的。⑤ 于是，在有关免除刑罚的实质性法律根据的层面上，通说见解也已经将本特例还原于犯罪论体系的内部。而本特例被赋予"处罚阻却事由"的性格，则仅限于有关"免除刑罚"这种判决的形式法律性质的层面。

3. 这样一来，关于藏匿犯人罪以及隐灭证据罪的亲属特例，就没

---

② 明确将本特例解释为（一身）处罚阻却事由的观点有：木村龟二：《新刑法读本〔全订增补版〕》（1961年）第167页；福田平：《全订·刑法各论〔第三版〕》（1996年）第33页；青柳文雄：《刑法通论Ⅱ各论》（1963年）第109页；西本晃章：《亲属关系与犯罪》，载中山研一、藤木英雄、西原春夫、宫泽浩一编：《现代刑法讲座·第四卷·刑法各论的诸问题》（1982年）第402页。另外，大原邦英：《刑罚免除序说（二）》，载《法学》第51卷第3号（1987年）第58页指出，本特例的免除"应当理解为以期待可能性减少为基础的可罚性的消灭或者人的处罚阻却事由"。

相对于此，一方面将关于盗品等犯罪的亲属特例的法律性质解释为一身处罚阻却事由；另一方面，对于藏匿犯人罪·隐灭证据罪的亲属特例，主张由于刑罚的免除具有任意性，因而未必具有一身处罚阻却事由的性格的论者也不在少数（例如，大谷实：《刑法讲义各论〔第四版补订版〕》（1995年）第554页等）。作为针对这种亲属特例相互不统一的批判，中山研一：《一身刑罚阻却事由》，载《Law School》第38号（1981年）第66页以下（特别是第70页注②）。

③ 西本·前揭注②第402页。

④ 关于本特例与共犯的各种问题，参见野村稔：《刑法一〇五条与共犯关系》，载《研修》第521号（1991年）第3页以下。

⑤ 而且，对于错误的处理，也是基于责任减少的实质性观点进行考察的。例如，大塚仁教授主张，将不是自己亲属的犯人·逃逸者误认为自己的亲属而实施藏匿等行为的，"考虑到其心情与符合本条的情形并无不同，因此，应当认为可以免除刑罚"（大塚仁：《刑法各论·下卷》（1968年）第635页）。大谷实教授也指出："本特例是以缺乏期待可能性作为根据的，因此，对于误认为亲属而实施藏匿的人，应当承认存在期待可能性的错误，适用本特例。"（大谷·前揭注②第555页）但是，这种解释和大谷教授否定对于与本特例具有相同的实质根据的盗品等相关犯罪的亲属特例适用亲属关系的误认的观点是不协调的。

下编　关于所谓的一身处罚阻却事由

有必要解释为一身处罚阻却事由，而应当视为可罚的责任阻却事由。本特例原本就只是规定了任意的免除刑罚，而不是一般性地承认为亲属实施的犯人隐匿・证据隐灭阻却可罚的责任，其预定的是为亲属实施上述行为时的期待可能性减少到足以使可罚的责任被阻却的程度的场合，规定对该场合免除刑罚。⑥

关于将本特例的免除刑罚视为可罚的责任阻却事由的理由，与前文对亲属相盗例⑦以及关于盗品等犯罪的亲属特例⑧的论述相同。所以，此处仅就本特例与亲属相盗例以及关于盗品等犯罪的亲属特例的区别加以说明。

第一，在免除刑罚具有任意性这一点上，本特例与前文探讨的两种特例是不同的。可以说，这种免除刑罚的任意性更加强烈地要求将本特例还原于犯罪论（责任论）。因为——正如在有关中止犯的法律性质的讨论中经常指出的那样——在任意的免除刑罚的场合，必须为法官提供决定是否免除刑罚的实质基准。

第二，在仅适用于为了"犯人或者逃逸者……的利益"而实施的场合这一点上，本特例与其他两种特例是不同的。在此，法条上已经明确规定了主观要件。这种主观要件的存在与有关"处罚阻却事由"的一般性概念规定是不协调的，毋宁应当认为其直接表明了与责任论之间的关联性。

于是，相对于亲属相盗例以及关于盗品等犯罪的亲属特例而言，有关藏匿犯人罪・隐灭证据罪的亲属特例中存在更加充分的还原于责任论的理由。

4. 德国《刑法》第258条第6项是类似于本特例的规定。这是针对处罚妨害行为（Strafvereitelung）作出的"为亲属（zugunsten eines

---

⑥　参见佐伯千仞：《刑法各论〔改订版〕》（1981年）第31页；小野清一郎：《犯罪构成要件的理论》，载小野清一郎：《犯罪构成要件的理论》（1953年）第31页；福田平：《刑法各论》（1954年）第42页。然而，福田教授后来改为采用一身处罚阻却事由说（福田・前揭注②第33页）。

⑦　参见下编第三章第二节第五款（第389页以下）、第三节第二款（第396页以下）。

⑧　参见下编第四章第一节第二款（第424页以下）。

Angehörigen）而实施时，不处罚"的规定。

关于该规定的法律性质，德国的通说见解虽然将其解释为一身处罚阻却事由（persönlicher Strafausschließungsgrund），但是是在责任论的领域寻求其根据的。也就是说，保护亲属免受刑罚这种接近免责性紧急避险的迫切心理状态，是阻却处罚的根据所在。⑨ 此外，还存在以下两种有力的见解：一是基于责任阻却·减少的观点，主张必须考虑行为人的主观要素，在误认存在亲属关系的场合，通过类推适用德国《刑法》第 35 条第 2 项关于免责性紧急避险状况的错误的规定，应当对不可能避免的错误的免责以及可能避免的错误的刑罚减轻予以承认；二是主张通过将德国《刑法》第 258 条第 6 项中"为了亲属"这一要件解释为以行为人的主观要素作为基准，从而对于误认存在亲属关系的场合也承认适用本特例。⑩ 可以说，妨害处罚罪中的亲属不处罚的规定，在实质上是被作为（可罚的）责任阻却事由处理的。尤为值得注意的是，最近，明确主张该规定的法律性质是"免责事由（Entschuldigungsgrund）"⑪或者"责任阻却事由（Schuldausschließungsgrund）"⑫ 的观点呈现出抬头的倾向。

---

⑨ Vgl., Adolf Schönke/Horst Schröder/Walter Stree, Strafgesetzbuch Kommentar, 25. Aufl. (1997), § 258 Rdn. 39, (S. 1797). 相反，德国联邦最高法院的判例则将作为本规定的前身的德国刑法第 257 条第 2 项旧规定的法律性质理解为"与行为人的违法性以及责任均无关系的"一身处罚阻却事由（BGHSt 9, 71）。

⑩ 关于本特例中的亲属关系的错误的讨论，vgl., Günter Warda, Grundzüge der strafrechtlichen Irrtumslehre (4. Teil), Jura 1979, S. 286ff., (insb. S. 291–294); Albin Eser/Björn Burkhardt, Strafrecht Ⅰ, Schwerpunkt Allgemeine Verbrechenselemente, 4. Aufl. (1992), S. 219ff.; Markus Klimsch, Die dogmatische Behandlung des Irrtums über Entschuldigungsgründe unter Berücksichtigung der Strafausschließungs-und Strafaufhebungsgründe (1993), S. 149ff. 。

⑪ Claus Roxin, Rechtfertigungs-und Entschuldigungsgründe in Abgrenzung von sonstigen Strafausschließungsgründe, JuS 1988, S. 432–433 (关于罗克辛教授的详细观点，参见下编第二章第三节〔第 359 页以下〕)。

⑫ Bernd Schünemann, Einführung in das strafrechtliche Systemdenken, in: ders. (hrsg.), Grundfragen des modernen Strafrechtssystems (1984), S. 14〔作为日文翻译，松生光正译：《关于刑法上的体系性思考的序论》，载中山研一、浅田和茂监译：《现代刑法体系的基本问题》（1990 年）第 13 页〕。许乃曼教授的观点中值得关注的是，作为将该特例还原为责任阻却事由的前提，在责任概念方面，他采用"刑事政策上有意义的、他行为的期待可能性"这一目的论的概念取代了纯粹的"他行为可能性"。

结　语

通常认为，被称为客观处罚条件或者一身处罚阻却事由的各种事由虽然是决定行为的可罚性的要件，但是与"犯罪"的成立无关。然而，正如以上探讨的那样，这些事由在"犯罪"概念内部仍然拥有其体系性地位。也就是说，事前受贿罪（刑法第 197 条第 2 项）中的"就任公务员等"以及破产犯罪（《破产法》第 374 条、第 375 条等）中的"破产宣告的确定"是导致可罚程度的事态无价值（法益的侵害·危殆化）发生的介在事由，属于作为可罚的违法类型的构成要件。另外，在亲属相盗例（刑法第 244 条第 1 项）、有关盗品等犯罪的亲属特例（刑法第 257 条）以及藏匿犯人罪·隐灭证据罪的亲属特例（刑法第 105 条）等免除刑罚的场合，由于刑罚预防的必要性因亲属间的特殊心情而被否定，导致可罚的责任受到阻却。

从理论的、方法论的观点来看，这种将客观处罚条件以及一身处罚阻却事由还原于犯罪概念的观点，具有赋予"犯罪"概念一贯性的重要意义。所谓"犯罪"，是指被科处刑罚的行为。据此，"犯罪"概念作为与"刑罚"这一法律效果相对应的法律要件，必须能够对适合科处刑罚的行为进行选择。于是，就要求从实质上构建能够对可罚性予以充分考虑的"犯罪"概念。而将客观处罚条件等可罚性的要件还原于"犯罪"概念，就符合这种关于"犯罪"概念构建方法的要求。

另外，从实践的、解释论的观点来看，将被认为是该当客观处罚条件或者一身处罚阻却事由的要素还原于"犯罪"概念的意义体现为，基于"犯罪"概念以及犯罪论体系的视点为这些要素提供解释论上的指针，通过"犯罪"成立上的和"犯罪"认定上的各种原理对其进行规制。例如，只要将破产犯罪中的"破产宣告的确定"作为导致可罚程度的法益危殆化发生的事由，还原为不法构成要件的要素，就能够根据针对法益的危险的具体化·现实化这一观点，要求行为人的诈害行为与因"破产宣告的确定"这一介在事由而形成的事态无价值之间存在一定的关联性。与此同时，根据责任主义的要求，还必须存在对于该事态无价值的认识·预见以及构成其前提的对于"破产宣告的确定"的认识·预见。这样一来，实质的犯罪概念就成为对有关实定法上的可罚性要件的解释论进行展开的坐标轴。

然而，关于本书探讨的客观处罚条件以及一身处罚阻却事由，尽管其中包含若干个别的解释问题，但是在现实中，刑罚法规以较为明确的方式对要件作出规定、对其法律性质的理解决定着如何处罚的事例则并不多见。毋宁应当认为，在轻微犯罪的处理、量刑论、立法论的领域中，以可罚性的考虑为基础的"犯罪"概念的实质化具有更为重要的实践意义。对于将这些领域一并纳入视野的"犯罪"概念予以实质化·具体化，是笔者今后的研究课题。

译者后记

（一）记忆

在2009年10月中国人民大学召开的"第二届中日刑事法学术研讨会"上，我惊讶地发现有一位日本学者不时绽放出颇有"违和感"的笑容——灿烂、真挚而亲切。这就是我对恩师松原芳博先生的第一印象。先生的笑容，在后来近五年的留学生活中给予了我巨大的力量。

在那次研讨会上，先生发表了题为《客观的处罚条件》的报告，并和清华大学的黎宏教授展开深刻的对谈。当时，我隐约感觉到有一扇门正在开启。申请获得"2010年度日本政府（文部科学省）博士生奖学金项目"后，我立即向先生表达了入门从事客观处罚条件相关研究的意愿，先生欣然接收，并赠与本书。对于我国犯罪论体系的构建而言，作为本书核心的可罚性、客观处罚条件、一身处罚阻却事由等关键词以及先生基于结果无价值论立场的考察，无疑具有重要意义。于是，我在正式进入博士课程后就迫不及待地向先生提出了"蓄谋已久"的翻译本书的请求。让我意想不到的是，先生竟然当场同意，并紧紧握住我的手说自己很"荣幸"。一瞬间，我便热泪盈眶！

先生治学严谨，一个重要体现就是对文字、表述的精益求精。或许有盲目崇拜之嫌吧，但我宁愿相信，至少就个人而言，如果读不懂先生的文章，问题大抵在于自己日语不精以及相关知识的粗疏。关于这一点，有个小故事：一个素不相识且从未有过任何联系的学生报考先生的博士，在面试时特别强调希望能够习得先生文字简明的文风。尽管先生怀疑该生可能从某在读博士那里获取了重大内幕信息，知道如何讨喜，却仍然愉悦地将他收入门下。我想，这一定不是先生痛饮之后的纯粹即兴演绎。鉴于先生的文风，再加上博士论文在日本系奠定学者学术地位的基础，在翻译时我深感责任重大。这也正是本书从翻译到出版共耗时近十年的重要原因。所以，译文中如果存在艰涩拗口之处或者知识性谬误，必定要归咎于译者水平有限。对此，本人深表歉意，虚心接受并衷心感谢读者的批评指正。

有一次去研究室拜访先生，等待中偶然发现书架上摆放着几本极具历史感的手装笔记本，原来是先生写硕博论文时做的读书笔记。从密密麻麻的内容和时而工整、时而凌乱的字迹中，既能想象到在那个没有电脑、没有互联网、没有争论（处罚限制事由说处于绝对通说的地位）的年代研究"客观处罚条件"问题的艰辛，也能看出学生时代先生的勤勉。更重要的是，它们印证了我当时相当笃定的信念：学问上的成功，只需诚实和勤奋，所以平庸的我也一定可以做到！不过，现在想来很是羞愧，我弄错了必要条件和充分条件。

先生授课时有一个习惯，在开始的几分钟，通常会和大家聊聊自己最近又去哪里爬山了（相当于旅行攻略）或者在研究过程中收获哪些心得等等。托先生的福，五年来我拷着经济最拮据时期斥"巨资"购买的单反相机，游遍了先生推荐的地方。居酒屋小酌时，先生经常拿我和其他日本学生做比较，夸我更了解日本。每每听到这番话时，我都必须迅速灌一大口冰啤以冷却即将沸腾的喜悦，这才能勉强维持面部的平静。

导师的研究心得，对于学生而言无异于至宝。能够不劳而获，实在是幸运、幸福！我特意在手账中设置了"松原名言集"的专栏，比较经典且凝练的有以下几条：

1. 迷いながらも進む（就算迷茫，也要不断前行）。
2. 壁にぶつかったら誰かに喋る、悩んだら訪ねる（在碰壁时，可以和谁聊聊；在迷惑时，可以向别人请教）。

3. 真意がわからない時、具体例から始める（不明真意时，可以从具体事例着手）。

4. アイディアが出てきたから研究を進むな、研究を進みならがアイディアが出てくる（不要等到产生想法之后再开始研究；在研究的同时，想法自然会出现）。

5. アイディアを獲得するために、貯金（知識や課題）が必要である（要收获想法，必须有存款（知识和课题））。

6. 研究にとって、3％ほどの進歩があれば十分である（对研究而言，3％的创新足矣）。

暑假临近结束时，我们通常会在一个风景秀丽的地方安排合宿。可以说，这是先生研究生课程的重要一环，原则上门生是必须参加的。我先后参加过大泉合宿（2011年）、伊东合宿（2012年）和猪苗代合宿（2014年），深刻领略了日本的蓝天、白云、青山、碧海、陡崖、飞瀑……除了壮丽秀美之外，又是那么的纯粹、真实、干净。对于这种美，任何文字都显得苍白且多余，而相机也不过是记录下某个片段。最相宜的就是释放五官，静静地用心去品味，仅此而已。与我们学生的新奇兴奋不同，此时的松原先生俨然山野樵夫一般深沉质朴、身形矫健，似乎对山中的一切都熟稔于胸。当我看到奇花异草问这问那时，先生居然像讲授刑法学理论一样滔滔不绝。虽然我一个劲儿地点头，努力作出一副受益匪浅的样子，但实际上绝大部分是没听懂的。然而，我最初以为合宿就是老师和学生一起旅游，但事实证明这种想法过于天真烂漫——学术怎么可能缺席呢？当我们马不停蹄地聚集到宾馆时，会场早已布置妥当，整个下午都是学生们作研究报告。晚上惯例是恳亲会，老师和学生之间的藩篱在清酒、烧酒、啤酒、红酒、威士忌……的作用下迅速消失，学生们慢慢地不再使用敬语，而最初坐姿端正的松原先生也渐渐滑躺到桌子下，一直持续到所有人精疲力竭。

（二）说明

在近十年的翻译工作中，我时常遇到是尊重作者还是照顾读者、是服从原著规范还是遵循中文规范这两对矛盾。如果穷尽心智仍无法兼顾或者变通，我就会选择坚持原文。毕竟，在"信、达、雅"中，"信"排在首位。而且，作为学生，当然希望能够最大限度地为我国的刑法学者呈现最真实的松原芳博先生。这也是我对本书的一个期许。

为了避免给读者带来更多的困扰，关于本书的翻译，特作以下说明。

1. 与我国刑法典采用编、章、节、条、款、项的结构不同，日本刑法典采用的是编、章、条、项、号的结构。

2. 原著出版于 1997 年，其中涉及的部分规定已经被现行法删改。具体包括：（1）规定诈欺破产罪的旧《破产法》第 374 条、第 375 条、第 376 条、第 378 条被修改为现行《破产法》（2019 年）的第 265 条。旧法中被作为客观处罚条件的"破产宣告的确定"，在现行法中被修改为"决定破产程序开始的确定"；与此相应，旧法中的"不问破产宣告确定的前后"也被修改为"不问破产程序开始的前后"。另外，根据现行《破产法》附则第 6 条规定，可以将新法中的"决定破产程序开始"视为旧法中的"破产宣告"。所以，原著关于旧法的相关讨论同样适用于现行法。（2）《道路交通法》第 119 条第 1 项第 7 号之 2 中规定的"体内含有超过政令规定浓度的酒精的状态"，被规定在现行《道路交通法》（2019 年）第 117 条之 2 之 2 第 3 号。（3）书中的《事件事务规程》第 70 条第 2 项第 17 号被规定在现行《事件事务规程》（2018 年）第 75 条第 2 项第 17 号。

3. 翻译尽可能地保留了日文中的汉字类法律用语，这主要是出于以下两点考虑：第一，我国刑法学中没有相应的法律术语（虽然存在相同的汉语词汇），因而不译或许更好。例如，"介在"，是指介于二者之间存在；"事由"，是指在法律上成为理由或者原因的事实；"事象"，是指事物表现于外部的形象；"情动"，是指急剧产生的短暂的情绪；等等。第二，有助于读者了解相关术语的日文表现。例如，对于德文"Lehre von der objektivenZurechnung"，我国刑法学界通常翻译为"客观归责"，而日本刑法学界则翻译为"客观归属"，本书采用的是后者。

4. 基于出版编辑的考虑，本书在结构上将原著中的第一编改为"上编"、第二编改为"下编"，而注释部分仍然与原著保持一致。

5. 注释中参见本书的页码均指页边码，为原著中的页码。

6. 原著的注释采用每节重新排序的方式，因此，本书注释中"前揭注"后面的序号是本节中对应的注释序号。

7. 本书所涉及的德国刑法条文的翻译，参考了冯军教授翻译的《德国刑法典》（中国政法大学出版社 2000 年版）。

（三）致谢

感谢早稻田大学的安嶋建博士！受日文水平所限，对于原著中的个别部分（主要是用近代文言书写的内容），难以准确把握其含义。于是，我向留学期间担任助教（tutor）的安嶋博士求助。不出意料，安嶋博士一如既往地欣然同意并迅速用现代日语作出细致的解释，而且还附上自己的理解供我参考。借此机会，我要对安嶋博士的鼎力协助以及留学期间的诸多关照表示感谢。

感谢恩师冯军先生！本书的出版事宜、审校、作序等，无不倾注了先生的心血。为了成就学生，不仅不辞辛劳，甚至不惜一次次地违背自己的原则和习惯，这就是所谓的"师恩浩瀚"了！

感谢 Google！原著中的所有德文内容，都是在留学期间使用 Google 检索、确认过的，确保了本书的准确性。

译者

2020 年 1 月 1 日

图书在版编目（CIP）数据

犯罪概念和可罚性：关于客观处罚条件与一身处罚阻却事由/（日）松原芳博著；毛乃纯译．—北京：中国人民大学出版社，2020.6
（当代世界学术名著）
ISBN 978-7-300-28038-7

Ⅰ.①犯… Ⅱ.①松… ②毛… Ⅲ.①犯罪-处罚-研究 Ⅳ.①D917

中国版本图书馆 CIP 数据核字（2020）第 063122 号

犯罪概念と可罰性：客観的処罰条件と一身的処罰阻却事由について
松原芳博著
© 1997 Y. Matsubara
Simplified Chinese translation © 2019 by China Renmin University Press CO., Ltd.
All rights reserved.

当代世界学术名著
犯罪概念和可罚性
——关于客观处罚条件与一身处罚阻却事由
［日］松原芳博 著
毛乃纯 译
冯 军 审校
Fanzui Gainian he Kefaxing

出版发行	中国人民大学出版社			
社　　址	北京中关村大街 31 号	邮政编码	100080	
电　　话	010-62511242（总编室）	010-62511770（质管部）		
	010-82501766（邮购部）	010-62514148（门市部）		
	010-62515195（发行公司）	010-62515275（盗版举报）		
网　　址	http://www.crup.com.cn			
经　　销	新华书店			
印　　刷	北京宏伟双华印刷有限公司			
规　　格	155 mm×235 mm　16 开本	版　次	2020 年 6 月第 1 版	
印　　张	22.75　插页 2	印　次	2020 年 6 月第 1 次印刷	
字　　数	323 000	定　价	78.00 元	

版权所有　侵权必究　　印装差错　负责调换